böhlau

Benita Ferrero-Waldner

BENITA
WO EIN WILLE, DA EIN WEG

Erfahrungen einer Europäerin und Kosmopolitin

Aufgezeichnet von Ewald König

2017

BÖHLAU VERLAG WIEN   KÖLN WEIMAR

Bibliografische Information der Deutschen Nationalbibliothek:
Die Deutsche Nationalbibliothek verzeichnet diese Publikation in der
Deutschen Nationalbibliografie; detaillierte bibliografische Daten sind
im Internet über http://portal.dnb.de abrufbar.

Umschlagabbildung: Bernhard Holzner (HOPI-Media), Wien

© 2017 by Böhlau Verlag GmbH & Co. KG, Wien Köln Weimar
Wiesingerstraße 1, A-1010 Wien, www.boehlau-verlag.com

Alle Rechte vorbehalten. Dieses Werk ist urheberrechtlich geschützt.
Jede Verwertung außerhalb der engen Grenzen des Urheberrechtsgesetzes ist unzulässig.

Korrektorat: Jörg Eipper-Kaiser, Graz
Umschlaggestaltung: hawemannundmosch, Berlin
Satz: Bettina Waringer, Wien
Druck und Bindung: Finidr, Cesky Tesin
Gedruckt auf chlor- und säurefreiem Papier
Printed in the EU

ISBN 978-3-205-20620-0

Für Paco

Inhalt

Vorwort 15

MEINE LAUFBAHN

Was mich geprägt hat 19
Weichenstellungen durch Vater, Mutter, Tante und Lehrer 19 / Besonders „das Andere" faszinierte mich 21 / Man kann auch ohne Mathematik etwas werden! 23 / „Du bist doch die geborene Diplomatin" 24 / Schnelles Studium in der alten Schuhfabrik 26 / „Diplomatie ist eine Welt voll Intrigen" 27 / Geschieden und weit entfernt vom Traumberuf 29 / Kompletter Neuanfang 30 / Wie ich in Paris Diplomatie und Paco kennenlernte 32 / Die UNO-Menschenrechtskonferenz als Bewährungsprobe 34 / Die UNO als Sprungbrett 36 / Wie ich Österreich auf der Weltkarte markieren wollte 38 / Zurück in das neue EU-Mitglied Österreich 39 / Von der Staatssekretärin zur Außenministerin 40 / Die Idee von der Regionalen Partnerschaft 41 / Den Österreichern liegt Diplomatie 42 / Wie mich Barroso nach Brüssel holte 43 / Nach der Kommissionszeit: und was jetzt? 45 / Angebote vom politischen Gegner 47 / Fazit über 15 Jahre Außenpolitik 65 / Wechsel in die Privatwirtschaft 67 / Ex-Kommissare unter Beschuss 69 / Meine honorierten und ehrenamtlichen Aktivitäten 71

DIE SANKTIONEN

Die EU hat Österreich den Dialog verweigert 77

Chronologie der EU-Sanktionen 77 / Ernüchterung in Madrid: „Der Premierminister empfängt Dich nicht" 84 / Tiefpunkt der OSZE 85 / Manöver in der Hofburg 87 / Gerüchte von Geheimplänen der Isolierung 89 / EU-blaues Kostüm statt Büßergewand 90 / Wie soll ein Caballero eine Dame begrüßen? 91 / „Ignorieren Sie, was Haider sagt" 93 / Österreichs Azorenhoch 95 / Tagesordnungspunkt Sonstiges 96 / Der Krampf mit den Familienfotos 98 / Auf Tournee in Sachen Image 99 / Feira: Hoffnung, Enttäuschung, Stillstand 101 / Die Schweiz als erstes Besuchsziel 103 / Sogar Ungarn wollte uns „beobachten" 104 / Sanktionen in vielen Schattierungen 106 / Telefondiplomatie mit Madeleine Albright 107 / Wie die Fronten in Österreich verliefen 109 / Die Maßnahmen sollten geheim bleiben 110 / Sonderbare Pressemitteilungen 111 / Beate Winklers Festakt voll Feindseligkeiten 115 / Deutschland und die Sanktionen, ein Kapitel voll Absurditäten 118 / Einladungen, Ausladungen, Brüskierungen 118 / Schröders Warnung vor Europas Haiderisierung 121 / Frühjahr 2000: Das war der Gipfel im Hieronymuskloster 123 / Deutscher Gleichschritt mit Frankreich 125 / Koketterie mit noch schärferen Maßnahmen 126 / Die Expo 2000 als Platz politischer Peinlichkeiten 127 / Sommer 2000: Kein roter Teppich, keine Weißen Mäuse 130 / Das gewichtige Wort der „drei Weisen" 131 / Großes Schweigen, viele Spekulationen 133 / Herbst 2000: Rückkehr aufs diplomatische Parkett 134 / Frankreich und die Sanktionen, ein Kapitel voll Arroganz 136 / Wettbewerb im Widerstand gegen Wien 137 / Schikanen, Absagen, Stornos 138 / Moscovici: „Wir würden es wieder tun" 139 / Belgien: „Europa braucht dieses Österreich nicht" 141 / Was Schüssel und mich erschütterte und die EU lernte 144

DER SÜDEN

Wie sich Europas Nachbarschaft mit dem
Mittelmeerraum entwickelt hat 149
  Der Barcelona-Prozess war der Anfang 149 / Die Vergänglichkeit
  der neuen Dimension 151 / Aktion gegen Terror und organisierte
  Kriminalität 152 / Europas Nachbarschaftspolitik und der „Ring
  von Freunden" 154 / Ambitionen der Mittelmeerunion 156 / Wo
  Präsident Sarkozy nachgeben musste 158 / Wenn Staatschefs kei-
  ne Kritik vertragen 160 / Weißbuch für den Mittelmeerraum 161

Nahost: Faszination und Fiasko 163
  Wie die positive Grundstimmung umschlug 163 / Die Herren
  bekundeten mir ihre Akzeptanz 164 / Strategie mit Besuchsterminen auf allen Ebenen 165 / Eine große Krisenregion 165 / Abschied
  von der Zwei-Staaten-Lösung? 167 / Serie der verpassten Gelegenheiten 168 / Bemühungen des Nahost-Quartetts 169 / Die Roadmap, ein Fahrplan in die Sackgasse 170 / Der Fall des israelischen
  Soldaten Gilad Shalit 171 / Konflikte im Konstantinpalast 172 /
  Ein „Vorfall" mit vier getöteten UNO-Soldaten 173 / EU-Zahlungen an die Palästinenser 175 / Annapolis, das große Scheitern auf
  großer Bühne 176 / Tony Blairs Büro in Ostjerusalem 178 / Zu
  schwache Rolle der EU 179 / Nachbarschaftspolitik braucht Zeit 181
  / Mubarak und die brennenden Themen 182

Algerien: Kriegsgräuel und Geiseldrama 183
  Massaker unter Ausschluss der Weltöffentlichkeit 183 / Wir waren
  nicht hochrangig genug 184 / Ich hatte Höllenangst 185 / Der Dialog der Tauben 186 / Vier Jahre danach höchstrangig empfangen 187 / Die Geiselbefreiung in der Sahara 188 / Wie die gute
  Beziehung zu Bouteflika half 189

Im Sturzflug nach Bagdad 191
  Der erste Besuch nach dem Irak-Krieg 191 / Die Sekunden in der

Schusslinie 209 / Signale der EU an das neue Regime 210 / Die allerletzte Friedensoffensive vor dem Irak-Krieg 212 / Die Arabische Liga in der Pflicht 213 / Saddam Hussein war für russisches Exil bereit 215 / Österreichs eigenständige Haltung 216 / Hilflosigkeit nach Beginn des Irak-Kriegs 217 / Die Bagdad-Trips des Jörg Haider 218

Gefangen in Gaddafis Libyen 220
Wie ich das Drama um die bulgarischen Krankenschwestern beendete 220 / In der Kinderklinik von Bengasi 221 / Erstmals Mitgefühl mit den Aids-Infizierten 222 / Besessen nach Blutgeld 225 / Die Geständnisse der Folteropfer 227 / Es ging zu wie auf dem Bazar 229 / Todesurteile dreifach verhängt 231 / Gaddafi und seine Statisten 232 / Madame Cécilia auf Reisen 234 / „Völlig egal, was wir hier unterschreiben" 236 / Von der Todeszelle in den VIP-Salon 238 / Libyen heute: Failed State und Transitland für Migranten 239

DER OSTEN

Wie das Vertrauen zwischen der EU
und Russland dezimiert wurde 243

Hätte mehr Behutsamkeit den Bruch verhindern können? 243 / Lokalaugenschein in Tschetschenien 244 / Was der Geheimdienst darf und Menschenrechtler nicht dürfen 245 / „Staatsanwalt!" 247 / Plötzlich ein anderer Wladimir Putin 249 / Der Fehler mit dem Assoziierungsabkommen 250 / Misstrauen in Moskau 252 / Sanktionenfrage in der Krim-Krise 253 / Das Paradoxon mit dem größten Partner 255 / Die Zukunft der OSZE bei nüchterner Betrachtung 257

Inhalt 11

Wie Geld, Gas und Gift das Verhältnis zum Osten bestimmten . . . 259
  Die wechselvolle Nachbarschaftspolitik der EU gegenüber der
  Ukraine 259 / Mein Naheverhältnis zum Giftopfer Wiktor Juscht-
  schenko 260 / Energieaußenpolitik und Energiediplomatie 262 /
  Frühwarnsystem gegen neue Energiekrisen 264 / Erzrivalität mit
  Julia Timoschenko 265

Wie Zentralasien näher an Europa rückte 267
  Von Energiekooperation bis Studentenaustausch: Kasachstan als
  Vorreiter 267

Das Tempo im Fernen Osten 270
  Die EU und China von Gipfel zu Gipfel 270 / EU-Indien und die
  falschen Spruchbänder 273 / Nepal, Bhutan und die vier Königinnen 274 / EU-Japan und ein denkwürdiger Besuch 276

DER WESTEN

Die Ups und Downs in der weltweit wichtigsten Partnerschaft . . 283
  EU und USA als strategische Partner 283 / Das Verhältnis zu
  Madeleine Albright 284 / Als Colin Powell hinters Licht geführt
  wurde 286 / Das Charisma der Condoleezza Rice 287 / George W.
  Bush und Guantánamo 289 / Donald Trumps „America First" 290
  / Kanada als Partner für menschliche Sicherheit 291

Auch Lateinamerika ist Westen 293
  Wie Europa einen wichtigen Verbündeten vernachlässigt 293 /
  Versuche mit der EU als Modell 296 / EU-LAK und andere Dräh-
  te zu Lateinamerika 299 / EU hat inzwischen pazifische Konkurrenz 304

EUROPA

Wie findet die EU aus dem Krisenmodus heraus?. 323

Kritikpunkte und Reformvorschläge 323 / Was der Brexit lehrt und lehren sollte 324 / Die Roadmap von Bratislava 327 / Ein Kern als Bundesstaat Europa 329 / Vakuum in großen Fragen 330 / Eine kompakte Kommission als echte EU-Regierung 332 / EU-Gipfeltreffen nicht nur in Brüssel 333 / Auf die Dauer schadet Einstimmigkeit der Außenpolitik 334 / Der schwierige Start des Europäischen Auswärtigen Dienstes 335 / Der Ansturm auf die „Festung Europa" 336 / Migrationsdruck Richtung Europa 337 / Flüchtlinge: Kontrollen und Kontingente 338 / Plädoyer für eine UNO-Konferenz 339 / Neue Formen der Kommunikation 341 / Unflexibel dank Bürokratie: „Sie machen sich angreifbar!" 342 / Unionsbürgerschaft mit EU-Reisepass 344

KANDIDATUREN

Wie ich das höchste Amt im Staat knapp verfehlte 347

Bundespräsidentschaftskandidatur mit Hindernissen und Morddrohungen 347 / Wahlkampfmarathon im Benita-Bus 349 / Österreich auf der Landkarte markieren 351 / Die Eurofighter-Episode mit Hans Dichand 353 / Kampagne mit der Eheannullierung 353 / „Ich übe schon. Bis dann, Ihr Mörder" 355 / Kugelsichere Weste als Ballgarderobe 357 / Blickkontakte und Körpersignale 358 / Woher kamen die 120.000 weißen Stimmzettel? 360

Wie ich mein UNESCO-Abenteuer überstand. 362

Die Zeit war knapp, die Unterstützung lauwarm 362 / Building Bridges: Bunte Broschüre mit Reformvorschlägen 365 / Unverbindliche Erklärungen 367 / Heiße Luft auf dem Afrikagipfel 368

/ „Wann wirst Du Dich endlich zurückziehen?" 371 / Waldner oder Waldheim, egal 373 / UNESCO in reformbedürftigem Zustand 375

WEGBEGLEITER

Wie Paco fast First Husband wurde 381

    Der Spanier Francisco Ferrero Campos blickt auf Benitas Heimat 381

Benitas ständiger Begleiter und Beobachter 387
    Der Fotograf Bernhard Holzner („Hopi") erzählt 387

Gastbeitrag von Franz Josef Radermacher 391
    Überlegungen zur Zukunft: Was kommt auf uns zu? Benitas Engagement für den Marshallplan mit Afrika 391 / Herausforderungen in schwieriger Zeit 391 / Ökosoziale Marktwirtschaft 393 / Ein Marshallplan mit Afrika 394 / Schlussbemerkung 398

Grußwort von Wolfgang Schüssel.................. 400
    Weltoffene (Vor-)Kämpferin, überzeugende Europäerin, hartnäckige Optimistin 400

Grußwort von Frank-Walter Steinmeier 402
    Benita, Schlüsselfigur der EU-Diplomatie und Außenpolitikerin mit Vision 402

Grußwort von Hans-Gert Pöttering 404
    Benita bewies Tatkraft, diplomatisches Geschick und Weitsicht 404

Grußwort von Amre Mussa 406
    Why Benita is a very special person and a very special friend 406

Chronologie 407

Abkürzungsverzeichnis 410

Register 414

Vorwort

Zwischen der Empfehlung meiner Mittelschulprofessorin „Du bist doch die geborene Diplomatin" und der Warnung eines Universitätsprofessors – „Die Diplomatie ist eine Welt voll Intrigen" – verlief meine Karriere als Diplomatin und Politikerin. Zwischen diesen beiden Polen arbeitete ich mit meinem Motto „Wo ein Wille, da ein Weg" und durfte eineinhalb Jahrzehnte auf österreichischer, europäischer und globaler Ebene die Außenpolitik mitgestalten, weltweit bekannt als „die Benita". Leider ist inzwischen vieles aus den Fugen geraten; asymmetrische Bedrohungen, Islamismus, Terrorismus, Unberechenbarkeiten in Führungsebenen, wo man sie nicht erwartet hätte, instabile Verhältnisse rund um die Europäische Union und sogar innerhalb der Union. Wege ließen sich immer finden, wäre bloß der Wille dazu da.

Ich habe lang zugewartet, meine Erinnerungen zu Papier zu bringen. Erst jetzt halte ich die Zeit reif dafür. In Österreich, in Europa, auf der Welt hatte ich mit vielen Persönlichkeiten zu tun, mit beeindruckenden und weniger beeindruckenden.

Ich habe gesehen, wie hinter den Kulissen Entscheidungen zustande kommen und Außenpolitik nicht nur auf Interessenwahrung, sondern oft auf persönlicher Chemie beruht – und nicht unbedingt mit Parteipolitik zu tun hat. Denn auch als überzeugte Christdemokratin konnte ich mit vielen Sozialdemokraten sehr gut arbeiten.

Bei den Vereinten Nationen lernte ich, wie wichtig es ist, die gesamte Welt zu betrachten. Sie besteht nicht nur aus unserem kleinen Mitteleuropa. Die Europäische Union droht in die Bedeutungslosigkeit zurückzufallen, die bisherige positive Entwicklung, der Gedanke der Solidarität sind zurzeit durchbrochen. Die EU war stets Modell der regionalen Integration für asiatische, arabische und lateinamerikanische Länder. Ich fürchte, das ist vorbei. Mit einer Reihe von Vorschlägen versuche ich, Reformen anzumahnen, die die EU wieder handlungsfähiger machen sollen.

In gewisser Weise sehe ich mich auch als Vorkämpferin gegen die „gläserne Decke" in Frauenkarrieren und möchte damit Mut machen. Als ich zunächst 13 Jahre in der Privatwirtschaft tätig war, arbeitete ich mich in die damals von Männern dominierte Exportleitung eines Unternehmens empor; im österreichischen Außenministerium war ich die erste stellvertretende Protokollchefin, in der UNO die erste Protokollchefin überhaupt, danach war ich die erste Außenstaatssekretärin meines Landes und darauf erste Außenministerin; auf EU-Ebene war ich die erste Außenkommissarin, und fast wäre ich auch die erste Bundespräsidentin geworden. Es war frappierend, wie oft ich als Frau in der Außenpolitik mit Vorbehalten konfrontiert war – und zwar nicht im arabischen Raum, wie man meinen könnte, sondern in Europa, selbst in Österreich.

Mein Lebensmotto „Wo ein Wille, da ein Weg" begleitete mich in vielen, durchaus auch gefährlichen Aktivitäten, von denen mir ausdrücklich abgeraten worden war. Leider funktionierte das Motto nicht immer. Ich schildere in diesem Buch abenteuerliche Situationen, Intrigen, Morddrohungen, Lächerlichkeiten. Davon blieb so manche Narbe zurück. Wer gut darin ist, auch zwischen den Zeilen zu lesen, wird über das Geschilderte hinaus noch vieles erkennen.

Dieses Buch wäre ohne die Ermunterung und Unterstützung meines Mannes nicht zustande gekommen. Ihm möchte ich das Buch widmen, aus Dankbarkeit dafür, wie er meine Karriere begleitet und seine hintangestellt hat. Paco machte jeden Ortswechsel mit, der in meinen Funktionen unvermeidlich war, musste dafür seine Posten abbrechen und an neuer Stelle neue Aufgaben suchen. Ihm verdanke ich sehr viel.

Auch an meine Mitarbeiter, mit denen ich in meinen diversen Funktionen vertrauensvoll zusammenarbeiten konnte, sei es in Wien, in New York, in Brüssel und nunmehr in Madrid, und an meine Mitstreiter im Bundespräsidentenwahlkampf denke ich mit Dankbarkeit zurück.

Meinen früheren Chefs – UNO-Generalsekretär Boutros Boutros-Ghali, Österreichs Bundeskanzler Wolfgang Schüssel und EU-Kommissionspräsident José Manuel Barroso – gelten meine Dankbarkeit und mein Respekt. Und nicht zuletzt danke ich dem Journalisten Ewald König, der meine Erinnerungen aufgezeichnet hat, für die fruchtbare Zusammenarbeit.

Benita Ferrero-Waldner   *Madrid/Baden, Juni 2017*

MEINE LAUFBAHN

Was mich geprägt hat

Weichenstellungen durch Vater, Mutter, Tante und Lehrer

Von den Männern, die mich in meinem Leben geprägt haben, war der Vater mit Selbstdisziplin und Leistungsstreben der wichtigste; von den Frauen waren es die Mutter mit ihrer Weltoffenheit und Geselligkeit, eine Tante, die mir die Liebe zum Ausland und zu Sprachen eingeimpft hat, und eine Professorin mit einem einzigen, aber treffsicheren Satz.

Sobald ich laufen konnte, brachte ich dem Vater die Prothese ans Bett. Mein Vater war an der Ostfront eingesetzt gewesen, zuerst in Finnland als Dentist; dann wurde er in die Nähe von Sankt Petersburg geschickt. Er musste als Sanitäter mit anderen Kameraden verletzte Soldaten mit einer Bahre aus dem Minenfeld holen. Einmal traten sie selbst auf eine Mine. Der eine Sanitäter war sofort tot, mein Vater erlitt an beiden Beinen schwerste Verletzungen. In diesem Zustand wurde er eine Nacht lang mit dem Zug nach Riga transportiert. Es war die schlimmste Nacht seines Lebens. Alles zerfetzt, keine Medikamente, wahnsinnige Schmerzen. Er wollte nur sterben. Dabei hatte er unglaubliches Glück, zu den wenigen Überlebenden des Minenfelds zu gehören. In Riga wurde er operiert, sein Operateur war Arzt und Theologe. Ihn bat er: „Retten Sie mir, wenn Sie können, wenigstens ein Bein. Ich bin Dentist und will arbeiten." Er wurde unterschenkelamputiert. Gott sei Dank hatten sie ihm ein Bein retten können. Er musste lang in Riga im Lazarett bleiben, bevor er nach Salzburg verlegt wurde und sehr lange Zeit im dortigen Lazarett verbringen musste.

Diese Prothese, die an den Stumpf anzuschnallen war, brachte ich ihm als kleines Kind.

„Benita, bring mir die Prothese." Das war für mich von Anfang an selbstverständlich.

Dass dies nicht so selbstverständlich war, merkte ich erst, als wir einmal zum Baden an den Abtsdorfer See nach Bayern hinüber fuhren. Das ist ein warmer Moorsee, sehr angenehm. Dort sah ich, wie sich mein Vater schrecklich genierte. Als junger Mann war er ja sehr sportlich gewesen, er lebte für Leichtathletik, er war sogar Jugendboxer, und nun musste er sich im letzten Moment, bevor er sich ins Wasser begab, der Prothese entledigen. Da merkte ich langsam, was das bedeutete und was er trotz Prothese alles machen konnte. Er schwamm, er lief damit, sogar ziemlich gut. Man sah ihm nicht einmal an, dass auch das zweite Bein schwer angeschlagen war. Es konnte ihm zwar gerettet werden, war aber sehr dünn. Er konnte es nicht belasten, ihm fehlte daher das eine Bein, auf dem er hätte fest stehen können. Er konnte das nur ausgleichen, indem er fast tänzelnd ging. Er ging mit meiner Mutter sogar tanzen und konnte sie mit viel Gefühl auch führen. Ans Schifahren war aber natürlich nicht zu denken.

Für ihn als Dentisten war das eine harte Lebensprobe. Dentist ist ein Stehberuf. Aber mein Vater hatte einen außerordentlich starken Willen und unglaubliche Selbstdisziplin. Da er nicht groß war und immer schlank bleiben konnte, belastete ihn sein Gewicht nicht.

Als meine Eltern in Salzburg heirateten, saß mein Vater im Rollstuhl. Seine Arbeit verrichtete er aber meistens stehend, obwohl ihn nicht nur die Narben schmerzten, sondern immer wieder neue Wunden. Die stammten von den einzelnen Teilen der Metalltretmine, von denen immer wieder Splitter herausgeeitert kamen und ausgeschnitten werden mussten. Mein Vater war wirklich ein tapferer Mann. Das hat uns beeindruckt und geprägt, vor allem mich als die Erstgeborene. Er nahm das einfach auf sich, für ihn war es eben so.

Seine Patienten waren ihm unheimlich wichtig, die Arbeit war seine Leidenschaft. Und seine Patienten liebten ihn, weil er ein sehr guter Dentist war. Mittellose behandelte er auch kostenlos. Beim Mittag- und Abendessen waren die Patienten das Hauptgesprächsthema. Und die Familie bedeutete ihm viel. Sonst gab es nichts für meinen Vater.

Um Ordnung, Finanzen und Haushalt kümmerte sich meine Mutter, insofern war das eine gute Kombination. Meine Mutter, Emmy Waldner, war eine hübsche Frau, lebensfroh, lustig, sie hätte gesellschaftlich gern viel mehr gemacht, mein Vater jedoch kaum. Er wollte bei keinem Verein dabei sein, sogar die Mitgliedschaft im Kriegsopferverein lehnte er ab.

Meine Mutter wäre gern überall dabei gewesen. Ich bin eher so gesellig, wie meine Mutter gern gewesen wäre.

Sie musste auf enorm viel verzichten. Sie war lange Zeit Hausfrau, und als ich 15, 16 Jahre alt war, gab es deshalb in der Ehe meiner Eltern eine Krise. Meine Mutter war deprimiert. Sie brauchte die Ansprache, sie brauchte Menschen. Sie war wie ich.

Sie hatte wenige Freundinnen, und mein Vater war leider sogar eifersüchtig auf die Zeit, die sie mit jemand anderem verbrachte. Obwohl er selbst nur für die Arbeit lebte und wenig daheim war, war er glücklich, seine Frau zu Hause zu wissen. Für sie war das ein großes Opfer, für mich bedeutete das freilich, dass ich sie immer um mich hatte und behütet aufwuchs (Abbildung 1). Wenn meine Mutter irgendwelche Wünsche äußerte, sagte er nur: „Kinder, es geht Euch doch nicht so schlecht."

Erst als mein sechs Jahre jüngerer Bruder Bruno in Innsbruck sein Medizinstudium aufnahm, begann sie, wieder in der Praxis meines Vaters mitzuarbeiten. Sie fing sich sofort wieder, weil sie Kontakt mit Menschen hatte. Die Ehekrise ging vorüber, die ganze Familie war wieder glücklich.

Mein Vater hätte gern mehr Kinder gehabt, doch wäre das meiner Mutter nicht zuzumuten gewesen. Beide Geburten, beide mit Kaiserschnitt, waren so schwierig, dass sie sie fast nicht überlebt hätte. Ein weiterer Kaiserschnitt in dieser Nachkriegszeit wäre undenkbar gewesen.

Besonders „das Andere" faszinierte mich

Mein Vater war auch politisch sehr interessiert und auf dem Laufenden und äußerte sich oft kritisch. Das färbte auf mich ab. Mich faszinierte schon als Gymnasiastin am meisten die Außenpolitik. Ich sah diese vielen guten Reportagen in *ZDF, ARD, Bayern3* sowie den Auslandsreport im *ORF*, der nicht nur ihn interessierte, sondern von klein auf auch mich. Einfach alles, was nicht das Eigene war, sondern das Andere, faszinierte mich. Dazu kamen die *Salzburger Nachrichten*, eine sehr gute Zeitung, die in meiner Familie regelmäßig gelesen wurde.

Von den vielen Geschwistern meines Vaters überlebten nur zwei die Jugend. Sein Bruder, ein sehr starker und sportlicher Mann, der nach zehnjähriger russischer Gefangenschaft völlig gebrochen heimkam und in die Badewanne gehoben werden musste, der dann in Biel in der Schweiz als Schriftsetzer lebte, uns nur gelegentlich besuchte und schließlich nach Oberndorf zu seinem letzten Besuch kam – vermutlich um hier zu Hause zu sterben.

Seine Schwester war meine Tante Elsa. Sie war das älteste, mein Vater das jüngste von den drei überlebenden Kindern. Tante Elsa hatte auf mich prägenden Einfluss.

Sie hatte eine wunderbare Sopranstimme und wollte eigentlich Sängerin werden. Zur damaligen Zeit war das völlig unschicklich. In einer schicklichen Familie war man keine Sängerin. Die Eltern erlaubten es ihr daher nicht. Mein Großvater war Uhrmacher, also musste auch sie Uhrmachermeisterin werden, obwohl sie sich dafür überhaupt nicht interessierte.

Mein Großvater war Südtiroler, meine Großmutter Salzburgerin. Zu einem Viertel bin ich also Südtirolerin, daher kommt wahrscheinlich auch das Kämpferische. Nicht nur in meiner späteren Karriere, sondern auch schon in der Kindheit, wenn mein Vater allzu streng war.

Die Großeltern hatten sich in Südtirol kennengelernt, zogen aber nach Salzburg und betrieben das ganz gut gehende Uhrmachergeschäft. Leider starb er sehr früh an Magenkrebs, mein Vater war erst drei Jahre alt und konnte sich an ihn kaum mehr erinnern. Das Testament besagte, dass die Kinder erst mit 18 Jahren ihr Erbe antreten könnten. In der Zwischenzeit war dank Wirtschaftskrise und Abwertungen alles weg, am Ende war vom Erbe gar nichts mehr da. So musste meine Großmutter arbeiten, um ihre Kinder aufziehen zu können.

Tante Elsa, die Uhrmachermeisterin wider Willen, ging als Erzieherin nach Großbritannien und dann nach Italien. Sie sprach daher sehr gut Englisch und Italienisch. Sie hatte bei zwei englischen Fräuleins Englisch, Französisch und Italienisch gelernt, aber vor allem Etikette.

Als sie in Italien lebte, nahm sie mich als Kind zwei Mal in den Ferien auf, einmal mit sieben, einmal mit acht Jahren, beide Male auf Sommerfrische, in Lavarone in der Provinz Trient bei einer angesehenen Familie mit zwei Söhnen ungefähr in meinem Alter, denen sie Deutsch und Englisch beibrachte, und im zweiten Jahr in Rimini, am Meer, sowie in Verona, dem Sitz der Gastfamilie.

Wie habe ich das geliebt! Ich glaube, daher kommt auch meine Liebe zum Ausland. Ich war hingerissen. Auch mein Hang zum Süden und zum Meer kommt sicher aus dieser Zeit. Ein Kind ist anfällig für diese Dinge. Meine Tante war reiselustig, sprachenbegabt und die personifizierte Offenheit. Ich nahm sie mir immer als Vorbild. Auch als ich selbst beruflich unendlich viel reisen musste, kam mir immer wieder Tante Elsa mit ihrem britischen Seesack in den Sinn, den ich als neugieriges Kind so gerne durchsucht habe.

Es war schon tragisch, wie sie neben der ungeliebten Uhrmacherei heimlich Gesangsausbildung nahm, aber nie öffentlich auftreten konnte und nur für mich allein Mozart sang. Sie sah sehr gut aus, war aber nie verheiratet, obwohl die Italiener hinter ihr her waren. Eigens für Paco, meinen Mann, begann sie sogar, im hohen Alter noch Spanisch zu lernen. Sie war die Einzige in der Familie, die alt wurde. Bis zu ihrem Tod mit 95 besuchte ich sie gerne in Oberndorf, wo sie ein kleines Apartment gemietet hatte. Tante Elsa, der ich das Fernweh zu verdanken habe, war für mich unglaublich wichtig.

Man kann auch ohne Mathematik etwas werden!

Meine Familie lebte in der sympathischen Marktgemeinde Oberndorf nördlich der Stadt Salzburg an der Grenze zu Bayern, berühmt für das Weihnachtslied *Stille Nacht, heilige Nacht*, das hier 1818 erstmals aufgeführt wurde. Zur Mittelschule musste ich mit dem Sieben-Uhr-Zug nach Salzburg fahren, das Aufstehen um sechs Uhr kostete mich Disziplin. Aber es schadete nicht, dadurch wurde ich ein Morgenmensch. Ob ich von Natur aus wirklich einer bin, weiß ich bis heute nicht, es blieb mir nichts anderes übrig. Nach wie vor stehe ich um sieben auf, bleibe aber bis ein Uhr nachts auf, weil Paco ein Abendmensch ist.

Das Gymnasium habe ich sehr gemocht, vor allem Geografie, Geschichte und Literatur, aber auch Latein, Englisch und Französisch. Latein, Deutsch und Literatur unterrichtete Edith Kellner, unser Klassenvorstand.

Sie war damals eine unserer jüngsten Professorinnen, ihr habe ich die Liebe zur Literatur zu verdanken.

Grässlich fand ich nur Mathematik und Physik, ich hatte auch kein Talent dafür. Gott sei Dank kann man auch ohne Mathematik etwas werden!

Wir hatten einige sehr gute Lehrer. Eine Persönlichkeit mit großer Ausstrahlung war meine Geschichtsprofessorin, Eleonore Ammerbauer. Sie unterrichtete auch Latein und Griechisch. Ihren Mann hatte sie in den allerletzten Kriegstagen verloren, die drei Töchter musste sie allein aufziehen. Sie war in allem großzügig und weltoffen, was uns fasziniert hat. Da sie starke Raucherin war, wurde sie leider nicht alt. Sie sagte schon damals: „Meine Damen, Sie müssen mindestens fünf Zeitungen am Tag lesen, um informiert zu sein!" Obwohl wir noch sehr jung waren, siezte sie uns, was uns in der Unterstufe sehr beeindruckte. Ihren Rat mit der Zeitungslektüre beherzigte ich, auch das war prägend für mein Weiterkommen.

Gegen Ende der Gymnasialzeit ereignete sich eine Weichenstellung für mein Leben und meine Karriere. Zunächst wollte ich Medizin studieren, weil mir der Beruf meines Vaters gefiel. Zahnärztin wollte ich zwar nicht werden, aber Ärztin auf jeden Fall, ohne zu wissen, worauf ich mich spezialisieren sollte. Das war in meinem ganzen Leben so: Die Kleinarbeit mochte ich nicht, dafür fehlte mir die Geduld. Das ist einfach so. Fasziniert hat mich immer das Große und Ganze. Ich wollte also Ärztin werden. Bis heute mag ich den Geruch in Arztpraxen und Kliniken. In Wien hatte ich fürs Medizinstudium schon ein Zimmer angemietet.

„Du bist doch die geborene Diplomatin"

Zur Maturafeier im Juni 1966, als wir Schülerinnen mit den Professoren abends am Tisch zusammensaßen, fragte mich die Professorin für Kunsterziehung, Roxane Cuvay: „Na, was wirst denn Du studieren?" Sie war eine starke Persönlichkeit, eine Autorität, eine ältere Dame mit viel Lebenserfahrung. Sie brachte uns bei, Kunst zu interpretieren und zu lieben. Cuvay und Ammerbauer waren Frauen, von denen man sich als Schülerin wünscht, einmal genauso zu werden wie sie.

„Ich werde Medizin studieren", antwortete ich. Darauf Cuvay: „Ach geh, Du bist doch die geborene Diplomatin!"

Dieser Satz ist gesessen. Ich dachte den ganzen Sommer darüber nach. Wie sie darauf kam, weiß ich nicht. Offenbar konnte sie das im Kunsterziehungsunterricht aus meinem ausgleichenden Charakter herauslesen. Sie schien mich ganz gut zu kennen, in ihrem Unterricht waren wir ja nur eine kleine Gruppe.

Bis zu ihrer Äußerung von der „geborenen Diplomatin" hatte ich nie an diesen Beruf gedacht. Ohne diesen Satz wäre ich sicher Ärztin geworden. Geprägt von meinem Vater, bin ich auch heute noch in der Familie ein bisschen die Ärztin, die relativ schnell erkennt, was zu tun ist.

Ich handelte nach Cuvays Rat und erkundigte mich, was ich studieren müsste, denn zur Diplomatie hatten wir überhaupt keine Bezugspunkte, geschweige denn Beziehungen.

Eventuell über Fremdsprachen? Sprachen zu lernen fiel mir immer leicht. Aber ich musste mir sagen lassen, dass Sprachen allein auf keinen Fall genügten, weil man damit immer mit jemandem zusammenarbeiten beziehungsweise für jemanden arbeiten müsste, anstatt selbst für Inhalte verantwortlich zu sein. Das war für mich ein wichtiger Hinweis. Und ein weiterer Rat lautete: „Sie sollten Jus studieren." In Österreich nennen wir das Jurastudium Jus. Ich und Jus! Obwohl mich die Rechtswissenschaften nie so sehr interessiert hatten, freundete ich mich rasch mit dem Gedanken an, denn es war der richtige Weg zum Ziel.

Am Ende dieses Sommers, als wir eigens nach Wien fuhren, wo mein Zimmer reserviert war, eröffnete ich meinem Vater: „Vati, ich werde Diplomatin." Den Armen hätte es fast umgeworfen. „Ich werde Jus studieren." Er wusste ja, dass mich das Ausland und die Sprachen immer interessiert haben, also hoffte ich auf sein Verständnis. Und ich hatte ein Zuckerl für ihn, das ihm meine Entscheidung versüßen sollte: „Ich werde in Salzburg bleiben." Denn für das Medizinstudium hätte ich nach Wien umziehen müssen, das Jusstudium konnte ich in Salzburg machen. „Na gut", meinte er dann und sagte nur noch einen einzigen Satz: „Aber fertig machen musst Du es!"

Schnelles Studium in der alten Schuhfabrik

Tatsächlich zog ich das Studium sehr schnell durch – nicht aus Begeisterung, sondern einfach weil es nicht das war, was ich eigentlich wollte. Ich wollte schnell hinaus, wollte das Studium nur als Sprungbrett benützen. Interessant fand ich nur das Völkerrecht, das Verfassungsrecht und das Strafrecht. In den Theorien war ich gut, alles andere nahm ich so mit, weil ich es mitnehmen musste. Von Wirtschaft hatte ich anfangs wenig Ahnung, aber ich lernte viel dazu.

Die Uni-Zeit in Salzburg verlief sehr gut und fast lustig, obwohl die Universität wenig einladend war. Heute residiert die Juridische Fakultät in schönen alten Gebäuden in der Salzburger Innenstadt, damals saßen wir in einer ehemaligen Schuhfabrik in der Nähe des Bahnhofs. Ich gehörte dem zweiten Jahrgang an, nachdem die Juridische Fakultät nach mehr als hundert Jahren wiedereröffnet worden war. Mein Jahrgang bestand aus hundert Studenten und zehn Studentinnen. Wir waren eine nette Gruppe, für uns war es wie ein Schulbetrieb: Man besuchte die Vorlesungen, büffelte und hatte in knapper Folge die Prüfungen. Die Professoren kannten uns persönlich, vor allem uns paar Studentinnen. Von den zehn Frauen zogen acht das Studium relativ rasch durch, die anderen zwei schieden aus.

Wir hatten tolle Professoren, beispielsweise Theo Mayer-Maly, der an unserer neu errichteten Universität Bürgerliches Recht, Arbeitsrecht und Römisches Recht lehrte sowie zwei Dutzend Bücher und Hunderte Aufsätze veröffentlichte; die Professoren Herbert Miehsler (Völkerrecht), Robert Seiler (Strafrecht), Alfred Kyrer (Wirtschaftswissenschaften), Friedrich Koja (Verfassungsrecht) und sogar Friedrich Hayek, der als Gastprofessor in Salzburg weilte und bei dem ich zwei Semester belegte.

Neben dem Jusstudium wollte ich noch eine weitere Sprache lernen. Italienisch konnte ich dank meiner Tante Elsa schon gut. Nun wollte ich allenfalls Russisch studieren, ich war aber nur ein einziges Mal im Kurs. Da herrschten in der Sowjetunion noch die Kommunisten, und es widerstrebte mir, eine Sprache zu lernen, in der man nicht sagen durfte, was man dachte. So ließ ich die Idee wieder fallen. Heute finde ich es schade, dass ich keine slawische Sprache erlernt habe. Als Diplomatin hätte mir das genützt. So wählte ich Spanisch, einfach weil es mir Freude machte. Auch diese Professorin, Margarita Barrio aus Madrid, beeindruckte mich, was sich später wieder als Weichenstellung herausstellen sollte.

„Diplomatie ist eine Welt voll Intrigen"

Franz Matscher, Professor für Zivilprozess und selbst österreichischer Diplomat, warnte mich vor meinen Berufsplänen: „Diplomatie ist eine Welt voll Intrigen", sagte er. „Das würde ich Ihnen nicht raten, Frau Kommilitonin." Trotzdem ging ich meinen Weg in Richtung Diplomatie. Die Warnung des Professors vor den Intrigen bestätigte sich erst später, allerdings mehr in der Politik als in der Diplomatie.

Ich war erst 22, als ich das Studium als Dr. iur. abschloss (Abbildung 3). An Freundeskreisen fehlte es mir nie, weil ich schon damals offen und gesellig war. Ich erinnere mich noch gut an unseren Freundeskreis, an Monika Kalista, spätere Kulturabteilungsleiterin der Landesregierung Salzburg, Michael Wonisch, später anerkannter Rechtsanwalt in Salzburg, Peter Posch und seine Frau Ingrid, geborene Neidl, beide Rechtsanwälte in Wels, an den Kollegen Helmut Stadler und andere. Unser Star war zweifellos Helga Rabl-Stadler, die heutige Präsidentin der Salzburger Festspiele, die das von ihrem Vater, dem ORF-Generalintendanten Gerd Bacher, ererbte Redetalent an uns ausprobieren konnte.

Meine engste Freundin aus der Uni-Zeit blieb Elisabeth Raidl-Marcure, obwohl wir eigentlich überhaupt nicht zusammenpassen. Sie völlig chaotisch, ich methodisch und ordentlich, sie Nachtmensch, ich Morgenmensch. Sie war viele Jahre lang Professorin in der Juridischen Fakultät an der Kyoto Sangyo Universität in Japan, wo sie auf Japanisch (!) Rechtsvergleichung und Privatrecht lehrte. Eine unglaublich liebe und gescheite Person, bodenständig, unkompliziert. Obwohl sie immer noch in Japan lebt und wir uns höchstens einmal im Jahr sehen, ist sie meine beste Freundin.

Während des Studiums lernte ich meinen ersten Mann kennen. Wolfgang war Kunsterzieher an der Realschule in Freilassing auf der bayrischen Seite, er steckte in der Schlussphase seines Studiums. Als wir dann beide fertig studiert hatten, stand ich vor der Frage: Was mache ich jetzt? Der normale Weg für meine Wunschlaufbahn wäre gewesen, die Diplomatische Akademie in Wien zu besuchen. Nun wollte ich aber doch nicht mehr weggehen, die diplomatische Laufbahn wäre mit meiner jungen Ehe unvereinbar gewesen. Da wir in der Salzburger Landespolitik niemanden kannten, erkundigte ich mich in Deutschland, was ich dort als Juristin machen könnte. Das Ergebnis war ernüchternd: „Sie könnten noch einmal Jura studieren, diesmal deutsches Recht." Ich bin ja nicht verrückt geworden, dachte ich mir. Nicht noch einmal!

Freilassing jenseits der Grenze war Sitz einer Reihe internationaler Industriebetriebe. So fand ich mit 22 sofort nach dem Studium auf der deutschen Seite einen interessanten Job in der Privatwirtschaft. Ich absolvierte zuerst eine Art Lehrjahr bei der Paul Kiefel GmbH, die sich mit Schweißtechnologie beschäftigte, und wechselte dann als Assistentin des Exportleiters zur Gerns & Gahler GmbH, konnte viel reisen und Leute kennenlernen, was mich anfangs durchaus befriedigte. Ich war mit schönen Möbel- und Vorhangstoffen unterwegs, zwei Mal im Jahr gab es eine neue Kollektion, die ich unter anderem auf der Frankfurter Messe vorstellte.

Bald wurde ich selbst Leiterin der Exportabteilung. Das hatte ich vielleicht meinem diplomatischen Geschick zu verdanken. Dem Exportleiter war es nicht gelungen, eine Lösung für eine große, leider berechtigte Reklamation eines niederländischen Kunden zu finden. Da sagte der Chef: „Fräulein Dr. Waldner, morgen fliegen Sie nach Amsterdam." Ich schluckte, denn damals hasste ich das Fliegen – kaum zu glauben, wo ich doch mein späteres Berufsleben lang so viel fliegen musste. Nach zwei Tabletten gegen Flugangst überstand ich den Flug, kam völlig groggy an, und nach äußerst schwierigen Verhandlungen mit den knallharten Holländern fanden wir einen guten Kompromiss. Bald darauf übertrug mir der Chef die Exportleitung.

Einer der besten Kunden, eine New Yorker Großhandelsfirma, warb mich dann ab und machte mich zu seiner Europarepräsentantin. So arbeitete ich drei Jahre für Peter Kaufmann von der P. Kaufmann Inc. als Sales

Manager Europe. Der Mann war beeindruckend und klug, hatte ein klares Konzept und wurde in der Branche sehr geschätzt. Er verkörperte für mich die große, weite Welt und war eine gewisse Vaterfigur für mich. Er hätte mich gern als Exportleiterin nach New York geholt, Firmensitz war ein tolles Büro in der Fifth Avenue. Da aber Wolfgang und ich gerade geheiratet hatten, kam das nicht infrage. Wir bauten ein Häuschen in Laufen nahe Freilassing auf dem Grundstück von Wolfgangs Mutter.

Dann holte mich meine ursprüngliche Firma zurück. Diese dreizehnjährige Karriere in der Privatwirtschaft war für eine Frau damals durchaus ungewöhnlich. Aber innerlich wollte ich immer nur Diplomatin werden. In der Privatwirtschaft zu bleiben, hätte ich mir nur vorstellen können, wenn es gar nicht anders gegangen wäre.

Trotz des beruflichen Erfolges hätte ich gern Kinder gehabt, mein Mann jedoch nicht. Er neigte dazu, Probleme nicht anzusprechen und Konflikte nicht auszutragen. Wir hatten äußerlich keine Konflikte, aber vieles war trotzdem nicht in Ordnung; nicht einmal für die Scheidung, die nach neun Jahren Ehe erfolgte, haben wir wirklich gestritten. Das fand ich schade. Durch diese Ehe wurde ich – nach meiner behüteten Kindheit – langsam erwachsen. 1983 ließen wir uns scheiden.

Geschieden und weit entfernt vom Traumberuf

Ich war nun 35, geschieden, kinderlos und in der Privatwirtschaft beschäftigt – ganz weit weg von der erträumten diplomatischen Laufbahn!

Da entschloss ich mich zum kompletten Neuanfang meines Lebens. Mit der Scheidung wollte ich alles Bisherige hinter mir lassen. Ich hatte Freunde in Madrid, die meinten, ich solle alles stehen lassen und zu ihnen kommen. Da ich an der Uni in Salzburg ein paar Semester Spanisch gelernt und dies mit großer Hingabe betrieben hatte, war sogar eine Basis vorhanden. Allerdings hatte ich scheidungsbedingt so schwere Magenprobleme, dass ich eine Woche lang in einer Salzburger Klinik behandelt werden musste. Danach ging's nach Madrid.

Leider verstarben meine Eltern und mein Bruder so früh, dass sie von meiner weiteren Entwicklung in der internationalen Politik mit den wichtigsten Stationen in New York, Wien und Brüssel nichts mehr mitbekommen konnten. Wenigstens konnten mich meine Eltern noch als Diplomatin in Paris besuchen, wo sie sahen, dass ich glücklich war. Meine Familie hätte sich gewiss nicht träumen lassen, dass sie mich einmal als UNO-Protokollchefin zusammen mit US-Präsident Bill Clinton auf dem Titelfoto der *New York Times*, als Außenministerin und EU-Kommissarin in den Fernsehnachrichten oder als Bundespräsidentenkandidatin auf Österreichs Wahlplakaten sehen würde.

Kompletter Neuanfang

In Madrid angekommen, das war im Januar 1984, wollte ich nicht lange bei den Freunden bleiben. Ich war verzweifelt, wollte rasch wieder arbeiten. Für eine spanische Einrichtung hätte ich nicht arbeiten dürfen. Im Vertrauen auf mein Lebensmotto – Wo ein Wille, da ein Weg – ging ich ohne Voranmeldung zur österreichischen Botschaft und bat um ein Gespräch mit dem Botschafter. Ich sagte, ich hätte zwar keinen Termin, würde aber auch den ganzen Nachmittag warten, um ihm meine Zeugnisse zeigen zu können. Nach knapp drei Stunden empfing mich Botschafter Gerhard Gmoser tatsächlich, wir hatten ein gutes Gespräch, und meine Zeugnisse gefielen ihm. „Ja, ich könnte schon jemanden brauchen", sagte er. Kurz davor hatte er einen jüngeren Diplomaten nach Wien zurückgeschickt, mit dem er unzufrieden war. „Den könnten Sie als Kulturattaché ersetzen", meinte er, „aber da Sie noch kein Préalable haben, können Sie offiziell nur als Sekretärin tätig sein." So ließ ich mich als Sekretärin einstufen, machte aber die Arbeit des Zweitzugeteilten und holte die Prüfung für den Höheren auswärtigen Dienst im Juni desselben Jahres nach.

Aus der Privatwirtschaft kommend, war ich eine ganz andere Arbeitsweise gewohnt. In der Botschaft fiel auf, dass ich schnell und konzentriert arbeitete, gleichzeitig lernte ich das neue Handwerkszeug, und nebenbei studierte ich für das Préalable. Das fiel mir nicht ganz leicht, in den dreizehn Jahren meines bisherigen Jobs war ich keine Theorie mehr gewohnt, nur Praxis. Aber ich bestand die Aufnahmeprüfung.

Der damalige Erstzugeteilte, Harald Kreid, der mir sehr hilfreich war, gab mir den wunderbaren Satz mit auf den Weg: „Die Diplomatie lernt man durch Osmose." Wie Recht er hatte! In die Diplomatie dringt man langsam ein.

Nach sechs Monaten wurde jemand im Konsulat benötigt. Die Arbeit im Konsulat zu lernen, erwies sich für meine weitere Arbeit auch als sehr wichtig. Und weitere drei Monate später, im September 1984, landete ich im Außenministerium in Wien, wo man mich in die Straßenverkehrsabteilung setzte. Das war für mich ein schwerer Beginn. Nicht nur wegen des Vorgesetzten, der glaubte, nur Männer könnten gute Diplomaten sein, und gleich zur Begrüßung sagte: „Also Frau Kollegin, das sage ich Ihnen, Frauen haben im Außenministerium meiner Ansicht nach nichts zu suchen." Immerhin fügte er hinzu: „Allerdings können Sie mich ja vom Gegenteil überzeugen."

Er sprach mich mit Sie an, wie damals alle Frauen im Außenministerium gesiezt wurden. Die Männer hingegen duzten einander – auch eine Art von Diskriminierung. Als Ministerin schaffte ich diese Ungleichheit später ab.

Aber auch die Materie war nicht gerade die aufregendste. Verhandlungen mit anderen Staaten über Straßen- und Luftverkehrsabkommen, da geht es extrem detailliert zu, es kommt auf jedes Komma an. Mich interessierte doch immer die große Linie! Es war mühsam, die Abteilung war für mich eine Art Feuertaufe.

Gleich zu Beginn mussten wir eine Woche lang mit einer iranischen Delegation verhandeln. Die Iraner gaben mir als Frau natürlich nicht die Hand, das bewirkte aber, dass mir mein Chef vor den Iranern demonstrativ die Hand schüttelte, gewissermaßen als Akt der Solidarität. Nach einer Woche harter Verhandlungen war der Bann gebrochen, und mein Chef akzeptierte mich als tüchtige Mitarbeiterin.

Danach ging's in die Multilaterale Wirtschaftsabteilung, anschließend in die POL, die Politische Abteilung. Dass ich damals viele Abteilungen kennenlernte, half mir später sehr. Und natürlich lernte ich unterschiedlichste Beamte kennen, unter ihnen schrullige Aristokraten, aber auch brillante Denker. Wie bei Professoren, Ärzten und Anwälten gibt es auch bei den Beamten sehr gute und sehr schlechte und dazwischen alle Schattierungen. Aber achtzig Prozent sind sehr ordentlich.

Wie ich in Paris Diplomatie und Paco kennenlernte

Mein erster großer Posten als Diplomatin, sicherlich auch der wichtigste, war Paris, wo ich von 1987 bis 1993 arbeitete, ab 1990 als stellvertretende Missionschefin. Es war eine schöne Zeit. Weniger einfach war das Verhältnis zum damaligen österreichischen Botschafter in Paris, Erik Nettel, mit dem ich das erste Jahr auskommen musste. Ich hatte den Eindruck, er mochte Frankreich nicht, und dank seiner mangelnden Französisch-Kenntnisse war er von seiner Sekretärin abhängig.

Schon vor meinem Antreten in Paris hatte ich nichtsahnend einen schlimmen Fehler begangen. Im „Tschako-Brief", den man üblicherweise vor einer Versetzung an den künftigen Chef schreibt, drückte ich meine große Vorfreude auf die Zusammenarbeit in Paris aus und schwärmte davon, wie ich die Stadt schon früher als Au-pair-Mädchen und als Studentin faszinierend gefunden habe. Aber wenn jemand Paris nicht besonders mag und generell von Frauen im Höheren Dienst nicht viel hält, kommt so ein begeistertes Schreiben nicht gut an.

Ich war Nummer drei, dann Nummer zwei an der Botschaft, deckte Wirtschaft, Landwirtschaft und Wissenschaft ab, machte aber auch immer mehr Politik und Sicherheitspolitik, absolvierte viele Besuche und erledigte viele protokollarische Fragen. Botschafter Nettel übertrug mir die unangenehmsten Aufgaben, und nach dem Jahr unserer Zusammenarbeit ließ er sich zu dem Satz hinreißen: „Also ich muss sagen, Frau Dr. Waldner hat ja doch nicht so schlecht gearbeitet." In seinen Kategorien war dies das höchstmögliche Lob. Sein Nachfolger wurde Botschafter Wolfgang Schallenberg, mit dem ich blendend zusammenarbeitete.

Ich war in meiner Pariser Zeit auch Österreichs Delegierte im Bureau International des Expositions (BIE), das die Weltausstellungen (Expo) veranstaltet. 1988/1989 hatten Österreich und Ungarn per Akklamation die Zustimmung für eine gemeinsame Expo Wien/Budapest erhalten. Das Motto der Weltausstellung, die für 1995 geplant war, sollte „Brücken in die Zukunft" sein. Für die Ost-West-Öffnung und für die Stadtentwicklung Wiens wäre das Projekt ein großer Impuls gewesen, doch der Eiserne Vorhang fiel ohnehin bald, und Wiens Bürgermeister Helmut Zilk stieg leider aus, nachdem eine Volksbefragung die große Sorge der Wiener vor steigenden Preisen signalisiert hatte. Zwei Jahre nach den Wienern gaben auch die Ungarn auf, die zunächst versucht hatten, die Expo allein zu stemmen.

Im Rahmen der Projektvorbereitung mit Ungarn reiste ich zum ersten Mal in ein kommunistisches Land. Damals gehörte Ungarn noch zum Ostblock; ich war erstaunt, wie offen die Gesprächspartner ihre Regierung kritisierten, ohne dass es Folgen für sie hatte. Da war die Endzeitstimmung schon zum Greifen. Die Tätigkeit mit dem BIE öffnete mir aber auch die Augen, wie manches hinter den Kulissen abläuft.

Mit meinem ersten Politischen Bericht, den ich in Paris schrieb, brachte ich das Außenministerium in Wien in Aufruhr. Ich berichtete von einer Konferenz mit Generalsekretär Hermann Scheer mit Plänen, die für uns katastrophal gewesen wären. Offenbar abgestimmt mit dem französischen Kommissionspräsidenten Jacques Delors, erwog Frankreich unter Präsident François Mitterrand, die nächsten Beitrittskandidaten nicht in der EU aufzunehmen, sondern mit der EEA abzuspeisen, der *European Economic Area*, also mit der Mitgliedschaft im Europäischen Wirtschaftsraum (EWR). Mein damaliger Botschafter in Paris hätte sicher erst viel später von dem Vorhaben erfahren. Außenminister Alois Mock und Bundeskanzler Franz Vranitzky informierten sofort die EU-Aspiranten Finnland und Schweden über die Absichten. Vranitzky konnte seine sozialdemokratischen Kollegen in der EU überzeugen, sich für uns einzusetzen. Kurzum: In Paris habe ich wirklich Diplomatie gelernt.

Gleich in den ersten Monaten meiner Pariser Jahre lernte ich auch Paco kennen, meinen jetzigen Ehemann. Er war im September 1987 nach Paris gekommen, um am Lycee Espagnol als Vizedirektor und gleichzeitig an der UNED, der spanischen Fernuniversität, zu unterrichten. Eine Bekannte von mir aus Madrid, die gelegentlich Exkursionen für Diplomaten veranstaltete, lud mich zum „Schwanensee" in die Opéra Garnier mit anschließendem Empfang ein. Ich sagte ab, da ausgerechnet an jenem

Wochenende meine Eltern zu Besuch waren. Sie meinte: „Kein Problem, bring sie mit."

Paco, damals ein Kollege von ihr, wollte zunächst auch nicht kommen. Mit ihrer Beharrlichkeit schaffte sie es jedoch, dass er zusagte, wenigstens nach der Ballettaufführung am Empfang teilzunehmen. Da kam er als Letzter, fand einen Sitzplatz neben meinen Eltern und mir, wir sprachen ein paar Sätze auf Französisch, Englisch, Deutsch und Spanisch. Plötzlich brach meinem Vater, ausgerechnet ihm als Dentisten, ein Zahn aus, und er sagte: „Benita, wir müssen gehen." Paco sah ich dann lange nicht mehr, erst später ab und zu bei Veranstaltungen, bis wir uns einmal ins Café de la Paix nahe der Opéra Garnier verabredeten. Da erschien er wie ein Bohémien in einem schrecklichen Anorak und mit einer Pfeife im Mund, wirkte aber intellektuell und sehr sympathisch. Und langsam wurde eine Beziehung daraus. Er lebte damals längst getrennt von einer Französin, die auf Teneriffa wohnte. Ich ermunterte ihn, die Doktorarbeit fertigzumachen, mit der er schon zehn Jahre beschäftigt war. Er hätte sonst nie Direktor am Cervantes Institut werden können.

Die UNO-Menschenrechtskonferenz als Bewährungsprobe

Nach meiner Rückkehr von Einsätzen in Dakar, der Hauptstadt Senegals, und Paris nach Wien wollte man mich zunächst zur Abteilungsleiterin für Verhandlungen zwischen dem Außen- und dem Finanzministerium machen. Das fand ich äußerst langweilig, wusste ich doch, dass dies meinen Fähigkeiten, besonders meiner Kontaktfreude, nicht entsprach. So lehnte ich den Posten dankend ab.

Gott sei Dank, denn das nächste Angebot interessierte mich sofort: Stellvertretende Protokollchefin des Außenministeriums. Die Aufregung im Haus war groß: Könne man diese Position, die zuvor noch nie ein Frau innehatte, überhaupt einer Frau anvertrauen?

Als unter der Ägide von Außenminister Mock die Idee aufkam, im Juni 1993 eine UNO-Menschenrechtskonferenz in Wien abzuhalten, zu der auch UNO-Generalsekretär Boutros Boutros-Ghali mit seiner Familie und seiner Entourage kommen sollte, meinte mein Chef, das werde ohnehin alles vom Protokoll der Vereinten Nationen organisiert. Mein Chef war Botschafter Gustav („Gusti") Ortner, ein liebenswürdiger und großzügiger Mann, unter dem ich viel arbeitete. „Du brauchst hier nichts zu tun", sagte er vor der Konferenz, „mach Dir keine Sorgen. Das erledigt die UNO." Ich widersprach vorsichtig: „Ich glaube, Herr Botschafter, die Konferenz findet auf Einladung des Ministers statt. Wenn Du mir erlaubst, kümmere ich mich darum."

Dass er mir daraufhin die Vorbereitungen anvertraute und mich alles machen ließ, sollte für meine Zukunft ungeahnte Folgen haben. Ich organisierte die jungen Leute aus dem Ministerium, ordnete sie jeder Delegation zu, wie ich es zuvor in Paris gelernt hatte, und sorgte mich um die klaglose Organisation der UNO-Konferenz. Letztlich klappte alles perfekt, alle waren zufrieden – vor allem der UNO-Generalsekretär persönlich, den ich mit seiner Frau, Lea, auf der Konferenz kennengelernt hatte.

Ein paar Wochen nach der Konferenz, es war im Sommer 1993, weilte ich mit Paco in unserem Ferienaus im spanischen Jávea, das wir ein Jahr davor gekauft hatten. Da läutete das Telefon. Am Apparat war jemand aus dem Kabinett von Außenminister Mock. Mock sei von Boutros-Ghali angerufen worden, der UNO-Generalsekretär wolle mir ad personam die Position der UNO-Protokollchefin anbieten. Der Minister, so hieß es am Telefon, empfehle mir sehr, dass ich die Position in New York annehme.

Für uns kam der Zeitpunkt etwas ungelegen. Paco war gerade dabei, in Wien einen Lehrauftrag an der Universität zu finden, und hätte zusätzlich eine Stelle an der Vienna International School antreten können. Immerhin hatte er sich mir zuliebe als Literaturprofessor in Teneriffa beurlauben lassen und war mit mir nach Wien übersiedelt. Nachdem ich schon zugunsten meines ersten Ehemannes auf die Diplomatenlaufbahn verzichtet hatte, wollte ich in der zweiten Ehe den gleichen Fehler nicht noch einmal machen. Paco war damit einverstanden und begleitete mich von Anfang an auf meinen beruflichen Stationen, wurde aber jeweils aus seinen Aufgaben herausgerissen und musste sich neue Tätigkeiten suchen. In dem Fall entschieden wir: Wenn er schon eine neue Stelle in Wien antreten würde, könne er genauso gut eine neue Arbeit in New York beginnen.

Dann ging es unglaublich schnell. Ich wurde gebeten, gleich im September 1993 zur UNO-Generalversammlung nach New York zu kommen, damit ich die Arbeit grundsätzlich kennenlernen könne. Nach zwei Wochen ging es zurück, Paco und ich heirateten im Dezember 1993 standesamtlich in Jávea und hatten vorher viel Papierkram in Wien zu erledigen. Da man ja in Spanien zwei Namen hat, hätte ich nach österreichischem Recht eigentlich Ferrero Campos-Waldner heißen müssen. Aber Benita Ferrero Campos-Waldner, das war uns zu viel. Nach spanischem Familien- und Namensrecht hätte ich dagegen meinen Mädchennamen behalten: Benita Waldner de Ferrero. Der spanische Botschafter in Wien, Miguel Àngel Ochoa Brun, half uns, so konnte ich schließlich Ferrero-Waldner heißen. Dann flogen wir nach Madrid, wo uns in der Silvesternacht 1993/1994 ein enger Freund meines Mannes mit Champagner verabschiedete, und von dort aus weiter nach New York. Wir kamen mit unseren 13 Gepäckstücken – denn es dauert lang, bis der ganze Haushalt nachkommt – bei heftigem Schneesturm an. Der Fahrer des österreichischen Generalkonsuls brachte uns in ein kleines Apartment, das für die Übergangszeit nahe dem Headquarter der UNO angemietet wurde. Todmüde erschien ich am nächsten Morgen im Büro und nahm die Arbeit auf.

Die UNO als Sprungbrett

Mein Vorgänger als Protokollchef, Ali Teymur aus Ägypten, hatte in den letzten Wochen vor seinem Abgang sichtlich keine Freude, dass ich da war. Das Team dagegen, etwa zwanzig Mitarbeiter aus dreizehn Nationen, darunter USA, China, Ukraine, Kolumbien, Costa Rica, Niger, Spanien, nahm mich sehr gut auf. Ich brachte, so glaube ich, frischen Wind ins Büro, aber auch österreichische Pünktlichkeit. Ich setzte für neun Uhr früh eine Sitzung an, das war niemand gewohnt. Prompt erschien zum ersten Meeting nur die Hälfte der Leute. Ich machte schnell klar: „Wenn die Chefin da sein kann, könnt auch Ihr da sein. Das ist das erste und das letzte Mal, dass jemand zu spät kommt." Das funktionierte. Und wir begannen, das Büro umzubauen.

Boutros Boutros-Ghali war wegen seiner streng wirkenden Gesichtszüge im Haus durchaus gefürchtet. Auch ich begegnete ihm anfangs mit etwas Scheu. In Wahrheit war er ein äußerst kluger und humorvoller Mann (Abbildung 5). Seine erste Bitte an mich war, ein neues Protokoll für die Überreichung der Beglaubigungsurkunden auszuarbeiten. Mit dem alten Prozedere verlor er zu viel Zeit, gleichzeitig beklagten sich auch die Botschafter, zu wenig Zeit für ein Gespräch mit dem Generalsekretär zu haben. Sicherlich wollte er mich mit dieser Aufgabe testen. In kurzer Zeit schuf ich das neue Protokoll, es wird übrigens noch heute so angewendet. Der Clou waren Sammeltermine für drei oder vier Überreichungen in einer Stunde, sodass Wartezeiten wegfielen und im Anschluss für ein kurzes Gespräch mit dem Generalsekretär zum gegenseitigen Kennenlernen mehr Zeit blieb. Den roten Teppich, den ich ihm ebenfalls für die Zeremonie vorgeschlagen hatte, lehnte Boutros-Ghali übrigens ab.

Bei allen Neuerungen musste ich bedenken, dass alle Staaten, ob klein oder groß, absolut gleich zu behandeln waren. Und da alle Staaten gleichrangig waren, kam es besonders auf die Persönlichkeit des jeweiligen Vertreters an.

Kritisch ist an der UNO anzumerken, dass sie leider auch nicht mehr bewirken kann, als die einzelnen Mitgliedsstaaten politisch wollen und umzusetzen bereit sind. Ähnliche Probleme haben alle multilateralen Organisationen, vor allem, wenn sie auf Einstimmigkeit angewiesen sind. Ähnliches gilt auch für die EU, vor allem in der Außenpolitik.

Längst müsste man den UNO-Sicherheitsrat reformieren, ein Unterfangen, das immer wieder versucht wurde und immer wieder gescheitert ist. Schon als ich Diplomatin in Paris war, hatte ich eine offizielle Anfrage meiner Zentrale in Wien im französischen Außenministerium zu explorieren gehabt. Die Antwort im Quai d'Orsay war: „Cela serait ouvrir une boîte de Pandore." Das hieße, die Büchse der Pandora zu öffnen, und das komme nicht infrage.

Aber der Sicherheitsrat reflektiert nicht mehr die heutigen Machtverhältnisse, sondern jene aus dem Zweiten Weltkrieg. Man müsste ihn den neuen geopolitischen Verhältnissen anpassen. Die Bestrebungen, Deutschland, Japan, aber auch ein Land Afrikas (Südafrika oder Nigeria), ein

Land Lateinamerikas (Brasilien oder Argentinien) dazu aufzunehmen, scheiterten unter anderem an dem damaligen italienischen Botschafter Paolo Fulci, der wie ein Roboter eine Rolle für Italien hineinreklamierte – mit dem Effekt, dass kein Reformvorschlag durchdrang und alles beim Alten blieb.

Als Außenministerin in Österreich habe ich einmal in einer meiner jährlichen Reden in der UNO-Generalversammlung vorgeschlagen, es müsse einen eigenen Sitz für die EU geben – zum großen Schrecken meines Politischen Direktors Walter Siegl, der das für viel zu gewagt hielt. Ich erinnere mich daran, dass sich bald nach der Rede der bei den Vereinten Nationen akkreditierte britische Botschafter besorgt bei mir meldete und wissen wollte, ob ich gemeint hätte, dass damit das Vereinigte Königreich, aber auch Frankreich ihren Sitz an die EU abtreten müssten. Meine Idee war aber, zuerst einen zusätzlichen, einen dritten Sitz der Europäer zu beanspruchen (also EU, Großbritannien, Frankreich), und erst nach einer Weiterentwicklung der EU einmal zu einem einheitlichen Sitz zu kommen. Nach meiner Erklärung zog der britische Botschafter etwas beruhigter ab.

Meine faszinierende Aufgabe am Hudson River dauerte nicht einmal eineinhalb Jahre, gab mir aber die Gelegenheit, fast alle politischen Persönlichkeiten vom Außenminister aufwärts bis zum Premierminister und Staatschef persönlich kennenzulernen.

Wie ich Österreich auf der Weltkarte markieren wollte

Dann kam ein unerwarteter Anruf aus Wien. Es war im April 1995. Am Apparat war Andreas Khol. Wolfgang Schüssel, noch Bundeswirtschaftsminister, hatte soeben den Parteivorsitz der ÖVP und das Amt des Vizekanzlers übernommen. Er bot mir über Andreas Khol an, als Außenministerin in seine rot-schwarze Regierung in Wien einzutreten.

Mein Mann hatte in New York eben einen Posten als Visiting Professor für Romanistik und Spanische und Südamerikanische Literatur an der berühmten Columbia University gefunden und einen Siebenjahresvertrag offeriert bekommen. Nun sollte er mir zuliebe wieder wechseln?

Ich schlug Schüssels hochinteressantes Angebot aus einem anderen Grund aus: Ich war zwar immer politisch interessiert, die Außenpolitik und das diplomatische Geschehen waren mir vertraut. Aber ich war bis dahin nie Politikerin gewesen! Ich wusste, Politik ist ein hartes Feld. Es ist ein großer Unterschied, ob man über viel Politikwissen verfügt oder in der internationalen Politik selbst Akteur ist.

Ich erklärte Schüssel, das Amt als Außenministerin würde ich mir so nicht zutrauen, da ich keine politische Erfahrung hatte. Aber als Nummer zwei würde ich gerne nach Österreich zurückkommen. Nach einigen Tagen Verhandlungen zur Umbildung der Regierungsriege der ÖVP wechselte Schüssel selbst vom Wirtschafts- ins Außenministerium und bestellte mich als seine Staatssekretärin für Außenbeziehungen und Entwicklungszusammenarbeit. So begann ich Anfang Mai 1995 in der SPÖ-geführten Koalitionsregierung als Staatssekretärin, ein Amt, das ich bis Februar 2000 bekleidete.

Von Anfang an gewährte mir der neue Vizekanzler und Außenminister großen Spielraum. Ich konnte mir das Motto meiner Arbeit selbst aussuchen. „Du bist mein Alter Ego", sagte Schüssel, und so war es auch. Es war fantastisch, auf dieser Basis mit Schüssel zu arbeiten.

Ich hatte viele Gestaltungsmöglichkeiten, wobei meine Arbeit als UNO-Protokollchefin ungemein half. Ich kam ja direkt vom UNO-Hauptquartier, wo ich eben fast alle Staats- und Regierungschefs dieser Welt sowie die Außenminister kennengelernt hatte. Durch die UNO-Zeit hatte ich einen ganz anderen Blick auf die Welt. Ich sah die Außenpolitik nun durch das Prisma des gesamten Globus. Man erkennt, dass die Welt viel größer ist als der relativ kleine mitteleuropäische Raum.

Zurück in das neue EU-Mitglied Österreich

Zurück in der österreichischen Außenpolitik erwartete mich eine völlig neue, interessante Situation, war doch Österreich kurz zuvor Mitglied in der Europäischen Union geworden. Ich empfand das als faszinierende Aufgabe. Als Staatssekretärin trat ich an, als wir erst vier Monate in der EU waren. Entsprechend viel war zu tun, und ich konnte meine Kontakte aus der UNO für Österreich einsetzen.

Bemerkenswert war das 50-Jahr-Jubiläum der UNO im Juni 1995: Ich war – neben Bundespräsident Thomas Klestil – in meiner neuen Funktion in Österreich zu der Feier in New York eingeladen, eine Feier, für die ich selbst kurz zuvor noch als UNO-Protokollchefin das Minutenprotokoll erarbeitet hatte.

Die EU-Ratssitzungen waren meist dem Außenminister selbst vorbehalten, außer ich sollte Wolfgang Schüssel bei den Ministerräten vertreten. Aber alle anderen Bereiche – Asien, Lateinamerika, der Nahe Osten, Afrika und die Entwicklungszusammenarbeit – boten mir die Chance, in die Welt hinauszugehen, Beziehungen für Österreich aufzubauen und gemäß meinem eigenen Motto „die Globalisierung der österreichischen Außenpolitik" voranzutreiben. Ich wollte das junge EU-Mitglied Österreich auf der Weltkarte sichtbarer machen. Die bis dahin betriebene Nachbarschaftspolitik, so wichtig sie wegen der Beziehungen zu den Nachbarländern im Osten und zum Balkan auch gewesen sein mag, war mir zu eng. Zu meiner Vision von der Globalisierung der österreichischen Außenpolitik gehörte unter anderem auch mehr Engagement in Lateinamerika.

Von der Staatssekretärin zur Außenministerin

Als das berühmt-berüchtigte Jahr 2000 kam und der neue Bundeskanzler Schüssel sagte: „Jetzt wirst Du meine Außenministerin", konnte ich gar nichts anderes als Ja sagen. Es war ganz knapp vor der ÖVP-Bundesparteitagsitzung, das war so Schüssels Art. Er erzählte mir noch, dass er kurz zuvor mit dem britischen Außenminister Robin Cook telefoniert habe, der auch mich gut kannte. Cook habe die Idee sofort begrüßt. Es blieb mir also gar nichts anderes übrig als zuzustimmen, obwohl ich wusste, wie schwierig die Situation infolge der drohenden EU-Sanktionen sein würde.

Was ich als Außenministerin erlebte, ist im Kapitel „Sanktionen" und an anderen Stellen im Buch zu lesen.

Es zahlte sich mit einem Mal aus, dass ich vorher fünf Jahre lang die persönlichen Außenkontakte hatte aufbauen können. Als Staatssekretärin war mir praktisch die Schiene gelegt worden, die mir in allen weiteren Verwendungen half. Im Rückblick muss ich sagen, welch großes Glück ich hatte, denn die Laufbahn als UNO-Protokollchefin, Außenstaatssekretärin, Außenministerin und schließlich EU-Kommissarin war in sich schlüssig, voller Chancen und enorm spannend.

Heute stecken wir in einer völlig anderen Situation als damals. Mit „wir" meine ich die Europäische Union, aber auch Österreich. Als ich in Wien Regierungsmitglied war, befand sich das neue EU-Mitglied Österreich in einer Aufbauphase, die Stimmung war von Euphorie geprägt, wir freuten uns über viele neue Möglichkeiten zum Aufbau von mehr Wohlstand. 1995 zeichnete sich die große EU-Erweiterung bereits ab, die unsere Nachbarstaaten sowie das Baltikum und die Inseln Zypern und Malta in die EU-Familie holte. Anfangs waren noch viele EU-Mitglieder dagegen, aber Schüssel und ich konnten in unserer ersten EU-Ratspräsidentschaft 1998 viel leisten. Wir bereisten die Kandidatenländer, um ihnen zu zeigen, dass Österreich voll hinter ihrer Aufnahme stehe. Selbstverständlich war das nicht; allein unsere Bevölkerung hatte gegenüber einigen Ländern Bedenken, nur Ungarn war unumstritten. Da war also noch viel Überzeugungsarbeit zu leisten. Aber es war Aufbruchsstimmung!

Die Idee von der Regionalen Partnerschaft

Heute ist alles schwieriger geworden. Obwohl der junge Außenminister Sebastian Kurz (ÖVP) gute Arbeit macht, gilt für Österreich nach wie vor: Ein kleines oder mittelgroßes Land braucht Allianzen. Ohne Allianzen kann man kaum etwas bewegen. Setzt man Initiativen, muss man Gleichgesinnte, Partner und Verbündete suchen. Aus dieser Einsicht heraus entwickelte ich damals die Idee der Regionalen Partnerschaft, die Österreich mit Ungarn, der Slowakei, Slowenien, Polen und Tschechien hätte verbinden sollen. Vereinfacht gesagt: Alle für einen, einer für alle.

Ich hielt das für nötig, da Österreich oft allein positioniert war. Unser Alpen-Nachbarland, die Schweiz, ist kein EU-Mitglied, sodass wir die enorm schwierigen Transitverhandlungen während der Kanzlerschaft Schüssels allein durchzusetzen hatten, als es um die unerträgliche Belastung Tirols mit Europas höchstem Transitaufkommen im alpenüberquerenden Güterverkehr ging. Niemand in der EU war auf unserer Linie.

Meine Grundidee der Regionalen Partnerschaft war: Man tauscht sich mit Partnern aus, einigt sich auf eine Position, vertritt sie gemeinsam und ist automatisch stärker. Eine Gruppe von vier oder fünf Ländern kann nicht so leicht weggedrückt werden wie ein Land allein. Wir hätten in dem Rahmen von Zeit zu Zeit Ministerrunden angesetzt und Positionen erarbeitet, die uns allen wichtig waren. Genau das tun die Visegrád-Staaten mittlerweile, aber leider ohne Österreich. Damals hätte es den regionalen Partnern helfen können, da sie noch nicht in der EU waren. Wir hatten einige solche Partnertreffen, aber das Konzept der Regionalen Partnerschaft ging schließlich leider nicht auf. Denn es gab sowohl in den eigenen Reihen, zum Teil auch mit medialem Niederschlag, als auch in zwei der betroffenen Länder Kritiker. Die polnische und die tschechische Regierung fürchteten, Österreich wolle die Führungsrolle übernehmen, was aber nie mein Ziel war.

Den Österreichern liegt Diplomatie

Meist bewegen wir uns im Mainstream, Österreich hat aber auch manche Sensibilitäten, etwa bei genveränderten Produkten, in der Transitfrage oder in der Klimapolitik, wo wir immer schon eine grüne Politik vertreten haben, sowie in der Ausländer- und Asylpolitik.

Österreichern liegt Diplomatie im Großen und Ganzen. Wir sind grundsätzlich eher konsensorientiert. Der Charakter der Österreicher ist nicht gleich auf Radikalpositionen angelegt, sondern versucht, den Gegner zu überzeugen, manchmal sogar „einzuwickeln". Vielleicht zeichnet uns dank der slawischen, germanischen und romanischen Elemente, die wir in uns vereinen, eine gewisse Flexibilität aus.

Diese positive Orientiertheit ist eine gute Voraussetzung für Diplomatie, wo man mit jeder Art von Persönlichkeit rechnen und mit ihr zurechtkommen muss. Wir sind prinzipiell kompromissbereit und eher versöhnlicher. Wir versuchen, auf den anderen einzugehen und seine Mentalität zu beachten.

So gibt es nur ganz wenige Persönlichkeiten, mit denen ich nicht zurechtkam. Ich konnte immer gut zuhören, war freundlich und höflich, achtete selbst in der harten Sanktionenphase darauf, niemanden persönlich zu beleidigen – und trotzdem wich ich von meinen klaren Positionen nicht ab. Selbst das große Schreiduell mit dem belgischen Außenminister Louis Michel in der Sanktionenphase von 2000: Wir haben uns nicht persönlich beflegelt, sondern uns unsere Positionen an den Kopf geworfen, und auch das nicht in Anwesenheit anderer, abgesehen von je einem engsten Mitarbeiter, die darüber geschwiegen haben.

Manchmal sind Österreicher aber auch Menschen, die sich wenig trauen. Den Unterschied sehe ich an meinem Mann – die Spanier sind da sehr klar in ihren Positionen, ob gut oder schlecht. Man weiß, woran man ist. Eine offene Position ist mir lieber, als wenn mir jemand von hinten das Messer in den Rücken wirft. Das habe ich persönlich leider öfter erlebt. Aber diese Offenheit erfordert Mut. Österreicher zeigen nicht immer die Offenheit, die freilich auch in der Diplomatie wichtig wäre.

Selbst wenn man sehr harte Botschaften weitergeben muss, sollte man darauf achten, die andere Seite nicht zu verletzen. Man muss akzeptieren, dass jeder seine Interessen hat, die er durchsetzen muss.

Wie mich Barroso nach Brüssel holte

Am 25. April 2004 unterlag ich Heinz Fischer in der Wahl des Bundespräsidenten. Den Hintergründen des Wahlkampfes und der Bundespräsidentenwahl habe ich ein eigenes Kapitel gewidmet. Im Sommer desselben Jahres kam ein Angebot aus Brüssel: Der neue Kommissionspräsident José Manuel Barroso wollte eine Frau aus Österreich als Mitglied seiner EU-Kommission. Ich weiß, dass Bundeskanzler Schüssel ihm zunächst Maria Rauch-Kallat anbot, aber auch meinen Namen nannte. Er bot ihm auch männliche Kandidaten an, aber Barrosos Kommission fehlte es an Frauen. So brachte mich Barroso als EU-Kommissionsmitglied für Außenpolitik ins Spiel. Er kannte mich bereits aus seiner Zeit als Oppositionspolitiker in Portugal, wo ihn offenbar mein Mut beeindruckt hatte, mit dem ich die Sanktionszeit durchstand, und wo er gegen das rigide

Verhalten der portugiesischen Regierung eingetreten war, was uns in der Sanktionenphase geholfen hatte.

Schüssel wollte mich eigentlich als Außenministerin behalten. Ich nehme an, in der ÖVP hatte man damit gerechnet, dass ich die Bundespräsidentenwahl nie gewinnen und froh sein würde, Außenministerin bleiben zu können. Schüssel wollte mir das Angebot Barrosos zunächst nicht weitergeben, und als er es doch tat und ich unter den gegebenen Umständen dazu bereit war, akzeptierte er meine Entscheidung.

Als einige in den Brüsseler Institutionen etablierte Politiker mit diesem Angebot offensichtlich nicht sonderlich zufrieden waren, weil sie um ihre Visibilität fürchteten, bot mir Barroso sogar an, Vizepräsidentin der Kommission und Kommissarin für humanitäre Angelegenheiten zu werden. Ich sagte ihm, dass mich diese Position nicht so interessiere wie das vorige Angebot mit der Außenpolitik, obwohl sie sogar besser bezahlt gewesen wäre. Zugunsten der Außenpolitik verzichtete ich auch auf den Vizepräsidentenposten. Ich habe beruflich immer das gemacht, was mich interessiert hat; die Bezahlung war daher zweitrangig.

Das Hearing in Straßburg verfolgten viele Journalisten. Von manchen Medienleuten und sogar Kollegen hatte ich den Eindruck, sie wollten sich nicht entgehen lassen, wie ich bei der Anhörung absinke und untergehe. Ich enttäuschte sie. Weil ich gut vorbereitet war und viel Erfahrung als Außenministerin hatte, schnitt ich beim Hearing gut ab. So trat ich im Oktober 2004 meine Aufgabe als Kommissarin für Auswärtige Angelegenheiten und Nachbarschaftspolitik an. Das Außenministerium in Wien übergab ich an meine Nachfolgerin Ursula Plassnik.

Als ich in Brüssel ankam, spürte ich förmlich die Skepsis der stilbetonten, selbstbewussten und zum Teil auch verwöhnten Funktionäre in der EU-Kommission: Da kommt erstmals in dieser außenpolitischen Funktion eine Frau, und noch dazu aus dem kleinen Österreich. Aber mein global aufgebautes Netzwerk half mir. Sie erkannten sehr schnell, dass ich wirklich fast alle internationalen Persönlichkeiten gut kannte, ja mit den meisten sogar ein freundschaftliches Verhältnis hatte. Das erleichterte es mir enorm, rasch eine Gesprächsbasis und Anerkennung auch in der Kommission zu finden.

Die Stadt Brüssel an sich mochte ich nicht besonders. Abgesehen vom Grand-Place (Grote Markt) ist Brüssel keine schöne Stadt und hat viele schmuddelige Gegenden. Brüssel war für mich nur die Basis für den Beruf und die Dienstreisen. Viele Kommissare suchen ihre Wohnung nach der Nähe zur Kommission, zum EU-Parlament und zum Flughafen aus. Mit unserer Wohnung hatten wir großes Glück. Wir übernahmen eine großzügige Wohnung von der Schwester meiner in Japan lebenden Freundin, von der ich schon erzählt habe. Die knapp 200 Quadratmeter mit schönem Salon und großer Terrasse – die wir fast nie benützen konnten, weil es in Brüssel viel regnet – befanden sich im sechsten Stock eines eher hässlichen Hauses. Zufällig befand sich auch das Cervantes Institut ganz nahe, was für Paco, meinen Mann, eine Überraschung war, als er dorthin versetzt wurde.

Was in Brüssel schön war, war die Arbeit. Auf EU-Ebene kann man viel sachlicher arbeiten als im eigenen Land als Minister, man muss sich weniger mit Bösartigkeiten und Untergriffigkeiten herumschlagen. Für anderes als Arbeit hatte ich in Brüssel auch kaum Zeit.

Was ich als Kommissarin in vielen Teilen der Welt erlebte, ist in diesem Buch beschrieben. Am 30. November 2009 war meine EU-Periode als Außenkommissarin, im Februar 2010 jene als Kommissarin für Handel, die ich in den letzten vier Monaten innehatte, zu Ende.

Nach der Kommissionszeit: und was jetzt?

Ein erstes Gespräch mit dem damaligen Vizekanzler und Finanzminister Josef Pröll (ÖVP) fand bereits relativ frühzeitig, im Frühjahr 2009, im Finanzministerium statt. Prölls Idee zufolge sollte ich für die ÖVP als Spitzenkandidatin in die Wahl zum Europäischen Parlament (EP) gehen, um mich dann zur Nummer eins in der Europaparlamentarierriege der ÖVP zu machen. Er erklärte mir aber nie, wie ich mit dem damaligen Vizepräsidenten des EU-Parlaments, Othmar Karas umgehen sollte, der seit Jahren die ÖVP-Fraktion im EP leitete.

Unverzüglich lehnte ich dieses Angebot ab: Zum einen wollte ich niemandem seine Position streitig machen – das habe ich ein Leben lang nicht getan –, zum anderen wollte ich nicht in das EP „abgeschoben" werden. Ich wollte lieber, wie ich Josef Pröll sagte, nicht in einer Position der Legislative, sondern weiterhin der Exekutive, also als Kommissarin, arbeiten.

Ich sagte dem damaligen Vizekanzler in dem Gespräch auch gleich, dass ich ihm diese meine negative Entscheidung deshalb sofort mitteilen wollte, damit er genügend Zeit für weitere Überlegungen haben sollte, wen er zum ÖVP-Spitzenkandidaten für die EU-Parlamentswahlen ernennen wollte.

Dieses Gespräch gab mir zu denken. Es blieb mir detailliert in Erinnerung und trug Monate später unter anderem dazu bei, dass ich mich für die UNESCO-Kandidatur entschloss, da ich mir nicht sicher war, ob mich die ÖVP weiterhin als EU-Kommissarin behalten wollte.

In der Phase, in der es um meine Wiederbestellung als EU-Kommissarin oder um die Bestellung von jemand anderem ging, lud mich Vizekanzler Josef Pröll überraschend ein zweites Mal zu einem Gespräch nach Wien ein, diesmal aber nicht in sein Ministerium, sondern in ein kleines Restaurant in einem Außenbezirk Wiens. Es war evident, dass mich niemand mit ihm sehen sollte.

In diesem Lokal ging er gleich in medias res und fragte mich sehr direkt: „Wann gedenkst Du, auf die nächste Kommissarsfunktion zu verzichten?" – „Ich denke nicht daran zu verzichten!", antwortete ich ihm. „Warum sollte ich? Ich habe gute Karten in der Kommission! EU-Kommissionspräsident José Manuel Barroso schätzt meine Arbeit und würde gern mit mir weitermachen."

Auf seine Insistenz hin sagte ich: „Wenn ich verzichten soll, müsstet Ihr mir schon etwas Anständiges anbieten." Der Direktorposten in der Politischen Akademie der Partei war das Einzige, was ihm einfiel.

Für mich wäre das nie infrage gekommen; erstens wollte ich meinen Freund Werner Fasslabend auf keinen Fall verdrängen, und zweitens hätte diese Position für mich auch eine Sackgasse bedeutet.

Aber während der UNESCO-Bewerbung, als mich das offizielle Österreich eher lauwarm unterstützte, wurde mir bewusst, dass mich meine Partei für die aktuelle Politik offenbar schon ins Abseits gestellt hatte. Ich führe das auf eine maßgebliche starke Gruppe innerhalb der ÖVP zurück.

Angebote vom politischen Gegner

Jobangebote in Österreich kamen ausgerechnet von sozialdemokratischer Seite, nämlich vom damaligen Bundeskanzler Werner Faymann persönlich. Er fragte mich, ob ich seine Europaberaterin werden wolle, vermutlich meinte er, in seinem engeren Kabinett.

Es war übrigens auch Faymann, der mir vor der endgültigen Entscheidung über die Besetzung der österreichischen Kommissarposition telefonisch mitteilte, dass er mich ohne Weiteres wieder in dieser Funktion sehen könnte, da ich sehr korrekt mit der Bundesregierung zusammengearbeitet habe.

Und es war wieder Faymann, der mir am Vorabend der Entscheidung des Ministerrats mitteilte, dass sich die beiden Regierungsparteien auf Vorschlag der ÖVP schließlich auf Johannes Hahn geeinigt hätten. Die ÖVP war zunächst auf ihren früheren Vorsitzenden Wilhelm Molterer eingeschwenkt; da Molterer aber von der SPÖ offenbar abgelehnt wurde, nominierte die ÖVP schließlich Johannes Hahn, damals noch Wissenschaftsminister. Von den eigenen Leuten wagte keiner, mir dies mitzuteilen!

Zufällig war der Tag dieses Ministerrates, an dem die Entscheidung verabschiedet wurde, auch ein Tag, an dem sich die EU-Außenminister in Brüssel trafen, und für Österreich war der damalige österreichische Außenminister Michael Spindelegger anwesend. Da auch Spindelegger von sich aus nichts erwähnte, sprach ich ihn schließlich darauf an. Ich gab ihm zu verstehen, dass ich es traurig finde, dass mich weder Vizekanzler Pröll, der mich als Parteichef hätte informieren müssen, noch andere Kollegen verständigt hätten, dass sie keine Verlängerung meiner Kommissarszeit wünschten.

Daraufhin erhielt ich erst einen Tag später eine SMS von Josef Pröll, in der er mir die schon am Vortag getroffene Entscheidung des Ministerrates kurz und bündig mitteilte.

Die zweite mögliche Alternative, die sich in Österreich auftat, war eine Consulting-Position in der Österreichischen Mineralölverwaltung (OMV), die mir der damalige Generaldirektor Wolfgang Ruttenstorfer anbot. Ich gebe zu, dass mich dieses Angebot zweifellos gereizt hätte, da mich die

Energiepolitik mit ihrer starken geopolitischen Charakter stets interessiert hat. Ich wäre ja sogar durchaus gerne Energiekommissarin geworden, wäre ich für eine zweite Periode in Brüssel bestellt worden.

Österreich bemühte sich damals vor allem mit der National Iranian Oil Company um eine längerfristige und milliardenschwere Zusammenarbeit. Diese Strategie war jedoch sehr umstritten, was auf die ungeklärten Nuklearpläne Irans, die EU-Sanktionen gegen das Regime in Teheran und die Menschenrechtslage zurückzuführen war. Ich hätte für die OMV auch Lobbying für das Nabucco-Projekt betreiben sollen, jene Pipeline, die Erdgas aus Aserbaidschan nach Baumgarten an der March in Niederösterreich hätte bringen sollen, wo sich das zentrale Verteilzentrum der OMV befindet. Meine Aufgabe wäre aber auch gewesen, in die Kurdenregion im Nordirak zu reisen oder in die Staaten Zentralasiens. Letztere kannte ich recht gut, da ich sie als OSZE-Vorsitzende und Außenministerin, später auch als EU-Kommissarin mehrmals besucht hatte. Ich wusste aber auch, welche Schwierigkeiten dem Nabucco-Projekt entgegenstanden. All das bewog mich nach längerer Überlegung, dankend abzusagen.

Die OMV-Option sickerte als Gerücht schon durch einige Medien, bevor ich überhaupt das erste Gespräch mit dem Energiekonzern darüber führte. Denn ich war bis zum Ende meiner Zeit als Kommissarin schwer im Einsatz, und mir fehlte wirklich Zeit, um mich um die Periode danach zu kümmern. Außerdem hatte ich es nicht so eilig, wollte ich doch etwas Abstand gewinnen und mich neu orientieren.

Ich wurde manchmal danach gefragt, ob dies nach der vielen Arbeit in Österreich und in Brüssel für mich eine Enttäuschung gewesen sei. Meine Antwort war: „Nach der langen Zeit, in der ich für Österreich in der Regierung und in dieser Partei gearbeitet habe, und auch nach meinen Jahren als Außenkommissarin kann ich eine gewisse Gelassenheit zeigen, und das tue ich auch."

Das parteipolitische Hickhack betrachtete ich mit gehörigem Abstand. Immerhin hatte ich zehn intensive und interessante Jahre Regierungstätigkeit in Österreich und fünf nicht minder intensive Jahre auf europäischer Ebene aufzuweisen. In den Interviews fügte ich aber hinzu, es ändere sich nichts daran, dass ich überzeugte Christdemokratin bliebe.

1: Mit meiner Mutter zu Hause in Oberndorf, Salzburg

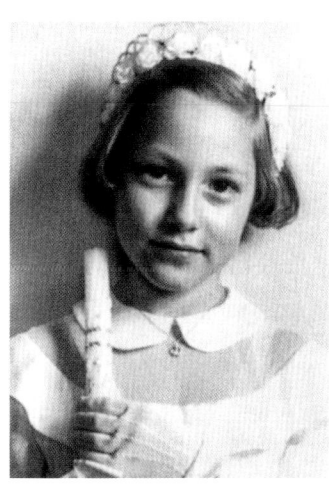 

2: Meine Erstkommunion   3: Meine Promotion (1970)

4: Starker Start als UNO-Protokollchefin: The New York Times vom 27. September 1994 zeigt mich auf der Titelseite mit US-Präsident Bill Clinton

5: Mit meinem früheren Chef, UNO-Generalsekretär Boutros Boutros-Ghali, verbindet mich auch später ein herzliches Verhältnis.

6: Als österreichische Staatssekretärin besuche ich Indien im Herbst 1996 und spreche mit Friedensnobelpreisträgerin Mutter Teresa (r.)

7: Als Staatssekretärin für Auswärtige Angelegenheiten und Entwicklungszusammenarbeit mit Kindern in Dakar, Senegal (Frühjahr 1999)

8: Eines meiner Gespräche mit Libyens Revolutionsführer Muammar Gaddafi (als Staatssekretärin 1999)

9: Über die Angelobung der ÖVP-FPÖ-Regierung ist Bundespräsident Thomas Klestil sichtlich nicht erfreut (Februar 2000)

10: Dementsprechend bedrückt treten wir Minister zur Entgegennahme der Angelobungsurkunden an (Februar 2000)

11: Ramón del Miguel traut sich was: Spaniens Außenminister begrüßt mich mit einer Umarmung, obwohl die EU-Kollegen mich zu ignorieren beschlossen haben (Februar 2000)

12: Beim Regenguss auf dem Azoren-Gipfel im Mai 2000 bleibt dem deutschen Außenminister Joschka Fischer nichts übrig, als mich trotz der Sanktionen zu beschirmen

13: Treffen mit Kasachstans Staatschef Nursultan Nasarbajew in Astana (Juni 2000)

14: Die frühere britische Premierministerin Margaret Thatcher hält von den EU-Sanktionen nichts. London, Juni 2000

15: Ex-Außenminister Hans-Dietrich Genscher im Juli 2000 auf einer OSZE-Tagung in Wien. In der Sanktionszeit unterstützt mich der FDP-Politiker ausdrücklich

16: Mexikos Außenministerin Rosario Green, die mir zur Freundin geworden ist, kommt während der Sanktionszeit nach Wien (August 2000)

17: Gespräch mit dem früheren französischen Staatspräsidenten Giscard d'Estaing (September 2001)

18: Betretene Gesichter, als Frankreichs Staatspräsident Jacques Chirac (von rechts) und Ministerpräsident Lionel Jospin dem Bundeskanzler Wolfgang Schüssel lauschen (Oktober 2000)

19: Henry Kissinger, der frühere US-Außenminister, und ich im Oktober 2000 in New York

20: Robin Cook, mein britischer Amtskollege, war unter den EU-Außenministern einer der brillantesten und vernünftigsten Kollegen

21: Handkuss von Polens Außenminister Władysław Bartoszewski (November 2000). Bartoszewski war Österreich und mir gegenüber immer positiv eingestellt

22: Joschka Fischers Körperhaltung bei vielen unserer Begegnungen spricht Bände (Dezember 2000)

23: Als österreichische Außenministerin in Oman, hier mit Außenminister Youssef bin Alawi bin Abdullah (Januar 2001)

24: Russlands Präsident Wladimir Putin zu Besuch in Österreich (Februar 2001)

25: Als Dame mit Kopftuch zu Besuch im Iran (Februar 2001)

26: Herr mit Kopftuch: Palästinenserführer Jassir Arafat bei einem Treffen in Ramallah (März 2001)

27: Mit meinem Mann Paco auf dem Österreicher-Ball in Istanbul (Februar 2001)

28: Besuch bei österreichischen Soldaten des UNFICYP-Kontingents auf Zypern (April 2001)

29: Im Militärhubschrauber auf Zypern (April 2001), im Hintergrund mein Mann Paco

30: Bei Condoleezza Rice, der US-Sicherheitsbeauftragten, stößt mein Konzept einer strategischen Partnerschaft mit den Nachbarstaaten Österreichs und Polens auf enormes Interesse (Washington, Mai 2001)

31: Konferenz der Regionalen Partnerschaft in der Wiener Hofburg im Juni 2001 mit (von links) den Außenministern Jan Kavan (Tschechien), János Martonyi (Ungarn), ich als Gastgeberin (Österreich), neben mir ein Staatssekretär des polnischen Außenministeriums, Dimitrij Rupel (Slowenien) und Eduard Kukan (Slowakei)

32: Bei der Eröffnung der österreichischen Botschaft in Berlin im Juli 2001 (mit Bundespräsident Thomas Klestil, Außenminister Joschka Fischer und Botschafter Markus Lutterotti, von rechts) sind die EU-Sanktionen kein Thema mehr

33: Gespräch mit dem neuen britischen Außenminister Jack Straw, Nachfolger von Robin Cook, im September 2001

34: Als ich im September 2001 in Damaskus mit Syriens Präsidenten Baschir Assad spreche, ist noch nicht abzusehen, was dem Land bevorsteht

35
Prinz Saud ibn Faisal war 40 Jahre lang Außenminister Saudi-Arabiens und immer ein interessanter Gesprächspartner (September 2001)

Fazit über 15 Jahre Außenpolitik

In der Außenpolitik braucht man Geduld, um echte, vorzeigbare Resultate zu erzielen. In den fünfzehn Jahren, in denen ich in außenpolitischer Verantwortung tätig war, gab es einige Höhepunkte. Die EU wurde um die zehn Nachbarstaaten und später um Rumänien und Bulgarien erweitert; die Balkankriege wurden mit dem komplizierten Dayton-Abkommen beendet. Das waren echte Erfolge, auch wenn die Resultate nicht immer perfekt waren.

In der Nachbarschaftspolitik haben wir enorm viel Energie aufgewendet und viele Unterstützungsmaßnahmen und Geldmittel aufgebracht, um die Staaten des Mittelmeerraumes und des Ostens an die EU heranzuführen, aber letztlich nur begrenzt Erfolge erzielen können.

Der Nahe Osten hatte durch alle fünfzehn Jahre meine volle Aufmerksamkeit, und trotzdem gibt es nicht nur keinen Frieden, sondern in der gesamten Region hohe Instabilität mit den Auswirkungen des Irakkriegs, dem offenen Krieg in Syrien, dem bewaffneten Konflikt im Jemen, äußerst fragilen Verhältnissen in Libyen und im Libanon, einer schwierigen Situation in Ägypten und so fort.

Das Gleiche gilt für den Konflikt Russland/Ukraine, die Annexion der Krim, die immer noch ungelösten „eingefrorenen" Konflikte in Armenien/Aserbaidschan; Georgien mit Südossetien und Abchasien; Moldawien/Transnistrien und so weiter. Das alles ist ziemlich ernüchternd.

Darüber hinaus haben wir bewaffnete Konflikte in Afrika, im Süden Sudans, in Nigeria, in Mali, die Bedrohung durch den IS-Terrorismus (Daesh) und die damit verbundenen riesigen Flüchtlingsströme, für die wir noch keine Lösung gefunden haben.

Europa schwächelt, Asien und der Pazifische Raum werden stärker. Aber auch da sehen wir die große Gefahr Nordkorea mit seiner Nuklearwaffenbedrohung. Lateinamerika und Teile Afrikas sind – in unterschiedlichem Ausmaß – Hoffnungskontinente. Darauf gehe ich in einem anderen Kapitel näher ein.

Wenn man Kontakte hat, schafft man Vertrauen und kann miteinander arbeiten. Ich habe mit der ganzen Welt auf höchster Ebene gute Kontakte aufgebaut, mir haben die Gesprächspartner vertraut, unsere Gespräche waren fast immer sehr offen. Ich hatte für viele Länder Empathie, weil mir – geprägt von meiner Herkunft aus einer Arztfamilie – stets der Mensch wichtig war. Die aufgebauten Kontakte, das gewonnene Vertrauen versuchte ich für Österreich und Europa einzusetzen. Leider hat sich jedoch vieles nicht so positiv entwickelt, wie wir gehofft hatten.

Ich habe versucht, das, was in Europa an Positivem, an Toleranz und an unseren offenen Werten erreicht war, nach außen zu tragen. Wir strebten den positiven Dialog der Zivilisationen und Kulturen an und glaubten auch fest daran, einen Grundstein setzen zu können. Wir investierten viel Energie. Aber wir haben gewisse Trends zu wenig ernst genommen, dass unsere Werte von Offenheit und Toleranz nicht überall akzeptiert werden, dass Religionskonflikte und Kulturkämpfe so mächtig bleiben. Manche Gesellschaften sind noch nicht so weit.

Dazu zählt auch die Stellung der Frau. Deshalb halte ich es auch für so wichtig, dass Frauen in diesen Regionen Zugang zur selben Ausbildung wie Männer haben und einer Arbeit nachgehen können, denn dann könnten sie beginnen, selbstständiger zu denken, und dazu beitragen, langsam die Gesellschaft zu verändern.

Wir müssen uns voraussichtlich auf noch mehr Krisenherde als bisher einstellen. Ich will auch nicht gänzlich ausschließen, dass Europa in einen Krieg hineingezogen werden könnte, der seinen Ausgang im MENA-Raum, also im Nahen und Mittleren Osten, oder aber in Nordkorea hat. Was haben wir mit dem Nahen Osten und dem MENA-Raum gearbeitet! Wir haben versucht, langsam die Demokratieentwicklung zu stärken, denn man kann ein autokratisches Regime nicht von heute auf morgen in eine Demokratie umwandeln. Und wo sind wir heute gelandet?

Selbst in der Europäischen Union müssen wir darauf vorbereitet sein, dass sie sich zurückentwickelt oder im schlimmsten Fall nicht mehr in der jetzigen Form bestehen kann und neu gegründet werden muss, dann von Anfang an mit variabler Geometrie, mit einem Kerneuropa, das aber auch Sicherheit und Verteidigung einschließt.

Viele Menschen haben Angst. Angst vor Überfremdung, Digitalisierung, Globalisierung, Kriminalität, Angst davor, dass die letzte Wirtschafts- und Finanzkrise noch nicht wirklich überwunden wurde, Angst vor vielen Entwicklungen. Wir leben in einer Angstgesellschaft. Wenn Regierungen die schlimmen Krisen nicht im Griff und auf die Ängste keine Antwort haben, bekommt die Gesellschaft ein Problem. Mitten in den Krisen Reforminitiativen zu setzen, ist immer schwierig; man kann nicht alles zur gleichen Zeit machen. Es braucht ein Risikomanagement, und man muss auch aus Fehlern lernen.

Nach wie vor bin ich eine wirklich überzeugte Europäerin, denn kleinere und mittlere Länder sind nicht in der Lage, diese Krisen allein zu bewältigen, und auch die großen Staaten können heute allein wenig ausrichten. Als EU-Kommissarin habe ich erkannt, dass die EU in der gemeinsamen Außen- und Sicherheitspolitik (GASP) nicht wirklich viel bewirken kann. Heute sind wir in der EU-Außenpolitik schwach. Lösungsvorschläge habe ich im Kapitel „Europa" beschrieben.

Was wir mit dem Wissen von heute damals anders hätten machen sollen? Vielleicht weniger leichtgläubig sein und manchmal durchaus härter vorangehen.

Wechsel in die Privatwirtschaft

Meine diplomatische und politische Karriere war jedenfalls beendet. Es zeichnete sich ab, dass ich in die Privatwirtschaft zurückkehren würde, in der ich schon vor meiner Tätigkeit als Diplomatin und meinen offiziellen Ämtern tätig gewesen war.

Da ich als EU-Außenkommissarin viel mit Frankreich und Spanien gearbeitet hatte, gab es ein vielversprechendes Angebot aus Spanien. Da dachte ich mir: Warum nicht?

Auch ein sehr privates Motiv ließ mich gern an einen Umzug nach Spanien denken. Mein Mann ist Spanier, er war in meinen Funktionen immer mit mir mitgegangen, nach New York, nach Wien und nach Brüssel. Seine Karriere hatte er immer hintan gestellt, er musste meinetwegen mehrmals seine Laufbahn abbrechen, sich neue adäquate Stellen suchen und neu einleben. Als ich nun von öffentlichen Ämtern und Verpflichtungen frei war, beschlossen wir, nun in sein Land zu gehen. Seither leben wir in Madrid, und zwar wirklich sehr gerne. Das Angebot kam von der Gamesa Corporación Tecnológica, einem börsennotierten Produzenten von Windkraftanlagen mit Sitz in der Nähe von Bilbao und in Madrid. Das Unternehmen ist weltweit tätig, außer in Spanien auch in Lateinamerika, Indien, Australien, China, den USA und mehreren europäischen Ländern, sodass ich mit meinen Fremdsprachen, Publikationen und meinen internationalen Verbindungen für das Unternehmen wertvoll schien. Das beteuerte der damalige Vorstandsvorsitzende, als ich im Frühjahr einen Aufsichtsratsposten bei Gamesa annahm.

Einen weiteren Aufsichtsratsposten bekleide ich ebenfalls ab dem Frühjahr 2010 bei der Munich Re, der Münchner Rückversicherungsgesellschaft.

In beiden Fällen ging ich sehr akkurat vor, weil es zwischen der Kommissarstätigkeit und dem Wechsel in die Privatwirtschaft immer wieder Missverständnisse und sogar Missbräuche gibt.

Vor Beendigung meines Mandates als Kommissarin für Auswärtige Angelegenheiten und Nachbarschaftspolitik (von 2004 bis 2009) und für Handel (bis Februar 2010) ersuchte ich am 14. November 2009, am 17. Dezember 2009 sowie am 1. Februar 2010 gemäß Verhaltenskodex für Kommissare die Europäische Kommission um Erlaubnis, eine berufliche Anschlusstätigkeit im Privatsektor aufnehmen zu können.

Nach Prüfung der entsprechenden Informationen über die Unternehmen, in denen ich beruflich tätig werden wollte, gab mir die Kommission mit ihren Entscheidungen vom 19. Januar 2010 und 17. Februar 2010 die ausdrückliche Genehmigung dafür.

Trotzdem werden die Anschlussjobs von Kommissaren immer wieder gerne problematisiert, so auch in meinem Falle. So wurde mein Vertrag mit Gamesa, für den ich die vorherige Genehmigung durch die EU-Kommission eingeholt hatte, im Jahr 2013 anonym dem damaligen Ombudsmann übermittelt. Da hatte ich die Tätigkeit für Gamesa schon wieder beendet. Es ging um einen Zusatzvertrag, in dem die Leistungen in meiner Funktion als Aufsichtsratsmitglied, die ich mir hatte autorisieren lassen, ausgeführt wurden und die nach spanischem Recht durch die Funktion als Aufsichtsratsmitglied voll gedeckt waren.

Zur Klärung des ihm anonym zugespielten Hinweises bat der damalige Ombudsmann die Europäische Kommission um ihre Meinung. Die Kommission prüfte erneut, kontaktierte mich und das Unternehmen und schaltete das unabhängige Ad-hoc-Ethik-Komitee ein. Danach entschied sie endgültig, dass sowohl meine Tätigkeit als auch der Gegenstand des Vertrags mit dem Vertrag über die Arbeitsweise der Europäischen Union (TFEU) vereinbar gewesen seien. Der Ombudsmann kam zum Schluss, dass die Handlungsweise der Kommission bei allem, was Vereinbarkeit, Unabhängigkeit, Aufrichtigkeit und Diskretion betraf, ordnungsgemäß und meine Tätigkeit mit den EU-Normen kompatibel gewesen seien.

Die Nachfolgerin im Amt, die neue Ombudsfrau, griff die Causa am 10. April 2014 erneut auf und initiierte eine abermalige Prüfung in derselben Sache. Aber auch dieses Revisionsverfahren brachte nichts, eindeutig hatte ich keine Unvereinbarkeitsregeln verletzt. Die Ombudsfrau stellte das Verfahren schließlich ein. Sie kritisierte zwar das Verfahren der früheren Kommission, nicht aber meine Tätigkeit, und empfahl, den Verhaltenskodex der Kommission für die Zukunft zu revidieren.

Ex-Kommissare unter Beschuss

Dennoch reichte diese erneute Überprüfung im Herbst 2016 für eine Medienkampagne. Damals standen José Manuel Barroso und Neelie Kroes unter heftiger Kritik; Barroso, weil er nach seiner Zeit als Kommissionspräsident zu Goldman Sachs in dessen Londoner Niederlassung wechselte und die britische Regierung in Sachen Brexit berät, und Kroes, weil sie während ihrer Zeit als Wettbewerbskommissarin, danach als Kommissarin für Informationsgesellschaft und Medien Direktorin einer Briefkastenfirma mit Sitz auf den Bahamas war und „vergessen" hatte, diese Tätigkeit anzugeben. Beide Fälle werden nach wie vor untersucht und sind Anlass, die Existenz von strengen Regeln für scheidende EU-Kommissare ausdrücklich zu begrüßen. Doch plötzlich fand ich mich in manchen Medien kurzzeitig in einer Reihe mit den beiden Genannten wieder. Titel wie „Another Barroso commissioner under fire" (*Poli-*

tico vom 7. Oktober 2016) in Kombination mit einem Foto von mir erweckten den Eindruck eines Skandals um meine Person. Der reißerische Titel war durch den Inhalt des Artikels in keiner Weise gedeckt. Ich stand demnach nicht ‚under fire', also nicht ‚unter Beschuss'. Ich beklagte, dass man mir eine unangemessene Tätigkeit vorwarf, obwohl kaum ein anderes Arbeitsverhältnis von den zuständigen Organen jemals so genau analysiert worden war wie meines. Schon gar nicht hatte meine Angelegenheit irgendetwas mit den anderen Ex-Kommissionsmitgliedern zu tun, die gerade Gegenstand journalistischen und juristischen Interesses waren.

Mit einer Pressemitteilung und einem ausführlichen Interview gelang es mir, dies sofort geradezurücken, und wurde darauf auch nicht mehr in einem Zusammenhang mit den anderen Fällen genannt. Ehrlich gesagt: Man fühlt sich als Ex-Kommissar gelegentlich durchaus als Freiwild. Denn auch mein Posten im Aufsichtsrat der Münchner Rückversicherungsgesellschaft AG wurde problematisiert. Auch in diesem Fall hatte das Ethik-Komitee dem Wechsel von der Brüsseler Kommission zum Münchner Konzern zugestimmt. Dass nur ein paar Wochen dazwischen lagen, war für das Komitee kein Problem, da ich eine Verschwiegenheitsklausel unterschreiben musste und meine Tätigkeit eine beratende und keine exekutive sein sollte.

Es war lächerlich, mir vorzuwerfen, ich wollte Desertec durch mein Wissen als Ex-Kommissarin im Sinne der Münchner Rück (Munich Re) vorantreiben und für das damals geplante Wüstenstromprojekt für die Energieversorgung Europas finanzielle Unterstützung durch die EU organisieren. Meine Stelle hatte davor ebenfalls ein Ex-Kommissar inne, der Belgier Karel Van Miert. Nach seinem Tode kontaktierte mich die Münchner Rück und bot mir die Position an; das Amtsgericht München bestellte mich zu seiner Nachfolgerin. Für die Münchner Rück bin ich auch heute noch tätig.

Im Jahre 2011 fragte mich Esther Koplowitz, Haupteigentümerin des spanischen Bauunternehmens FCC, ob ich nicht als Aufsichtsratsmitglied in die Alpine Holding gehen würde. Als Salzburgerin freute ich mich anfangs, den Spagat zwischen Salzburg und Madrid zu machen. Aber bald merkte ich, dass zwischen den österreichischen und den spanischen Verantwortungsträgern große Diskrepanzen herrschten, weshalb ich 2012 wieder ausschied.

Meine honorierten und ehrenamtlichen Aktivitäten

In der internationalen Anwaltskanzlei Cremades-Calvo Sotelo in Madrid bin ich seit drei Jahren Partnerin und für die Internationalisierung dieses dynamischen Anwaltsbüros zuständig.

Seit zwei Jahren bin ich zudem Aufsichtsratsmitglied bei Gas Natural Fenosa, einem großen spanischen börsennotierten Unternehmen mit Sitz in Barcelona, das heute weltweit tätig ist. Weltweit tätig, das fasziniert mich nach wie vor, da ich in manchen Fällen auch vor Ort unterstützend tätig sein konnte, etwa in Ägypten oder Kolumbien.

Nach wie vor habe ich auch viel mit Lateinamerika zu tun, war unter anderem ehrenamtliche Präsidentin von EU-LAK und bin immer noch Vorsitzende in der Stiftung Euroamérica, wie ich im Kapitel Lateinamerika beschreibe.

Darüber hinaus bin ich ehrenamtlich in drei Stiftungen tätig, die sich mit der Jugend beschäftigen, in der Fundación Princesa de Girona, der Bertelsmann Stiftung und der Fundación Novia Salcedo in Bilbao: Als ich im Frühjahr 2010 nach beendeter Kommissarstätigkeit nach Madrid übersiedelte, bot mir die gerade neu gegründete Stiftung des damaligen Thronfolgers Prinz Felipe („Principe de Girona"), des heutigen Königs, das Eintreten in diese Institution an. Die hohe Jugendarbeitslosigkeit in Spanien ist hinlänglich bekannt, weshalb ich sofort zusagte, um mein Quäntchen an Arbeit für die Jugend beizutragen.

Mein Anliegen war von Anfang an, dabei zu helfen, die duale Berufsausbildung – in Österreich, Deutschland, den Niederlanden, der Schweiz und Liechtenstein eine Selbstverständlichkeit – in Spanien wieder einzuführen. Denn das System, das an sich nicht hoch genug bewertet werden kann, aber unter dem Franco-Regime schlecht administriert wurde, war von Regierungschef Felipe Gonzalez abgeschafft worden. Gonzalez wollte allen Jugendlichen den Zugang zur Universität eröffnen und die herrschende Zwei-Klassen-Gesellschaft aufbrechen. Das war ein gut gemeinter Ansatz, der auf den Zugang von Jugendlichen ohne Klassenunterschied ausgerichtet war.

Das Resultat ist zwar eine deutlich höhere Quote an Universitätsabsolventen in Spanien, was zweifellos zu begrüßen ist, hat aber auch Nachteile. Die Zahl der Studienabbrecher ist groß, die fertigen Ärzte, Juristen und Ingenieure finden keinen Arbeitsplatz. Vor allem während der Wirtschaftskrise mussten viele junge Leute auf Jobsuche ins Ausland gehen. Was die Einführung des dualen Berufsausbildungssystems behindert, sind nicht nur die gesetzlichen und bürokratischen Hürden und die Zuständigkeit vieler Ministerien. Das System ist komplett anders, die Unternehmen zahlen keine Pflichtbeiträge mehr an Kammern wie bei uns. Auch die inzwischen weit verbreitete Vorstellung, wonach Berufsausbildung ohne Universität in der heutigen Gesellschaft nicht erstrebenswert sei, stellt ein Hindernis dar. Kein Wunder, dass man in Spanien kaum mehr gut ausgebildete Handwerker findet. Aber deutsche und österreichische Stellen, etwa die Botschaften dieser Länder oder auch die österreichische Außenhandelsstelle der Bundeswirtschaftskammer, vor allem der österreichische Botschafter Peter Huber und der Wirtschaftsdelegierte Michael Spalek, sind hier Verbündete beim Versuch, ein ähnliches System wie bei uns auch in Spanien zu installieren.

Besonders die Bertelsmann Stiftung unter ihrer Präsidentin Liz Mohn hat sich diesen Kampf auf die Fahnen geschrieben. Ich freue mich, hier mitmachen zu können. Es ist mir ein echtes Anliegen zu helfen, den aufgeweckten jungen Spaniern eine Alternative anzubieten, die für sie lebenswichtig sein kann.

Auch in der Stiftung Novia Salcedo, wo ich als Patronin Ideen einbringe und Leute zusammenbringe, geht es um Unterstützung Jugendlicher bei der Arbeitsplatzsuche, diesmal in Bilbao. Ferner gibt es noch andere Projekte, bei denen ich mich ein bisschen einbringe.

Seit mehr als einem Jahr bin ich zudem Vizepräsidentin des Senats der Wirtschaft (Europa). Dessen Präsident ist Günter Verheugen, mein Kollege, der während meiner Kommissarszeit Vizepräsident der EU-Kommission war. Mit ihm sowie mit Dieter Härthe, dem Vorstandsvorsitzenden des Senats der Wirtschaft in Deutschland und Executive Chairman des Senate of Economy International, arbeite ich gerne zusammen, um in Europa das Gedankengut des Senats der Wirtschaft zu fördern und Gruppen in europäischen Ländern dazu zu bringen, sich für ethisches Unternehmertum und für Europa einzusetzen und den Entscheidungsträgern unsere Empfehlungen mitzugeben.

In diesem Zusammenhang arbeite ich auch mit Professor Franz Josef Radermacher zusammen, Präsident des Senats der Wirtschaft (Deutschland). Sein Gastbeitrag „Überlegungen zur Zukunft – Was kommt auf uns zu?" in diesem Buch befasst sich vor allem mit Afrika und findet meine volle Unterstützung.

Ja, ich arbeite immer noch gerne.

DIE SANKTIONEN

Die EU hat Österreich den Dialog verweigert

Chronologie der EU-Sanktionen

Sommer 1999
ÖVP-Chef Wolfgang Schüssel kündigt im Wahlkampf an, in Opposition zu gehen, sollte die ÖVP bei der Nationalratswahl an dritter Stelle landen.

3. Oktober 1999
Bei der Nationalratswahl liegt die ÖVP knapp hinter der FPÖ auf Platz 3.

Winter 1999
Bundeskanzler Viktor Klima (SPÖ) scheitert mit Regierungsverhandlungen. Bundespräsident Thomas Klestil beauftragt Klima, eventuell auch eine Minderheitsregierung zu bilden.

22. Januar 2000
FPÖ und ÖVP nehmen selbst Verhandlungen über eine Regierungsbildung auf.

26. Januar 2000
Bundeskanzler Klima klagt auf der Holocaust-Konferenz in Stockholm bei seinen internationalen Kollegen über die mögliche schwarz-blaue Koalition in Österreich.

31. Januar 2000
FPÖ und ÖVP berichten dem Bundespräsidenten von ihrer Einigung auf einen Koalitionspakt. Bundespräsident Klestil äußert Bedenken gegen eine solche Koalition. Die 14 EU-Mitgliedsländer sprechen sich ebenfalls dagegen aus.

Erklärung der damaligen portugiesischen EU-Ratspräsidentschaft:
„*Die Regierungen der 14 Mitgliedsstaaten werden keinerlei offizielle bilaterale Kontakte auf politischer Ebene mit einer österreichischen Regierung unter Einbindung der FPÖ betreiben oder akzeptieren. Es wird keine Unterstützung für österreichische Kandidaten geben, die Positionen in internationalen Organisationen anstreben. Österreichische Botschafter werden in den EU-Hauptstädten nur noch auf technischer Ebene empfangen.*"

2. Februar 2000
Die EU-Kommission teilt in einer Erklärung mit, dass sie die Bedenken der 14 EU-Mitgliedsstaaten teile.

4. Februar 2000
Die ÖVP/FPÖ-Regierung wird angelobt. Die „Maßnahmen" der EU-Mitgliedsstaaten gegen Österreich laufen voll an.

9. Februar 2000
In seiner Regierungserklärung sagt Bundeskanzler Wolfgang Schüssel: „*Unsere europäischen Partner und andere Länder nehmen Anstoß an der Regierungsbeteiligung der Freiheitlichen Partei. Von 15 Mitgliedsländern haben 14 beschlossen, die bilateralen Kontakte zum Partnerland Österreich einzufrieren. Härte, Ausmaß, Geschwindigkeit der ‚Maßnahmen' und die Art des Vorgehens haben Österreich schockiert. Vieles von dem, was jetzt über Österreich berichtet wird, ist nicht gerechtfertigt. Vieles wird undifferenziert dargestellt. ... Es ist Zeit, die Skeptiker im In- und Ausland durch eine Politik der richtigen Taten und der richtigen Worte zu überzeugen. Ich fordere alle Kritiker im Inland sowie unsere europäischen und transatlantischen Partner auf, ihre Vorurteile und vorgefassten Meinungen zu überdenken. ... Die bilateralen ‚Maßnahmen' der 14 Länder finden im Geist und im Wortlaut der europäischen Verträge keine Deckung.*"
10. Februar 2000
OSZE-Rat in Wien unter österreichischem Vorsitz. Einige EU-Teilnehmer isolieren die amtierende Vorsitzende Ferrero-Waldner.

14./15. Februar 2000
EU-Außenministerrat in Brüssel, erstmals mit Österreichs Außenministerin Ferrero-Waldner. Wieder wird sie isoliert.

7. April 2000
Eröffnung der EU-Menschenrechtsagentur in der Wiener Hofburg ohne Einladung der Bundesregierung. Außenministerin Ferrero-Waldner, die trotzdem erscheint, wird empörend behandelt.

7./8. Mai 2000
Informelles Treffen der EU-Außenminister auf den Azoren. Erstmals wird über die Sanktionen diskutiert.

19./20. Juni 2000
Große Enttäuschung auf dem EU-Gipfel in Feira: Die Sanktionen werden nicht wie erhofft aufgehoben.

20. Juli 2000
Die „drei Weisen" beginnen ihre Tätigkeit.

28.–31. August 2000
Die „drei Weisen" verfassen in Heidelberg ihren Bericht und übergeben ihn einige Tage danach dem EU-Ratsvorsitzenden Jacques Chirac.

12. September 2000
Chirac erklärt die Aufhebung der Sanktionen, wie von den „drei Weisen" empfohlen.

Am 31. Januar 2000 beschlossen die 14 EU-Mitgliedsländer, Österreich als Nummer 15 zu isolieren, keine offiziellen bilateralen Kontakte auf politischer Ebene zu betreiben, österreichische Kandidaten für Positionen in internationalen Organisationen nicht zu unterstützen und Österreichs Botschafter in den EU-Hauptstädten nur noch auf technischer Ebene zu empfangen. Formal sollten es keine EU-, sondern bilaterale Sanktionen sein, die auch gar nicht Sanktionen, sondern „Maßnahmen" heißen sollten. Die EU-14 erhofften damit, die geplante Koalition aus ÖVP und FPÖ gar nicht erst zustande kommen zu lassen, und wenn doch, dann sie rasch wieder zu Fall zu bringen.

Bis zur Nationalratswahl vom 3. Oktober 1999 war Österreich insgesamt 34 Jahre lang von einer Großen Koalition regiert worden, zunächst 21 Jahre nach dem Zweiten Weltkrieg und schließlich von 1987 bis Anfang 2000. Hätte man die als „ewig" empfundene Große Koalition fortgesetzt, wären die klassischen Volksparteien SPÖ und ÖVP zweifellos noch schwächer und die Extreme im politischen Spektrum immer stärker geworden. Die FPÖ profitierte zunehmend davon, dass sie in der Opposition alles kritisieren und versprechen konnte, ohne jemals in Regierungsverantwortung einem Realitätscheck unterworfen zu werden. Bei der Nationalratswahl im Oktober 1999 hatte es Jörg Haiders FPÖ sogar zur zweitstärksten Partei gebracht, die ÖVP Wolfgang Schüssels landete nur auf Platz drei.

Für genau diesen Fall hatte Schüssel im Wahlkampf mehrmals angekündigt, in die Opposition zu gehen. Auch an dem für ihn bitteren Wahlabend bekräftigte er dies. Aber Noch-Bundeskanzler Viktor Klima (SPÖ) gelang es über drei Monate hinweg nicht, eine Regierung zu bilden. Den Hauptgrund für Schüssels Vorgehen und sein Umschwenken von Oppositions- auf Regierungskurs und warum die Sondierungsgespräche zwischen SPÖ und ÖVP nicht vom Fleck kamen, waren existenzielle Uneinigkeiten über die budgetäre Lage des Landes und die notwendigen Schritte zu ihrer Sanierung, vor allem die Pensionsreform. Was immer Klima auch zusagte, hatte keinerlei Bestand. Weder der SPÖ-Parlamentsklub, wie wir in Österreich die Fraktion nennen, noch der mächtige Gewerkschaftsflügel folgte ihm. Daher ergriff Schüssel schließlich die Initiative und bereitete ohne formellen Auftrag Bundespräsident Thomas

Klestils ein schwarz-blaues Bündnis vor. Im Übrigen schien dies die einzige Möglichkeit, den Prozess der Schwächung der Volksparteien und Stärkung der Randparteien zu durchbrechen und gleichzeitig die FPÖ in Regierungsverantwortung zu nehmen und damit zu „entzaubern".

Da nun die SPÖ weder mit der ÖVP noch mit der FPÖ als potenziellen Koalitionspartnern vorankam, drohte schlicht keine neue Regierung zustande zu kommen. Das wiederum hätte bedeutet: Neuwahlen. Und bei Neuwahlen wäre die FPÖ so gut wie sicher Nummer eins, also stärkste politische Kraft geworden. Einzige Möglichkeit, die politische Erstarrung in Österreich zu beenden, war eben Schwarz-Blau.

Das Problem war der unberechenbare Sprücheklopfer Jörg Haider. Der FPÖ-Chef hatte mit fremdenfeindlichen Äußerungen und rechtspopulistischen Parolen, verbalen Entgleisungen und bewussten Provokationen zwar Beifall und Stimmen gewonnen, aber jegliche Akzeptanz in Europa verloren. Auch wenn er persönlich nicht Teil der Bundesregierung war, sogar den Parteivorsitz an Susanne Riess-Passer abgab und sich als Landeshauptmann nach Kärnten zurückzog: Von Klagenfurt aus mischte er sich immer wieder in die Bundespolitik, sogar in die Außenpolitik ein und machte nicht nur seiner Parteichefin, sondern auch uns in der Bundesregierung das Leben schwer – auch mir als Außenministerin, die überall mit seinen Zitaten konfrontiert wurde.

Die Phase der sogenannten EU-Sanktionen gegen Österreich als Reaktion auf die Regierungsbeteiligung von Jörg Haiders FPÖ dauerte von Januar/Februar bis September 2000. Das waren neun Monate, die an Dramatik nicht zu überbieten waren.

Wie wir das alles überlebt haben, finde ich im Rückblick wirklich erstaunlich. Gott sei Dank haben wir gar nicht alles mitbekommen, was gelaufen ist, denn dann hätten wir vermutlich Angst bekommen. Aber wir waren damals so gefordert. Anfangs dachten wir noch, wie lächerlich das sei, was über uns behauptet wurde. Wie man darlegen könne, dass die Vorwürfe nicht stimmten. Wie man den Kritikern einfach nur zeigen müsse, wie die Wirklichkeit sei.

Aber so einfach war es nicht. Versucht haben wir es. Gewisse Anzeichen, was uns bevorstehen könnte – und vor allem mir als Außenministerin –, gab es gleich zu Beginn. Meine Strategie war, immer ruhig zu argumentieren, Geduld aufzubringen, Gelassenheit zu demonstrieren, nie zu drohen und vor allem niemanden zu verletzen, auf keinen Fall jemanden zu beleidigen. Das hätte sofort gegen uns gespielt. Würde ich mich aber stets korrekt verhalten und gleichzeitig verteidigen, würde man nicht noch mehr gegen uns vorgehen können. Daher brachte ich lächelnd, aber sehr klar unsere Argumente vor.

Gleichzeitig aber auch: erklären, immerzu erklären, und unmissverständlich sagen, wofür unsere Regierung steht. Erklären allein reichte aber nicht. Ich brauchte auch viel Psychologie. In solchen Situationen erkennt man, wie die Menschen sind. Das bietet unendlich viel Stoff für viele Anekdoten. Da kommen die Mezquinos zum Zug, wie im Spanischen die Kleinmütigen, die Geizigen genannt werden, die dann zeigen können, wie stark sie sich fühlen. Es ist ja auch ganz einfach, auf jemanden draufzuhauen.

Ein weiterer psychologischer Aspekt: Für die männlichen Kollegen war es sehr schwer, einer Frau, die noch dazu korrekt argumentiert, etwas entgegenzuhalten.

Wenn sich heute andere – männliche – Akteure im Rückblick abgeklärt und souverän geben, mögen sie für sich persönlich Recht haben. Aber als Frau vergisst man manche Dinge nicht so schnell! Freilich hörte ich auch oft, in dieser Situation könne gerade eine Frau viel leichter vermittelnd auftreten.

Ich wollte mich keinesfalls zu einer Art Selbstverteidigungsministerin in Sachen Sanktionen degradieren lassen, wollte mich nirgendwo aufdrängen, sondern selbstbewusst beweisen, dass ich für eine eindeutig proeuropäische Politik stehe und wir auf EU-Ebene normal weiterarbeiten würden.

Was besonders absurd schien: Ausgerechnet die angeblich ausländerfeindliche Regierung hatte eine Außenministerin, die mit ihren Amtskollegen in mehreren Sprachen debattieren konnte und die selbst einen Ausländer als Ehemann hatte, den Spanier Francisco Ferrero. Ich war im Kreis der EU-Außenminister übrigens die Einzige, die mit einem Ausländer verheiratet war!

Dazu kam, dass bei den Kollegen meine Frankophilie und Hispanophilie durchaus bekannt war. Aus meiner Zeit als Protokollchefin der UNO kannte ich die maßgeblichen Leute des ganzen Globus, desgleichen aus meiner Zeit als Staatssekretärin, in der ich Vizekanzler und Außenminister Schüssel oft und gerne hatte vertreten müssen. Ich fühlte und fühle mich stets als Kosmopolitin. Also an meiner Weltoffenheit konnte es wirklich keinen Zweifel geben.

Selbst im eigenen Außenministerium erlebte ich Überraschungen. Als ich als neue Ressortchefin in diese politisch heikle Situation gestellt wurde, gab es Beamte, die mich gleich als „schwach" einstuften. Aber es dauerte nicht lang, da hörte man nichts mehr dergleichen. Ähnlich war es auf europäischer Ebene: Auch da stellte man mich zunächst als politisches Leichtgewicht hin, und auch das änderte sich rasch. Man hatte nicht mit meinem Standvermögen gerechnet.

Wie mir das gelang? Ich war fest überzeugt, dass wir ein volldemokratisches Land seien und nichts gemacht hatten, was gegen die Demokratie verstoßen hätte. Man wusste ja aus vielen Analysen, Artikeln und Erklärungen, warum wir diese Regierung zu bilden hatten. Diese Überzeugung half mir persönlich enorm, auch als es wie ein Gewitter auf uns hereinbrach. In der ersten Zeit gab ich oft dreißig Interviews am Tag. Am Anfang war ich aufgeregt, aber dann fing ich an, meine Überzeugung zu verinnerlichen und zu leben.

In meinem Ministerium habe ich einfach geführt. Ich sagte: Wir werden für unsere Rechte und diese Regierung kämpfen, und wir werden das durchstehen. Manche der Beamten hatten Angst und fürchteten persönliche Boykottmaßnahmen. Es war ja auch wirklich eine schwierige Situation. Intern diskutierten wir die Frage, ob man juristisch gegen die Maßnahmen vorgehen sollte oder politisch.

Hätten wir ein Veto eingelegt, wäre es zu einem richtigen Eklat gekommen. Ich hatte aber den Eindruck, dass manche genau das wollten. Sie wollten erreichen, dass wir durch Einlegung eines Vetos die Arbeit in der EU behindern. Aber ich wollte nie, dass wir auf ein solches Veto hinarbeiten. Wir hätten das nicht durchgestanden. Abgesehen vom Kokettieren mit der Veto-Politik oder der Idee mit einer Volksabstimmung gab es auch noch die Option zu klagen. Das wäre jedoch meiner Ansicht nach purer Wahnsinn gewesen: Erstens hätte ein solches Verfahren Jahre gedauert, da wären wir als Regierung längst abgetreten gewesen. Und zweitens handelte es sich um einen politischen Prozess, den man nicht juristisch, sondern eben politisch bekämpfen sollte.

Wir waren uns jedenfalls alle sehr bald einig, dass nur die politische Option infrage komme. Dem politischen Vorgehen stand jedoch die Schwierigkeit im Wege, dass kein anderer EU-Staat mit uns sprechen wollte.

Genau das war der große Fehler der Sanktionen: Man hat uns den Dialog verweigert. Richtig wäre meiner Ansicht nach gewesen, wenn man Bundeskanzler Schüssel nach Brüssel geholt und ihn in einer kleinen Runde von Entscheidungsträgern der übrigen 14 Mitgliedsstaaten gefragt hätte: Warum sind Sie eine Koalition mit Jörg Haiders FPÖ eingegangen? Wieso und warum? Und was werden Sie tun? Genau das hat gefehlt! Wir wurden nicht gehört. Das Rechtsprinzip „Audiatur et altera pars" (Man höre auch die andere Seite) wurde grob verletzt!

Die EU hat jedenfalls daraus gelernt. Der Artikel 7a des EU-Gesetzes, den wir später vorschlugen, gewährleistet nun, dass spätere ähnliche Fälle geordnet und fair abzulaufen haben und vor allem ein Dialog mit dem betreffenden Mitgliedsstaat geführt werden muss.

Ernüchterung in Madrid: „Der Premierminister empfängt Dich nicht"

Schon im Vorfeld der Sanktionen hatten wir gehört, dass gewisse Maßnahmen gegen Österreich geplant würden, sollten wir mit der FPÖ koalieren. Wolfgang Schüssel, der angehende Bundeskanzler, wollte José-Maria Aznar umstimmen. Dem Premierminister von Spanien hatte die ÖVP in der Vergangenheit geholfen, als seine Partei in die Europäische Volkspartei (EVP) im EU-Parlament aufgenommen werden sollte. Da ich immer einen guten Kontakt mit den Spaniern gehabt hatte, schickte mich Schüssel spontan nach Madrid. Mein Auftrag war, den Premier zu beruhigen und das Thema Sanktionen gar nicht erst aufkommen zu lassen.

Leider vergeblich. Ich kam zwar frühzeitig nach Madrid, und trotzdem war es schon zu spät. Im Außenministerium sprach ich mit dem damaligen

Minister Abel Matutes, der mich zu Aznar persönlich führen sollte. Doch Matutes musste mich enttäuschen: „Der Premierminister empfängt dich nicht." Er duzte mich, da wir einander schon lange und gut kannten. Erst drei Jahre davor hatte er übrigens das Große Goldene Ehrenzeichen am Bande für Verdienste um die Republik Österreich verliehen bekommen.

Aznar war kurz vor meiner Madrid-Reise vom französischen Präsidenten Jacques Chirac angerufen worden und hatte sich bereits gegen uns positioniert und für Sanktionen ausgesprochen. „Tut mir leid, Benita", bedauerte Matutes.

Ich solle jedoch, so Matutes, zu Gerardo Galeote in die Calle Genova fahren und dem EU-Politiker des Partido Popular (PP) meine Argumente vorbringen. Die Antwort Galeotes nach einem langen und eindringlichen Gespräch werde ich nie vergessen: „O dejáis esta coalición o tendréis que aguantar el chaparrón!" Zu Deutsch: Entweder lasst ihr diese Koalition bleiben oder ihr müsst den Wolkenbruch durchstehen!

Somit war die Anstrengung vergeblich gewesen. Ich kam erfolglos aus Madrid zurück. Ich kam mir wie belämmert vor. In Wien setzten wir uns im kleinen Kreis zusammen. Wolfgang Schüssel, Elisabeth Gehrer, ein paar andere enge Mitarbeiter und ich besprachen die Lage. Denn jetzt war uns klar, die Sanktionen sind nicht mehr aufzuhalten. Ein Zurück kam für uns aber auch nicht infrage. Unter Schüssels Führung einigten wir uns darauf, dass wir vorangehen müssten. Wir beschlossen: „Wir machen das."

Die Reise nach Madrid sollte übrigens ein Stück Geheimdiplomatie sein, wurde aber doch bekannt.

Tiefpunkt der OSZE

Ein wahrlich unrühmliches Kapitel war anfangs leider die OSZE. Das musste ich am 10. Februar 2000 im Neuen Saal der Wiener Hofburg erleben. Österreich hatte zur Organisation für Sicherheit und Zusammenarbeit in Europa viel beigetragen und von Anfang an ein enges Verhältnis. Der KSZE-Prozess, wie er anfangs genannt wurde, hatte für uns als neutralen Staat seit dem Beginn 1975 enorme Bedeutung. Wien war außerdem Sitz der OSZE, die Hofburg ein prächtiger Rahmen dafür. Für den Vorsitz 2000 hatten wir uns schon frühzeitig angemeldet, weil wir einen wirklich aktiven Beitrag zur Konfliktverhütung in Europa leisten wollten.

Mit der Konfliktverhütung klappte es dann in eigener Sache nicht, zumindest anfangs. Als österreichische Außenministerin hatte ich 2000 den OSZE-Vorsitz inne. Diplomatische Attacken aus allen Richtungen machten mir den Anfang wirklich schwer, nachdem ich den Vorsitz der 57 Teilnehmerstaaten zählenden Organisation von den Norwegern übernommen hatte. Unsere Schwerpunkte sollten der Balkan, der Kaukasus und Zentralasien sein. Dafür war eigentlich engste Zusammenarbeit mit der EU geplant. In der Realität taten wir uns damit schwerer als erhofft. Geplant war ferner, dass die OSZE im österreichischen Vorsitz-Jahr insgesamt 18 Wahlen beobachten sollte. Da wussten wir noch nicht, wie Österreich selbst unter internationaler Beobachtung stehen würde.

Kühle Szenen in der Wiener Hofburg: Normalerweise würde man einem frisch gebackenen Außenminister zum Karrieresprung gratulieren und alles Gute für die Amtszeit wünschen. Nicht so in meinem Fall. Und üblicherweise würden die OSZE-Botschafter einer neuen Vorsitzenden ebenfalls Glückwünsche übermitteln und gute Zusammenarbeit anbieten. Nicht so in meinem Fall. Und normalerweise hätte man das 25-Jahr-Jubiläum der OSZE, das in die Zeit meines Vorsitzes fiel, entsprechend gefeiert. Nicht so in meinem Fall. Wegen der EU-Sanktionen wurde es in einer Sitzung des Ständigen Rates unspektakulär abgehandelt.

Auch die Tatsache, dass ich die erste Frau an der Spitze des österreichischen Außenministeriums war, ging angesichts der Umstände völlig unter. Und wo es doch erwähnt wurde, dann eher abwertend. Nun müsse, hieß es, weiblicher Charme eingesetzt werden, um Österreich aus der Isolation herauszuführen. Aber als professionelle Diplomatin hatte ich mir natürlich schon vorher ausgerechnet, dass viele Kollegen distanziert sein würden. Trotz dieser realen Schwierigkeiten hatte ich mir fest vorgenommen, den OSZE-Vorsitz bestmöglich zu nützen, um die bilateralen Sanktionen multilateral zu bekämpfen.

Manöver in der Hofburg

Auch in der OSZE versuchten die Franzosen und die Belgier, aber auch die Deutschen, mich fertig zu machen. Belgien und Frankreich, augenscheinlich sogar Andorra boykottierten meine Rede vor dem OSZE-Rat vom 10. Februar in der Hofburg. Ich erinnere mich noch gut an das Verhalten von Hervé Ladsous, dem französischen OSZE-Botschafter. Gerade ihn kannte ich aus meiner Diplomatenzeit in Paris gut, wo er noch ein junger Kollege gewesen war. Umso empörter war ich, dass er sich jetzt absentierte. Aber bei ihm und anderen Politikerkollegen war das Verhalten natürlich auf Weisungen aus der jeweiligen Hauptstadt zurückzuführen.

Sie blieben meiner Ansprache demonstrativ fern. Das war in der Geschichte der OSZE einmalig. Sie wollten mir die OSZE-Präsidentschaft madig machen. Gelungen ist ihnen das nicht, ganz im Gegenteil. Die OSZE war für mich eine ausgezeichnete, weil multimediale Plattform, auf der wir unsere diplomatischen Fähigkeiten zeigen konnten.

Andorra erklärte übrigens im Nachhinein, dass seine Abwesenheit nicht wie bei den Franzosen und Belgiern auf Protest zurückzuführen sei, sondern schlicht auf Personalmangel und Ressourcenknappheit. Das klang glaubwürdig, der Zwergstaat hatte des Öfteren gefehlt.

In der anschließenden Pressekonferenz sagte ich betont gelassen, als ich die Abwesenheit der drei Delegationen kommentieren sollte: „Das ist nur ein politischer Showdown. Die Arbeit der OSZE wird dadurch in keinster Weise beeinflusst." Wenn zwei Mitgliedsländer den Saal verlassen und ein Zwergstaat nicht erscheint, könne man doch nicht gleich von einem Boykott der EU sprechen, sagte ich.

Sehr unangenehm war Norwegen. Die Norweger wollten zwar nicht der EU beitreten, schlossen sich in unserem Fall aber den EU-Sanktionen an. Der damalige norwegische Außenminister Thorbjörn Jagland, heute Präsident des Nobelpreiskomitees, saß in der Pressekonferenz als früherer Ratsvorsitzender der OSZE neben mir. Als er das Wort ergriff, war er besonders aggressiv gegenüber unserer ÖVP/FPÖ-Regierung und geradezu verletzend. Das veranlasste mich, nach der Pressekonferenz die Klingen mit ihm in scharfer Form zu kreuzen. Er hatte für mich die Grenzen der Diplomatie und des guten Tons eindeutig überschritten, auch wenn ich ihm konzedierte, grundsätzlich kritisch zu sein. Jagland weigerte sich, mit mir ein bilaterales Gespräch zu führen. Norwegens christdemokratischer Premier Kjell Magne Bondevik drohte an, das ganze Jahr während meines OSZE-Vorsitzes sich nicht an einen Tisch mit Österreich zu setzen.

Ich machte von Anfang an klar, dass ich als Chefin der OSZE den Vorsitz in der Steuerung der Organisation voll wahrnehmen würde. Das war mir ein wichtiges Statement, da beispielsweise die belgischen Sozialisten gefordert hatten, Österreich sogar den OSZE-Vorsitz abzuerkennen. Nach meiner Rede kehrten jedenfalls die französischen und belgischen Delegationen wieder an ihre Plätze im Konferenzsaal zurück. Damit war mir klar, dass sie nur meiner Ansprache fernbleiben, aber nicht die österreichische OSZE-Vorsitzführung boykottieren konnten. Zu weiteren Störmanövern kam es auf der Tagung nicht.

Mir war es ganz besonders wichtig, als OSZE-Vorsitzende wirklich gute Arbeit zu leisten und unangreifbar zu sein. Allein schon wegen des US-Botschafters bei der OSZE, David T. Johnson, der mich aufgefordert hatte, alle mir zur Verfügung stehenden Mittel einzusetzen. Er vermisse auf politischer Ebene die nötige Energie, die ein solcher Vorsitz brauche. Österreich habe während des Herbstes und Winters wegen „Ablenkungen" auf politischer Ebene „nicht die Energie gezeigt, die diese Organisation im Vorsitz braucht".

Ich solle, so der amerikanische Delegationschef, die politische Tatkraft an den Tag legen, die ein OSZE-Vorsitz benötige. Was er damit meinte, war klar. Durch unsere innenpolitische Situation sowie die EU-Reaktionen darauf sei diese Tatkraft nicht gegeben. Und durch die Regierungsbeteiligung der FPÖ in Wien sah er die Glaubwürdigkeit der ganzen OSZE gefährdet.

Ich sah im Zusammentreffen des OSZE-Vorsitzes und der Sanktionenphase sogar eine große Chance. Wenigstens in meiner OSZE-Funktion konnte mich niemand von Besuchen ausladen oder mir Gespräche verweigern. Auf diese Weise waren wir sehr präsent. Man konnte mich allenfalls schlechter setzen, und das wurde auch vielfach gemacht.

Bei der Amtseinweihung des kroatischen Staatspräsidenten Stipe Mesić am 18. Februar 2000 war ich nicht als Österreichs Repräsentantin eingeladen, sondern in meiner Funktion als OSZE-Vorsitzende. Ich erinnere mich sehr gut daran, wie beim anschließenden Empfang Joschka Fischer auf mich zukam, mich zur Seite nahm und sagte: „Ihr werdet doch nicht glauben, dass Ihr das durchhaltet und mit so einer Regierung vorangehen könnt." Ich empfand das als eine echte Drohung und entgegnete ihm nur: „Natürlich werden wir das durchhalten, denn es stimmt ja nichts von den Vorwürfen." Ich erinnerte ihn daran, dass die Regierung demokratisch legitimiert sei und überhaupt nichts mache, was legalen Grundsätzen widerspreche.

Gerüchte von Geheimplänen der Isolierung

Natürlich waren mir auch Gerüchte von Geheimplänen zu Ohren gekommen, wonach Österreich nicht nur in der EU, sondern auch in der OSZE isoliert werden sollte. Damit wäre selbstverständlich auch das Gewicht der Organisation infrage gestellt worden. Deshalb ermahnte ich die OSZE-Kollegen: „Wer immer uns schwächt, wird die Organisation selbst schwächen."

Aber ich hatte vor, die OSZE, in der wir multilateral arbeiteten, strategisch auch für die Causa Österreich zu nutzen und „es ihnen zu zeigen". Und es gelang uns auch, aber es war anfangs verdammt schwierig. Ich forderte die internationale Gemeinschaft mehrmals auf, konstruktiv mit mir als Vorsitzender zusammenzuarbeiten und mich bei der Umsetzung unseres Programms in diesem Vorsitzjahr 2000 zu unterstützen. Ich unterstrich unser uneingeschränktes Bekenntnis zu den Werten und Verpflichtungen der OSZE.

Da es sich eben um eine multilaterale Organisation handelte, worauf ich immer wieder hinwies, unterstützten mich mit der Zeit mehrere Delegierte, und im Lauf der Monate entspannte sich die Lage. Die OSZE-Botschafter und -Experten hatten weniger Interesse an den Sanktionen als ihre heimischen Politiker.

Ich verlangte, an meinen Taten gemessen zu werden und auch die schwarz-blaue Regierung nach ihren Taten zu beurteilen. „Lassen Sie uns doch einmal in Ruhe arbeiten!"

Allein durch den OSZE-Vorsitz musste ich ausgerechnet in dieser schwierigen Zeit mit der Mehrbelastung infolge der Sanktionen-Krise unheimlich viel reisen, ins kriegszerstörte Tschetschenien, ins krisengeschüttelte Kosovo, nach Serbien, Bosnien-Herzegowina und alle anderen Schwerpunktgebiete unseres Programms. Ich sah dies aber auch als Chance zu zeigen, dass wir dieselbe oder sogar noch aktivere Arbeit leisten konnten. Allein in OSZE-Mission flog ich mehr als ein Dutzend Mal in internationale Konfliktherde. Ich besuchte rund zwanzig OSZE-Mitgliedsländer, darüber hinaus reiste ich mehrmals zur UNO nach New York und nach Genf. Ich war häufig beim Europarat und oft bei Gesprächen mit der Europäischen Kommission. Und ich besuchte als erste OSZE-Vorsitzende überhaupt den Euro-Atlantischen Kooperationsrat.

Der Einsatz lohnte sich! Nach den unangenehmen Anfängen mit viel Gegenwind erntete ich beim zweiten Auftreten vor dem Ständigen Rat im Juni immerhin Lob und Zustimmung der Delegierten für meine Arbeit und die meiner österreichischen Delegation.

EU-blaues Kostüm statt Büßergewand

Nächste Station: der Außenministerrat. Am 14. Februar 2000 fand das Treffen der EU-Außenminister in Brüssel statt, das erste, an dem ich in meiner neuen Funktion teilnahm. Ich trat bewusst im blauen Kostüm auf, ganz im EU-Blau, und versuchte es mit einer Charme- und Gegenoffensive. Es sollte auf keinen Fall so wirken, als würde ich im Büßergewand kommen und den Canossa-Gang antreten. Dafür sah ich überhaupt keinen Grund. Genau das hatten die EU-Kollegen aber erwartet.

Ich wusste auch, dass niemand mit mir reden durfte und mir niemand die Hand reichen würde. Darauf konnte ich ohnehin verzichten. Unter normalen Umständen wären bei einer solchen Begegnung Händeschütteln und Glückwünsche durchaus angebracht gewesen, war es doch mein allererster Auftritt als Außenministerin in diesem Kreis.

Also wollte ich ihnen gar keine Gelegenheit bieten, mir die Hand zu geben. Bewaffnet mit der Aktentasche in der einen und ein paar Akten in der anderen Hand ging ich in den Sitzungssaal, um niemanden in Verlegenheit zu bringen. Überraschenderweise war aber noch kaum ein Minister da. Die Kollegen ließen sich Zeit. Plötzlich hatten sie offensichtlich alle Angst vor mir, obwohl sie mich doch gut kannten. Um der Benita nur ja nicht Grüß Gott in den verschiedenen Sprachen sagen zu müssen, wollten sie mich plötzlich nicht mehr kennen.

So warteten viele, bis ich drinnen Platz genommen hatte, und kamen erst dann langsam in den Saal hineingetröpfelt, die meisten dadurch etwas zu spät. Da saß ich längst am Tisch. So musste mir niemand die Hand reichen oder womöglich vor Fernsehkameras mit mir reden. Ich empfand das als absolut kindisch – und aus heutiger Sicht eigentlich komisch, ja sogar lustig. Keiner hat mit mir geredet. Einfach lächerlich, wie sich die Herren aufführten.

Wie soll ein Caballero eine Dame begrüßen?

Umso köstlicher ist die Geschichte eines Schnappschusses mit Ramón de Miguel (Abbildung 11). In einem Nebenraum des Ministerratssaales legte der spanische Europastaatssekretär nach der Morgensitzung seinen linken Arm um meine Schulter – in der rechten Hand hielt er ein Sektglas –, und begrüßte mich mit Umarmung und dem typisch spanischen Kuss auf beide Wangen! Obwohl man mir nicht einmal die Hand schütteln durfte! Das ging durch viele Zeitungen. Dass mein Fotograf Bernhard Holzner (genannt Hopi) diese Szene eingefangen hat, war zwar für uns Österreicher ausgezeichnet, für Ramón de Miguel selbst aber überhaupt nicht. Er, ein guter Freund und Charmeur in Person, musste eine Rüge des wütenden Ministerpräsidenten Aznar einstecken. Offenbar hätte er fast seinen Job verloren. Mit seiner Beteuerung – er sei doch Kavalier, und wie sonst solle ein Caballero eine Freundin und Kollegin auf Spanisch begrüßen als mit Umarmung? – kam er schließlich ungeschoren davon. Ich kannte ihn ja wirklich sehr gut, weil er wie ich vorher selbst Staatssekretär war. Viel später wurde er Spaniens Botschafter in Paris; noch heute verbindet mich mit ihm eine gute Freundschaft, und wir lachen über diese Episode.

Ich probiere in Brüssel alle Möglichkeiten, die verhärtete Situation aufzuweichen. Überall bot ich den Dialog an. Aber die EU-Kollegen antworteten nicht. Unter den Außenministern ist es üblich, sich mit dem Vornamen anzusprechen. Hier aber wurde ich als Einzige mit dem Ländernamen aufgerufen. Meine Positionen konnte ich nicht als „Benita", sondern musste sie als „Austria" vertreten, denn in der Runde der Mitgliedsstaaten zu sprechen, konnten sie mir nicht verweigern.

Gegen Ende des Außenministerrates konnte ich meine Erklärung vortragen, in der ich einerseits unser Erstaunen über das Vorgehen der 14 anderen Mitgliedsstaaten ausdrückte und kritisierte, dass sie Österreich vorher weder informiert noch konsultiert hatten und dies ganz klar dem Geist des EU-Vertrages widerspreche. Natürlich argumentierte ich für unsere neue Regierungskoalition und erwähnte überall die Präambel, die ausdrücklich die Achtung aller Grundfreiheiten und der Menschenrechte durch diese Regierung hervorhob.

Ich versuchte, ihnen darüber hinaus ins Gewissen zu reden: „Denken Sie doch an die Auswirkungen, die Ihre Deklaration auf die proeuropäische Mehrheit der österreichischen Bevölkerung haben kann!"

Mein Statement in dieser Runde versuchte Joschka Fischer richtig herunterzumachen: Er fühle sich durch meinen Beitrag „nicht zur Diskussion angeregt". Dass er sich später im Bundestag für seine Umgangsformen gegenüber seiner österreichischen Kollegin rechtfertigen musste, war mir eine kleine Genugtuung.

Für die wichtige Pressekonferenz danach war ich bestens vorbereitet, denn ich spürte schon, dies würde der Beginn einer harten Kampagne sein. Hunderte Journalisten aus aller Welt lauerten auf mich. Allein beim Eintreffen musste ich einen Spießrutenlauf durch das Blitzlichtgewitter absolvieren. Es war turbulent. Ich hatte einen mehrseitigen Redetext mitgenommen und versuchte mit meinem Statement, die internationalen Journalisten über die österreichische Innenpolitik aufzuklären, in der es aufgrund des Wahlergebnisses eben keinen anderen Ausweg als die jetzige Regierung gegeben habe.

Ich versicherte ihnen, dass die Österreicher europäische Patrioten seien. Sie brauchten die EU, und die EU brauche sie.

Ich hielt die Pressekonferenz auf Deutsch, bot den Presseleuten aber gleich an, ihre Fragen jederzeit in vier oder fünf Sprachen zu beantworten. So machte ich das dann auch. Auch gab ich zahlreiche Interviews, ebenfalls in mehreren Sprachen: Damit wirkte ich nicht gerade wie die xenophobe Außenministerin aus einem xenophoben Land!

„Ignorieren Sie, was Haider sagt"

Immer wieder wurde ich nach Jörg Haider gefragt. Einmal fragte ich zurück, warum man ständig Herrn Haider zitiere. Er sei doch gar nicht befugt, sich zu den Außenbeziehungen Österreichs zu äußern. Dafür seien der Bundespräsident, der Bundeskanzler und die Außenministerin zuständig.

„Ignorieren Sie, was Haider sagt", ermahnte ich die Journalisten, später aber auch die Teilnehmer auf den Konferenzen. „Er ist nur ‚Governor' von Kärnten", sagte ich. Die Mahnung „Hören Sie ihm einfach nicht zu!" entkam mir spontan. Geplant hatte ich das nicht. Dass dies gar kein schlechter „Sager" war, merkte ich, als mich praktisch alle Medien damit zitierten. Ich erwartete eine Reaktion Haiders, sie kam aber erst viel später, und zwar in einem Brief, in dem er sich über meine Äußerung beschwerte. Aber er musste es letztendlich schlucken. Anders hätten wir uns nicht durchsetzen können.

Aus meiner Skepsis ihm gegenüber machte ich kein Hehl. Ich hatte betont, ich würde in keiner Regierung sitzen, in der auch Haider ein Minister wäre. Wir in der Bundesregierung wollten unsere Arbeit machen, und er machte seine Arbeit in Kärnten. Ich räumte aber auch ein: „Man muss ihm zugestehen, dass er aus Fehlern lernt. Immerhin hat er sich für seine untragbaren Äußerungen in der Vergangenheit entschuldigt." Leider gab es aber immer wieder auch Rückschläge, wenn er Sprüche klopfte.

Am Abend jenes Montags, zur Halbzeit des zweitägigen Ministerrates, sollte abseits der formellen Arbeit die Atmosphäre eigentlich lockerer sein. Diesmal aber war die Stimmung merkwürdig angespannt. Das ließ sich an gewissen Gesten ablesen. Zum Beispiel verzichtete man auf das übliche Familienfoto mit allen Gipfelteilnehmern, bloß damit ich als österreichische Außenministerin nicht dabei wäre. Anstelle des großen Bildes mit allen EU-Ministern sowie mit den Amtskollegen der zehn Kandidatenländer (denn auch Ungarn, Polen, Tschechien, die Slowakei, Slowenien, Lettland, Litauen, Estland, Zypern und Malta waren schon vertreten) einigte man sich auf ein kleines Gruppenfoto. Daher posierte vor den Kameras nur die Troika, die Minister der laufenden, der vorigen und der nachfolgenden EU-Ratspräsidentschaft.

Zum Abschluss der Ratstagung betonte ich noch einmal, dass die Sanktionen selbstverständlich nicht die gesamte Legislaturperiode der neuen Regierung halten würden. Damit widersprach ich der gängigen Meinung des Kollegenkreises, wonach die Maßnahmen so lange aufrecht bleiben würden, so lange die Regierung an der Macht sei. Sie bekräftigten, so lange die FPÖ beteiligt sei, sei an eine Lockerung nicht zu denken. Die Logik hinter den Sanktionen war ja gewesen, dass die ÖVP/FPÖ-Regierung entweder gar nicht beginnen könnte bzw. bald zurücktreten müsste.

Selbst bei „Wohlverhalten" dieser Regierung würden sie ihre Meinung nicht ändern. Wie bekannt, sollte ich doch Recht behalten. Aber ich wusste auch, dass bis zum Ende der bilateralen Isolierung noch sehr viel Geduld und Durchhaltevermögen aufzubringen sein würden.

Letztlich waren meine Bemühungen damals vergeblich. Die EU-Kollegen ließen Österreich nicht den geringsten Spielraum. Wir konnten unsere Interessen nicht mehr vertreten, sie hörten nicht zu, sie verweigerten den Dialog.

Dann begann ich mit einer intensiven Telefondiplomatie. Das war frustrierend. Nicht immer wurden meine Anrufe angenommen. Und wo mir das Gespräch nicht verweigert wurde, bedeutete man mir ganz klar: Jetzt habe man diese Maßnahmen beschlossen, da könne man nicht schon wieder davon ablassen, so zum Beispiel der niederländische Kollege Jozias Johannes van Aartsen. Also müsse man dabei bleiben. Mir war klar, dass manche Amtskollegen bereit waren, nur telefonisch mit mir zu kommunizieren, weil dies der Öffentlichkeit verborgen bleiben konnte. Zum persönlichen Gespräch, womöglich vor Journalisten und Pressefotografen, wären sie in jenem Moment aber nicht bereit gewesen.

Österreichs Azorenhoch

Eine ganz wichtige Station in der Sanktionenphase ist als das „Azorenhoch" bekannt geworden. Auf den Azoren gelang es mir endlich, mit den Kollegen zu reden. Zwei Fotos davon sagen mehr als tausend Worte. Das eine, das ich nicht besonders mag, zeigt uns Gipfelteilnehmer mit diesen typischen Azorenmützen. Die Zipfelmützen fand ich eher grässlich, aber es ist die traditionelle Kopfbedeckung auf diesen portugiesischen Atlantikinseln, wo es häufig windig ist. Die setzte man uns als Gag fürs Familienfoto auf.

Obwohl Jaime da Gama, der damalige portugiesische Außenminister und Ratsvorsitzende, das Thema Österreich gar nicht debattieren lassen wollte, begann ich im informellen Außenministerrat auf den Azoren, den Kollegen einen Vorschlag auf den Tisch zu legen, wie wir vorangehen könnten. Ich sprach – wieder einmal – die Außenministerkollegen an; schon in den Wochen davor war ich unermüdlich in Europa unterwegs gewesen, um meine Kollegen zu bearbeiten. Tatsächlich reagierten zum ersten Mal einige auf mich. Ich erinnere mich an Lamberto Dini, den italienischen Außenminister, an Giorgos Papandreou, den griechischen Kollegen, an Robin Cook aus Großbritannien und an den Finnen Erkki Tuomioja sowie einige andere. Die paar Minister signalisierten, ja, man müsse allmählich „Lösungsansätze" diskutieren und einen Ausweg finden, denn die Sanktionen hätten ja keine Exitstrategie vorgesehen. Auch Dänemark, Irland und Spanien sandten solche Signale aus. Vor allem der Ire Brian Cowen fand es an der Zeit, an einem Exit zu arbeiten, um Schaden für Österreich und die EU zu verhindern.

Jaime da Gama, als Ratsvorsitzender Hausherr und Gastgeber, blieb stur. Nicht nur auf den Azoren, auch beim folgenden Gipfel in Feira werde nichts passieren. Kein Land habe eine Lockerung vorgeschlagen. Er warnte mich sogar: „Wir lassen nicht zu, dass Österreich EU-Treffen für innenpolitische Zwecke instrumentalisiert." Er warf mir vor, das Treffen zu missbrauchen, um Druck auszuüben. Er hatte nicht ganz Unrecht, denn genau das hatte ich vor.

Die Sanktionen gegen Österreich seien keine EU-Angelegenheit und hätten auf dem Außenministergipfel nichts verloren, bestimmte Gama.

„Das ist eine Frage, bei der 14 EU-Länder auf der einen Seite stehen und ein Land auf der anderen." Die Sanktionen seien bilateral verhängt worden, daher sei kein EU-Gremium dafür zuständig. Er sei auch „strikt dagegen", dass der Gipfel für bilaterale Fragen taktisch benützt werde. Umso mehr schien es ihn geärgert zu haben, dass sich die internationale Presse, besonders die Fotografen und Kameraleute, fast nur mit mir beschäftigten. Ich hatte mich vor Trauben von Fotografen und Kameraleuten zu erwehren, während er als Ratsvorsitzender bei seinen Pressekonferenzen kaum Zulauf hatte.

Tagesordnungspunkt Sonstiges

Da die „Causa Austria" nicht auf der offiziellen Agenda stand, musste ich immer den Tagesordnungspunkt „Sonstiges" abwarten, wenn ich etwas zu diesem Thema vorbringen wollte. Aber die meisten Kollegen hatte ich schon am Vorabend telefonisch bearbeitet. Ich drängte darauf, gemeinsam aus der Situation herauszukommen, indem wir endlich einen Dialog führen sollten. Dabei verlangte ich nicht das Ende, sondern die Suspendierung der Sanktionen. Ich erklärte ihnen, dass die Bevölkerung immer weniger verstehe, was hier mit Österreich gespielt werde, und der Einfluss auf die öffentliche Meinung der Österreicher äußerst negativ sei. Die Regierung könne ihre gemäßigte Haltung nicht unbegrenzt beibehalten. Außerdem warnte ich sie, würde die Situation anhalten, könne sie sogar die EU als Ganzes destabilisieren.

Ich verlangte auch, dass sich die EU-Mitgliedsländer nicht verstecken, sondern offen Haltung zeigen sollten. Und ich erinnerte daran, dass Jörg Haider eine Woche davor als FPÖ-Chef zurückgetreten sei und sich die Partei zu den europäischen Grundwerten bekannt habe, was klar zeige, dass die Partei nun eine veränderte Rolle spiele und sich auf dem Weg von der Opposition zur Regierungsverantwortung befinde.

Nebenbei bekam ich mit, dass sich manche der Kollegen jedes Interview und jede Rede von Haider wortwörtlich übersetzen ließen.

Darüber hinaus bot ich den Kollegen auch ein Monitoring an, eine Art objektives Überwachungssystem, mithilfe der EU-Kommission. Allerdings stieß die Idee nicht auf Begeisterung, weder in der Brüsseler Kommission noch in Österreich selbst.

Mit der Reaktion dieser paar Minister war der Dialog endlich eröffnet! Europa hörte uns wieder zu. Für mich war das sozusagen ein Loch in der Mauer, das ich geschlagen hatte. Die Mauer des Schweigens, die man gegen uns aufgebaut hatte, hielt nicht mehr stand. Am ersten Gipfeltag beschwor ich die Kollegen mit der Bitte, mein Statement am nächsten Tag nicht wieder nur mit Schweigen zu quittieren. Und wirklich war es das erste Mal, dass eine Erklärung eines Wiener Regierungsmitglieds in EU-Gesellschaft nicht mit Stillschweigen erwidert wurde! Die Briten waren meiner Erinnerung nach unter den ersten, die klugerweise erkannten, dass diese Mauer auf Dauer keine Lösung sein konnte.

In unzähligen Fällen wurden Studenten oder Jugendgruppen im Ausland miserabel behandelt, vor allem in Frankreich und Belgien. Taxifahrer, die sich weigerten, österreichische Geschäftsleute oder Touristen mitzunehmen. Alle diese Auswüchse haben uns schließlich indirekt geholfen. Denn plötzlich kam das zurück, plötzlich schlossen sich die Ränge – wie immer, wenn ein Land von außen angegriffen wird. Die Strategie der Sanktionen gegen uns war somit von vorn bis hinten völlig falsch.

Mein Vorstoß auf den Azoren löste also doch einiges aus. Schließlich kam Gerardo Galeote, der Europaabgeordnete aus dem Partido Popular (PP), im Auftrag Aznars nach Wien, um zu sondieren, was man denn machen könne, um die Österreicher gleichsam wieder ins Boot zu holen. Damit begann eine Periode des Analysierens und des genaueren Beobachtens. Die Sanktionen zu suspendieren, kam aber noch nicht infrage. Immerhin wurden wir nicht aus der Fraktion der Europäischen Volksparteien im Europäischen Parlament geworfen. Sogar das war im Gespräch gewesen. Besonders aggressiv gegen uns hatte sich die französische EU-Parlamentspräsidentin Nicole Fontaine aufgeführt.

Zu den größten Bremsern gehörten auch auf den Azoren wieder Frankreich, Belgien und Deutschland. Die Außenminister beider Großmächte, Védrine und Fischer, wurden nicht müde, darauf hinzuweisen, dass sich am Beschluss der Vierzehn nichts geändert habe und alle Partner unverändert dahinter stünden. Und der belgische Minister Louis Michel betonte wie immer, es bestehe kein Anlass, die Lage zu überdenken, da sich „nichts geändert" habe.

Der Krampf mit den Familienfotos

Das Ritual mit dem Familienfoto verriet einen ersten Stimmungswandel. Beim Foto zu Beginn absentierte sich Védrine von der Aufstellung, weil er angeblich telefonieren musste, aber zum Abschluss der Konferenz war er es, der eine Wiederholung des Familienfotos anregte, und diesmal nahmen er und Joschka Fischer mich sogar in ihre Mitte. Oft ist sogar die Geschichte hinter dem Bild, selbst wenn es sich um ein so langweilig scheinendes, staatstragendes Gruppenfoto handelt, interessanter als das Bild selbst.

Aber dieses Foto (Abbildung 12) war alles andere als langweilig, es zeigte die absurde Situation: Es goss in Strömen, und ich stand den größten Hardlinern ganz nahe, unmittelbar vor Joschka Fischer und neben dem französischen Kollegen Hubert Védrine. Es blieb Fischer nichts anderes übrig, als mich mit meinem rosaroten Kostüm zu beschützen. Fischer hielt verlegen grinsend den Schirm über mich. Er konnte mich ja nicht im Regen stehen lassen, noch dazu vor den Pressefotografen. Erstmals durfte ich in der ersten Reihe stehen, noch dazu fast in der Mitte. In den letzten Gipfeltreffen davor war ich immer ganz an den Rand platziert worden. Ich kann mir gut vorstellen, wie widerwillig mich die beiden Minister, die ja zu den scharfen Akteuren gegen uns zählten, so galant vor der Wetterunbill bewahrt haben. Das empfand ich einfach als köstlich! Von wegen: Sie ist ausgeschlossen. Sie haben mich sogar beschützt! Und wieder war es mein offizieller Fotograf Bernhard Holzner aus Österreich, der dieses Foto schoss und verbreitete.

Nicht nur mit dem Corps der EU-Chefdiplomaten, auch mit Joschka Fischer persönlich gab es sanfte Anzeichen von Tauwetter. Mitten im Atlantik, weit weg von Europa, sagte er prompt „Servus" zu mir, und beim Spaziergang der ganzen Ministergruppe zu einem Kratersee ließ er sich abfotografieren, wie er neben mir ging und wir miteinander redeten. Trotzdem war er hart: „Österreich ist nicht das wichtigste Thema."

Was auf den Azoren allerdings für ernste Irritationen sorgte, war die Idee mit der Volksabstimmung über die Aufhebung der Sanktionen. Sie war in einem Aktionsplan enthalten, den unsere Regierung unmittelbar vor dem Azoren-Gipfel beschlossen hatte. Hilfreich war mir das nicht gerade, eher kontraproduktiv. Die Volksabstimmung wurde von den EU-Kollegen – verständlicherweise – als Ultimatum aufgefasst: Sollte es bis zum Ende der portugiesischen Präsidentschaft im Sommer keinen Plan für das Ende der Sanktionen geben, dann drohe Wien eben mit einem Referendum. Darin hätte man nicht nur nach der Aufhebung der Sanktionen, sondern auch nach Österreichs Bekenntnis zur EU gefragt.

Ich will nicht ausschließen, dass sich uns noch mehr EU-Außenminister freundlicher zugewandt hätten, wenn nicht diese Drohung in den Aktionsplan eingebaut worden wäre. Ich konnte die Bedenken letztlich durch unermüdliches Einreden zerstreuen und sie überzeugen, dass der Plan mit der Volksabstimmung ausschließlich an die Adresse der heimischen Innenpolitik bestimmt war. Ich machte auch kein Geheimnis daraus, dass ich davon wenig hielt.

Eigentlich hätte es auf den Azoren um die „Zukunft der Union" gehen sollen, speziell um die geplante EU-Reform, die Ende 2000 in Nizza beschlossen werden sollte, und um die große Erweiterung. Ich legte mich darauf fest, dass die relative Stärke der kleinen Staaten gewahrt bleiben müsste. Daher beharrte ich auf dem Prinzip, dass jedes Land einen Kommissar stellen kann. Die Idee von „Junior-Kommissaren" lehnte ich ab. In einem Direktorium der großen Staaten sah ich eine Gefahr.

Auf Tournee in Sachen Image

Nächste Station: Imagekampagne in Paris, London und Madrid im Juni 2000. Wir erkannten die Dimension, ahnten, dass es noch lang dauern würde, entschlossen uns zu einer Imagekampagne und gingen auf Tournee. Die Wirtschaft, vor allem Peter Mitterbauer, der damalige Präsident der Österreichischen Industriellenvereinigung, unterstützte uns beherzt. Auch viele namhafte Auslandsösterreicher, aber auch ausländische Wirtschaftsleute, häufig große Industrielle, verwendeten sich für uns.

Mitterbauer begleitete mich auf der Tour nach Paris, London und Madrid. Überall veranstalteten wir Vorträge und organisierten ein großes Abendessen mit Unterstützern, und einen Tag widmeten wir jeweils den örtlichen Medien.

Wir fanden zahlreiche Freunde Österreichs, die bereit waren, sich zu engagieren. Nur als Beispiel nenne ich Lord Weidenfeld. George Weidenfeld, der britische Verleger und Diplomat mit österreichisch-jüdischen Wurzeln, der seinen großen Einfluss ganz in unserem Sinne nutzte. Oder dessen Freund Sir Ronnie Grierson, ebenfalls jüdischer Abstammung, den ich als Reformer der UNIDO kennengelernt hatte und der ein großer Freund Österreichs wurde.

Ich wurde sogar von Margaret Thatcher empfangen, die das undemokratische Verhalten der EU-14 schwer kritisierte (Abbildung 14). Der Tenor des Treffens ließ sich mit der Schlagzeile „Schluss und Schulterschluss" gut beschreiben.

Unsere Unterstützer luden auch eine Reihe von Sozialisten mit ein. Die Briten waren die ersten, die die Ausweglosigkeit der Sanktionen erkannt haben. Premierminister Tony Blair war da ziemlich offen; es half, dass Schüssel mit ihm gut konnte.

Diese Aktionen mit unseren Unterstützern halfen uns außerordentlich in der Meinungsbildung in den betreffenden Hauptstädten, besonders in London und Paris. Der französische Senat empfing mich freundlich. In den Zeitungen hieß es: „Küsschen für Ferrero in Paris". In Paris war es eine persönliche Freundin, Marie Hélène Bérard, die Österreich gut kannte, sich besonders für uns einsetzte und über ausgezeichnete Pressekontakte verfügte, sodass ich der sehr kritischen französischen Presse unzählige Interviews geben konnte.

Auch in Madrid war unsere Kampagne erfolgreich. Dort unterstützte uns beispielsweise ein Freund Präsident Mitterbauers, Carlos Espinosa de los Monteros, der damalige Chef von Mercedes Benz Spanien und gleichzeitig Generalsekretär des Spanischen Olympischen Komitees. Heute ist er der Sondergesandte der spanischen Regierung für die „MARCA Espana", die Marke Spanien, die viel zur positiven Reputation der spanischen Wirtschaft und des Exportes spanischer Produkte beigetragen hat.

Er gab für uns ein großes Mittagessen im Hotel Ritz in Madrid, wo ich einen Vortrag halten und unsere Position erklären konnte. Die Veranstaltung war ausgezeichnet besucht.

Ausführlich interviewte mich der spanische Rundfunk, die Journalisten waren von meiner Argumentation in spanischer Sprache angetan.

Auf allen drei Stationen meiner Reise hatten wir den Zweck erreicht: Die Öffentlichkeit hörte plötzlich unsere Argumente und begann umzudenken, was indirekt Druck auf die Regierungen ausübte.

Zu Hause aber wetterte die Opposition mit massiver Kritik und der Frage, wer denn das alles bezahlt habe.

Charme-Kanone (Karikatur: Jean Veenenbos, Der Standard, 13. Juni 2000)

Feira: Hoffnung, Enttäuschung, Stillstand

Nächste Station: Feira. Bei der Vorbereitung für diesen EU-Gipfel am 19./20. Juni 2000 waren wir schon einigermaßen sicher, dass sich irgendetwas ergeben würde, was man als Durchbruch bezeichnen könnte. Bundeskanzler Schüssel und ich reisten optimistisch und gut gelaunt zum

Europäischen Rat in den portugiesischen Ort. Wir warteten auf den ersten Schritt der EU-Länder, das heikle Kapitel noch unter der portugiesischen EU-Präsidentschaft zu beenden.

Umso größer war die Enttäuschung, als nichts passierte. Das Klima war immer noch vergiftet. Die Hardliner waren wie schon die Monate zuvor die Franzosen, die Belgier und die Deutschen, die Portugals Regierungschef António Guterres im Nacken saßen, nur keine Öffnung gegenüber Österreich zuzulassen. Bundeskanzler Gerhard Schröder beharrte weiterhin auf den Sanktionen. Eine Lockerung komme nicht infrage, sagte er in Feira. Nichts von dem, was wir erwartet hatten, geschah. Für mich persönlich war das eine unheimlich große Enttäuschung. Es war das einzige Mal, dass ich am Boden zerstört war und niedergeschlagen weinte.

Feira steht für Stillstand. Weiterhin wurde uns jeglicher Dialog verweigert. Wie frustrierend!

Aber irgendwie fiel den anderen doch auf, dass es so nicht weitergehen könne und sie etwas tun müssten. In der auslaufenden EU-Präsidentschaft Guterres' staute sich in der Europäischen Union langsam Unmut auf. Die Frage war daher nur noch, wann der Damm brechen würde.

So kam die österreichische Bundesregierung auf die Idee mit der Volksabstimmung für den Fall, dass die Maßnahmen bis zum Ende der portugiesischen Präsidentschaft nicht aufgehoben sein würden. Ich war eher gegen diese Idee. Ich setzte mich dafür ein, nicht zu übertreiben, wo wir doch ohnehin schon relativ weit gekommen waren. Hinter der Idee steckte ursprünglich Haider. Aber möglicherweise bewirkte die Drohung mit der Volksabstimmung sogar doch etwas, weil manche Akteure auf europäischer Ebene erkannt haben dürften, dass es auch für die EU gefährlich werden könnte.

Die Volksabstimmung hätte aus einer Doppelfrage bestehen sollen. Die erste sollte nach einem Ja zur EU fragen, gleichzeitig aber ging es auch um das Ja zum Ende der Sanktionen. So lautete zumindest die Idee.

Gleichzeitig begann aber auch die Opposition – die sich anfangs bemüßigt gefühlt hatte, überall Öl ins Feuer zu gießen – gegenzusteuern. Österreichs Oppositionspolitiker reisten umher und sagten, dass es nun in Ordnung wäre, allmählich mit den Maßnahmen aufzuhören.

Die Schweiz als erstes Besuchsziel

Die erste bilaterale Auslandsreise führte mich Anfang März in die Schweiz. Es entsprach der Tradition, den ersten Antrittsbesuch im Nachbarland zu machen. Die Schweiz war damit das erste Land, das ein Mitglied der neuen österreichischen Regierung empfing.

Was freilich nicht ganz der Tradition entsprach: Ich wurde nicht von Bundespräsident Adolf Ogi empfangen, sondern „nur" von Bundesrat Joseph Deiss, dem amtierenden Außenminister. Man hatte meinen Besuch also etwas herabgestuft, vermutlich weil Sozialdemokraten und Grüne gegen mein Kommen waren. Außerdem war das Gespräch auf 45 Minuten limitiert. Die Sozialdemokraten weigerten sich sogar, am Empfang durch den Bundesrat teilzunehmen. Und aus Sicherheitsgründen fand das Treffen nicht wie sonst im Bundeshaus statt, vor dem eine kleine Protestgruppe „Die braune Liesel kenn ich am Geläut" aus Friedrich Schillers *Wilhelm Tell* zitierte, sondern im Landgut „Lohn". Ein Bündnis „Alle gegen Rechts" war mit meinem Besuch hörbar nicht einverstanden, und eine andere Kundgebung rief „Weder rechtsgedrehter Wiener Walzer noch Ferrero-Küsschen!" Als Bundesrat Deiss und ich einen Spaziergang durch das frühlingshafte Bern machten, sprachen mich viele Schweizer Bürger indigniert über die Haltung der EU an und drückten mir ihre Bewunderung für meine aufrechte Haltung aus.

Außerdem agierte die Schweizer Bundesregierung uns gegenüber sehr unterstützend, da die Sanktionen dem Demokratie- und Unabhängigkeitsempfinden der Schweizer total zuwiderliefen – war unsere Regierung doch aus demokratischen Wahlen hervorgegangen!

Und ich wurde ausgezeichnet behandelt. Als der Schweizer Gastgeber betonte, das Treffen beweise, dass es immer gut sei, wenn man Gespräche miteinander führe und Probleme direkt anspreche, da dachte ich, er habe das weniger an mich als vielmehr an die EU-Kollegen gerichtet. Denn die hatten uns das Gespräch viel zu lange verweigert.

Die Schweiz hatte eine klare Haltung. Einerseits hätte sie prinzipiell keinen FPÖ-Minister und schon gar nicht Jörg Haider zu einem Besuchstermin empfangen, und andererseits war ihnen an einer gewissen Abgrenzung zur EU gelegen. Bern wollte in seiner Politik nicht reflexhaft nur auf die EU schauen und sich von ihr abhängig machen. Daher hatte die Schweizer Regierung auch kein Verständnis für die EU-Sanktionen gegen uns – nicht nur Österreich zuliebe, sondern durchaus in eigenem Interesse. Sie fürchtete, die Sanktionen könnten sich nachteilig auf ihre heikle Europapolitik auswirken.

Beim Pressegespräch in Bern musste ich jedoch aufpassen und sehr schlagfertig sein. Das Interesse der in- und ausländischen Medienvertreter war nämlich groß. Ein Journalist versuchte, mich zu provozieren, indem er eine „Anschlussfrage" stellte. Er spielte damit auf den Anschluss Österreichs an Hitler-Deutschland an. Ich antwortete sofort, dass ich das Wort „Anschluss" nicht mag. Ich erklärte der Presse, dass unser neues Regierungsprogramm total europäisch sei, dass die FPÖ nicht rechtsextrem, sondern rechtspopulistisch sei und dass sich die Koalition in der Präambel klar zu den Grundwerten der Demokratie und der Menschenrechte bekenne. Ich erinnerte auch daran, was die Schweiz Bundeskanzler Schüssel zu verdanken habe, der sich stark für die bilateralen Verhandlungen der Schweiz mit der EU eingesetzt und sie unter österreichischem EU-Vorsitz 1998 persönlich zu Ende gebracht hatte.

Sogar Ungarn wollte uns „beobachten"

Danach ging es nach Ungarn und nach Slowenien, Nachbarstaaten, die an der Aufrechterhaltung ihrer guten Beziehungen mit Österreich vor allem im Hinblick auf die Beitrittsverhandlungen interessiert waren. Man kann sich vorstellen, wie ich mich fühlte, als sowohl der ungarische Außenminister János Martonyi als auch der slowenische Außenminister Dimitrij Rupel auf ihren Pressekonferenzen sagten, sie würden zwar die Sanktionen gegen Österreich nicht mittragen, aber uns gleichzeitig „beobachten". Nach außen hin nahm ich das mit einem Pokerface hin, innerlich musste ich meinen Stolz und mein Selbstwertgefühl hinterschlucken.

Andererseits verstand ich die von ihnen eingenommene Haltung, standen sie doch unter Druck, der von anderen auf sie ausgeübt worden war.

Bei meinem Besuch in Budapest musste ich mich jedenfalls von Außenminister Martonyi ermahnen lassen. Dass Martonyi ein Politiker der rechtskonservativen Partei Fidesz war, die mit ihrer Regierungspolitik später selbst die EU provozierte, mag ein pikantes Detail sein. Ausgerechnet Ungarn glaubte, uns belehren zu müssen. Später gingen die Ungarn allerdings sehr großzügig mit der Sanktionenfrage um. Regierungschef Viktor Orbán stellte klar: „Ungarn friert den Kontakt nicht ein. Das wäre ein großer Verlust für uns als EU-Beitrittskandidat." Allein dass der Außenminister mich offiziell einlud, während andere uns mieden, war großartig – auch wenn Ungarn behauptete, mein Besuch sei auf unseren Wunsch zustande gekommen. Inzwischen sind Martonyi und ich befreundet.

Slowenien hängte sich zwar nicht an die EU-Sanktionen an, aber machte sie sich zunutze. Mein Amtskollege Dimitrij Rupel wollte von mir eine Garantie, dass wir trotz der FPÖ-Regierungsbeteiligung dem EU-Beitritt Sloweniens nicht im Wege stünden. Er hielt den starken internationalen Druck auf uns für den richtigen Moment für seine Forderung. Außerdem wünschte er, dass wir Sloweniens Beitritt nicht mit bilateralen Themen belasten sollten. Damit meinte er zum einen das Kernkraftwerk Krško, dessen Schließung wir bekanntlich gefordert hatten. Krško, das einzige Atomkraftwerk im ehemaligen Jugoslawien, steht in einem erdbebengefährdeten Gebiet und liegt nur 120 Kilometer von der Grenze zur Steiermark und 260 Kilometer von Wien entfernt. Der Betrieb wird nunmehr bis 2043 weiterlaufen. Zum anderen meinte er die AVNOJ-Dekrete. Ich muss nicht betonen, dass ich ihm natürlich keine Garantie gab, ihm aber gleichzeitig eine faire Position Österreichs in Aussicht stellte.

Schließlich ging es nach Ägypten. Der damalige Außenminister Amre Mussa war seit unserer ersten Begegnung ein echter Freund geworden. Wir hatten uns kennengelernt, als er mit UNO-Generalsekretär Boutros Boutros-Ghali zur Menschenrechtskonferenz der Vereinten Nationen (1993) nach Wien kam. Ab da traf ich ihn als UNO-Protokollchefin oft in New York. Auch als ich Staatssekretärin im Außenministerium war und mich sehr für die Nahostfrage interessierte, war er oft in Wien. Deshalb – und auch weil Ägypten seine außenpolitische Unabhängigkeit zeigen wollte – lud er mich ohne Umschweife nach Kairo ein. Ich erinnere mich noch heute an das bewusst sehr freundliche Gespräch und die anschließende ausgezeichnete, international besetzte Pressekonferenz. Diese Geste in einem schwierigen Moment habe ich ihm und werde ich ihm auch nie vergessen. Wir sind bis heute gute Freunde geblieben.

Auch die damalige mexikanische Außenministerin Rosario Green meldete sich spontan, um einen offiziellen Besuch in Wien abzustatten und die mexikanische Politik der Nichteinmischung in die inneren Angelegenheiten anderer Staaten zu unterstreichen. Das war für sie eine selbstverständliche Geste. Rosario Green war mir zur Kollegin und Freundin geworden, als sie – während meiner UNO-Protokollzeit – in Boutros Boutros-Ghalis Kabinett die Europapolitik zu betreuen hatte.

Sanktionen in vielen Schattierungen

Einige der EU-Kollegen reagierten durchaus vernünftig. Der Italiener Romano Prodi, damals Präsident der Europäischen Kommission, war von Anfang an relativ objektiv. Prodi ahnte voraus, dass es künftig nach der großen EU-Erweiterungsrunde immer wieder Fälle wie die Österreich-Sanktionen geben könnte. Er nannte die gegenüber Österreich angewandten Prinzipien eine „Doktrin". Diese Doktrin solle dann auch für den gesamten Bereich der EU gelten.

Prodis Landsmann Lamberto Dini war auch vernünftig. Der italienische Außenminister stand aber unter dem Druck der Linken. Sie warfen ihm eine zu lasche Haltung vor. So sah Dini im Vorgehen einen Qualitätssprung der EU, der nötig gewesen sei, weil die Wertvorstellungen der Union auf dem Spiel gestanden hätten.

Robin Cook, ein gescheiter Mann, war ein großer Freund von uns. Nach Aufhebung der Sanktionen im Herbst 2000 war er der erste EU-Außenminister, der uns in Wien besuchte, und der erste, der mich zum Gegenbesuch nach London einlud.

Brian Cohen, der irische Außenminister, stellte schon recht frühzeitig fest, es sei Zeit für eine Haltungsänderung gegenüber Österreich.

Zu Beginn der Sanktionenphase war Tarja Halonen die finnische

Außenministerin. Im März 2000 wurde die Sozialdemokratin Finnlands Präsidentin, das erste weibliche Staatsoberhaupt des Landes. Von ihr wissen wir, wie dies in ihrem Land ablief. Obwohl sie in außenpolitischen Fragen, und der Fall Österreich war zweifellos eine solche, eine absolute Mitkompetenz hatte, wurde sie vom damaligen Regierungschef, Paavo Lipponen, überhaupt nicht informiert. Auch ihr Nachfolger, Außenminister Erkki Tuomioja, war – obwohl er wirklich sehr links stand – dagegen, dass man sich in Österreich einmische, da die Regierung demokratisch zustande gekommen sei. Damit stand er im Gegensatz zu Premierminister Lipponen, gleichzeitig Parteivorsitzender der finnischen Sozialdemokraten, der von Anfang an damit gerechnet hatte, dass die Beziehungen zu Österreich noch lange abgekühlt bleiben und an die Dauer der Regierungsbeteiligung der FPÖ gebunden sein würden. Immerhin bedauerte er aber einmal, dass die EU den Rückzug Haiders von der Bundesebene nach Kärnten als Landeshauptmann nicht zum Anlass genommen habe, die Sanktionen zu beenden.

Portugals Regierungschef António Guterres, gleichzeitig Chef der EU-Ratspräsidentschaft seines Landes und obendrein Präsident der Sozialistischen Internationale (SI), machte anlässlich des Außenministerrates am 14. Februar 2000, an dem er selber gar nicht teilnahm, klar: „Es handelt sich um eine klare Botschaft gegen Intoleranz und mangelndes Demokratieverständnis."

Etliche der Scharfmacher provozierten aber mit ihrer unerbittlichen Haltung zu Hause innenpolitische Konflikte. In manchen Ländern ging das alles Teilen der Bevölkerung zu weit. Es kam zu Debatten, ob die Einmischung überhaupt legitim, ob sie nicht übertrieben und ob nicht generell viel Heuchelei dabei sei.

Telefondiplomatie mit Madeleine Albright

In einem langen Telefonat gelang es Bundeskanzler Schüssel, US-Außenministerin Madeleine Albright davon zu überzeugen, keine Sanktionen gegenüber Österreich einzuführen. Das schaffte er großartig. Albright schätzte Schüssel sehr und vertraute ihm. Sie war danach wirklich hilfreich.

Hinter der Österreich-Doktrin von Präsident Bill Clinton steckte Madeleine Albright: Sie akzeptierte, Österreich nicht von vornherein mit Sanktionen zu belegen, sondern zu beobachten, aber auch laufend mit der Regierung und ihr Kontakt zu halten. Zu Beginn allerdings waren die USA durchaus alarmiert gewesen. Wegen der Regierungsbeteiligung der FPÖ schränkte Washington die Kontakte mit Österreich ein, US-Botschafterin Kathryn W. Hall wurde zu Konsultationen vorübergehend in ihre Zentrale einberufen.

Washington war allerdings bereit, sofort scharf zu reagieren, sollte sich die neue schwarz-blaue Regierung einen Verstoß gegen die Präambel zur Koalitionsvereinbarung erlauben. Wie sich doch die Zeiten ändern! Nach der Wahl Donald Trumps zum Präsidenten im November 2016 hätten viele besorgte Europäer am liebsten die USA unter Beobachtung gestellt.

Unterschiedlich fielen die Reaktionen aus den damaligen EU-Anwärterstaaten aus. Über die vorsichtige Haltung Ungarns und Sloweniens habe ich bereits berichtet. Tschechien war anfangs nicht gegen uns, was sich aber nach Bekanntwerden des Regierungsprogramms schlagartig änderte. Die in Punkt 12 enthaltenen „angemessenen" Entschädigungszahlungen für die vertriebenen Sudetendeutschen empfand Prag als Affront. Keine Regierung davor hatte das thematisiert. Die schockierte tschechische Regierung schloss sich daraufhin den Sanktionen an. Präsident Vaclav Havel, der uns unmittelbar nach der Regierungsbildung sogar noch gratuliert hatte, begründete den Meinungswandel so: „Manche Dinge müssen im Keim erstickt werden." Außenminister Jan Kavan verlangte von meinem Ministerium eine glaubwürdige Distanzierung der FPÖ-Forderung betreffend die Beneš-Dekrete. Die Verknüpfung des tschechischen EU-Beitritts mit der Annullierung der Beneš-Dekrete sei für Prag inakzeptabel. Ich musste gar nichts klarstellen, der Bundeskanzler machte dies sofort zu seiner Sache. Es gebe kein derartiges Junktim, und von seinem Pro-Erweiterungskurs werde Österreich nicht abweichen. Tschechien war jedenfalls von allen Beitrittskandidaten der schärfste Kritiker.

Die Slowakei hielt sich dagegen eher zurück. Die sozialdemokratische Regierung äußerte zwar gewisse Befürchtungen, war dennoch zuversichtlich, dass wir Demokratie und Menschenrechte einhalten würden.

Polen zeigte Verständnis für die EU-Maßnahmen und teilte die allgemeine Besorgnis. Ministerpräsident Jerzy Buzek war irritiert über den Einfluss einer Partei mit extrem rechten Vorstellungen, die obendrein gegen die Osterweiterung sei. Trotzdem schloss sich Polen nicht den Sanktionen an. Denn sein Land, so Buzek, sei sehr empfindlich gegen Eingriffe von außen. Allerdings war der linksliberale Außenminister Bronislaw Geremek äußerst kritisch. Ich habe ihn als Egozentriker in Erinnerung, der sehr gut vernetzt war und in der Sanktionenphase leider eine negative Rolle spielte. Ganz anders sein Nachfolger, Władysław Bartoszweski, der im Juni 2000 das Außenministerium übernahm, ein großzügiger, feiner Mann, der das KZ Auschwitz überlebt hatte und uns bis ins hohe Alter wohl gesonnen war. Er versuchte sogar, zwischen Österreich und Belgien zu vermitteln.

Die Sanktionen schlugen Wellen bis Lateinamerika. Im südportugiesischen Vilamoura, wo Ende Februar die EU-Ministerkonferenz mit Lateinamerika stattfand, erlebte ich neue Tiefschläge. Auch bei den lateinamerikanischen Kollegen waren die EU-Sanktionen Thema Nummer eins. Die meisten südamerikanischen Länder drohten, sich den Maßnahmen anzuschließen. Letztlich taten dies nur Costa Rica – das immerhin österreichische Entwicklungshilfe bezog –, und Argentinien. Argentinien reduzierte seine diplomatischen Beziehungen mit Österreich auf eine technische Arbeitsebene und zog seinen Botschafter aus Wien ab. Selbstverständlich benützte ich die Konferenz in Vilamoura, um mich gegen die Vorverurteilungen zu wehren. „Ich finde es ungerecht, dass man Österreich so behandelt und vorverurteilt, nur auf Ängste und Vermutungen hin, ohne uns arbeiten zu lassen", sagte ich. Wenn es Ungerechtigkeiten gibt, halte ich das nicht aus, da werde ich energisch. Ich bin eine Gerechtigkeitsfanatikerin und will, dass die Dinge so gesehen werden, wie sie sind.

Wie die Fronten in Österreich verliefen

Die Fronten verliefen aber nicht nur im Ausland, sondern auch in Österreich selbst, und zwar auf mehreren Ebenen, von ganz, ganz oben bis ganz, ganz unten.

Als ich im österreichischen Parlament und in den Medien zu Beginn von einer unerlaubten Einmischung in innere Angelegenheiten Österreichs sprach, widersprachen mir der Abgeordnete Josef Cap und die SPÖ vehement.

Wir alle wissen heute, dass Noch-Bundeskanzler Viktor Klima zur Holocaust-Konferenz vom 26. Januar 2000 nach Stockholm reiste und sich dort bitter beklagte, dass er nicht mehr Regierungschef sein würde.

Auch andere hohe Persönlichkeiten sind belastet, ich habe viele Informationen zugetragen bekommen. Aber es ist schwierig, jemanden zu belasten, ohne konkrete Beweise vorlegen zu können. Dennoch sollte wenigstens herauskommen, dass der eine oder andere österreichische Politiker nicht ganz frei von Schuld an der Entwicklung war.

Selbst Bundeskanzler Schüssel ist da extrem vorsichtig. In seinem Buch *Offengelegt* geht er auf diese Gerüchte nur knapp ein. „Es wird gemutmaßt", heißt es bei Schüssel lapidar, Thomas Klestil habe Jacques Chirac grünes Licht für die Sanktionen gegeben. „Ebenso wird behauptet", schreibt Schüssel zurückhaltend, Viktor Klima habe seine sozialdemokratischen Kollegen um Aktionen zur Verhinderung von Schwarz-Blau gebeten. „Sowohl Klestil als auch die SPÖ dementieren dies energisch." Mehr als diese vorsichtigen Andeutungen ist in Schüssels Buch über dieses doch sehr grundlegende Thema nicht zu lesen.

Mehrere europäische Medien berichteten in den ersten Februar-Tagen nach Interviews und Hintergrundgesprächen mit Spitzenpolitikern, Parlamentariern und Diplomaten ihres jeweiligen Landes, wie heftig Bundespräsident Klestil interveniert habe. Er habe eine bedeutende Rolle gespielt und unschlüssige Hauptstädte bedrängt.

Die Maßnahmen sollten geheim bleiben

Finnlands Regierungschef Paavo Lipponen sprach es in einem Interview mit der Helsinkier Zeitung *Turun Sanomat* deutlich genug aus. Er sagte, die Initiative sei aus Wien selbst gekommen. Zitat aus dem Interview: „Präsident Klestil hat darum gebeten, dass eine Stellungnahme veröffentlicht wird." Er verriet auch, dass die EU-Staaten anfangs ihre Maßnahmen gar nicht öffentlich machen wollten, und verwahrte sich dagegen, dass es eine Intrige der europäischen Sozialdemokraten gewesen sei: „Ich bin davon ausgegangen, dass die Sache nicht parteipolitisch ist, weil die Initiatoren in erster Linie bürgerlich waren."

Der relevanteste Artikel erschien ausgerechnet in einer Boulevardzeitung. Elisabet Svane brachte in der dänischen Tageszeitung *Ekstra Bladet* am 3. Februar 2000 eine ausführliche Darstellung einer Sitzung in Kopenhagen, die absolut geheim hätte bleiben sollen. Dass es nicht geheim blieb, ging auf einen oppositionellen Parlamentsabgeordneten zurück, der auf Premierminister Poul Nyrup Rasmussen wütend war. Rasmussen hatte seine Entscheidung allein getroffen, ohne die Zustimmung des Auswärtigen Ausschusses einzuholen. Jener Oppositionspolitiker steckte die Hintergrundinformationen der auflagenstarken Zeitung, die mit der deutschen *Bild* oder der österreichischen *Krone* zu vergleichen ist.

Demnach verriet der Ministerpräsident in der dreistündigen Beratung des Außenpolitischen Ausschusses im Folketing, wie die Interventionen abliefen und warum alles so rasch gehen musste. Er äußerte sich aber ausdrücklich streng vertraulich. Dass die Informationen dennoch an die Öffentlichkeit gelangten, bereitete Rasmussen große Probleme mit seinen EU-Kollegen und führte zu panikartigen Reaktionen in Europa.

Sonderbare Pressemitteilungen

Antonio Guterres als amtierender EU-Ratspräsident konnte es nicht fassen, dass Rasmussen geplaudert hatte, und ließ sich sofort mit ihm verbinden. Das Ergebnis des Telefonats war eine ziemlich seltsame Pressemitteilung, die Rasmussen zur Mittagszeit ausgab. „Den Inhalt der heutigen Presseberichte zur gestrigen Sitzung des parlamentarischen Ausschusses für Außenpolitik über die Situation in Österreich kann ich nicht bestätigen. Ich kann mitteilen, dass ich mit dem Bundespräsidenten und dem Bundeskanzler Österreichs in der angesprochenen Angelegenheit keinen Kontakt hatte."

Für die Journalisten war die Pressemitteilung, die auf Dänisch und auf Englisch in ihren Redaktionen landete, rätselhaft. Sie entsprach genau genommen einem Dementi, allerdings dem Dementi einer Behauptung, die gar nicht in den Artikeln stand. Mit keinem Wort hatte *Ekstra Bladet* erwähnt, dass Rasmussen Kontakt mit Thomas Klestil oder Viktor Klima gehabt hätte. Im Artikel wurde nur der von mehreren Quellen bestätigte Sachverhalt beschrieben, was Rasmussen im Außenpolitischen Ausschuss enthüllte, nämlich wie sich Klima beim Holocaust-Gipfel der EU-Spitzen in Stockholm aktiv für die Verurteilung Österreichs eingesetzt habe, gemeinsam übrigens mit dem französischen Premier Lionel Jospin, der sogar mit Österreichs Ausschluss aus der EU kokettiert habe. Rasmussen habe, hieß es im Artikel, von Klestils Druck erst erfahren, als ihm Guterres Sonntagabend die gemeinsame Erklärung der anderen EU-Staaten unterbreitet habe. Von einem direkten Kontakt zwischen Rasmussen und Klestil oder Klima war darin keine Rede.

Parallel sah sich auch Bundespräsident Klestil veranlasst, eine Erklärung herauszugeben. Darin betonte er, fast gleichlautend mit Rasmussen, er sei in den vergangenen Tagen mit keinem dänischen Politiker in Kontakt gewesen.

Am selben Montag folgten in Kopenhagen zwei weitere merkwürdige Ereignisse, das eine war ein Treffen mit den Fraktionschefs des dänischen Parlaments, das andere eine Pressekonferenz. Bei der Sitzung mit den Fraktionsführern, bei der es um das Thema EU-Regierungskonferenz gehen sollte, wollte die Dänische Volkspartei eine Frage zum Fall Österreich stellen. Rasmussen war jedoch nicht bereit, darüber zu sprechen. Als die Volkspartei insistierte, beendete er nach wenigen Bemerkungen die Sitzung mit dem Satz: „Ich denke, wir sind fertig, oder?" und entließ die Teilnehmer der Runde aus der Staatskanzlei.

Ähnlich wortkarg gab er sich danach auf der Pressekonferenz. Er weigerte sich, auf seine gewundene Pressemitteilung näher einzugehen. „Ich kann dazu nichts mehr sagen, in meiner Pressemitteilung habe ich meine Position klar gemacht", sagte er. Klar war zwar nichts, er erklärte den Journalisten nur, warum er die Presseaussendung veranlasst habe: Er habe sich in Europa Missverständnissen ausgesetzt gefühlt.

Egal wie die Journalisten ihre Fragen auch formulierten, er wiederholte mehrmals das Statement: „Ich kann darauf nicht eingehen." So ähnlich ging es auch den Journalisten in Berlin, sobald sie Bundeskanzler Schröder oder Außenminister Fischer auf Österreich ansprachen. Auch hier kamen immer dieselben dürren Statements. Rasmussen ging auch nicht darauf ein, warum er in seiner Pressemitteilung verkündet habe, nichts gesagt zu haben, wenn es ihm ohnehin niemand vorgeworfen habe.

Nur eine Frage beantwortete er bereitwillig: „Gab es heute einen Kontakt zwischen Ihnen und dem Bundespräsidenten Klestil? Klestil gab eine Mitteilung heraus, dass er mit dänischen Politikern in den letzten Tagen keinen Kontakt gehabt habe." – „Nein, ich hatte mit Klestil keinen Kontakt." – „Aber mit Viktor Klima?" – „Ja. Und mit Antonio Guterres."

Mehrere Quellen auf Christiansborg, dem Sitz des dänischen Parlaments, bestätigten *Ekstra Bladet*, dass sich der Ministerpräsident mit der EU-Initiative eigentlich unwohl fühle. Er habe als einer der letzten oder überhaupt als letzter Regierungschef in Europa davon erfahren und praktisch nur die „Wahl" gehabt, auf diese Initiative „mit Ja oder mit Ja" zu reagieren. Jede andere Stellungnahme wäre, musste Rasmussen akzeptieren, als Unterstützung Dänemarks für Haiders FPÖ wahrgenommen worden.

Zeitgleich zu den Ereignissen jenes Montags rund um den dänischen Regierungschef trat auch das dänische Außenministerium in Aktion. Die Erklärung der 14 EU-Regierungschefs war erst wenige Stunden alt, da wurden die Maßnahmen in Kopenhagen schon umgesetzt. Der Erste, der das zu spüren bekam, war Helmut Wessely. Als der neue österreichische Botschafter in Dänemark den Direktor des Außenministeriums, Friis Arne Petersen, anrief, bekam er eine Abfuhr. Wessely hatte für den nächsten Tag zum Abendessen eingeladen, um sich bei vier hochrangigen Beamten des Außenministeriums für ihre Hilfe in seinen ersten sechs Monaten als Botschafter in Kopenhagen zu bedanken. Auf der Gästeliste stand unter anderem Ellen Margrethe Løj, die im Außenministerium eine Spitzenposition einnahm. „Nach meiner Einschätzung wäre es angesichts der Position unserer Regierung und der anderen EU-Länder gegenüber Österreich ein falsches Signal, am Abendessen teilzunehmen", begründete Petersen im Gespräch mit Journalisten die Absage. Denn die Kontakte mit Österreichs Botschaften sollten EU-weit nur auf technischer Ebene stattfinden, und eine Stellvertretende Staatssekretärin im Außenministerium sei nun mal weit über der technischen Ebene. Petersen erklärte, er habe Botschafter Wessely für die Sichtweise des Premierministers sensibilisiert, und Wessely habe es zur Kenntnis nehmen müssen. Das Abendessen fand natürlich nicht statt.

Friis Arne Petersen ist seit Sommer 2015 dänischer Botschafter in Berlin, und die geschmähte Rechtspopulistin Pia Kjaersgaard, langjährige Vorsitzende der Dänischen Volkspartei, ist mittlerweile Parlamentspräsidentin und längst im politischen Establishment angelangt.

Es bestand übrigens kein Zweifel, dass der Österreich-Boykott bei Außenminister Niels Helveg Petersen Irritationen auslöste und ihn persönlich alles andere als begeisterte. Sein Ministerium stand nun vor der Aufgabe herauszufinden, in welchem Umfang die Beziehungen mit Österreich weitergeführt werden könnten und in welchen Fällen gemäß den neuen Anweisungen die Beziehungen untersagt seien. Mit dem Boykott des Abendessens beim Botschafter war zumindest eine Grenze rasch gezogen.

In Österreich erfuhren die Leser zunächst nur aus der Tageszeitung *Die Presse* von den Einzelheiten des dänischen Artikels. Der Skandinavien-Korrespondent der Presse, Hannes Gamillscheg, zitierte daraus. Viele Österreicher empfanden die Initiativen als Höchststrafe auf Verdacht und Vollstreckung auf Verdacht. Beweise gab es keine, würden sich aber schon finden lassen.

Bemerkenswert war der Umgang mancher Politiker mit der Präambel, die dem Koalitionsvertrag vorangestellt wurde. Sie enthielt eine „Menschenrechtserklärung", unterschrieben von den Parteichefs Wolfgang Schüssel und Jörg Haider. Die Version des Bundespräsidenten – Thomas Klestil behauptete, er habe Schüssel und Haider die Präambel aufgezwungen – stimmt nicht. Bei jeder Gelegenheit erwähnte Klestil: „... die von mir geforderte Präambel ...". Tatsächlich aber hatte Schüssel die Präambel selbst entworfen und mit Haider abgestimmt. Nur um die Situation nicht noch weiter zu belasten, ließ Schüssel die Klestil-Behauptung so stehen.

Schon Anfang Februar waren die ersten EU-Politiker, auch sozialdemokratische, der Ansicht, mit der Erklärung in der Präambel habe man erreicht, was man habe erreichen wollen; die EU-Aktion sei daher erfolgreich gewesen und könne eingestellt werden.

Das waren jedoch nur einzelne Politikerstimmen. Keine der betroffenen Regierungen wollte im Alleingang aus der Boykottfront ausscheren. Keine wollte den Eindruck erwecken, damit Haiders Politik zu unterstützen. Auch nicht die skandinavischen, obwohl beispielsweise in Dänemark durchaus prinzipielle Bedenken geäußert wurden: Wenn sich die EU anmaßen dürfe, Abweichler zu bestrafen, könne es nach den Maßnahmen gegen eine rechte Kraft später vielleicht auch einmal Maßnahmen gegen eine linke geben. In Finnland wiederum wurde im dortigen Finale des Präsidentschaftswahlkampfs der Druck der EU auf Österreich mit dem Druck der benachbarten Sowjetunion auf innere finnische Angelegenheiten verglichen.

Beate Winklers Festakt voll Feindseligkeiten

Nach dem Europäischen Rat von Nizza wurden einige Agenturen auf EU-Mitgliedsstaaten verteilt. Wien wurde zum Sitz der EU-Beobachtungsstelle für Rassismus und Fremdenfeindlichkeit (EUMC, European Monitoring Centre on Racism and Xenophobia). Die Agentur sollte auf europäischer Ebene Daten sammeln, um Rassismus und Ausländerfeindlichkeit zu bekämpfen. Wir waren stolz, dass wir diese Institution an Land ziehen und bei uns ansiedeln konnten, denn es hatte uns viel Lobbying gekostet, und wir mussten ein gutes Angebot unterbreiten.

Mit dieser EU-Menschenrechtsagentur verbinde ich zwiespältige Assoziationen: Ich habe Beate Winkler, der ersten Chefin dieser Beobachtungsstelle, einer deutschen Juristin, mit meinem Ministerium mit Rat, Kontakten und Finanzen enorm geholfen. Wir haben ihr alles nur Denkbare zur Verfügung gestellt. Umso mehr fand ich ihr Vorgehen bei der Eröffnung befremdlich.

Denn zur feierlichen Einweihung der Agentur in der Wiener Hofburg am 7. April 2000 war niemand von der Bundesregierung eingeladen, obwohl wir das Gastgeberland waren und im Vorfeld alle Unterstützung hatten angedeihen lassen. So beschlossen wir im Ministerrat, dass ich die

Regierung vertreten solle, ohne eine Einladung erhalten zu haben. Ich erinnere mich, wie ich mit meinem eleganten schwarzen Kostüm mit weißem Schalkragen, in dem ich ursprünglich als Staatssekretärin angetreten war, auftauchte. Ganz elegant, mit Würde schritt ich hinein, wissend, dass die Situation schwierig werden könnte. Ich war auf vieles gefasst und gleichzeitig neugierig, was passieren würde. Ich nahm in Kauf, dass mein Kostüm am Ende beschmutzt und sogar kaputt sein könnte. Würde man Eier und Tomaten auf mich werfen? Es hätte jederzeit sein können, dass jemand ausrastet und Gewalt anwendet.

Ich wurde auch prompt empörend behandelt, und man bot mir auch keinen Sitzplatz an. Irgendetwas wurde auch nach mir geworfen, ich habe aber verdrängt, was es war. Ich musste hinten stehen, während Beethovens Ode an die Freude gespielt wurde und Bundespräsident Klestil, EU-Kommissionspräsident Prodi und die EU-Parlamentspräsidentin Nicole Fontaine die Eröffnungsreden hielten. Und natürlich gab mir als österreichischem Regierungsmitglied auch niemand die Hand.

Beate Winkler führte sich ziemlich unmöglich auf. Sie wies im Festakt öffentlich vor den Gästen darauf hin, dass ich nicht eingeladen worden und wie jedes andere Mitglied der Koalition unerwünscht sei und dass sie mich nur als Mitglied der Delegation des Bundespräsidenten betrachte und nicht als Vertreterin der Bundesregierung.

Ähnlich verhielt sich Jean Kahn, lange Zeit die führende Persönlichkeit der europäischen jüdischen Gemeinde. Kahn – er saß im Rollstuhl – war Franzose und einer der Mitbegründer der Beobachtungsstelle. Die Vorgängerorganisation CRX, Kommission gegen Rassismus und Fremdenfeindlichkeit, war sogar unter dem Namen Kahn-Kommission bekannt. Vorher waren wir immer sehr freundlich zueinander gewesen. Als Menschenrechtsaktivist und Rechtsanwalt hatte er erfolgreich Prozesse gegen Jean-Marie Le Pen geführt, den damaligen rechtsextremen Chef des Front National, und nun glaubte er, stellvertretend für die Bundesregierung gegen mich vorgehen zu müssen.

Kaum war das offizielle Programm zu Ende, protestierten Aktivisten der „Demokratischen Offensive" gegen die „Koalition mit dem Rassismus". Spontaner Applaus unter den Ehrengästen.

Es gab also durchaus viele Momente und Brüskierungen, in denen man einfach Haltung bewahren musste. Ich habe diese heikle Situation jedenfalls würdig durchgestanden. Die Regierungskollegen waren danach sehr stolz auf mich, weil ich, ohne mit der Wimper zu zucken, hingegangen bin. Sogar die Vizekanzlerin Susanne Riess-Passer von der FPÖ fand das sehr mutig. Ohne diesen Akt der Präsenz wäre nämlich die Regierung bei diesem Festakt – das war noch in der absolut harten Sanktionsphase – nicht vertreten gewesen.

In späteren Interviews beteuerte Beate Winkler, sie habe mit der Nicht-Einladung die Bundesregierung nicht provozieren wollen. Aber die FPÖ sei nun mal nicht gesellschaftsfähig. Die Brüskierung meiner Person wollte sie nicht mehr kommentieren und sich mit den Turbulenzen nicht mehr befassen. Auf spätere Interviewfragen ging sie nicht mehr ein.

Beate Winkler ließ aber alles aufschreiben, was Haider in den vorangegangenen Jahren an Sprüchen geklopft hatte. Ihre Agentur versorgte die EU-Partner mit seinen Zitaten. Dieser Sammlung bedienten sich die Kritiker Österreichs in ganz Europa, vor allem die Französin Nicole Fontaine, damals EU-Parlamentspräsidentin. Aus dem Dossier der Wiener EU-Stelle verbreitete sie in vielen Interviews die umstrittensten und schärfsten Zitate des FPÖ-Chefs. Es war übrigens auch Nicole Fontaine, eine enge Verbündete Chiracs, die Überlegungen anstellte, Österreich aus der EU auszuschließen.

Leider waren die Probleme auch nach der Eröffnung nicht begraben. Winkler fühlte sich mehrmals diffamiert, politisch attackiert und aufgrund diverser Drohungen, die sie nicht näher erläuterte, nicht sicher genug. Sie bemängelte die Sicherheitsvorkehrungen und meinte, sie könnte jederzeit durchs Bürofenster „abgeknallt" werden. Immerhin gestand sie zu, dass ein Umzug in ein anderes EU-Land nicht zur Diskussion stehe.

Mittlerweile heißt die Beobachtungsstelle anders. Die EU löste sie durch die EU-Agentur für Grundrechte (FRA, European Union Agency for Fundamental Rights) ab, der Sitz wurde von der Renngasse in die Rahlgasse und später auf den Schwarzenbergplatz verlegt, nahe dem Heldendenkmal der Roten Armee im Zentrum Wiens. Die neunzig FRA-Mitarbeiter sollen die EU-Organe und die EU-Mitgliedsstaaten unabhängig und fachkundig beraten.

Beate Winkler selbst entdeckte sich später neu, wie sie sagte, und machte die Malerei zum Mittelpunkt ihres Lebens.

Deutschland und die Sanktionen, ein Kapitel voll Absurditäten

Ich will hier aus der Sanktionenphase einige Aktionen und Auswüchse in Erinnerung rufen. Nicht um alte Wunden aufzureißen oder nachtragend zu wirken, sondern um anzudeuten, unter welchem Druck wir standen und mit welcher Belastung ich mein Amt als Außenministerin antrat und wogegen ich zu kämpfen hatte.

Allein wie Deutschland auftrat, ist es wert, detaillierter beschrieben zu werden. Hier einige Stationen und Aktionen aus unserem Nachbarland, wie wir sie über politische Kontakte, diplomatische Kanäle und nicht zuletzt über die Auswertung von Medien registriert haben.

Von unerträglicher Heuchelei über ernsthafte Besorgnis und Kopfschütteln über den rechten Sprücheklopfer aus Kärnten bis hin zu rechtsradikaler Unterstützung wurde wirklich alles geboten. Im Unterschied zu den meisten anderen EU-Ländern agierte die deutsche Regierung im Alleingang: Die Medien folgten ihrem Kurs nicht, die Wirtschaft bis auf skurrile Einzelfälle schon gar nicht, alle Oppositionsparteien (abgesehen von der PDS) ebenso wenig, und auch die Bevölkerung verstand die Haltung Berlins nicht. Bei Umfragen fand die Mehrheit der Deutschen die EU-Maßnahmen für übertrieben. Das zeigte sich auch bei den Urlaubsbuchungen: Die Politik spielte bei den Urlaubsentscheidungen deutscher Stammgäste keine Rolle. Sie kannten die Österreicher und wussten, dass die nicht über Nacht zu Nazis geworden waren.

Einladungen, Ausladungen, Brüskierungen

Das offizielle Deutschland reagierte auf die schwarz-blaue Koalition in Wien auf vielen Ebenen. An Deutlichkeit ließ Bundeskanzler Gerhard

Schröder nichts zu wünschen übrig. Er wolle Bundeskanzler Schüssel nicht treffen, richtete er uns aus. Weder in Berlin noch in Wien.

Jörg Haider wurde Ende Januar in die ARD-Talkshow *Sabine Christiansen* ein-, aber auch wieder ausgeladen, nachdem andere Gesprächsteilnehmer mit Hinweis auf Haider ihr Kommen verweigert hatten.

Tags darauf sagte Außenminister Joschka Fischer vor Auslandskorrespondenten noch relativ milde, die Österreicher seien keine Neonazis, aber er habe größte Sorge vor Haider und dem Rechtspopulismus, der auf andere Länder überspringen könnte, was in weiterer Folge zu einer Achsenverschiebung im gesamten konservativen Lager in Europa, auch in Deutschland, führen würde. Schüssel habe mit der Koalition die Rolle des Zauberlehrlings übernommen, Haider werde ihm den Todeskuss des Vampirs geben.

Vor der österreichischen Botschaft in Berlin, damals noch interimsmäßig im Atriumgebäude in der Friedrichstraße untergebracht, demonstrierten linke Demonstranten mit Transparenten gegen die Regierung, wobei es zu Sachbeschädigungen kam. In der Botschaft selbst wurden die Mitarbeiter von Anrufen überschwemmt. Die meisten davon waren sehr kritisch gegenüber den EU-Reaktionen und fanden sie übertrieben. Etliche Anrufer drohten aber auch an, den Österreich-Urlaub zu stornieren. Schließlich gab es auch obskure Unterstützungserklärungen, die sich nach wenigen Sätzen als antisemitische Auswürfe herausstellten.

Anfang Februar war aus Berlin zu erfahren, dass die rot-grüne Regierung die neuen Regierungsmitglieder aus Wien nicht zu den üblichen Antrittsbesuchen empfangen werden würde. Auch politische Besuche waren ausdrücklich nicht erwünscht. Man fügte hinter den Kulissen noch hinzu: Man hätte durchaus härter reagieren können, habe das aber bewusst nicht getan. Was damit gemeint war, blieb offen.

Als Botschafter Markus Lutterotti mit anderen Botschaftern zur Besichtigung des neu eröffneten Auswärtigen Amtes in Berlin-Mitte eingeladen war, wurde er darauf vorbereitet, dass er ab sofort mit diplomatischen Brüskierungen rechnen müsse, was er aber nicht persönlich nehmen solle. Es sollte dann tatsächlich bis September dauern, dass er für das Auswärtige Amt wieder als salonfähig galt.

Dass der deutsche Botschafter aus Wien abgezogen werden könnte, so wie Belgien seinen Botschafter aus Wien zurückbeordert hatte, wenigstens das kam für Berlin jedoch nicht infrage.

Allerdings widmete Joschka Fischer in seinem 446 Seiten dicken Buch *Die rot-grünen Jahre*, in dem er seine Außenpolitik darstellte, den Österreich-Sanktionen nur dreieinhalb Seiten. Darin bezeichnete er die doch sehr prinzipielle Problematik um Österreich als „verhältnismäßig nachrangigen Konflikt". Allein dieser Stellenwert illustriert, wie Fischer das Thema am liebsten ganz wegwischen würde und er sich offenbar nur mit Unbehagen daran zurückerinnert.

So wie Außenminister Fischer in seinem Buch das Zustandekommen der Sanktionen schildert, erweckt er den Eindruck, die Verantwortung aufs Kanzleramt schieben zu wollen, also direkt auf Bundeskanzler Gerhard Schröder. António Guterres, der Ministerpräsident Portugals, das gerade die EU-Ratspräsidentschaft innehatte, habe einen *informellen* Maßnahmenkatalog vorgeschlagen. Demnach sollten offizielle bilaterale Kontakte auf Regierungsebene unterbleiben, österreichische Kandidaten in internationalen Organisationen sollten verhindert werden, und österreichische Botschafter sollten in den EU-Hauptstädten nur noch auf technischer, also auf unterer Ebene empfangen werden.

„Dies alles wäre sinnvoll und wirksam gewesen, wenn man sich informell so verhalten hätte", schrieb Fischer. „Eine formelle Erklärung würde allerdings die Frage der Einmischung in die inneren Angelegenheiten eines Mitgliedsstaates aufwerfen und damit eine völlig andere, für die Sache kontraproduktive Debatte eröffnen." Damit sollte Fischer durchaus Recht behalten. Aber er konnte nichts mehr aufhalten: „Allein für solche Überlegungen war es an diesem Montag zu spät. Aus dem Kanzleramt erfuhr ich, dass man dort bereits mit den drei genannten Punkten an die Öffentlichkeit gegangen war. Das Kind lag damit also im Brunnen."

Immerhin zieht Fischer das Fazit: „Aus heutiger Sicht darf man wohl zu Recht annehmen, dass die EU nach den unerfreulichen Erfahrungen in der Causa Austria dieses Verfahren nicht wiederholen wird."

Immer noch in der ersten Februarhälfte durchbrach Bayern die Isolation, indem CSU-Chef und Ministerpräsident Edmund Stoiber Bundespräsident Klestil zur offiziellen Visite in den Freistaat einlud. Stoiber wollte damit die EU-Haltung gegen Österreich demonstrativ konterkarieren. Auch FDP-Generalsekretär Guido Westerwelle warnte: „Die rigorose Haltung der EU wird jeden Monat weniger rigide werden, was dann das Glaubwürdigkeitsproblem nur noch vergrößert." Für die Klestil-Einladung musste sich Stoiber nicht nur in Deutschland selbst, sondern auch aus dem Ausland harsche Kritik anhören. Sogar in amerikanischen Medien wurde ein neues Bild von Bayern entworfen, das es mit Österreich gleichsetzte und wo Stoiber trotz seiner Distanzierungen auf eine Stufe mit Haider gestellt wurde.

Schröders Warnung vor Europas Haiderisierung

Bundeskanzler Schröder warnte in diesen Februartagen vor einer „Haiderisierung" Europas. Deutschland wollte jeden Eindruck vermeiden, es würde rechtspopulistische Trends in Europa verharmlosen.

Gleichzeitig ließ sich in den deutschen Medien schon zu dieser Zeit ein Meinungsumschwung herauslesen. Die EU habe mit ihrem Beschluss und ihren Drohungen überzogen und gegen sämtliche europäische Verträge verstoßen. Die Medien blieben im Großen und Ganzen auch in den darauffolgenden Sanktionen-Monaten auf Distanz zur deutschen Regierung, was die Behandlung Österreichs anging.

Ebenso in der ersten Februarhälfte äußerte sich Angela Merkel, damals CDU-Generalsekretärin, und machte sich große Sorgen über die europäische Situation. Man müsse an das Nachher denken, sagte sie zu österreichischen Korrespondenten. „Auch wenn man Haider nicht befürwortet – ich gehöre dazu –, muss man doch möglichst so handeln, dass Haider nicht noch stärker wird."

Mitte Februar, Aktuelle Stunde im Bundestag, beantragt von der FDP: Joschka Fischer schoss sich erneut auf die österreichische Koalition ein. Er bemühte seinen Standardsatz: „Ich zweifle daran, dass Schüssel die Lage unter Kontrolle halten kann."

Die Sanktionen gegen Österreich, kündigte er an, blieben unverändert aufrecht. „Wir müssen Haider bekämpfen, soweit wir ihn in Deutschland bekämpfen können." Die Sitzung war sehr turbulent. Den bayrischen Ministerpräsidenten Edmund Stoiber bezeichnete er als Geburtshelfer der Wiener Koalition: „Ungefragt und in einem einsamen Überfall des politischen Heiligen Geistes" habe sich Stoiber direkt nach der Wahl für diese Koalition ausgesprochen. Die EU-Maßnahmen seien ohnehin das mindeste Mittel, das gewählt worden sei, um ihrer Sorge Nachdruck zu verleihen. Welche anderen möglichen Mittel er damit andeutete, ist mir nicht bekannt.

Er hielte es für sträflich, würde gerade Deutschland versuchen, die Dinge zu bremsen. „Wenn nur der leiseste Eindruck entsteht, dass wir relativierend die Hand drüber halten, würden wir uns unmittelbar isolieren", sagte Fischer. Stoiber wehrte sich damals mit nicht minder scharfen Gegenangriffen. Dass der Grünen-Politiker diese Nähe zu Haider konstruierte, ärgerte Stoiber sichtlich. Er distanzierte sich von Haider, für dessen Entgleisungen es keine Entschuldigung gebe. Und weiter zu Fischer: „Aber Ihre Politik der Bevormundung ist ein tatkräftiges Haider-Förderprogramm! Was Sie hier aufführen, ist pure Heuchelei!" Wien sei europäisches Urgestein, „und wer Österreich boykottiert, der trifft Europa ins Herz hinein!"

In der CDU/CSU-Fraktion waren tatsächlich viele nicht mit dem anti-österreichischen Kurs einverstanden. Friedbert Pflüger, damals Vorsitzender des EU-Ausschusses im Deutschen Bundestag, war der Allererste, der gegen die „krasse Fehlentscheidung der EU-14 unter maßgeblicher Mitwirkung von Bundeskanzler Schröder" wetterte. Pflüger erinnerte daran, dass EU-Kommissionspräsident Prodi den libyschen Diktator Muammar Gaddafi nach Brüssel eingeladen habe, den Dialog mit dem fundamentalistischen Iran predige, der Türkei, trotz der damals schon bekannten Menschenrechtsverletzungen, sogar den EU-Kandidatenstatus verliehen habe und dass sich die EU-Staatschefs im kommunistischen China die Klinke in die Hand geben. Und ausgerechnet Österreich, eine seit Jahrzehnten untadelige Demokratie, solle isoliert und diskriminiert werden, kritisierte Pflüger. Die neue Regierung in Wien segle doch voll auf EU-Kurs. „Die Sanktionsbeschlüsse sind das beste Programm zur Förderung der Haiders in Österreich und anderswo."

Joschka Fischer – der sich, wie erwähnt, durch meine Beiträge „nicht zur Diskussion angeregt" fühlte – wurde von Klaus Kinkel (FDP), einem seiner Vorgänger im Auswärtigen Amt, kritisiert: „Einerseits Bruderkuss für Menschenrechtsverletzer, andererseits kein Handkuss für Frau Ferrero-Waldner: Armes Europa!" Gerade Deutschland habe gegenüber dem befreundeten Nachbarland besondere Verpflichtungen und solle die Führung übernehmen, wenn es darum gehe, die Österreicher endlich wieder an den europäischen Tisch zu bitten.

Frühjahr 2000: Das war der Gipfel im Hieronymuskloster

Im März bekräftigte Joschka Fischer erneut, dass Österreich nicht die geringste Chance auf Lockerung der Sanktionen habe. Als ihn österreichische Auslandskorrespondenten fragten, was er denn zu sonstigen Konsequenzen für Österreicher im Ausland wie Taxi- oder Urlaubsboykott sage, meinte Fischer: „Diese Dinge zeigen, dass es noch ganz andere Reaktionsmuster gibt." Hätte Deutschland versucht, die EU-Reaktionen zu verhindern, „wäre Haider sofort ein deutsches Problem geworden. Das hätte Deutschland in die Isolierung geführt und jedes Misstrauen in uns geschürt."

Auf dem EU-Gipfel in Lissabon in der zweiten Märzhälfte hatte es die EU noch keineswegs eilig, das Verhältnis zu Österreich zu normalisieren. Der Bundeskanzler und ich wurden bei der Ankunft mit unterkühlter Korrektheit begrüßt. Auf die Küsse und Umarmungen, die Ministerpräsident António Guterres und mein Außenministerkollege Jaime Gama den anderen Teilnehmern angedeihen ließen, mussten wir halt verzichten.

Auf das Foto wurde freilich nicht verzichtet, aber nur dank einiger Verrenkungen. Es wurde von einem Familienfoto auf ein Gruppenfoto umgeleitet: Guterres musste sich einen Trick einfallen lassen, da Jacques Chirac, Lionel Jospin und Guy Verhofstadt nicht mit uns zusammen aufs Bild wollten, was das Familienfoto nur mit den EU-Mitgliedsstaaten gewesen wäre. Der Trick war, den ebenfalls anwesenden mexikanischen Präsidenten Ernesto Zedillo dazu zu bitten, womit das EU-Familienfoto automatisch zum Gruppenfoto umfunktioniert wurde. Das Fernbleiben wäre daher eine Unhöflichkeit dem mexikanischen Staatsoberhaupt gegenüber gewesen. Einzig Louis Michel, unser lautester Gegner, war nach wie vor nicht dazu zu bewegen. Er blieb fern.

Etwas infantil wirkte die Szene im VIP-Bus. Die Staats- und Regierungschefs hatten reservierte Plätze. Uns Österreicher hatte man „vergessen". Vermutlich ergötzten sich die Organisatoren daran, wie der Bundeskanzler und ich Plätze suchten. Einige Gipfelteilnehmer blickten verkrampft weg. Nur der irische Premierminister Bertie Ahern und sein Außenminister Brian Cowen luden uns, als wir an ihnen vorbeigingen, spontan ein, neben ihnen Platz zu nehmen.

Der Gastgeber des Lissabon-Gipfels, Guterres, der heutige UNO-Generalsekretär, war damals nicht nur Regierungschef von Portugal und hatte die EU-Ratspräsidentschaft inne, sondern war zufällig auch noch Vorsitzender der Sozialistischen Internationale. Er agierte unter dem Druck der übrigen Mitgliedsstaaten nicht gerade sehr mutig.

Auf dem Gipfel im Hieronymuskloster in Lissabon wollte Schüssel die österreichische Situation erklären und darlegen, wie unsinnig die Sanktionen seien. Seine Koalition mit der FPÖ sei das kleinere Übel gewesen, wollte er sie überzeugen. Andernfalls hätte es Neuwahlen geben müssen, bei denen die FPÖ vermutlich noch dazugewonnen hätte und sogar stärkste Partei geworden wäre.

Er wollte die Kollegen auffordern, irgendein Beispiel zu nennen, bei dem Österreich in Widerspruch zu den europäischen Regeln gehandelt hätte, und sie überzeugen, wenn schon nicht mit den Sanktionen aufzuhören, so wenigstens den Weg für die baldige Normalisierung freizumachen. Oder endlich einen Dialog zuzulassen.

Doch Guterres räumte ihm keine Redegelegenheit ein. Schüssel musste ihn regelrecht unter Druck setzen, damit er wenigstens am Schluss das Wort ergreifen konnte. Er sagte zu ihm klipp und klar: „Wenn Du mir das Wort nicht gibst, werde ich mich zu jedem einzelnen Tagesordnungspunkt melden. Und zwar offiziell melden. Das kannst Du mir nicht verweigern. Außer: Ich kann am Abend beim informellen Teil reden." Darauf antwortete Guterres: „Du kannst beim Kaffee reden", womit Schüssel einverstanden war.

Das Galaessen zog sich ungewöhnlich lang hin, und dank Guterres' Regie ließ der Kaffee nach dem Dessert auf sich warten. Schüssels Auftritt sollte so verzögert werden und untergehen. Kaum war aber der Mokka serviert, erhob sich Schüssel und hielt eine seiner besten Reden. Knapp eine Viertelstunde benötigte er, um die Vorwürfe gegen seine Koalition zurückzuweisen, das Programm unserer Regierung zu verteidigen und schließlich aufzuzählen, welchen Schaden die Sanktionen für die EU selbst bedeuteten.

Die Reaktion der anderen Teilnehmer: Alle taten so, als würden sie Zeitung lesen. Dabei war es deutlich zu merken, dass sie natürlich nicht in die Zeitung vertieft waren, sondern zuhörten. Selbstverständlich wollten sie wissen, wie der isolierte österreichische Regierungschef mit der Situation umging und wie standhaft er war. Aber niemand sah ihn an!

Und wie reagierte der Ratsvorsitzende Guterres? Der ließ keine Diskussion zu und beendete rasch die Sitzung, die er vorher in die Länge gezogen hatte: Österreich und die EU-Sanktionen sollten auf diesem Gipfel kein Thema sein.

Ein kleiner Trost nach dem Abendessen: Draußen traten drei junge Konferenzdolmetscher auf Schüssel und mich zu. Sie wollten uns wissen lassen, dass sie sich schämten, wie wir Österreicher hier behandelt worden seien, und sie unsere Gelassenheit bewunderten. Ich war jedoch den Tränen nahe, hatte ich doch auf ein Umdenken der Kollegen gehofft. Ich war über die Reaktion der anderen Vierzehn schwer enttäuscht.

Deutscher Gleichschritt mit Frankreich

Auch im April hieß es aus Berlin: „Deutschland darf nicht zulassen, dass Haider ein deutsches Problem wird." In erster Linie gehe es gar nicht um Haider, sondern um Deutschland selbst. Die ausländischen Ängste vor dem großen wiedervereinigten Deutschland seien wacher, als man sich vorstellen könne.

Im gleichen Monat sprach Bundeskanzler Schröder mit Auslandskorrespondenten. Er reagierte äußerst nervös und gereizt auf Fragen zu Österreich. „Solange sich die Entscheidungsgrundlage nicht ändert, gibt es keinen Anlass, die Entscheidung zu ändern." Diesen Satz wiederholte er immer und immer wieder. „Ist das nicht deutlich genug?" Auf weitere Nachfragen von Korrespondenten konnte er seinen Ärger nicht mehr verbergen. Unwirsch blockte er ab: „Wollen wir den ganzen Nachmittag darüber reden?"

Im Mai wiederholte Fischer vor Journalisten, der Schulterschluss der EU-Staaten gegen Österreich sei weiterhin unbedingt erforderlich. „Mit Frankreich wäre es zu einem tiefen Bruch und einem potenziellen Riss unter den EU-Mitgliedern gekommen, wenn Deutschland die Sanktionen nicht mitgetragen hätte." Deutschland werde daher weiter im Geleitzug mit den anderen Partnern mitschwimmen. Man wolle weder in die eine noch in die andere Richtung eine treibende Rolle übernehmen. Politisch könne sich Berlin keine andere Haltung leisten.

Der übereifrige, äußerst ehrgeizige Diplomat Michael Steiner, für Gerhard Schröder gleichsam der Außenminister im Kanzleramt, beteuerte zwar nach außen hin, Deutschland verhalte sich in den Sanktionen „mittig", trete also weder aufs Gas noch auf die Bremse. In Wahrheit gehörte er zu den schärfsten Antreibern in Deutschland. Dies bekamen auch Journalisten zu spüren, deren Zeitungen ihm nicht passten. Die Journalisten, die bei ihm recherchieren wollten, wurden nie durchgestellt; seine Sekretärin verriet ihnen sogar, die Anrufe hätten absolut keinen Sinn, er werde nie mit ihnen sprechen. Andere Journalisten wiederum rief er von sich aus an und fütterte sie eifrig mit Informationen.

Koketterie mit noch schärferen Maßnahmen

Gegen Ende Mai besuchte der SPÖ-Vorsitzende Alfred Gusenbauer Berlin und holte sich im Gespräch mit Schröder eine ernüchternde Abfuhr. Gusenbauer unterbreitete einen Fünf-Punkte-Plan für ein mögliches Auswegsszenario. Er schlug darin ein genormtes Verfahren vor, mit dem in Zukunft bei ähnlichen politischen Regierungskonstellationen in der EU gleichartig vorgegangen werden könne.

Davon wollte Schröder nichts wissen. Er schärfte Gusenbauer ein, dass Deutschland ohne Abstimmung mit Frankreich keine Schritte zugunsten

Österreichs setzen werde. „Der Schlüssel für die Aufhebung liegt ausschließlich in Paris." Deutschland werde aber keinesfalls Einfluss auf Frankreich ausüben. Die Einzigen, die das allenfalls könnten, wären die Belgier. Und er tröstete den Gast aus Österreich, der solle doch froh sein, dass Deutschland nicht noch schärfere Maßnahmen ergriffen habe. Er meinte sogar, dass es Deutschland zugutezuhalten sei, dass auch Frankreich nicht noch schärfer agiert habe.

Ende Mai 2000 konnte Joschka Fischer, wieder in einem Gespräch mit Auslandskorrespondenten, nicht verbergen, welches Unbehagen ihm die Causa Austria mittlerweile bereitete. Die Körpersprache, der Gesichtsausdruck, der hochrote Kopf, die Aussagen: Er fand das Thema lästig und antwortete auf konkrete Fragen mit langen wolkigen Girlanden. Als eine ratlose Journalistin nachhakte: „Und was bedeutet das jetzt konkret?", sagte er: „Sie merken an meiner Sprache, dass die Dinge nicht so sind, dass ich jetzt erstens, zweitens, drittens sagen kann." Und als eine andere Journalistin die Frage wiederholte, murmelte er nur: „Weiß ich nicht."

Sowohl Schröder als auch Fischer waren des Themas sichtlich überdrüssig und sich ihrer Sache nicht mehr ganz so sicher. Sonst hätten sie sich nicht nur hinter stereotypen Antworten verschanzt und tendenziell die Verantwortung für die Härte den Franzosen zugeschoben.

Die Expo 2000 als Platz politischer Peinlichkeiten

Im Juni 2000 war die Expo in Hannover der Schauplatz der Sanktionen-Debatte. Spekulationen, wonach Österreich an der Weltausstellung gar nicht teilnehmen dürfe, erwiesen sich als falsch. Solche Gedankenspiele gab es aber mit Sicherheit. Als das Europäische Forum Alpbach im Rahmen der Expo eine Podiumsdiskussion über Europas Zukunft abhielt, war es unvermeidlich, dass daraus eine Debatte über Österreich und die Sanktionen wurde. EU-Kommissionspräsident Gaston Thorn, ein Luxemburger, war die personifizierte Skepsis.

An die Adresse Österreichs appellierte Thorn: „Sprechen Sie nicht dauernd nur über die Sanktionen, so als würde man Österreich totschlagen." Das Land solle die Sanktionen nicht überbewerten, das mache es nur noch schwieriger. Als Diskussionspartner hatte man einen prominenten Journalisten aus dem kritischen Frankreich eingeladen, Daniel Vernet, Ex-Chefredakteur von *Le Monde*. Vernet sah in den Sanktionen gar keine Einmischung in die inneren Angelegenheiten Österreichs, sondern den Anfang einer innenpolitischen Diskussion in Europa. Das war gewiss ein origineller Gedanke, doch zur „Diskussion" würde doch gehören, dass ein Land daran teilnehmen darf, angehört wird und ihm nicht der Dialog verwehrt wird. Darauf wies Erhard Busek hin, der als Moderator des Forums fungierte: Die Einmischung unter Freunden sei berechtigt. „Aber die Methode ist das Problem. Sie verletzt das Prinzip, wonach die Gegenseite gehört werden muss. Sie ist nicht intelligent, weil niemand den Ausweg bedacht hat, und sie ist im Ergebnis relativ kindisch."

Mitte Juni kam es hinter den Kulissen der Expo zu einem protokollarischen Eklat in mehreren Akten; die deutsch-österreichische Verstimmung artete in einem regelrechten Showdown aus.

Auf der Weltausstellung hatte jedes teilnehmende Land seinen eigenen „Tag der Nationen". In der Regel reiste das jeweilige Staatsoberhaupt nach Hannover an, das für den Tag ein Mitglied der Bundesregierung im Ministerrang zur Begleitung beigestellt bekam. Der Minister sprach üblicherweise ein offizielles Grußwort im Namen der Regierung, nahm am offiziellen Essen zu Ehren des Gastes teil und wich an dem Tag nicht von seiner Seite.

Anders im Falle Österreichs. Die rot-grüne Bundesregierung in Berlin wollte den Österreich-Tag demonstrativ herabstufen. Bundespräsident Klestil sollte bei seinem Expo-Besuch nicht von einem Bundesminister begleitet werden, sondern bloß von einem Staatssekretär. Klestil wollte sich das nicht gefallen lassen und sagte daraufhin seine Teilnahme am offiziellen Mittagessen ab. Das Essen fand dennoch statt, allerdings nur für die Delegationsteilnehmer und ohne die hochrangigen Gastgeber und Gäste. Klestil erschien nicht, worauf auch die Expo-Chefin Birgit Breuel absagte und Bildungsministerin Edelgard Bulmahn, die im letzten Moment nun doch anstelle eines Staatssekretärs einspringen musste, um die deutsche Regierung zu vertreten, aus „Termingründen" vor dem Essen abreisen musste.

Ebenfalls aus „Termingründen" sagte Klestil die Sache mit dem Porzellanabdruck ab. Alle Staatsoberhäupter, die ihr Land auf der Expo repräsentierten, hinterließen nämlich einen Abdruck ihrer Hände in einer Porzellanmasse. Nach der Weltausstellung sollten alle Abdrücke auf einer Porzellanwand verewigt und im Haus der Geschichte in Bonn aufgestellt werden. Dass Österreich auf der Wand nicht dabei ist, wird für immer an die Sanktionszeit erinnern. Schließlich ließ Klestil auch die Eintragung ins Gästebuch sausen. So brüskierte die deutsche Regierung das österreichische Staatsoberhaupt und das österreichische Staatsoberhaupt die deutsche Regierung.

Wirtschaftskammerpräsident Leopold Maderthaner empfahl auf der Expo den Deutschen: „Manchmal sollten die Regierenden ein bisschen mehr aufs Volk hören."

Im Monat Juni sah die deutsche Regierung jedenfalls noch immer keinen Grund nachzugeben. Gebetsmühlenartig hieß es aus dem Kanzleramt und dem Auswärtigen Amt: „Die Entscheidungsgrundlage hat sich nicht ändert, daher gibt es keinen Anlass, die Entscheidung zu ändern."

Im Gegenteil: Kurz vor Beginn der französischen EU-Präsidentschaft rückten Paris und Berlin sogar noch enger zusammen. Auf ihren bilateralen Konsultationen in Mainz waren sich beide Regierungen einig, dass sie auch auf dem bevorstehenden EU-Gipfel in Feira (Portugal) ihre Haltung nicht ändern würden. Ihre Beziehungen zu Österreich sollten auf niedrigem Niveau belassen werden.

Schüssel und ich waren hingegen durchaus optimistisch, dass es in Feira zumindest mit den anderen EU-Partnern endlich zu einem Durchbruch kommen würde.

In den letzten Junitagen und somit wenige Tage vor dem Übergang von der portugiesischen auf die französische EU-Präsidentschaft rückten die deutsche und die französische Regierung abermals enger zusammen. Chirac durfte sogar im Deutschen Bundestag über das bevorstehende EU-Halbjahr sprechen. Schröder und Chirac betonten immer wieder, sie würden in Sachen Österreich nur gemeinsam vorgehen. Es gebe noch keinen Grund, die bisherige Haltung zu ändern und über andere Schritte nachzudenken. Chirac kündigte an, die französische EU-Präsidentschaft werde gegen Österreich die gleiche Politik wie die portugiesische betreiben. Chirac hatte diese Position ja vor allem deshalb eingenommen, weil er bei der anstehenden Präsidentenwahl unbedingt gegen Jean-Marie Le Pen gewinnen wollte.

Sommer 2000: Kein roter Teppich, keine Weißen Mäuse

Auch als Schüssel Anfang Juli nach Frankfurt flog, um vor der Deutschen Bank einen Vortrag zu halten und dem Präsidenten der Europäischen Zentralbank, Wim Duisenberg, die österreichische Position darzulegen, wurde er von der Bundespolitik konsequent geschnitten. Nur ein Staatsminister der hessischen Landesregierung war beim Vortrag zugegen. Schröders außenpolitischer Berater, Michael Steiner, nutzte auch diesen Besuch Schüssels dafür, sich in Szene zu setzen. Er wies die hessische Staatskanzlei an, nur ja keine protokollarischen Gepflogenheiten aufzubieten: keinen roten Teppich bei der Ankunft, keine Weißen Mäuse als Eskorte.

Mitte August stellte die CDU/CSU-Gruppe des Europaparlaments in Berlin eine Analyse vor: „Sanktionen gegen Österreich – Die EU in der Sackgasse". Deren Vorsitzender Hartmut Nassauer sagte, für den provinziellen Rechtspopulisten Jörg Haider bestünden nicht die geringsten Sympathien. Aber es sei verständlich, dass sich die Österreicher nicht von jenen belehren lassen wollten, die in anderen EU-Ländern wegschauten. Er nannte die Regierungsbeteiligung der Alleanza Nazionale in Italien und das sozialistisch-kommunistische Regierungsbündnis in Frankreich.

Genau das lieferte ein paar Tage später Stoff für neue Aufregung. Außenminister Fischer löste Befremden und Erstaunen aus, als er in einem Interview mit der Zeitung *Corriera della Sera* der italienischen Rechten einen Freibrief zur Regierungsbildung ausstellte. Er sagte, wegen der „besonderen historischen Erfahrungen" gelte für Österreich ein anderes Maß als für Italien.

Er belastete die Beziehungen damit zusätzlich, und das in einer Phase, in der sich alle anderen EU-Partner mit anti-österreichischen Äußerungen zurückhielten, um den Bericht der „drei Weisen" abzuwarten. Mit seinem Interview präjudizierte Fischer deren Ergebnis.

Unsere Diplomaten mussten sich hinter den Kulissen auch gegen den Eindruck stemmen, in Österreich herrschten Häme und Schadenfreude darüber, dass ausgerechnet Deutschland als einer der schärfsten Betreiber der Sanktionen selbst große Probleme mit Rechtsextremisten habe, sogar mit Todesopfern. Gerade dass es in Österreich weit weniger Vorfälle dieser Art gebe, sei doch ein Hinweis darauf, dass die von Fischer angemahnte Aufgabe von Staat und Gesellschaft im Kampf gegen den Rechtsextremismus in Österreich schon seit Langem wahrgenommen werde.

Ein paar Tage danach meldete sich Angela Merkel zu Wort. Zwar distanzierte sich die CDU-Vorsitzende abermals von Haider und wollte zu ihm auch keinen Kontakt haben, aber die Sanktionen gegen Österreich fand sie unsäglich und unfassbar. Es könne nicht angehen, dass ein Land in Europa so ausgegrenzt werde und eine Mehrheit in der EU entscheide, wie einzelne Länder politisch regiert werden dürften, ohne dass eine Regierung irgendwelche Verträge verletzt habe. „Man muss da schon aufpassen, dass das noch ein Europa der Bürger bleibt."

Das gewichtige Wort der „drei Weisen"

Bald darauf hatten allerdings die „drei Weisen" das Wort, der frühere Staatspräsident Finnlands, Martti Ahtisaari, der deutsche Richter und Völkerrechtler Jochen Frowein und der frühere spanische Außenminister und EU-Kommissar Marcelino Oreja.

Ahtisaari kannte ich noch von den Vereinten Nationen gut, stets ein äußerst korrekter und anständiger Mann. Auch Marcelino Oreja war in Spanien und ganz Europa für seine aufrechte Haltung gut bekannt. Jochen Frowein lernte ich erst bei dieser Gelegenheit kennen. Die Drei saßen im Bundeskanzleramt, wo ihnen ein Zimmer zur Verfügung stand, und logierten im Hotel Imperial. Interviewt wurden wir alle im Bundeskanzleramt. Ich war eine der Ersten, es war im Juli. Meine Befragung dauerte keine Dreiviertelstunde. Sie stellten mir alle möglichen Fragen, aber alles Fragen, die für mich einfach und offen zu beantworten waren. Meist ging es um politische Erläuterungen. Sie schrieben alles fleißig mit. Die Atmosphäre war sehr korrekt; und da ich die drei Herren kannte, waren sie mir gegenüber besonders positiv eingestellt. Für mich war der Besuch relativ schnell fertig, aber ich wusste, dass sie ein Gespräch nach dem anderen hatten. Eine Woche hatten sie Zeit. Marcelino Oreja erzählte mir später, er habe im Leben nicht so intensiv gearbeitet wie damals, als es Schlag auf Schlag ging, und ist bis heute ein enger Freund geblieben.

Nicht nur in Heidelberg herrschte Hochspannung, als die drei EU-Weisen Ende August an ihrem Bericht über Österreich feilten. Sie saßen im Völkerrechtsinstitut des Max-Planck-Instituts der Universität Heidelberg und vernahmen die letzten Zeugen, die sie vorher in Wien noch nicht hatten sprechen können. Darunter zahlreiche Minderheitenvertreter und Nichtregierungsorganisationen sowie die FPÖ-Chefin Susanne Riess-Passer, die in Wien wegen eines Thailand-Urlaubs nicht hatte befragt werden können. Sie wurde in dem zweistündigen Gespräch sehr genau über Jörg Haider vernommen. Als sie auf einen eigenen Termin mit dem Kärntner Landeshauptmann pochte, lehnten die Weisen den Vorschlag ab. Sie hatten schon genügend Informationen über Kärnten und die FPÖ.

Das Wahlergebnis war ja auch eine Abstrafung der ewigen Großen Koalition. Das Land war meiner Ansicht nach einfach zu lange zu viel verfilzt. Haider, intelligent wie er war, nützte das voll aus.

Ob es genützt und zu seiner Entzauberung beigetragen hat? Ich finde, die Entzauberung ist durchaus gelungen, zumindest damals. Immerhin gewann Schüssel bei der nächsten Wahl haushoch. Und Haider hat sich praktisch selbst in die Luft gesprengt, da er furchtbar eifersüchtig auf Susanne Riess-Passer war.

Susanne Riess-Passer ist eine anständige, ja eine tolle Person. Schüssel hätte sie übrigens gerne in der ÖVP gesehen, kannte sie aber gut genug, um sie nicht zu fragen, da sie nicht akzeptiert hätte. Dass sie diesen Verlockungen nie folgte, rechne auch ich ihr hoch an. So etwas macht man einfach nicht. Selbstverständlich wäre sie in der FPÖ als Verräterin bezeichnet und abgestraft worden. Für sie war alles sehr schwer, weil sie auch ein echtes politisches Talent war.

Unser Umgang untereinander war anfangs korrekt und wurde immer besser. Ich kannte sie vorher kaum und bin heute eine Freundin. In der

Regierung arbeiteten wir relativ eng zusammen, weil sie auch für Beamtenfragen zuständig war, also auch für meine Beamten. Außerdem mussten wir die Botschafterbestellungen abstimmen, ich hatte ja meine Vorschlagsliste mit dem Bundeskanzler, der Vizekanzlerin und dem Bundespräsidenten abzustimmen. Leicht war das nicht, da von allen Seiten Wünsche kamen. Susanne war da immer sehr ordentlich.

Natürlich führten wir auch politische Gespräche. So kamen wir uns langsam näher, hin und wieder rauchte sie eine Zigarette und tranken wir gemeinsam Kaffee. Anfangs war ich mir unsicher, wie ehrlich das Gesagte war. Es war aber ehrlich. Sie hatte viel Spielraum, in vielen Dingen ließ sie Haider sich nicht einmischen. Dass er sich jedoch in die großen Fragen einmischte und sie immer wieder torpedierte, bereitete ihr viele, viele Probleme. In ihr fand Schüssel eine wirklich gute Partnerin. Und natürlich wusste er mit ihr umzugehen.

Großes Schweigen, viele Spekulationen

Zurück zu den EU-Weisen: Nach dem Gesprächsmarathon in Heidelberg gaben sich die drei Juristen besonders zugeknöpft. Die drei Assistenten des wichtigen Trios tippten die Rohfassung des Textes in den Laptop. Um in Ruhe beraten und den hundertseitigen Bericht formulieren zu können, verließen sie ihre Klausur nicht einmal zum Mittagessen, sondern ließen sich gleich im Nebenzimmer verpflegen. Das Schweigen der „drei Weisen" gab Raum für journalistische Spekulationen und Falschmeldungen. Sie kamen mit Dementis kaum nach. Dementiert wurden auch Meldungen, wonach sich Kommissionschef Prodi persönlich bei den „drei Weisen" eingesetzt haben soll, ihren Report möglichst rasch vorzulegen. In Wahrheit scheint er mit keinem der Drei in Kontakt gewesen zu sein.

Der erste, der den Bericht erhielt, war Jacques Chirac als amtierender EU-Ratspräsident. Bundeskanzler Schüssel hatte sich freilich schon vorher ausbedungen, eine Kopie des Originalberichts zu erhalten. Er wollte kontrollieren können, dass niemand den Bericht im Nachhinein manipulieren würde. Nach der Veröffentlichung war die Reaktion der deutschen Regierung bemerkenswert: Ihr fehlten buchstäblich die Worte. Das ganze Wochenende hindurch gab es aus Berlin keine einzige Reaktion auf die Erkenntnisse der „drei Weisen" – weder aus dem Kanzleramt noch aus dem Außenministerium.

Offizielle Kommentare der Regierung gab es weder zum Weisenbericht selbst noch zur Aufforderung von Kommissionpräsident Prodi, nun Konsequenzen zu ziehen, noch auf die Erklärung Schüssels, er sei nicht nachtragend und strecke die Hand aus.

Inoffiziell sickerte die Sprachregelung durch, es werde so lange keine deutsche Reaktion geben, so lange nicht der französische EU-Ratspräsident dazu Stellung genommen habe.

Nur die Opposition, die stets das Ende der Sanktionen gefordert hatte, sah sich bestätigt und die Regierung blamiert. CDU- und CSU-Politiker forderten Schröder auf, die Sanktionspolitik sofort zu beenden und sich bei der österreichischen Regierung zu entschuldigen.

Herbst 2000: Rückkehr aufs diplomatische Parkett

Erst Anfang September kamen Signale der Entspannung aus Berlin. Österreich durfte wieder auf die diplomatische Bühne zurückkehren, Botschafter Markus Lutterotti nach vielen Monaten erstmals wieder offiziell ins Auswärtige Amt kommen. Joschka Fischer hatte die Botschafter der EU-Länder, ausdrücklich auch jenen Österreichs, als Beobachter zur dreitägigen Botschafterkonferenz eingeladen, zu der er alle seine deutschen Botschafter nach Berlin beordert hatte. Über Monate hinweg wäre Österreichs Teilnahme undenkbar gewesen. Ebenso undenkbar wäre gewesen, dass sich ein solches Forum nicht mit den EU-Sanktionen befasst hätte. Auf dieser Botschafterkonferenz kam es aber ganz anders: Das Thema Österreich wurde gar nicht angeschnitten.

Als Österreich Ende Oktober den Nationalfeiertag beging und in der Botschaft die deutsche Prominenz zum Empfang lud, erfreute sich Botschafter Lutterotti zahlreicher Versöhnungsgesten. Außenminister Fischer war da, als wäre nichts gewesen, und das Kanzleramt war mit Botschafter Michael Steiner vertreten, dem außenpolitischen Berater Schröders und Hauptakteur der Sanktionenpolitik auf deutscher Seite. Dass mindestens vierzig Bundestagsabgeordnete aus allen Fraktionen der Einladung nachkamen, war schon sehr ungewöhnlich.

Eine mit Spannung erwartete Begegnung der beiden Bundeskanzler fand kurz darauf ebenfalls in Berlin statt. Gerhard Schröder und Wolfgang Schüssel kamen zwei Monate nach Aufhebung der Sanktionen auf der Jahrestagung der deutschen Arbeitgeberverbände im Hotel Estrel zusammen, eingeladen von Dieter Hundt, dem damaligen Präsidenten der Bundesvereinigung der Deutschen Arbeitgeberverbände (BDA). Das waren ein paar Nachhilfestunden in Sachen deutsch-österreichischer Nachbarschaft.

Dabei wurde die Sanktionenphase so heruntergespielt, als wäre es ein vorübergehendes Funkloch auf der Fahrt mit dem ICE gewesen. Das erste Zusammentreffen der beiden Kanzler wurde wie das Verhalten von Tieren im Zoo beäugt: Wie würden sie aufeinander reagieren?

Schröder gab sich schon bei der Begrüßung unkompliziert. „Da die EU-14 ihre Maßnahmen aufgehoben haben, gibt es überhaupt keinen Grund, das Gespräch nicht zu führen", sagte er zu Beginn seiner Rede. Das Treffen mit Schüssel sei ein ganz normaler Vorgang und entbehre jeglicher Dramatik.

Schüssel schlug die gleiche Tonlage an. „Das Geschehene ist Geschichte und wird nur noch manche Leute beschäftigen. Wir müssen uns auf die Zukunft konzentrieren und das Vergangene ruhen lassen." Die Sanktionen seien eine Episode gewesen, aber nicht mehr. Für Österreich seien sie sehr schmerzhaft gewesen, aber auch eine gute Lehre, wie man es nicht machen soll. „Ich kümmere mich seit Langem nicht mehr um diese Dinge." Das Verhältnis zu Deutschland sei normal, die Gesprächsatmosphäre mit Schröder selbstverständlich gut.

Das Geschehene ist Geschichte? Glücklicherweise ja, aber es hinterließ Narben, die durchaus an die ähnliche Phase wie nach der Wahl Kurt Waldheims zum Bundespräsidenten erinnerte. Aus dieser Erfahrung heraus war den diplomatischen Vertretern Österreichs von Anfang an gewärtig, dass sie wieder monatelang damit beschäftigt sein würden.

Aber noch Ende des Jahres 2000 – da hatten die „drei Weisen" längst ihr Urteil gesprochen – mussten die Christbäume für Berlin immer noch

„politisch korrekt" sein. Als nämlich traditionell drei Bäume aus Österreich auf Berliner Plätzen aufgestellt wurden, musste sichergestellt sein, dass sie nicht aus Haiders Kärnten stammten. Drei Jahre davor war sogar der Weihnachtsbaum vor dem Roten Rathaus unbeanstandet noch Kärntner Herkunft gewesen. Der Kärnten-Bann war für die SPD- und die Grünen-Fraktion nicht genug. Sie wollten gleich allen Christbäumen aus Österreich Einreiseverbot erteilen. Auch österreichische Orchesterauftritte wollten sie mitverbieten, und von den einzelnen Berliner Bezirken verlangten sie – freilich erfolglos – dieselben Maßnahmen.

Als sollte der bilaterale Neuanfang nach der Sanktionenphase auf höchster Ebene besiegelt werden, fiel der Eröffnungstermin der neuen österreichischen Botschaft praktischerweise in das zeitliche Umfeld. Anfang Juli 2001 eröffnete ich als Außenministerin das markante Gebäude des österreichischen Stararchitekten Hans Hollein an der prominenten Ecke Stauffenbergstraße/Tiergartenstraße in Berlins Botschafterviertel – in Anwesenheit von Bundespräsident Thomas Klestil und des deutschen Außenministers Joschka Fischer (Abbildung 32). Als ich am Vorabend in der Deutschen Gesellschaft für Auswärtige Politik (DGAP) einen Vortrag zum Thema „Österreich und seine Stellung in Europa" hielt, hatte ich wahrlich genug zu erzählen.

Frankreich und die Sanktionen, ein Kapitel voll Arroganz

Aus Frankreich bekamen wir besonders viele Absurditäten gemeldet, die zeigten, wie nicht nur die Regierung, sondern auch die österreichische Bevölkerung isoliert wurde. Trotz meiner Frankophilie muss ich sagen: Die französische Behandlung der Österreicher war von großer Arroganz getragen.

Staatspräsident Jacques Chirac verfügte, dass alle Kontakte der politischen Klasse zu Österreichern gemieden werden sollten, egal ob kulturelle, wirtschaftliche, wissenschaftliche oder sportliche. Auch er selbst wollte mit uns nichts zu tun haben. Das bekamen Alois Mock und Andreas Khol zu spüren. Sogar seinem alten Freund Mock verweigerte Chirac ein Gespräch über die neue Situation in Österreich.

Für Chirac stand viel auf dem Spiel. Unmittelbar vor der Präsidentschaftswahl musste er sich im Wahlkampf als der große Retter seines Landes vor Jean-Marie Le Pen darstellen. Dafür konnte er die österreichische Situation total nützen – und tat es auch.

Premierminister Lionel Jospin schickte einen Verhaltenskodex an seine Minister aus, wonach Empfänge in der österreichischen Botschaft zu Paris zu boykottieren und Gespräche mit österreichischen Repräsentanten zu unterlassen seien – nicht einmal informelle, also „kumpelhafte", und auf EU-Terminen sollten Österreichs Vertreter keine Gelegenheit zur Abgabe politischer Erklärungen bekommen.

Die französische Arbeitsministerin Martine Aubry, die Tochter Jacques Delors', forderte sogar den Ausschluss Österreichs aus der EU. Sie sagte, auch die Nationalsozialisten hätten ja Anfang der Dreißigerjahre nicht gleich ihr wahres Gesicht gezeigt. Aubry organisierte den allerersten Boykott eines Regierungsmitglieds aus Wien, indem sie in Lissabon – gemeinsam mit der belgischen Amtskollegin Laurette Onkelinx – demonstrativ den Konferenzraum verließ, sobald die österreichische Sozialministerin Elisabeth Sickl (FPÖ) im informellen Arbeits- und Sozialministerrat das Wort ergriff.

Wettbewerb im Widerstand gegen Wien

Europaminister Pierre Moscovici kündigte an, dass es in der französischen EU-Präsidentschaft (im zweiten Halbjahr 2000) kein einziges Gruppenfoto von EU-Kollegen mit österreichischen Vertretern geben dürfe. Bei einem offiziellen Abendessen wollte er weder den österreichischen Botschafter Franz Ceska noch den Erstzugeteilten am Tisch haben. Nur den Zweitzugeteilten akzeptierte er. Ebenso lud Verkehrsminister Jean-Claude Gayssot seinen österreichischen Kollegen vom Mittagessen im EU-Verkehrsministerrat aus. Frankreichs Forschungsminister Claude Allègre ließ alle wissenschaftlichen Projekte einfrieren, die mit Österreich zu tun hatten. Außenminister Hubert Védrine bestärkte ihn, Kooperationen mit österreichischen Experten aus politischen Gründen abzulehnen. Da durfte die französische Sportministerin Marie-George Buffet in nichts nachstehen. Sie verließ beim Treffen der EU-Sportminister den Saal, als Vizekanzlerin Susanne Riess-Passer, die auch für Sport zuständig war, sprechen wollte. Und Verteidigungsminister Alain Richard organisierte ein Treffen mit Überlebenden des KZ Mauthausen, mit dem er dagegen protestieren wollte, dass Haider mit seinen Sprüchen die NS-Zeit verharmloste.

Eine Parallele zu Berlin, wo Schröder und Fischer von Journalistenfragen zu Österreich genervt waren: Auch Chirac konnte nach Monaten der Sanktionenpflege solche Fragen nicht mehr hören und verdrehte nur noch die Augen himmelwärts.

Eine französische Menschenrechtsorganisation startete eine Unterschriftenaktion mit dem Ziel, dass niemand mehr nach Österreich fahren und niemand mehr österreichische Produkte kaufen sollte. Österreichische Schüler wurden von Austauschaufenthalten in Frankreich ausgeladen – weil mit Hinweis auf die aktuelle politische Situation keine Gastfamilien für die Austauschschüler aus Wien zu finden waren. Es waren übrigens Schüler, die selbst vorher in Wien gegen die neue Regierung demonstriert hatten. Hotelfachschulen stornierten einfach per Fax Austauschprogramme mit österreichischen Partnerschulen – und vieles andere mehr!

Schikanen, Absagen, Stornos

Österreichischen Bäckern wurde auf einer Brotmesse in Paris die Teilnahme verwehrt. Die französische Polizei schikanierte österreichische Lkw-Fahrer. Fahrzeuge mit österreichischem Kennzeichen wurden aufgehalten und kontrolliert. Korrekte Transportdokumente wurden angezweifelt, die Fahrer mussten stundenlang warten – um wenig später bei der nächsten Kontrolle wieder gestoppt zu werden.

Le Monde rechtfertigte die Behandlung Österreichs, indem die Zeitung Haider mit Hitler gleichsetzte. Auch andere französische Zeitungen brachten sogar auf den Titelseiten immer wieder Österreich-Karikaturen mit Hakenkreuzen. Unzählige Unterschriftenlisten kursierten, in denen zum Boykott von Österreich-Veranstaltungen aufgerufen wurde. Symposien,

Theateraufführungen, Ausstellungen, Buchpräsentationen, kurz alles, was mit Österreich zu hatte, wurde storniert. Franzosen sagten ihre Teilnahme an internationalen Tagungen ab, wenn diese in Österreich stattfanden. Städtepartnerschaften wurden annulliert, Österreich-Bälle gestrichen, Sponsoren zogen Zusagen zurück. Ein TV-Reisesender weigerte sich, Reportagen über Österreich zu bringen.

Die Liste an Demütigungen ließe sich schier endlos fortsetzen. Manches geriet schlicht außer Kontrolle. Etliche Begründungen im Wettbewerb von Absagen waren an Peinlichkeit nicht zu übertreffen.

Ein Interview, das ich wenige Tage vor Beginn der französischen EU-Präsidentschaft im Pariser Rundfunk gab, schlug Wellen. Ich betonte zwar, dass wir nicht im Geringsten an eine Blockadepolitik denken würden, selbst wenn die Sanktionen noch bis Jahresende andauern sollten. Aber nervös wurde man trotzdem: Vor allem Moscovici zitterte, dass am Ende seines Präsidentschaftssemesters beim Gipfel von Nizza die erforderliche Einstimmigkeit aller 15 nicht zustande kommen könnte, eben weil wir Österreicher ausscheren könnten.

Aber als die Interviewer nachhakten, konnte ich natürlich doch nicht ganz ausschließen, was passieren würde, wenn das Sanktionenkapitel bis Dezember nicht zufriedenstellend gelöst sei. Dann könnte die österreichische Bevölkerung so frustriert sein, dass die Wiener Regierung letztlich in Zugzwang geraten würde.

Moscovici: „Wir würden es wieder tun"

Selbst nachdem die „drei Weisen" empfohlen hatten, die Sanktionen aufzuheben, sagte Moscovici, dafür sei die Zeit noch nicht reif. Er setzte eins drauf: „Wenn wir es noch einmal tun müssten, würden wir es wieder tun." Und als seine EU-Präsidentschaft einen Fragebogen an die EU-Kollegen verschickte, wie die Reform des Artikels 7 des EU-Vertrags aussehen solle, ließ er Österreich aus.

Moscovici war treibende Kraft, den Druck aufrechtzuerhalten. Frankreich sollte in der zweiten Hälfte des Jahres 2000 plangemäß von Portugal die EU-Ratspräsidentschaft übernehmen. Nun wussten wir, dass Moscovici dafür sorgen würde, dass dann die Gangart der EU gegen Österreich nicht gelockert, sondern sogar verschärft werden sollte.

Im Falle Frankreichs war mir durchaus bewusst, welcher Wettstreit zwischen Jacques Chirac und dem sozialistischen Premier Lionel Jospin tobte. Sie schaukelten sich gegenseitig hoch und übertrafen einander in der Abgrenzung. Jeder wollte als der größere Held im Kampf gegen den Rechtsextremismus gelten.

Und im Fall Chiracs scheint auch eine höchstpersönliche Abgrenzung zu seiner Vergangenheit eine Rolle gespielt zu haben, die ihn belastete: Als früherer Bürgermeister von Paris war er nämlich selbst immer wieder ziemlich übel über Zuwanderer und Ausländer hergezogen, abgesehen von seinen damals wirklich antieuropäischen Reden. Ein Blick ins Archiv genügte: „Lärmende und stinkende Ausländer", „Wohlfahrtsschnorrer", „Überdosis von Immigranten" – das waren keine Zitate Jörg Haiders, sondern Jacques Chiracs, nur ein Jahrzehnt vor den EU-Sanktionen. Seine Österreich-Ablehnung könnte auch mit dieser sehr persönlichen Abrechnung zu seinem früheren Populismus zu tun gehabt haben.

In der „Causa Austria" setzte sich Chirac indes bewusst in Szene. Als Präsidentschaftsbewerber wollte er durch seine Abgrenzung auch gegenüber der Linken und moderaten Rechten den Eindruck erwecken, nur er sei der Kandidat, dem es gelingen würde, sich gegen den Front National und Le Pen durchzusetzen.

Kein Wunder, dass die Franzosen mit ihren Aktionen gegen Österreich radikaler waren als die meisten anderen EU-Staaten. Und im Rückblick darf ich sagen: Kein Wunder auch, dass genau hier der Front National so starken Zuwachs erlebte, selbst wenn die Präsidentenwahl vom Mai 2017 zugunsten Emmanuel Macrons ausging.

Chirac tat sich jedenfalls als Speerspitze gegen uns hervor. Eine Woche, nachdem er als einer der Ersten die EU-Sanktionen gefordert hatte, warf er uns auch noch Vertragsbruch und Verstoß gegen die Grundwerte der Union vor. Einer der Abgeordneten seiner gaullistischen Partei, Pierre Lellouche, forderte sogar, Österreich das Stimmrecht in der EU abzuerkennen.

Nach einem Treffen der EVP-Fraktion in Paris sollte es einen Empfang im Elysée-Palast geben. Präsident Chirac lud die europäischen Volksparteipolitiker ein, bat aber ausdrücklich darum, ohne die österreichischen Delegierten zu erscheinen. Bei den deutschen EVP-Abgeordneten kam das nicht gut an, vor allem EVP-Fraktionschef Hans-Gert Pöttering drängte darauf, die ÖVP nicht auszugrenzen, sondern Schüssel in seiner europafreundlichen Haltung zu stärken, wofür ich ihm heute noch dankbar bin. Er warnte vor „moralischer Überheblichkeit". Die Folge war eine Verstimmung, woraufhin Chirac den Empfang gleich ganz absagte.

Ähnlich wie die deutsche sah auch ein Großteil der französischen Bevölkerung die schwarz-blaue Koalition nicht so dramatisch wie ihre Regierung. Wie mir unsere Botschaft berichtete, lehnte eine Mehrheit der Bürger die Sanktionenpolitik ihrer eigenen Regierung ab. Von den vielen Hunderten Briefen, die die Botschaft in Paris bekam, dokumentierten rund zwei Drittel Unverständnis bis Empörung über die Behandlung Österreichs, und nur weniger als ein Drittel äußerte sich negativ über Österreich. Manche stornierten aber auch ihren Österreich-Urlaub, und schließlich waren etwa drei Prozent der Briefe Unterstützungserklärungen von Rechtsextremen.

Belgien: „Europa braucht dieses Österreich nicht"

Wirklich unmöglich waren die Belgier. Anders kann ich das nicht sagen. Nirgendwo sonst wurden wir Österreicher so schlecht behandelt. Österreichs Ständiger Vertreter bei der EU in Brüssel, Botschafter Gregor Woschnagg, wurde immer wieder aus- oder erst gar nicht eingeladen. Als Woschnagg am 25. Februar 2000 von einer Veranstaltung im Europaparlament ausgeladen wurde, war das ein absoluter Präzedenzfall. Es ging damals um ein Gemeinschaftsprojekt „Brüssel, Kulturhauptstadt Europas 2000". Projektleiter Bernard Ligot teilte Woschnagg mit, dass weder er noch ein anderer österreichischer Vertreter willkommen sei. Diese Ausladung hatte eine neue Qualität. Denn bis dahin hieß es stets, die Maßnahmen seien bilateral. Mit diesem Gemeinschaftsprojekt aber, das von Österreich mitfinanziert wurde, handelte es sich erstmals um eine Sanktion auf Gemeinschaftsebene. Belgiens Regierungschef Guy Verhofstadt wandte sich lange Zeit, ebenso wie sein Außenminister Louis Michel, gegen jede Aufweichung der Sanktionen. Ging es um das informelle Treffen der EU-Sozialminister, protestierten die Belgier gegen die Teilnahme der FPÖ-Sozialministerin Elisabeth Sickl und boykottierten ihre Rede. Ging es um den Verbleib der ÖVP in der Europäischen Volkspartei (EVP) im EU-Parlament, waren es die Belgier, die ihren Austritt aus der EVP angedroht hatten, sollte die ÖVP nicht ausgeschlossen werden.

Ein ganz besonderer Fall war Louis Michel, der belgische Außenminister. Sein Spruch, Schifahren in Österreich sei unmoralisch, brachte ihm später viel Kritik ein.

Im Januar 2000 war am Rande einer OSZE-Tagung eine Fernsehdiskussion zwischen ihm und mir vorgesehen gewesen, bei der es um die Haltung Belgiens zu Österreich gehen sollte. Geplant war eine Konferenzschaltung zwischen Brüssel und Wien. Nach fünfmaligem Hin und Her ließ er das Duell plötzlich platzen. Auch hier verweigerte er den Dialog. Eine solche Diskussion sei, ließ er uns wissen, zu viel des bilateralen Kontakts.

„Europa braucht dieses Österreich nicht", urteilte Louis Michel über uns. Nach dem Außenministerrat in Brüssel bekräftigte er vor Journalisten, dass eine Rückkehr zu „normaler Arbeit" – so wie ich sie nämlich zuvor angemahnt hatte – gegen die Prinzipien der Demokratie verstoße. „Normale Beziehungen zu Österreich? Das wäre dramatisch."

Auch auf dem EU-Gipfel im März in Lissabon war er der einzige Politiker, der sich noch weigerte, sich mit den Kollegen auf dem sogenannten Familienfoto ablichten zu lassen, nur weil wir Österreicher dabei waren. Da hatten die anderen Kollegen keine Berührungsängste mehr.

Im September 2000 hatten wir einen informellen Außenministerrat unter französischer Präsidentschaft. Dazu hatte Außenminister Védrine nach Evian eingeladen. Diese informellen Treffen waren meist für Freitagmittag angesetzt und endeten am Samstagmittag. So auch hier: Zwischen unserer ersten Sitzung am Freitagnachmittag und dem Abendessen, an dem auch die stets dazu eingeladenen Ehepartner teilnahmen, hatte mir die damalige luxemburgische Außenminister Lydie Polfer ihre Hotelsuite angeboten. Sie wollte gerne zwischen mir und dem belgischen Hardliner Louis Michel vermitteln und meinte, ich könnte mich in ihrer Suite mit ihm „aussprechen".

Unsere Kabinettchefs hatten dieses „Geheimtreffen" sorgfältig geplant. So trafen wir uns tatsächlich in Polfers Hotelapartment, sekundiert nur von unseren ersten Mitarbeitern – Michel von seinem Kabinettchef und ich von Botschafterin Ulrike Tilly. Ich begann in sehr ruhig vorgetragenen Ansätzen und didaktisch vorgehend meine Argumentation, warum wir diese Koalition ÖVP/FPÖ eingegangen seien; dass wir die Garanten seien, dass diese demokratisch zustande gekommene Regierung auch völlig demokratisch regieren würde; dass kein Anlass bestehe, irgendwelche Bedenken zu haben und schon gar nicht, die Sanktionen weiter aufrechtzuerhalten. Zudem verwies ich nochmals auf die Präambel, mit der die Regierung ihr Programm eingeleitet und sie sich zu den grundlegenden Werten der Demokratie in Europa bekannt habe.

Louis Michel argumentierte dagegen und begann – wie ich das später oft erlebt habe, als wir in der Kommission Barroso I als Kommissare dienten –, sich langsam zu erhitzen und den Ton zu erhöhen. Sein Hauptargument war, dass eine formell demokratisch gewählte Regierung, die aber inhaltlich die demokratischen Prinzipien nicht achte, nicht demokratisch sei und er deshalb weiter dagegen protestiere. Dabei schoss er sich auf Aussagen Jörg Haiders ein. Obwohl ich mir vorgenommen hatte, „cool" zu bleiben, und anfangs noch relativ ruhig sprach und weiter argumentierte, riss mir langsam die Geduld in dem Maße, in dem Louis Michel seine Stimme immer mehr erhob – bis wir einander regelrecht anschrien. Das Erstaunen unserer Mitarbeiter war groß.

Ich gebe zu, dass ich in meinem Leben nie wieder ein solches Schreiduell hatte, noch dazu eines mit einem Kollegen. Ich glaube aber, dass damit der Bann gebrochen war. Auch Louis Michel sah allmählich ein, dass er und sein Land zu weit gegangen und teils von Frankreich und Deutschland benutzt worden waren. Und dass nun ein Ausweg gesucht werden musste.

Zu seiner Ehrenrettung muss ich sagen, dass sich Louis Michel später offiziell bei Österreich entschuldigte und mir während der restlichen gemeinsamen Kommissarszeit ein guter Kollege war, den ich zu schätzen lernte. Bei meiner UNESCO-Kandidatur unterstützte er mich sogar, indem er mir vor allem bei den Afrikanern, die er durch seine Funktion als

EU-Kommissar für die AKP-Länder sehr gut kannte, Hilfestellung leistete. Ich habe ihm also seine damalige total übertriebene Haltung zu den Sanktionen verziehen. Sie waren hauptsächlich in der Abgrenzung zum Vlaams Blok motiviert gewesen.

Was Schüssel und mich erschütterte und die EU lernte

Nicht nur mir fehlte das Verständnis, auch Wolfgang Schüssel. Er war doch vor der Wahl fünf Jahre lang Außenminister gewesen. Keiner zweifelte je daran, dass er durch und durch überzeugter Europäer sei. Uns erschütterte, wie man ohne jede Rechtsgrundlage, ohne jegliche Vorab-Information und einfach auf Verdacht hin agierte. Ohne „Audiatur et altera pars", ohne die Möglichkeit, gehört zu werden. Auch Schüssel empfand dies als Feme-Verfahren – anonym, denn es kam ja nie ganz klar heraus, wer aller das angezettelt hatte. Es ist wirklich unglaublich, wie so etwas ablaufen konnte. Ich fand es regelrecht gemein.

Sowohl Bundeskanzler Schüssel als auch ich waren bei den EU-Kollegen keine Unbekannten. Man kannte Schüssel, weil er zuvor Außenminister war, und mich, weil ich ihn als Staatssekretärin in den EU-Gremien oft vertreten hatte. Beispielsweise fühlte sich Javier Solana anfangs in erster Linie als Sozialist und stand daher hinter den Sanktionen, obwohl wir einander gut kannten und er doch wusste, dass wir nicht über Nacht zu Gegnern von Demokratie und Menschenrechten mutiert waren. Allerdings erinnere ich mich auch, dass er mir von Anfang an das Gespräch nicht verweigerte, als ich ihn darum ersuchte.

Normalerweise muss man etwas angestellt haben, damit eine Strafe, eine Konsequenz, eine Sanktion erfolgen kann. Im Fall Österreich haben sich außerhalb jeglichen Rechtsverfahrens der EU alle 14 Regierungschefs ohne transparente und rechtlich saubere Vorgangsweise geeinigt, Sanktionen gegen ein Land zu verhängen. Anders kann man das nicht sagen.

Es stellte sich später heraus, dass einige Regierungschefs der kleineren Länder glatt angelogen wurden. Man setzte sie plump unter Druck: „Du bist der Letzte! Alle anderen haben schon zugestimmt!"

Schüssel und ich hörten das von mindestens vier Regierungschefs, dass es ihnen genau so gesagt worden sei; vielleicht sogar von einem fünften. Das war immerhin ein Drittel aller EU-Regierungschefs. Man war also mit unglaublichen Methoden vorgegangen, nur um ein Exempel zu statuieren.

Was man daraus lernen kann?

Ich bin mit Schüssel einer Meinung, dass das Ganze insofern ein ganz guter Test war, als wir damit die Union davor retten konnten, jemals wieder so einen rechtlich vollkommen unannehmbaren Unsinn zu veranstalten.

Schüssel und ich leiteten dann gemeinsam mit den Italienern das Artikel-7-Verfahren ein und formulierten ihn aus. Heute ist der Artikel 7 des EU-Vertrags geltendes Recht. Allein die Androhung eines solchen Verfahrens führt – wie im Falle Polens oder Ungarns – oft schon dazu, dass bestimmte Maßnahmen wieder zurückgezogen, abgeschwächt, modifiziert werden. Das jetzige ist ein offizielles Verfahren mit Anhörung und Gegenstellungnahme, wie es sich gehört. Das betroffene Land muss mit einem Rechtsmittel die Möglichkeit haben, sich zu wehren. Das Verfahren muss eine rechtlich einwandfreie, transparente und antithetische Form haben. Der Idee der Europäischen Union hat das schließlich geholfen. Man hat gelernt, wie man es nicht machen darf.

Es freut mich, dass Schüssel findet, er und ich seien „wirklich ein Herz und eine Seele gewesen", als wir gemeinsam unterwegs waren. Es war durchaus unser Erfolg, dass wir den Nizza-Verfassungsvertrag mit nur einer einzigen Gegenstimme im Nationalrat durchbrachten. Genauso brachten wir die Erweiterung der EU um zehn neue Mitglieder, die am 1. Mai 2004 in Kraft trat, mit einer einzigen Gegenstimme durch. Heute wäre das undenkbar, genauso wie es auch davor undenkbar gewesen wäre. Da musste man schon viel Überzeugungskraft aufbringen und sich Rückhalt in der Bevölkerung erarbeiten.

Abgesehen vom ordentlichen Verfahren, das wir erreicht haben, war die Sanktionenphase auch ein Beispiel dafür, wie man lernen muss, sich selber zu artikulieren. Insgesamt haben wir das doch ganz klug gemacht. Wir haben nie gedroht, sondern in einer sehr bestimmten und freundlichen Art deutlich gemacht, dass wir uns erstens nichts gefallen lassen und zweitens in keiner Weise unsere proeuropäische Gesinnung ändern werden, im Gegenteil. Ich glaube, das hat viel mehr gewirkt, als wenn wir wie Rumpelstilzchen auf und ab gesprungen wären und sinnlose Dinge gemacht hätten.

DER SÜDEN

Wie sich Europas Nachbarschaft mit dem Mittelmeerraum entwickelt hat

WORUM ES GEHT:
1995   Der Barcelona-Prozess wird begründet.
          Andere Bezeichnungen sind:
          Partnerschaft Europa-Mittelmeer
          und Euro-Mediterrane Partnerschaft
2004   Ergänzend zum Barcelona-Prozess wird die Europäische
          Nachbarschaftspolitik (ENP) mit dem Mittelmeerraum
          begründet
2008   Barcelona-Prozess wird erweitert und heißt ab sofort
          Union für den Mittelmeerraum (UfM)
          oder Mittelmeerunion
2010   Sekretariat der Union für Mittelmeerraum nimmt Arbeit
          auf, Sitz ist Barcelona

Der Barcelona-Prozess war der Anfang

Bald ist er ein Vierteljahrhundert alt und hat viel durchgemacht: Konflikte, Krisen, Kritik, Reformen und Erfolge, Totsagungen und Wiederbelebungen – und stets überschattet vom Nahostkonflikt. Seit seiner Gründung leidet der Barcelona-Prozess an diesem noch immer ungelösten Konflikt als einem seiner Grundprobleme.

Trotzdem wurden Fortschritte erzielt und erwies sich der Barcelona-Prozess als sehr nützlich, um die politischen und praktischen Beziehungen zu den Nachbarländern auszubauen. Doch insgesamt wurde zu wenig erreicht, wir erlebten Rückschläge und stießen oft an Grenzen, die uns zeigten, dass noch viel zu tun sei.

Ins Leben gerufen wurde der Barcelona-Prozess am 27./28. November 1995, als die Teilnehmer einer Europa-Mittelmeer-Konferenz die „Erklärung von Barcelona" unterzeichneten. An dieser Konferenz in der katalanischen Metropole nahmen die Repräsentanten aller EU-Mitgliedsländer sowie der Mittelmeeranrainerstaaten und der Palästinensischen Autonomiebehörde teil, ferner der Generalsekretär des EU-Außenministerrates, Javier Solana, und der damalige EU-Kommissar für Außenbeziehungen, Chris Patten, mein Vorgänger. Ich war als frischgebackene Außenstaatssekretärin für Österreich, das neue EU-Land, Mitglied dieser Runde. Es war eine meiner ersten großen Konferenzen. Ich erinnere mich sehr gut, dass ich an der Seite Jassir Arafats saß (Abbildung 40). Denn in der Sitzordnung gemäß französischem Protokoll wurde AUTRICHE (Österreich) neben die AUTORITÉ PALESTINIENNE (Palästinensische Autonomiebehörde) platziert.

Friedensengel unterwegs (Karikatur: Gustav Peichl alias Ironimus, Die Presse, 2001)

Am selben großen ovalen Tisch saßen unter anderem die Außenminister Ehud Barak aus Israel sowie Faruk al-Sharaa aus Syrien, später Stellvertreter des syrischen Präsidenten Baschar al-Assad. Eine starke

Rolle spielte wie immer Amre Mussa, der ägyptische Außenminister, der sich nie ein Blatt vor den Mund nahm. Es war für uns ein Moment des Aufbruchs, uns trieb die Hoffnung, gemeinsam Fortschritte erzielen und den Nahostkonflikt durch seine Einbindung in dieses multilaterale Forum entschärfen oder sogar lösen zu können.

Wie viele konziliante, aber auch aggressive Reden beider Konfliktparteien und anderer interessierter Partner habe ich im Laufe meiner Funktion als Staatssekretärin und spätere Außenministerin in diesem Forum erlebt!

Wir wollten eine neue Epoche in den Beziehungen einleiten. Es schmerzt, all die guten Vorsätze und Absichten dieser Erklärung von 1995 mit dem Wissen um die heutigen Katastrophen zu lesen. Alles, was damals getextet wurde, würde man heute wieder so formulieren müssen.

Die Vergänglichkeit der neuen Dimension

Da ist die Rede von der strategischen Bedeutung des Mittelmeerraumes, von einer neuen Dimension der Beziehungen, von der Koordinierung neuer politischer, wirtschaftlicher und sozialer Fragen, von der Berücksichtigung der Eigenheiten aller Beteiligten in einem partnerschaftlichen Rahmen, vom Ziel, den Mittelmeerraum zu einem Gebiet des Dialogs, des Austauschs und der Zusammenarbeit zu machen, in dem Frieden, Stabilität und Wohlstand gewährleistet sind, von der Verpflichtung, Rechtsstaatlichkeit und Demokratie zu entwickeln, vom Recht auf freie Meinungsäußerung, von verstärkter Zusammenarbeit bei der Bekämpfung des Terrorismus und der organisierten Kriminalität, von der Schaffung einer Zone gemeinsamen Wohlstands, von der Wichtigkeit der Rolle der Medien, von der vorrangigen Herausforderung der demografischen Entwicklung, von der Verringerung des Wanderungsdrucks durch Schaffung von Arbeitsplätzen und so weiter und so fort. Das klingt alles topaktuell, denn in manchen Bereichen hat sich nicht nur nichts geändert, sondern die Lage sogar verschlimmert.

Schon damals vereinbarten wir Teilnehmerstaaten in unserer Erklärung, in der Problematik der illegalen Einwanderung eng zusammenzuarbeiten, wobei die Maghreb-Länder „sich ihrer Verantwortung bezüglich der Rückübernahme eigener Staatsangehöriger bewusst sind, in bilaterale Abkommen oder Vereinbarungen entsprechende Bestimmungen und Maßnahmen anzunehmen, um ihre eigenen sich illegal in einem Land aufhaltenden Staatsangehörigen zurückzunehmen".

Ist nicht genau jener Passus von 1995 eines der aktuell größten und immer noch ungelösten Probleme mit jenen Flüchtlingen, denen in Europa kein Asyl gewährt wird und die daher in ihre Heimatländer abzuschieben sind? Bis heute weigern sich Staaten, ihre Bürger zurückzunehmen, wenn diese ihre Dokumente vernichtet haben und die Nationalität nicht nachzuweisen ist. Die Verhandlungen vor allem der deutschen Regierung mit den Regierungen im Süden kommen seit Jahren nur langsam von der Stelle.

Dennoch entwickelte sich der Barcelona-Prozess zum zentralen Instrument für die Beziehungen Europas zur Mittelmeerregion. Viele Milliarden Euro ließ sich die Europäische Kommission die Unterstützung des Barcelona-Prozesses kosten.

Aktion gegen Terror und organisierte Kriminalität

Sieben Jahre nach der Gründung trafen sich die Außenminister des Barcelona-Prozesses in Valencia (2002) mit einer neuen Agenda: Kurz nach dem Al-Qaida-Anschlag von 2002 auf der tunesischen Ferieninsel Djerba, aber auch noch unter dem anhaltenden Eindruck des World-Trade-Center-Attentats vom 11. September 2001 in den USA verabschiedeten wir den Aktionsplan von Valencia, der sich auf Sicherheitsfragen und Maßnahmen zur Terrorismusbekämpfung konzentrierte. Das Selbstmordattentat von Djerba zeigte, wie wichtig eine gut funktionierende multilaterale Zusammenarbeit der Sicherheitsbehörden ist – und wie weit man auf beiden Seiten des Mittelmeers trotz einiger Fortschritte heute noch immer davon entfernt ist. Die europäischen und die arabischen Länder konnten sich leider nie auf eine gemeinsame Definition von Terrorismus einigen.

Dennoch entwickelte sich die Terrorismusbekämpfung von da an zu einer wesentlichen Aufgabe. Zu diesem Zweck schlugen wir vor, ein Kontaktnetz Europa-Mittelmeer für den Austausch von terrorismusrelevanten Informationen zu gründen. Wir bekräftigten, dass der Kampf gegen den internationalen Terrorismus nicht allein mit militärischen, sondern mit allen diplomatischen und politischen Mitteln geführt werden muss. Das Aktionsprogramm war für uns eine gute Grundlage – über die Terrorbekämpfung hinaus – für eine engere Kooperation gegen das organisierte Verbrechen und die Drogenmafia.

Freilich mussten wir in Valencia auch unser Bedauern kundtun, weil sich in einigen Partnerländern sogar nach Unterzeichnung der Abkommen die Menschenrechtslage auffallend verschlechtert hatte. Die betreffenden Regierungen forderten wir eindringlich auf, ohne Einschränkung die Menschenrechte zu gewährleisten.

Ich plädierte in Valencia an die Kollegen, den Bürgern in der EU ebenso wie jenen unserer Mittelmeerpartner deutlich zu machen, dass der Barcelona-Prozess mehr sei als eine Serie von Diskussionen von Politikern, Beamten und Experten. Wir Europäer müssten erkennen, dass die politische, wirtschaftliche und soziale Stabilität der gesamten EU und des Mittelmeerraums engstens miteinander verknüpft seien und dass eine ausgewogene Nachbarschaftspolitik der EU gleichermaßen auf enge Partnerschaft mit den Nachbarn im Süden wie auf die Integration der Nachbarn im Osten ausgerichtet sein müsse – und vor allem, dass sich diese regionale Zusammenarbeit ganz konkret auszahle.

Unabhängig von der sozialen, kulturellen und menschlichen Kooperation im Mittelmeerraum und vom angestrebten Dialog der Zivilisationen darf nicht vergessen werden, dass der Barcelona-Prozess oder der EUROMED-Prozess praktisch das einzige Forum ist, auf dem Israelis und Araber an einem Tisch sitzen. Unablässig wiederholen wir daher unsere Forderung nach unverzüglicher und bedingungsloser Wiederaufnahme der Verhandlungen zwischen Israelis und Palästinensern. Darüber hinaus bekräftigten wir die Überzeugung, dass Israel die Palästinensische Autonomiebehörde als Gesprächspartner in den Verhandlungen brauche, um den Terrorismus auszumerzen und Fortschritte auf dem Weg zum Frieden zu machen, und dass der Barcelona-Prozess ein nützliches Instrument für die Annäherung der Konfliktparteien sein könne.

Der Barcelona-Prozess war immer vom Nahostkonflikt überschattet. Dementsprechend variierte auch die Anwesenheit von Staats- und Regierungschefs bzw. Außenministern. Dazu kam, dass die Ratspräsidentschaft des einen oder anderen EU-Landes, das kein Mittelmeeranrainerstaat war, weniger Interesse für den Süden aufbrachte und es bei verbalen Bekenntnissen bewenden ließ.

Europas Nachbarschaftspolitik und der „Ring von Freunden"

Es war knapp ein Jahrzehnt nach dem Start des Barcelona-Prozesses, als mich Kommissionspräsident José Manuel Barroso im Herbst 2004 zur Kommissarin für Außenbeziehungen und Europäische Nachbarschaftspolitik (ENP) bestellte.

Während der Barcelona-Prozess ein multilaterales Forum aller EU-Mitgliedsstaaten und aller Mittelmeeranrainerstaaten darstellte, war die neue Europäische Nachbarschaftspolitik auf die bilateralen Beziehungen zwischen der EU und den individuellen Mitgliedsstaaten ausgerichtet.

Die Idee der Europäischen Nachbarschaftspolitik war, die politischen und wirtschaftlichen Vorteile der Erweiterung mit unseren neuen Nachbarn zu teilen. Wir wollten mit dieser Politik einen „Ring von Freunden" entlang der Grenzen der erweiterten EU etablieren. Wir sahen dies als geopolitisches Schlüsselprojekt an. Diese herrschende Philosophie des „Wandels durch Annäherung" und der „Sicherheit durch Vernetzung" sollte aber keineswegs Regierungen ermuntern, eine Beitrittsperspektive auf die Agenda zu setzen. Die ENP sollte vom Erweiterungsprozess klar getrennt gesehen werden.

Wir waren überzeugt: Indem wir unseren Nachbarn helfen, helfen wir uns selbst. Indem wir rund um die EU investieren, politisch wie wirtschaftlich, erzeugen wir Stabilität und Wohlstand in unseren Partnerstaaten, aber auch für uns EU-Bürger.

Wir wollten eine Kultur der Sicherheit durch die Ausdehnung von Rechtsstaatlichkeit und Marktwirtschaft schaffen und Reformen in den Nachbarländern fördern, indem wir jene Staaten belohnen, die mit EU-Hilfe politische Fortschritte machten.

Die ENP sollte insofern auch eine wichtige Sicherheitspolitik sein, da sie die Zusammenarbeit im Kampf gegen die Verbreitung von Massenvernichtungswaffen, Aktionen gegen das international organisierte Verbrechen und nicht zuletzt die Bekämpfung des Terrorismus zum Ziel hatte.

Auch eine Migrationspolitik mit den Nachbarländern wurde in der ENP bereits klar angesprochen: Zusammen mit den Nachbarn wollten wir Wanderungsbewegungen überwachen und illegale Migration und das Schlepperwesen bekämpfen.

Wir legten mit unseren Nachbarstaaten detaillierte Reformkataloge fest, die sogenannten Aktionspläne, die ein weites Feld betrafen: von politischen Fragen zu Menschen- und besonders Frauenrechten, von Justiz- und Verwaltungsreformen bis hin zu Wirtschaftspolitik, von der Energiekooperation und Umweltpolitik bis hin zu den Bildungsfragen, von vernetzten Kontakten zwischen den Zivilgesellschaften bis hin zum gemeinsamen Krisenmanagement und der diplomatischen Koordination auf globaler Ebene.

Wir schlossen in der ersten Runde Aktionspläne mit Marokko, Tunesien, Israel, Jordanien und der Palästinensischen Autonomiebehörde, später auch mit Ägypten und dem Libanon ab.

Ein Schlüsselelement der ENP war und ist ihre Differenzierung. Es sollte kein uniformes Reformmodell sein, sondern die Politiken und Kooperationsformen in den Aktionsplänen sollten individuell maßgeschneidert sein – und zwar nicht für die Partner, sondern mit unseren Partnern. Das Anreizsystem der ENP funktionierte, indem wir Fortschritte entlang der einzelnen Reformziele mit verstärkter finanzieller und technischer Hilfe belohnten.

Später, im März 2006, weiteten wir in einer Konferenz in Marrakesch die ENP aus. Daran nahm auch der damalige Handelskommissar Peter Mandelson teil. Wir wollten eine Freihandelszone schaffen, in der über die Liberalisierung von Dienstleistungen und eine Ausweitung des Handels mit Agrar- und Fischereiprodukten verhandelt werden sollte. Außerdem ermutigten wir die südlichen Mittelmeerländer, auch untereinander – im sogenannten Agadir-Prozess – den Handel zu liberalisieren.

Das Partnerland, das als erstes den Aktionsplan erfüllte, war Marokko. Deshalb räumten wir ihm den *Statut renforcé* ein, eine verstärkte Stellung, mit mehr Offerten der Unterstützung seitens der EU. Dies stimulierte den Wettbewerb zwischen den Mittelmeerländern. So strebten bald darauf auch Israel, aber auch Jordanien und Tunesien eine derartige Stärkung ihrer Aktionspläne mit der EU an.

Ambitionen der Mittelmeerunion

Dann wurde die Struktur des Euro-Mediterranen Prozesses (EUROMED) geändert. Wir akzeptierten, dass Frankreichs Präsident Nicolas Sarkozy auf dem Pariser Gipfeltreffen am 13. Juli 2008 während seiner Ratspräsidentschaft vieles anders machen wollte und ein neuer Name festgelegt wurde: Aus dem Barcelona-Prozess wurde die Union für das Mittelmeer (UfM) oder Mittelmeerunion.

Im Vorfeld der Mittelmeerkonferenz in Paris, die für Präsident Sarkozy ein Highlight seiner EU-Ratspräsidentschaft sein sollte, hatte der Europäische Rat die EU-Kommission bereits im Mai beauftragt, die Modalitäten des Barcelona-Prozesses umzugestalten, unter einer neuen Struktur der Union für das Mittelmeer.

Unter meiner Ägide erließ die EU-Kommission eine neue „Mitteilung" ("Communication"), welche die zentrale Lage des Mittelmeeres, des Mare Nostrum, und seine historische und aktuelle Bedeutung für die EU unterstrich, aber auch die bedeutenden Probleme und Herausforderungen beim Namen nannte.

Die Mittelmeerunion sollte die Zusammenarbeit zwischen der EU und den Mittelmeeranrainerstaaten neu beleben. Vor allem die direkte Zusammenarbeit mit den Mitgliedsstaaten und der Wirtschaft sollte dazu beitragen.

Diese Idee, die Präsident Sarkozy so vehement vertrat, stammte ursprünglich von seinem Berater Henry Gaino. Ich erinnere mich an einen anstrengenden Flug in der Maschine des damaligen französischen Außenministers Bernard Kouchner nach Marokko zu einem Treffen der „G6". Dort kamen die Außenminister Marokkos – Gastgeber war Chefdiplomat Taïeb Fassi-Fihri – sowie Tunesiens, Algeriens, Spaniens, Portugals und Frankreichs zusammen, außerdem waren die europäischen Institutionen vertreten, und ich nahm als zuständige EU-Kommissarin teil.

Auf Wunsch Kouchners, dessen Position sich mit meiner und jener des deutschen Außenministers Frank-Walter Steinmeier deckte, sowie der Ansicht vieler weiterer Mitgliedsländer diskutierte ich während des gesamten dreistündigen Fluges vehement mit ihm. Ich versuchte, ihn zu überzeugen, dass das französische Projekt, so wie er es angedacht hatte, nicht funktionieren würde.

Sarkozy hatte angedacht, die EU-Kommission, die bisher die Beziehungen zentral für die EU administriert und die Verhandlungen geführt hatte, sollte nicht mehr federführend sein. Seine Idee war, durch die Übertragung aller zentralen Tätigkeiten auf ein eigenes Sekretariat, das permanente Sekretariat der Mittelmeerunion, das Management intergouvernal zu gestalten und der Kommission nur die Zahlung von Subventionen und Hilfsfonds für den südlichen Mittelmeerraum zu belassen; er wollte natürlich das Management und damit die Auswahl und Durchführung des Projekts stärker dem Einfluss der Regierungen unterstellen.

Nach langen und schwierigen Erörterungen in der EU und mit den Partnern einigten wir uns auf die Mittelmeerunion, wie sie heute aussieht. Die Ziele sind:

- die Stärkung des politischen Niveaus der EU-Mitglieder unter den Mittelmeeranrainerstaaten;
- eine Ko-Präsidentschaft zwischen Norden und Süden, wonach jeweils ein EU-Land und ein südliches Mittelmeerland die Vorsitzführung gemeinsam innehaben. Vorher war der Barcelona-Prozess von den jeweiligen EU-Ratspräsidentschaften abhängig;
- eine Förderung der regionalen und subregionalen Projekte, die für die Zivilbevölkerung nützlich wären. Dabei erschien es mir ganz wesentlich, den privaten Sektor viel stärker einzubinden.

Als EU-Kommission schlugen wir vor, alle zwei Jahre einen Gipfel der Staats- und Regierungschefs der Region abzuhalten. Darüber hinaus schufen wir ein politisches Komitee, bestehend aus den Botschaftern der EU.

Dieses Komitee sollte die Projekte gutheißen, die dann das Sekretariat der Mittelmeerunion mithilfe des Privatsektors und der großen Banken (zum Beispiel der Europäischen Investitionsbank EIB) ausführen sollte. Schließlich stärkten wir das EUROMED-Parlament.

Die Kernidee, eine engere Zusammenarbeit mit den südlichen Mittelmeerländern und den EU-Mitgliedsländern, hat sich nicht geändert und ist heute so wertvoll wie damals.

Aber nach dieser Periode des Optimismus und der positiven Initiativen, die ich leben und mitgestalten durfte, gab es viele Rückschläge. Viele ambitionierte Kooperationsprojekte kamen in der Finanzkrise ins Stocken. Die Projekte waren und sind nämlich auf staatliche Fonds und Kofinanzierung durch private Investoren angewiesen. Aber vor allem durch die Turbulenzen infolge des „Arabischen Frühlings" sowie die Konflikte in Syrien und Libyen hat die Implementierung vieler Projekte gelitten.

Trotzdem scheint sich jetzt wieder ein *Window of Opportunity* aufzutun, ein „Fenster der Gelegenheit". Das bestätigte mir der aktuelle Generalsekretär der Mittelmeerunion, der Marokkaner Fathallah Sijilmassi, als ich ihn vor Kurzem im Rahmen meiner Aktivitäten für die Zivilgesellschaft und die „Euro-Mediterrane Arabische Partnerschaft für Zusammenarbeit und Sicherheit" traf. Er sagte: „Paradoxerweise haben wir große ungelöste Konflikte im Mittelmeer, die uns bei der Durchführung der Projekte das Leben erschweren, aber gleichzeitig so viel Interesse und Willen zur Zusammenarbeit wie nie zuvor." Nun, ich hoffe, dass wir alle zur Verbesserung dieser Beziehungen beitragen können.

Wo Präsident Sarkozy nachgeben musste

Wir akzeptierten jedoch nicht den Plan Sarkozys, ausschließlich jene EU-Länder in die Mittelmeerunion einzubeziehen, die selbst ans Mittelmeer angrenzen. Frankreich wollte demnach von EU-Seite nur sich selbst sowie Spanien, Griechenland, Italien, Malta, Zypern und Slowenien dabei haben. Alle anderen EU-Staaten sollten laut Sarkozy bloß *le statut d'un observateur*, also Beobachterstatus, haben. Wie viele andere Mitgliedsländer war auch ich als EU-Kommissarin total gegen diesen Plan. Nicht zuletzt auf Druck der deutschen Bundeskanzlerin Angela Merkel wurde diese Absicht verworfen. Merkel sah gerade in der Tatsache, dass sich die komplette EU mit den Mittelmeeranrainern beschäftigt, das wichtigste Signal. Seither gehören alle EU-Mitgliedsländer der UfM an.

Auf Nicht-EU-Seite sind Ägypten, Albanien, Algerien, Bosnien und Herzegowina, Israel, Jordanien, Libanon, Libyen (als Beobachter), Marokko, Mauretanien, die Palästinensische Autonomiebehörde, Syrien, Tunesien und die Türkei Mitglieder. Als Beobachter kann zudem die Arabische Liga an den Treffen teilnehmen.

Auch bei der Entscheidung, wo der Sitz der Mittelmeerunion sein solle, musste Sarkozy nachgeben. Im letzten Moment hatte er Marseille ins Spiel gebracht, doch Spaniens Außenminister Miguel-Angel Moratinos verhandelte mit allen anwesenden Kollegen, und schließlich sprachen sich die Außenminister der EU-Staaten und der südlichen Mittelmeeranrainer für Barcelona aus. Auch ich zeigte Präferenz für Barcelona, das das wesentlich bessere Angebot gemacht hatte und zudem der historische Schauplatz bei der Gründung des euro-mediterranen Prozesses war.

Die Institution ist heute in einem Trakt des Palacio Real de Pedralbes, einer früheren Königsresidenz, untergebracht. Auch heute noch werden dort Delegationen empfangen. Der neue Name und der neue Sitz sollten ab sofort für neue Dynamik sorgen.

Die Grundidee war auch hier, durch zahlreiche Abkommen die Beziehungen der EU zu ihren Nachbarländern im südlichen Mittelmeerraum zu institutionalisieren sowie Projekte der Wirtschaft und der Zivilgesellschaft voranzutreiben. Wachstum und Beschäftigung, regionaler Zusammenhalt und wirtschaftliche Integration, Energie und Energiesicherheit, Umwelt, Zivilschutz und Verkehr sollten in den Mittelpunkt gerückt werden. Kurzum: Nur wenn die Wirtschaft floriert, ist auch mit Frieden, Stabilität und Wohlstand zu rechnen. Dann ließe sich in diesen Ländern auch vieles anfangen.

Der Süden

Wenn Staatschefs keine Kritik vertragen

Beispiele für derartige Projekte waren Desertec, der große Plan von Energiegewinnung durch Solarspiegel in den Wüsten Nordafrikas für den lokalen Markt und für Europa; Umweltprojekte zur Sanierung des verschmutzten Mittelmeeres und der Landschaft; der Ausbau von Fernstraßen und Hochgeschwindigkeitsseewegen; weitere Infrastrukturmaßnahmen und der Katastrophenschutz. Auch die Errichtung einer gemeinsamen Universität, der Euro-Mediterranean University (EMUNI), gehörte dazu, 2008 als Pilotprojekt der Mittelmeerunion in Slowenien eröffnet, sowie eine Initiative zur Unternehmensentwicklung im Mittelmeerraum.

Die EU ist auf ihre Nachbarn angewiesen – und umgekehrt. In Flüchtlingsfragen und beim Kampf gegen Terror gibt es viele gemeinsame Interessen. Die Probleme wie anschwellender Migrationsdruck und das wachsende Wohlstandsgefälle waren lang bekannt, doch fehlten oft die politischen Antworten darauf.

Wenn man an die Grenzen der Diplomatie stößt, wenn man an Gesprächen verzweifelt und fühlt: „Das kann doch nicht wahr sein!", muss man oft, noch dazu als Vertreterin der EU, Klartext sprechen und deutlich sagen, was man denkt – selbst wenn die Kritik vorsichtig verpackt wird. Ich erinnere mich an einen Besuch in Tunesien, wo ich auf einer Pressekonferenz bewusst anerkennend erklärte, das Land sei von allen Ländern der Region die Nummer eins hinsichtlich seines Wirtschafts- und Sozialmodells. Aber dann schob ich die Frage nach: „Warum ist es nicht auch die Nummer eins in der Menschenrechtsfrage?"

Das kam, wie zu erwarten war, nicht so gut an. Die Führung vertrug die Kritik nicht. Fortan bekam ich nie wieder einen Termin bei Präsident Ben Ali. Das erübrigte sich bald ohnehin, da der autokratisch regierende Präsident der erste Machthaber war, der im sogenannten Arabischen Frühling aus dem Amt gejagt wurde, ins Ausland fliehen musste und dessen beträchtliches Vermögen eingefroren wurde.

Die aktuelle Entwicklung mit Flüchtlingen zwingt Europa zu einem erneuten Vorstoß zur Vertiefung der Mittelmeerunion und einer engeren Verflechtung zwischen der EU und Afrika. Auf ihrem jüngsten Malta-Gipfel im Februar 2017 diskutierten die EU-Staats- und Regierungschefs einen „Marshallplan", der in Nordafrika Reformen, aber auch Wachstum und Beschäftigung fördern sollte. Die Maßnahmen werden die Europäer Milliarden Euro kosten, aber wären ein Versuch, den Flüchtlingsstrom aus Afrika massiv zu bremsen.

Ich halte es für das wichtigste Ergebnis der Mittelmeerunion, dass es gelungen ist, den Prozess trotz schwierigster Rahmenbedingungen ohne Unterbrechung nicht nur am Leben zu erhalten, sondern sogar kontinuierlich weiter zu entwickeln. Dies zeigt, dass alle Teilnehmer Verantwortungsgefühl für das gemeinsame Projekt besitzen, und das halte ich für ein ermutigendes Signal für die Zukunft. Mit unseren regelmäßigen Treffen konnten wir doch eine Kultur der Zusammenarbeit entwickeln und uns damit einer Normalität annähern, die früher noch undenkbar schien.

Weißbuch für den Mittelmeerraum

Seit Kurzem bin ich – dank meiner Erfahrung und meiner früheren Arbeit im Mittelmeerraum – in eine neue Initiative der Universität Genf eingebunden, die sich diesem Raum widmet. Die Wissenschaftler an der Universität hatten registriert, was wir mit dem Barcelona-Prozess und der Union für das Mittelmeer schaffen wollten und was uns zum Teil nicht gelungen war. Die besondere Idee der Genfer Initiative ist es, die Zivilgesellschaften dieser Länder herauszustellen und in Zusammenarbeit mit ausnahmslos jedem der Mittelmeerländer, also sogar mit dem Bürgerkriegsland Syrien, ein Weißbuch zu erarbeiten.

Das Projekt nennt sich „Euro-Mediterrane Arabische Partnerschaft für die Zusammenarbeit und die Sicherheitsinitiative". Die Einbindung der Zivilgesellschaften auf beiden Seiten des Mittelmeeres – unter Beachtung der Errungenschaften früherer Initiativen – ist das Neue, das Innovative, um auch die Folgen des „Arabischen Frühlings" miteinzubeziehen.

Die Motivation ist eine vierfache: Die wirtschaftliche, politische, soziale und kulturelle Entwicklung der arabischen Staaten setzt unbedingt einen euro-mediterranen Dialog voraus. Seit dem „Arabischen Frühling" hat es keinen Versuch gegeben, die euro-mediterrane Kooperation wieder aufleben zu lassen, wiewohl die Mittelmeerunion und die Stiftung Anna Lindh in Alexandria nach wie vor existieren.

Die gegenwärtigen Konflikte in der mediterranen und euro-arabischen Region und der große Flüchtlingsstrom haben verstärkte Fremdenfeindlichkeit, Populismus und Fundamentalismus zur Folge. Nur eine proaktive politische Aktion vieler Staaten, die gewillt sind, Feindseligkeiten zu reduzieren, kann Sicherheit und Stabilität in die Region bringen.

In der ersten Phase soll das Weißbuch die Ideen, Wünsche und Aspirationen der Zivilgesellschaft in diesen Ländern aufgreifen. In einer zweiten Phase soll daraus in Verhandlungen mit den betreffenden Regierungen eine „Euro-Mediterrane Arabische Partnerschaft" werden. An diesem Projekt beteilige ich mich mit Freude.

Nahost: Faszination und Fiasko

Wie die positive Grundstimmung umschlug

Ich muss ehrlich zugeben, dass ich mich zum Süden immer mehr hingezogen fühlte als zum Norden oder zum Osten. Der Süden hat es mir angetan. Selbstverständlich war ich oft im Osten, unzählige Male in der Ukraine und habe mich für die Östliche Partnerschaft außerordentlich engagiert, wie im Kapitel Östliche Partnerschaft nachzulesen ist. Aber ich war eher keine „Ostlerin". Meine Vorliebe galt dem mediterranen Raum, der Nahe Osten faszinierte mich. Die MENA-Staaten – MENA steht für Middle East & North Africa – sind die Nachbarländer von uns Europäern, und was dort passiert, wirkt sich direkt auf Europa aus. Ich habe versucht, diese Region zu unterstützen, sei es als Außenministerin, sei es als EU-Kommissarin.

Wie positiv damals die Grundstimmung war! Wir konnten mit Ägypten, Marokko, Tunesien, Jordanien, ja sogar zum Teil mit Libyen zusammenarbeiten, die Demokratieentwicklung fördern, Justiz und Rechtsstaatlichkeit stärken und den Aufbau des Staatswesens, das *State Building*, unterstützen. Die Menschen in diesen Ländern brauchten unsere Hilfe.

Dass der sogenannte Arabische Frühling den plötzlichen Aufbruch bringen würde, wie es hieß, bezweifelte ich von Anfang an. Man kann nicht von heute auf morgen ein autokratisches Regime in eine volle Demokratie umwandeln. Revolutionen und Turbulenzen sind da unvermeidlich, und wir stecken mitten drinnen. Die Frage ist: Was kommt nach dieser Umbruchsphase? Gehen wir einem Dritten Weltkrieg entgegen? Diesmal aus dem Nahen Osten kommend? Ich hoffe nicht, obwohl ich es nicht ganz ausschließen kann.

Heute kommen aus all diesen Staaten, mit Ausnahme Marokkos, Tunesiens und vielleicht Jordaniens, fast nur Krisenmeldungen. Die gegenwärtige Situation ist mit damals nicht zu vergleichen. Und immer wieder fällt die mangelnde Solidarität unter den arabischen Ländern auf.

Die Herren bekundeten mir ihre Akzeptanz

Im Nahen Osten erlebte ich auch meine aufregendsten Geschichten.

Es begann schon in der Zeit, als ich Protokollchefin der Vereinten Nationen wurde, nominiert vom damaligen ägyptischen UNO-Generalsekretär Boutros Boutros-Ghali, der auf der Menschenrechtskonferenz in Wien 1993 auf mich aufmerksam geworden war.

Ich war 1994 die erste Frau in dieser Funktion und fürchtete, die Araber könnten mit mir keine große Freude haben. Dem ägyptischen UNO-Botschafter gegenüber äußerte ich die Sorge, die arabischen Vertreter könnten mir als Frau mit Vorbehalten begegnen. Dieser Botschafter war Nabil Al-Araby, ein liebenswürdiger, intelligenter Mann, der später Richter am Internationalen Gerichtshof in Den Haag und am Ende seiner Laufbahn Generalsekretär der Arabischen Liga wurde. Al-Araby teilte meine Sorge umgehend seinen arabischen Botschafterkollegen mit – mit dem Effekt, dass sich jeder einzeln bei mir anmeldete und mir versicherte, er habe überhaupt kein Problem mit mir als Frau. Ich fand das sehr beeindruckend.

Von da an hatte ich ein sehr gutes Verhältnis mit ihnen, besonders mit den Marokkanern, Tunesiern und Ägyptern, aber auch mit den anderen war es angenehm zusammenzuarbeiten.

So begann ich, den Nahen Osten zu lieben.

Als ich das Angebot bekam, nach Wien zurückzukehren, und Staatssekretärin unter Vizekanzler und Außenminister Wolfgang Schüssel wurde, reiste ich, weil mir Schüssel freie Hand ließ, häufig auch in den Nahen Osten. Mein Motto als Staatssekretärin war ja die Globalisierung der österreichischen Außenpolitik, abgesehen von der Entwicklungszusammenarbeit (EZA), für die ich zuständig war.

So wurde ich relativ rasch bekannt: als die Frau, die UNO-Generalsekretär Boutros Boutros-Ghali zu seiner Protokollchefin gemachte hatte, und als die österreichische Staatssekretärin, die sich als Freundin der arabischen Welt erwiesen hatte. Die Araber schätzten den persönlichen Kontakt, mit dem man Vertrauen zu seinem Gegenüber aufbaut, die beste Grundlage für eine langfristige Zusammenarbeit.

Strategie mit Besuchsterminen auf allen Ebenen

Dazu kam, dass ich schon als Staatssekretärin immer versuchte, bei meinen Besuchen nicht nur mein Gegenüber auf derselben Ebene zu sehen, sondern auch Termine beim jeweiligen Außenminister, beim Regierungschef und beim Staatsoberhaupt zu bekommen, die ich ja seit meiner UNO-Protokollzeit alle persönlich kannte.

Das klappte fast immer und erwies sich als strategisch sehr wertvoll für meine späteren Funktionen als Außenministerin und EU-Kommissarin – und als durchaus hilfreich bei manchen Verhandlungen und Vermittlungsbemühungen nach Geiselnahmen oder Terrorakten. Denn sie kannten mich, und allein die Besuchsdiplomatie sorgte mehr oder weniger automatisch für eine gute Atmosphäre. Ich wurde von den arabischen Partnern immer respektvoll und nett behandelt und behandelte natürlich auch sie mit Respekt.

Die gute Beziehung zum ägyptischen Außenminister Amre Mussa, den ich seit meinen New Yorker Zeiten kannte, machte sich übrigens bezahlt, als im Jahr 2000 Österreich von den Sanktionen der EU-Regierungen getroffen wurde. Da waren sowohl er als auch ich inzwischen Minister, er in Ägypten, ich in Österreich, und Amre Mussa war der Erste, der mich in der Sanktionenphase demonstrativ einlud und empfing – ganz bewusst als Geste vor der Weltpresse. Ich habe ihn stets als sehr mutigen, Klartext redenden Chefdiplomaten und späteren Chef der Arabischen Liga schätzen gelernt und bin noch heute mit ihm befreundet.

Eine große Krisenregion

Im Moment ist der Nahe Osten eine große Krisenregion. Ich fürchte, wir werden noch lange Turbulenzen und Kriege in der Region erleben. Es stimmt mich wirklich traurig, dass wir für diese Konflikte keine Lösungen finden. Von Anfang an widmete ich diesen Themen reichlich Zeit und Energie, egal ob als Staatssekretärin, als Außenministerin oder als EU-Kommissarin, und ich war in unzählige Initiativen eingebunden.

So war ich auch stets Befürworterin der Zwei-Staaten-Lösung, die nicht nur den Palästinensern einen lebensfähigen eigenen Staat ermöglichen, sondern auch Israel klare Verhältnisse und Sicherheit bringen würde. Ich sah – bis jetzt – keine andere Option.

Es gab unter allen Versuchen auch wirklich erfolgversprechende, zum Beispiel im Sommer 2000 in Camp David, dem Sommersitz des US-Präsidenten, wo Bill Clinton mit Ehud Barak und Jassir Arafat darum rang, den Nahostkonflikt zu entschärfen. Die Konfliktparteien sollten sich verpflichten, den jahrzehntelangen Streit zu beenden, einen dauerhaften Frieden anzustreben, die Resolutionen 242 und 338 des UNO-Sicherheitsrates als einzige Basis für ein Übereinkommen anzuerkennen und mit Präsident Bill Clinton und Außenministerin Madeleine Albright eng zusammenzuarbeiten.

Das Treffen endete ergebnislos, beide Seiten machten dann einander für das Scheitern verantwortlich. Arafat beging leider einen großen historischen Fehler, indem er Ehud Baraks Vorstöße ablehnte, statt am Ende mit einem „Ja, aber ..." einer Vereinbarung grundsätzlich zuzustimmen, aber gleichzeitig auf die Weiterbehandlung der heiklen Punkte zu pochen. Denn vieles, wenn auch nicht alles, hätte er akzeptieren können. Es wäre ein großer Schritt in die richtige Richtung gewesen. So aber zog er scharfe Kritik auf sich, weil er die ihm unterbreiteten Angebote ohne Begründung abgelehnt und andererseits kein eigenes Gegenangebot vorgelegt hatte.

Enttäuscht warf Clinton ihm vor, Arafat habe in den zwei Konferenzwochen zu allem nur Nein gesagt. Man sagte, Arafat habe vor den eigenen Leuten Angst gehabt, hätte er sich auf ein Abkommen eingelassen. Aber auch Barak wurde für seine nicht sehr geschickte Verhandlungstaktik kritisiert, nachdem er seine Angebote, wie ehrlich sie auch immer gewesen sein mögen, wie Ultimaten präsentiert und rasche Zustimmung gefordert habe.

Abschied von der Zwei-Staaten-Lösung?

Hier und in allen anderen Gesprächen ging es immer um die drei großen, schwierigen Themenkomplexe: den Status Jerusalems und die Tempelbergfrage, die Flüchtlingsproblematik und den Grenzverlauf. Jerusalem: Werden Teile Ostjerusalems zur palästinensischen Hauptstadt erklärt? Die Flüchtlinge: Was soll mit ihnen passieren? Wohin mit ihnen? Grundsätzlich hätten sie das Recht zur Rückkehr, aber so viele Rückkehrer – vier Millionen lebten im Exil – könnten gar nicht verkraftet werden. Was die Grenzen betrifft, war unsere Sprachregelung stets: „in den Grenzen von 1967", wenn auch mit Anpassungen, über die man hätte verhandeln müssen. So wären in der West Bank einige Gebiete zwischen Israel und Palästinensern zu tauschen gewesen. Leider scheint heute eine Zwei-Staaten-Lösung nicht zuletzt durch die 1967 begonnene, unter Ministerpräsident Benjamin Netanjahu forcierte und von vielen israelischen Regierungen fortgesetzte Siedlungspolitik immer unwahrscheinlicher. Der Bau von jüdischen Settlements im Westjordanland, zum Teil auch im Gazastreifen, geht strategisch weiter. Unmittelbar nach Amtsantritt von US-Präsident Donald Trump im Januar 2017 bewilligte Netanjahu zum Beispiel den Bau von weiteren 500 Siedler-Wohnungen auf besetztem Gebiet; wenige Wochen zuvor hatte Barack Obama eine UNO-Sicherheitsratsresolution, die den Bau der jüdischen Settlements als rechtswidrig bezeichnete, ohne Veto passieren lassen.

Boutros-Ghali sagte mir einmal, die Zwei-Staaten-Lösung könne nicht mehr Realität werden. Für mich war Boutros-Ghali einst als UNO-Generalsekretär ein phantastischer Chef und ein guter Lehrmeister, den ich auch als EU-Kommissarin von Zeit zu Zeit in Paris oder Kairo kurz besuchte und bis zu seinem Tod in Ehren hielt. Dennoch wollte ich seine pessimistische Prognose nicht wahrhaben. Als Kommissarin verwies ich auf unsere vielfältigen Bemühungen. Heute fürchte ich, er könnte Recht behalten. Das ist eine traurige Feststellung. In jüngster Zeit nehmen auch immer mehr Nahostexperten von der Zwei-Staaten-Lösung Abstand. Jüngst schrieb etwa der in Palästina geborene und in Bonn lebende Politologe Aref Hajjaj in seinem Buch *Land ohne Hoffnung?*: „Ein eigener palästinensischer Staat ist durch den israelischen Siedlungsbau inzwischen unmöglich geworden. Langfristig kann es nur einen gemeinsamen Staat von Israelis und Palästinensern geben, für den beide Seiten von ihrem jeweiligen Nationalismus Abschied nehmen müssen."

Die Konsequenz wird sein, dass der Nahe Osten weiter in völliger Unruhe bleibt und dies immer ein Vorwand für die Araber sein wird, gegen die Israelis vorgehen zu können. Das wird den gesamten Konflikt und auch den Fundamentalismus befeuern.

Israel hatte uns Österreicher und auch mich als Außenministerin stets kritisch beäugt, obwohl ich mich immer bemühte, gegenüber Israel so objektiv wie möglich zu sein. Aber ich hätte mir eindeutig einen Ausgleich zwischen Israel und der Palästinenserautonomiebehörde gewünscht, der schließlich allen geholfen hätte. Was wir jetzt erleben, ist eine Katastrophe. Wir müssen Einhalt gebieten, alle gemeinsam. Aber ich finde, kaum jemand hat Israel zu einer vernünftigen Friedenslösung gebracht, obwohl es unzählige Versuche dazu gab.

Serie der verpassten Gelegenheiten

Zwei Monate nach Camp David wurde eine weitere Gelegenheit verpasst, diesmal sogar in einem privaten Treffen im Hause Baraks. Was schon kurz später undenkbar schien: Barak hatte Arafat für 25. September 2000 in sein Haus in Kochav Yair eingeladen. Der Besuch verlief zwar in guter Atmosphäre, war aber dennoch mit schweren Meinungsunterschieden außerordentlich überfrachtet. Arafat lehnte Baraks Angebote ab, gleichzeitig beschwor er ihn aber, den unmittelbar bevorstehenden, extrem provokanten Besuch von Oppositionsführer Ariel Scharon auf dem Tempelberg zu vereiteln. Barak lehnte das ab. Mit dem fatalen Besuch im arabisch verwalteten und für die Moslems heiligen Tempelberg in der Jerusalemer Altstadt, der tatsächlich drei Tage nach dem privaten Essen stattfand, nahm Scharon ganz bewusst die Zweite Intifada in Kauf. Die Provokation, mit der er den Anspruch Israels auf das gesamte Stadtgebiet von Jerusalem unterstrich, brachte Scharons Likud kurz danach den Wahlsieg. Arafat zu Hause bei Barak – ein Window of Opportunity, ein historisches Gelegenheitsfenster, das für einen kurzen Moment offenstand, wurde nicht genutzt.

Die Serie der verpassten Gelegenheiten ging weiter. Eine Woche später kam es in Paris zum Dreiertreffen Arafats und Baraks mit US-Außenministerin Madeleine Albright, zwei Wochen später in Sharm el-Sheikh zum Treffen von US-Präsident Bill Clinton, König Abdallah II. von Jordanien und Ägyptens Präsident Hosni Mubarak mit Arafat und Barak, kurz danach in Washington abermals zum Krisentreffen Arafats und Baraks mit Clinton. Aber alle Versuche blieben erfolglos. Einen Monat später musste Barak zurücktreten.

Bemühungen des Nahost-Quartetts

In meiner Kommissarszeit arbeiteten wir intensiv im Rahmen des sogenannten Nahost-Quartetts, bestehend aus den USA, Russland, den Vereinten Nationen und der Europäischen Union. Als Vertreter der EU waren wir zu dritt: der Außenminister der jeweiligen Halbjahres-Ratspräsidentschaft, Javier Solana und ich. Die Russen waren stets durch Außenminister Sergei Lawrow vertreten, die UNO durch ihren Generalsekretär, zuerst Kofi Annan, dann Ban Ki Moon. Bei allen Treffen des Nahost-Quartetts waren wir zugegen, egal ob am Roten Meer, im ägyptischen Sharm El-Sheikh, ob in New York oder in Brüssel. Es war mir sehr wichtig, dass wir als EU immer präsent waren. Die EU-Kommission konnte im politischen Sinn vielleicht weniger ausrichten, übte aber eine wichtige Funktion aus, indem sie die Palästinensische Autonomiebehörde auf ihrem Territorium in vielen Bereichen soweit stützte, dass sie überhaupt überleben konnte.

Die USA spielten traditionell die erste Geige. Wir Europäer konnten nur einen Teil dazu beitragen – wobei wir mit dem russischen Außenminister Lawrow gut kooperierten und Russland und Europa in der Regel eine ähnliche Linie verfolgten.

Das Nahost-Quartett unterschied immer zwischen der Hamas auf der einen und Präsident Mahmud Abbas und seinen Palästinensern auf der anderen Seite, denn Abbas hatte gegenüber Israel einen Gewaltverzicht abgegeben und Israels Existenzrecht anerkannt, was die Hamas ablehnte. Die Hamas war stets isoliert. Die Araber selbst, vor allem Ägypten und Saudi-Arabien, fürchteten sie und hofften, dass man sie in Schach halten und zerstören könne – auch wenn sie dies nie offen zugeben konnten.

Die Roadmap, ein Fahrplan in die Sackgasse

Die Roadmap, die sogenannte Wegskizze, war ein Fahrplan zur Bildung eines unabhängigen Palästinenserstaates. Der dreistufige Plan sah eine friedliche Koexistenz Israels mit einem unabhängigen Palästina vor. Gleichzeitig sollte die Palästinensische Autonomiebehörde in politischen Reformen demokratisiert werden. Eine Forderung, die die USA schon im Vorfeld betont hatten: Die Institutionenfrage, die Zusammensetzung der palästinensischen Regierung und die Demokratisierung seien genauso wichtig wie die Frage der Grenzen. Salam Fayyad, der spätere Ministerpräsident der Palästinensischen Autonomiegebiete, ein ehemaliger Weltbankmanager, sah dies genauso.

Palästina sollte sich vom Terrorismus distanzieren, Israel sich aus den besetzten Gebieten Gazastreifen und dem Westjordanland zurückziehen, vor allem illegale Siedlungen abbauen und keine neuen mehr genehmigen. Ziel der Roadmap sollte eine internationale Konferenz mit Friedensverhandlungen zwischen Israel und den Nachbarländern sein, mit endgültiger Vereinbarung über den Grenzverlauf, mit verbindlichen Sicherheitsabkommen, einer Regelung des Sonderstatus Jerusalems, ferner der Siedlungs- und der Flüchtlingsfrage.

Auch diese Wegskizze, die die realistischste, wirksamste und eigentlich alternativlose Lösung hätte bieten können und an die wir einen gewissen Optimismus knüpften, funktionierte nicht. Beide Kontrahenten hielten sich nicht an die Vereinbarungen. Die Roadmap, die den Konflikt auf der Basis der gegenseitigen Anerkennung hätte ausräumen können, führte leider in die Sackgasse.

Der Fall des israelischen Soldaten Gilad Shalit

Ein Eckdatum war der 25. Juni 2006, als sich acht palästinensische Männer durch einen Tunnel Zugang auf die israelische Seite verschafften und den 19-jährigen israelischen Soldaten Gilad Shalit kidnappten und töteten. Der neue israelische Ministerpräsident Ehud Olmert, der Tzipi Livni zu seiner Außenministerin gemacht hatte, sann auf Rache: Seine Antwort war ein tage- und nächtelanger Bombenregen auf den Gazastreifen, der viele Menschen das Leben kostete und die Infrastruktur zerschoss, 750.000 Bewohner von Strom und Wasser abschnitt und das einzige E-Werk in Schutt und Asche legte. Die Hamas war daran insofern beteiligt, als sie sich unter die Zivilbevölkerung gemischt und diese als menschliche Schutzschilde missbraucht hatte.

Genau in diesen Tagen fand in Moskau ein Treffen der Außenminister der führenden Industrienationen (G8) statt, an dem ich als EU-Kommissarin routinemäßig teilnahm. Es diente an sich der Vorbereitung des G8-Gipfels, der einen Monat später in Sankt Petersburg stattfinden sollte. Die meisten Außenminister wollten eine Erklärung verabschieden, in der ein Waffenstillstand für den Gazastreifen gefordert wurde. Wir wollten erreichen, dass Israel seine Racheaktion sofort beendet und sich wieder zurückzieht. Doch die Außenministerin der USA, Condoleezza Rice, der sich der kanadische Amtskollege Peter MacKay anschloss, sperrte sich gegen ein solches Statement – obwohl sogar Condoleezza Rice eine klare Überreaktion Israels eingestand: Israel habe die Hamas schwächen wollen, aber die Zivilbevölkerung getroffen. Zweifellos sei dies weit mehr als eine Strafaktion gewesen, schrieb sie in ihren Erinnerungen. Ich hatte mit ihr immer eine gute persönliche Chemie, obwohl wir oft – wie in diesem Fall – nicht derselben Auffassung waren.

Kurz nach dem G8-Außenministertreffen eskalierte die Lage erneut. Ein Grenzzwischenfall, ausgelöst durch Infiltration der Hisbollah und Terrorakte sowie Raketenangriffe der Hisbollah im Libanon, wobei zwei israelische Soldaten gekidnappt und einige weitere getötet wurden, provozierte israelische Angriffe auf den Libanon und somit den Libanon-Krieg. Die Kämpfe zwischen der Hisbollah und Israel begannen am

12. Juli. Der Anführer der Hisbollah (zu Deutsch: Partei Gottes) war Hassan Nasrallah (zu Deutsch: Sieg Gottes), er kündigte Israel den offenen Krieg an, nachdem israelische Kampfjets sein Haus und sein Büro zerbombt hatten. Israel blockierte die Küste und bombardierte den libanesischen Flughafen.

Konflikte im Konstantinpalast

Als sich vom 15. bis 17. Juli 2006 im Konstantinpalast nahe Sankt Petersburg die Staats- und Regierungchef der G8 trafen, musste G8-Präsident und Gastgeber Wladimir Putin aus aktuellen Gründen die Agenda um die Israel-Libanon-Krise erweitern, die nur drei Tage vor dem Gipfel ausgebrochen war. Die eigentlichen Themen – Energieprobleme und Energiesicherheit – gerieten durch den neuen Konflikt in den Hintergrund. Die Spitzen der Gruppe der Acht verabschiedeten ein gemeinsames Statement mit scharfer Verurteilung der Attacken von Hisbollah und Hamas, aber auch mit der Ermahnung Israels, dem zwar das Recht zur Selbstverteidigung zugestanden wurde, aber das gegenüber der Zivilbevölkerung Zurückhaltung üben müsse.

Die G8-Erklärung verlangte zudem von Israel, die demokratisch legitimierte Regierung im Libanon nicht zu untergraben, wo nach der Ermordung von Rafiq al-Hariri der wenig charismatische, aber äußerst korrekte Fuad Siniora als Regierungschef amtierte. Dass die Schuld am neuen Konflikt aber aufseiten der Hisbollah und der Hamas zu suchen sei, wurde ebenfalls klar ausgedrückt. Hisbollah-Chef Nasrallah wurde aufgetragen, nie wieder Israel zu attackieren und die Blaue Linie, die Demarkationslinie zwischen Libanon und Israel, nicht zu überschreiten.

Ende Juli nahm ich als EU-Vertreterin mit 15 Außenministern, Repräsentanten der Vereinten Nationen und der Weltbank an der Libanon-Konferenz in Rom teil, wo wir in einer gemeinsamen Erklärung „sofort mit größtmöglicher Dringlichkeit zum Waffenstillstand" aufriefen, der der Gewalt ein Ende bereiten solle. Israel interpretierte diese Erklärung als Freibrief, seine militärischen Operationen im Libanon gegen die Hisbollah fortzusetzen.

Bis Mitte August 2006 dauerte dieser Libanonkrieg, in dessen Verlauf die internationale Gemeinschaft immer mehr in Israel den Schuldigen sah: Israel hatte sich selbstverständlich gegen die Hamas und die Hisbollah zu verteidigen, nahm aber als Kollateralschaden hohe Opferzahlen in der Zivilbevölkerung in Kauf. Ganze Ortschaften wurden zerstört, weil darin Hisbollah-Stützpunkte vermutet wurden. Die Zivilbevölkerung hätte genug Zeit gehabt, den Südlibanon zu verlassen, rechtfertigte sich Israels Justizminister Haim Ramon.

Ein „Vorfall" mit vier getöteten UNO-Soldaten

Die Libanon-Konferenz in Rom hatte einen aktuellen Anlass zu debattieren, einen Anlass, der UNO-Generalsekretär Kofi Annan richtig wütend machte. Eine israelische Rakete hatte einen UNO-Beobachtungsposten getroffen und vier Blauhelme, einen Österreicher, einen Chinesen, einen Finnen und einen Kanadier, getötet. Der schockierte Annan sagte, Premier Olmert habe ihm persönlich versichert, dass UNO-Stellungen verschont blieben. Die israelische Armee schob den „Vorfall" zunächst der Hisbollah zu, rechtfertigte sich später mit einer fehlerhaften Landkarte und konnte den von UNO-Seite erhobenen Vorwurf nicht entkräften, es habe sich um einen absichtlichen Angriff gehandelt. Die internationale Gemeinschaft machte Israel dafür verantwortlich. Die UNIFIL (UN Interim Force in Lebanon) warf der israelischen Armee vor, sogar noch während der Rettungsarbeiten ihre Angriffe fortgesetzt zu haben. Die israelische Regierung sprach zögernd ihr Bedauern aus; einer Verurteilung des Angriffs durch den Weltsicherheitsrat entging Israel jedoch, weil die USA eine entsprechende Erklärung blockierten.

Ich erinnere mich, wie Deutschlands Außenminister Frank-Walter Steinmeier von einer politischen Schockstarre der internationalen Gemeinschaft im Zusammenhang mit dem Libanon-Krieg sprach und Italiens Außenminister Massimo d'Alema die treibende Kraft war, um die UNO und die EU (damals unter finnischer Präsidentschaft) wachzurütteln und endlich zu einer Reaktion zu drängen. D'Alema regte auch eine internationale Geberkonferenz für den libanesischen Wiederaufbau an.

Auf der Konferenz in Rom legte Siniora einen Sieben-Punkte-Plan vor, in dem er den sofortigen Waffenstillstand forderte (wogegen die anderen Teilnehmer Israel nur „höchste Zurückhaltung" auferlegten), die Verstärkung der UNO-Mission in seinem Land anregte, einen Gefangenenaustausch zwischen Israel und dem Libanon unter Aufsicht des Roten Kreuzes vorschlug und von Israel eine Entschädigung für die Luftangriffe verlangte. Zentrales Anliegen war ihm die Stärkung der libanesischen Armee, die Stationierung im Süden und mehr Unabhängigkeit von Syrien.

Anfang Oktober reiste Rice abermals in die Region, besuchte Saudi-Arabien, Ägypten, Israel und Palästina. In Israel kam es zu einem Wutausbruch im Gespräch mit Verteidigungsminister Amir Peretz, der den Angriff auf ein Wohnhaus mit vielen Toten zu verantworten hatte. Ein Streitgespräch mit Regierungschef Olmert hatte dann einen 48-stündigen Waffenstillstand zur Folge.

Nach der Libanon-Konferenz in Rom reiste ich schließlich in die Krisenregion. Es war mein zweiter Libanon-Besuch als Kommissarin, nur neun Monate nach meinem ersten. Ich sprach mit Premierminister Fouad Siniora, Außenminister Faouzi Salloukh und anderen Regierungsmitgliedern über das libanesische Reformprogramm und die Umsetzung des zwischen den Parteien vereinbarten Aktionsplans im Rahmen der Europäischen Nachbarschaftspolitik (ENP-Aktionsplan). Für den dringendsten Reformbedarf brachte ich ein Maßnahmenpaket im Wert von zehn Millionen Euro mit. Mit den insgesamt 100 Millionen Euro vom Zeitraum 2000 bis 2006 war die EU ohnehin Libanons wichtigster Geldgeber gewesen, und im Spätsommer 2006 waren sogar knapp 400 Millionen im Gespräch. Außerdem unterzeichnete ich ein Luftverkehrsabkommen zwischen dem Libanon und der EU, das erstmals direkte Luftverkehrsbeziehungen und somit die Integration Libanons in den europäischen Markt ermöglichte. Ich flog von Zypern aus mit einem Militärhubschrauber nach Beirut. Der Hubschrauber ratterte beängstigend tief über der Meeresoberfläche, da in diesem israelisch-libanesischen Konflikt jederzeit mit Raketenbeschuss zu rechnen war.

EU-Zahlungen an die Palästinenser

Ohne unsere finanzielle Hilfe über Jahre hinweg wären das palästinensische Gemeinwesen und die Verwaltung zusammengebrochen. Die EU war der größte Geldgeber in der Palästinahilfe, wir zahlten Hunderte Millionen Euro. Ich entwickelte zu diesem Zweck in der Kommission einen speziellen Finanzierungsmechanismus, um die Auszahlungen nicht über die in Fatah und Hamas (Gaza) gespaltene Palästinenseradministration tätigen zu müssen. Wir nannten ihn *Temporary International Mechanism* (TIM). Er garantierte, dass die Zahlungen den notleidenden Betroffenen direkt und kontrolliert ausgezahlt werden konnten: Die Menschen gingen einfach zur Bank und konnten Geld abheben. Ich hatte den Auftrag erteilt, einen Mechanismus zu finden, der Geldflüsse an die Hamas verhindern sollte. Ausgeklügelt hatte sich das effiziente System ein Franzose, Richard Weber, in meiner Kommission stellvertretender Generaldirektor der AIDCO, der europäischen Hilfe für den Mittelmeerraum und den Nahen Osten.

TIM funktionierte und war so flexibel und transparent, dass er sogar die USA beeindruckte, besonders die Außenministerin Condoleezza Rice. Wie der Name sagt, handelte es sich um einen temporären Finanzierungsmechanismus, später wurde TIM durch einen langfristigen Mechanismus namens Pegasus ersetzt.

Von der Weltöffentlichkeit wurden diese EU-Zahlungen erst beachtet, als ich Anfang 2006 nach Eintritt der radikalen Hamas in die palästinensische Regierung die Zahlungen an die Autonomiebehörde vorübergehend hatte aussetzen müssen.

Wir unterstützten die Palästinenser auch beim Aufbau der Polizei und Stärkung der Sicherheit. Und es waren nicht alle korrupt! Ich setzte meine ganze Kraft und meinen ganzen Willen ein und hatte zudem gute Leute unter mir, die die Maßnahmen erfolgreich umsetzten.

Annapolis, das große Scheitern auf großer Bühne

Große Hoffnung, den Prozess wieder in Gang zu bringen, setzten wir in das Treffen in Annapolis im US-Bundesstaat Maryland im Spätherbst 2007. Da sollte die Schaffung eines Palästinenserstaates vorbereitet werden. Es war der letzte Anlauf von George W. Bush für einen Frieden im Nahen Osten. Condi Rice beschreibt in ihren Memoiren *No higher Honor*, wie sie ihren Präsidenten überzeugen konnte, dass es wirklich wert sei, diesen Versuch einer Nahostfriedenskonferenz zu starten.

Vor Annapolis waren wir hoffnungsvoll, im israelisch-palästinensischen Konflikt weiterzukommen. Javier Solana und ich bereiteten ein gemeinsames Papier vor. Wir nannten es „Die Staatenbildung für Frieden im Nahen Osten – eine EU-Aktionsstrategie".

Das strategische Ziel der EU war bekanntlich ein umfassender Frieden im Nahen Osten: Jede nachhaltige Einigung sollte daher auf dem Prinzip „Land für Frieden", den relevanten UNO-Sicherheitsratsresolutionen, der arabischen Friedensinitiative, der Roadmap und den früheren Abkommen zwischen den Konfliktparteien basieren. Nach unserem Papier würde die EU ihre Bereitschaft zeigen, im Einklang mit den vitalen europäischen Interessen Verantwortung zu übernehmen und den politischen Prozess glaubwürdig zu begleiten.

Demnach verpflichte sich die EU, die Konfliktparteien in ihren bilateralen Bemühungen sowie die Bemühungen der US-Regierung zu unterstützen; das Nahost-Quartett im Vorfeld der internationalen Konferenz einzubinden; die Kooperation mit den arabischen Partnern in der Förderung der Arabischen Friedensinitiative zu begleiten; unseren hohen Grad an Unterstützung für die Region aufrechtzuerhalten sowie sich zu gegebener Zeit auch in der Post-Konflikt-Ära zu engagieren.

Da nur ein unabhängiger, demokratischer und lebensfähiger Palästinenserstaat ein vertrauenswürdiger Partner Israels sein könne, würden wir uns vor allem auf die Staatenbildung konzentrieren. Wir würden moderne demokratische Polizeikräfte ausbilden, umfassende Institutionen aufbauen und gute Regierungsführung in den Vordergrund stellen. Wir würden bei nachhaltigem Wachstum helfen, beim Zollwesen, Handel und den palästinensischen Finanzen, aber auch Not- und humanitäre Maßnahmen für Westbank und Gaza bereitstellen.

Darüber hinaus wollten wir für Ostjerusalem, für das die EU über Jahre hinweg Spitäler, Schulen und Gemeinschaftszentren gebaut hatte, intensivere Hilfe leisten. Die von der EU seit 1971 geleistete Unterstützung für die Palästina-Flüchtlingsorganisation der UNO, die UNWRA, sollte entsprechend dem politischen Übereinkommen adaptiert werden. Und schließlich würde die EU auch zu den Sicherheitsarrangements beitragen, die die Parteien vereinbaren würden.

Schließlich waren fünfzig Staaten in der Annapolis-Konferenz vertreten. Es war die erste Konferenz von Israelis und Palästinensern seit der Zweiten Intifada, dem gewaltsamen Konflikt zwischen Palästinensern und Israelis vom Herbst 2000. Auch die EU, die USA, Russland und China beteiligten sich; UNO-Generalsekretär Ban Ki Moon war dabei, Amre Mussa als Vorsitzender der Arabischen Liga, Tony Blair als Sondergesandter des Nahost-Quartetts und Vertreter vieler arabischer Regierungen, sogar aus Saudi-Arabien. Ihnen war die Teilnahme nicht leichtgefallen, da sie wieder ein Scheitern dieser Friedensinitiative fürchteten.

Auf dieser großen internationalen Bühne mit großem internationalem Publikum sollten Israels Ministerpräsident Ehud Olmert und der palästinensische Präsident Mahmud Abbas dazu gebracht werden, die bilateralen Verhandlungen wieder aufzunehmen und die Schaffung eines eigenständigen palästinensischen Staates anzustreben. Wir hatten dort das Gefühl, dass es beide Seiten so ernst miteinander meinten wie schon lange nicht mehr zuvor. Wir sahen in Annapolis den sogenannten *„glimpse of optimism"*, glaubten an so etwas wie Aufbruchsstimmung.

Der Widerstand zu Hause war jedoch enorm, islamistische Kräfte arbeiteten massiv dagegen, Zehntausende Hamas-Anhänger protestierten gegen die Konferenz von Annapolis, weil kein Hamas-Vertreter eingeladen worden war. Abbas wurde das Recht abgesprochen, für alle Palästinenser zu verhandeln. Auch in Israel formierte sich Widerstand, zwei Koalitionspartner Olmerts drohten mit dem Austritt aus der Regierung. Fotos, wie sich Abbas und Olmert mit freundlichen Berührungen und mit optimistischem Lächeln in die Augen schauen, gingen durch die Weltpresse. Leider blieb es bei der Symbolik.

Tony Blairs Büro in Ostjerusalem

Auch als der frühere britische Premierminister Tony Blair zum Sondergesandten des Nahost-Quartetts ernannt wurde, durfte er in dieser Funktion keine politische Agenda verfolgen. Politik behielten sich die USA vor, selbstverständlich mit den israelischen Partnern im Hintergrund. Trat das Nahost-Quartett zusammen – aus zeitökonomischen Gründen so oft wie möglich am Rande einer anderen großen Konferenz –, erhielt es oft im Vorfeld einen Text vorgelegt, den meist die USA vorbereitet hatten, manchmal auch wir von der EU. Wir sollten dann an der Endfassung feilen, damit alle Beteiligten den Text akzeptieren konnten. Im Quartett hatten die USA und Russland häufig eher gegensätzliche Ansätze, der UNO-Generalsekretär und wir Europäer versuchten auszugleichen, und im Endeffekt fanden wir eine Lösung.

Tony Blair hatte Präsident Bush in einem persönlichen Schreiben gebeten, die Aufgabe als Nahost-Sonderbeauftragter übernehmen zu dürfen. Bush stimmte sich mit Rice ab, da er auf keinen Fall seine Außenministerin in ihren politischen Bemühungen einengen wollte. Blair bekam zwar den Job, war aber aus Rücksichtnahme auf Rice auf ökonomische Fragen beschränkt und nur für die Entwicklung der Wirtschaft und des Handels in den Palästinensergebieten zuständig.

Mit dieser und anderen hochkarätigen Aufgaben vergalt ihm George W. Bush seine Haltung im Irak-Krieg. Unter Blairs Regierung hatte sich das Vereinigte Königreich mit 46.000 Soldaten an der Invasion im Irak beteiligt. Zuvor soll er an George W. Bush den vielzitierten Satz geschrieben haben: „Ich werde an deiner Seite sein, egal was kommt." Für seine Entscheidungen musste er sich viele Jahre nach dem Irak-Krieg vor Untersuchungsausschüssen verteidigen.

Als EU-Kommissarin sorgte ich dafür, dass Tony Blair für seine Aktivitäten ein Büro im American Colony Hotel in Ostjerusalem finanziert wurde, einem kleinen, schönen Hotel im Kolonialstil, in dem auch schon

Winston Churchill und Michael Gorbatschow übernachtet hatten. Ich schätze Tony Blair als umwerfenden Kommunikator, mit dem man gut zusammenarbeiten konnte. Wie viele andere Kommunikationstalente ist er in strategischen Fragen indes auf die Unterstützung guter Mitarbeiter angewiesen. Ich erlebte ihn als intelligent, sympathisch und optimistisch.

Als ich übrigens die EU-Kommission verließ, waren die Palästinenser zwar über mein Ausscheiden enttäuscht. Der Abschied kam mir aber etwas lau vor. Ich habe wirklich viel für sie getan, aber Dank ist keine politische Kategorie …

Mit seinen ökonomischen Aktivitäten erzielte Blair durchaus einige Erfolge, so konnte er in Verhandlungen mit Israel erreichen, dass manche Blockaden gelockert und einzelne Gebiete zur Bewirtschaftung freigegeben wurden. Mehrfach versuchte Blair als Beauftragter des Nahost-Quartetts, Israelis und Palästinenser zurück an den Verhandlungstisch zu holen. Bei den Treffen wurden jedoch oft nur altbekannte Standpunkte ausgetauscht, die schon bisher für das Scheitern von Friedensverhandlungen verantwortlich gewesen waren. „Das Nahost-Quartett", hieß es in Medienberichten, „beißt auf Granit."

So blieben letztlich auch Tony Blairs Bemühungen erfolglos – wie schon die seines Vorgängers, des früheren Weltbankchefs James David „Jim" Wolfensohn. Wolfensohn war in dieser Aufgabe regelrecht aufgerieben worden und gab frustriert auf. Auch ihn kannte ich gut und schätzte ihn sehr. Kaum vorzustellen, dass Wolfensohn, gebürtiger Australier und selbst Jude, den Israelis als zu proarabisch galt und von ihnen abgelehnt wurde. Er investierte sogar privates Geld in den Aufbau Palästinas, stiftete Treibhäuser für die Bewohner des Gazastreifens – und musste dann zusehen, wie die von ihm finanzierten Glashausanlagen bei einem Angriff vollkommen zerstört wurden.

Zu schwache Rolle der EU

Unser Ringen kostete uns viel Zeit und Energie und raubte uns oft den Optimismus. Es ist eine endlose Geschichte von vielen Rückschlägen und Enttäuschungen und nur gelegentlichen Hoffnungsschimmern auf Fortschritte. Durch den sogenannten Islamischen Staat (IS) schien der Konflikt etwas in den Schatten gerückt – was durchaus eine gute Voraussetzung sein könnte, ihn ohne Scheinwerferlicht zu lösen. Der Wille zu einer Lösung hängt aber immer von den handelnden Personen ab, und da sieht es leider nicht gut aus.

Mit Israels Ministerpräsident Ariel Sharon hatte ich in meiner Außenministerzeit mehrere Gespräche. Er schätzte es durchaus, wenn man ihn klar mit einer anderen Meinung konfrontierte. Ich vertrat eben die Auffassung, dass auch Israel etwas für den Frieden tun müsse. Mit Sharon ließ es sich leichter sprechen als mit Benjamin Netanjahu, zu dessen Politik man durchaus abweichende Ansichten haben kann, vor allem, was seine Siedlungspolitik anlangt, die eine Zwei-Staaten-Lösung unmöglich machen wird. Mit Sharon hatte ich sogar noch kurz, bevor er in sein acht Jahre dauerndes Koma fiel, ein gutes Gespräch.

Wenn wir in unseren Konferenzen manchmal um Worte ringen müssen, um eine gemeinsame Erklärung verabschieden zu können, während draußen das Blutvergießen weitergeht, fragt man sich als denkender und mitfühlender Mensch: Was machen wir hier? Anderseits versucht man ehrlich, alles zu tun, was der Sache irgendwie helfen kann, und da gehören eben Konferenzen, Debatten und auch das Ringen um Worte dazu.

Die Rolle der EU ist in der Nahostfrage leider zu schwach, selbst mit dem Europäischen Auswärtigen Dienst (EAD), der Zusammenführung des Generalsekretariats des Rates, das früher Javier Solana leitete, und der RELEX (External Relations) meiner Kommission, die sich mit den Außenbeziehungen befasste, sowie mit der Hereinnahme von einigen Diplomaten der Mitgliedsstaaten, mit nunmehr einer Person an der Spitze; dieser EAD arbeitet nun an all diesen politischen Fragen der Sicherheits- und Außenpolitik. Aber unser Problem ist eben, dass Europa nicht mit einer einheitlichen Stimme spricht. Manche Mitgliedsstaaten folgen eher der israelisch-amerikanischen, die anderen der arabisch-europäischen Linie. 28 Mitgliedsländer, in Zukunft 27, müssen auf einen Nenner gebracht werden, wobei fünf oder sechs Länder wichtig sind und die kleineren Staaten meist mitlaufen. Wir könnten und müssten in unseren Positionen viel klarer sein. Gerade im Nahostkonflikt müssten wir mehr tun und neue europäische Initiativen entwickeln. Europa darf sich da nicht heraushalten oder gar entfernen. Der Nahe Osten ist Sache Europas und nicht so sehr der USA, weil die Region uns sehr naheliegt und auch wir es sind, die die Auswirkungen voll zu spüren bekommen.

Es kann sein, dass wir durch die Politik von US-Präsident Donald Trump dazu gezwungen werden, vor allem in der Europäischen Sicherheits- und Verteidigungspolitik voranzugehen. Vielleicht ist dieser Zwang sogar heilsam und notwendig, damit wir beginnen, einige Schritte in die richtige Richtung zu tun. Die Gründung einer europäischen Verteidigungsunion war schon 1957 versucht worden, gelang aber schon im Ansatz nicht. Seither wurde es immer wieder versucht. Vielleicht ist jetzt der richtige Zeitpunkt, da wir von außen dazu gezwungen werden. Der erste Schritt wäre der Versuch, nicht mehr Finanzmittel für Verteidigung auszugeben, sondern die Mittel effizienter einzusetzen. Das wäre wichtig, weil sich die EU in der Zukunft nicht immer erwarten darf, dass die USA den Europäern aus der Bresche helfen.

Nachbarschaftspolitik braucht Zeit

Die USA setzten auf Freiheit und Demokratie im Nahen Osten statt auf Stabilität. Vor allem Präsident Bush mit seiner *Transformation Agenda* sowie Außenministerin Condi Rice waren von der Idee beseelt, man müsse in Kauf nehmen, dass im Übergang von den autokratischen Regimen zur Demokratie eine gewisse Zeit lang Chaos herrsche, doch dann werde sich die Demokratie einstellen. Damit war ich nie einverstanden. Ich war überzeugt, dass der sogenannte Arabische Frühling seinen Namen nicht verdient. Es war eine momentane Demokratiebewegung der Jugend, die aber durch die sozialen Verhältnisse schnell frustriert wurde. Es überraschte mich nicht, dass die Moslembrüder immer stärker wurden, da sie als einzige politische Kraft eine ausgereifte, im Untergrund arbeitende Struktur aufgebaut hatten. Wir dürfen in der Nachbarschaftspolitik nie von unserem eigenen Erkenntnisstand ausgehen. Ich bin sicher keine Weise, aber schärfte meinen Mitarbeitern und Kollegen stets ein, wir könnten nicht erwarten, dass die Menschen von heute auf morgen anders denken und umschwenken. Im Gegenteil, Demokratie braucht Zeit, und wir müssen Geduld aufbringen. Keine Nation will etwas aufoktroyiert bekommen.

Mubarak und die brennenden Themen

Ägyptens Präsident Hosni Mubarak war durchaus ein starker und interessanter Gesprächspartner, ich konnte mit ihm oft eineinhalb Stunden lang reden, ganz allein, abgesehen von einem Mitarbeiter. Denn in den Präsidentenpalast wurden nur kleine Gruppen vorgelassen. Wir sprachen ganz offen über alle brennenden Themen des Nahost-Friedensprozesses, über Syrien, Iran und Libanon. Auch mit dem Premierminister Ahmed Nazif, der vornehmlich auf die Stärkung der Wirtschaft ausgerichtet war, konnte man gut arbeiten, ebenso wie mit den jeweiligen Außenministern, auch mit dem letzten unter Mubarak, Ahmed Aboul Gheit. Abgesehen von Aboul Gheit, der im März 2016 zum Generalsekretär der Arabischen Liga gewählt wurde, mussten unter den Moslembrüdern alle Minister der Führungsschichte verschwinden, und vielen warfen die Moslembrüder Korruption vor. Manche gingen in die Golfstaaten, andere wurden eingesperrt. Leider weiß ich nicht, was mit ihnen passiert ist.

Nur eine Politikerin hat alle Phasen und Regierungsumbildungen überstanden: Faiza Aboul Naga dürfte die einzige Person sein, die auch unter den Moslembrüdern ihren Job behalten konnte. Ich kenne sie gut aus meiner Zeit als Protokollchefin in New York, weil sie die rechte Hand von UNO-Generalsekretär Boutros Boutros-Ghali war. Auch später begegneten wir uns immer wieder, als sie Botschafterin war und danach von Mubarak zur Ministerin für Entwicklungszusammenarbeit berufen wurde. In dieser Stellung war sie meine Ansprechpartnerin, wenn ich mit ihr über meine Finanzmittel für die Nachbarschaftspolitik verhandelte.

Auch wenn sie von manchen als „Wendehals" kritisiert wurde, halte ich sie für eine sehr tüchtige, ordentliche und klare Persönlichkeit, mit der ich mich befreundet fühle. Obwohl sie unter ihnen diente, war sie auch gegenüber den Moslembrüdern kritisch, aber man konnte ihr nichts anhaben. Der gegenwärtige Präsident Abdelfattah El Sisi machte sie sogar zu seiner Nationalen Sicherheitsberaterin.

Algerien: Kriegsgräuel und Geiseldrama

Massaker unter Ausschluss der Weltöffentlichkeit

Zu den Grausamkeiten in Algerien hatte die Europäische Union viel zu lange geschwiegen. Algerien steckte seit 1991 in einer schweren inneren Krise, Aufstände wurden blutig niedergeschlagen, Hunderte Demonstranten getötet, Zehntausende gefoltert. Zwischen 1992 und 1998 tobte ein Bürgerkrieg mit Stammeskonflikten, Massakern islamistischer Todeskommandos und Strafexpeditionen der Armee.

Der britische Außenminister Robin Cook und sein deutscher Amtskollege Klaus Kinkel fanden, die Massaker gingen auch die EU etwas an, die endlich überlegen sollte, wie man den Opfern der Massaker internationale Hilfe gewähren könne. Sie beschlossen 1998, eine EU-Delegation nach Algier zu entsenden. Sie sollte prüfen, wie die EU der algerischen Regierung im Kampf gegen den Terrorismus beistehen könne.

Ich war damals Staatssekretärin und bereitete mich mit gemischten Gefühlen auf die Reise nach Algerien vor. Damit sie überhaupt empfangen werden konnte, musste sich unsere Delegation Bedingungen unterwerfen. Vor allem durften wir keine kritischen Fragen stellen. Das Regime drehte den Spieß um und warf uns EU-Emissären vor, Europa unternehme nichts gegen die algerischen Terroristen, die bei uns Unterschlupf gefunden hätten. Die westlichen Staaten gewährten den islamistischen Extremisten Asyl und unterstützten damit den Terrorismus. Mit unserem Besuch und dem kurz danach stattgefundenen Besuch einiger wenig kritischen Europaabgeordneten konnte die Regierung in Algier durchaus zufrieden sein – wir weniger.

Es war schon ein Erfolg, dass unsere Delegation überhaupt anreisen durfte, ohne dass dies wie bisher als Einmischung in die inneren Angelegenheiten gewertet wurde. Unsere Delegation und auch spätere Abordnungen aus Europa und von den Vereinten Nationen versuchten, vorsichtig Druck auf das Regime auszuüben und die Massaker, die außergerichtlichen Hinrichtungen, das Verschwindenlassen von Personen aufarbeiten zu lassen und die Menschenrechtslage anzumahnen, und erreichten ein paar Zugeständnisse. Es gab im Lauf des Jahres 1998 einige wenige ermunternde Signale.

Die Situation der knapp 30 Millionen Einwohner in Algerien nach dem Bürgerkrieg war verheerend: Höchste Unsicherheit, soziale Verwerfungen, galoppierende Armut, dreißigprozentige Arbeitslosenquote, hohe Kindersterblichkeit, niedrige Lebenserwartung, allgemeine Korruption. Es war die Zeit, in der immer noch Terror herrschte. Vielen Menschen, auch Kindern, Babys, wurde die Kehle durchgeschnitten. Auch unser 24-stündiger Besuch wurde von Massakern überschattet. Nach Presseberichten kamen allein während unseres Aufenthalts bei Überfällen und Anschlägen 38 Menschen ums Leben.

Die EU hatte – voll zu Recht – den Eindruck, die algerische Regierung unternehme überhaupt nichts zum Schutz der Bevölkerung. Wir sollten den Regierungsmitgliedern Ratschläge erteilen, wie sie im Kampf gegen den Terrorismus vorgehen sollten: mehr Dialog, mehr Toleranz, weniger Gewalt.

Wir waren nicht hochrangig genug

Wir fuhren als Troika: Die EU-Ratspräsidentschaft hatten die Briten inne, ihre Vorgänger waren die Luxemburger, ihre Nachfolger wir Österreicher. Dass die EU-Delegation nicht auf der Ebene der Außenminister anreisen sollte, sondern auf der Ebene der Staatssekretäre, schien die Algerier zu beleidigen. Sie empfanden unsere Gruppe als nicht hochrangig genug besetzt und luden uns in letzter Minute wieder aus. Erst die Intervention durch Außenminister Robin Cook räumte die algerischen Bedenken aus, aus der Aus- wurde wieder eine Einladung, und wir konnten anreisen.

Unsere Delegation bestand aus Derek Fatchett, Vize-Außenminister und Staatssekretär des britischen Außenministeriums, Georges Wohlfart, dem Außen-Staatssekretär aus Luxemburg, Manuel Marin, dem EU-Kommissar für Mittelmeerfragen, und mir als Staatssekretärin aus Österreich.

Die Reise stand also unter der Führung der Briten. Im Vorfeld hatte das britische Außenministerium meinem Kabinettschef Michael Zimmermann zugesagt, es werde auf der Reise für meine Sicherheit und die des Luxemburger Kollegen sorgen. Hätte ich gewusst, was mich erwartet, hätte ich unserem Innenminister Karl Schlögl Bescheid gegeben. Nach der Reise meinte Schlögl, er hätte mir doch eine Begleitung zur Verfügung gestellt, hätte er davon gewusst. Nur: Da hatte ich ja selbst noch keine Ahnung, was das britische Außenministerium unter Sicherheitsgarantie verstand.

Tatsächlich hatte nur der Kollege aus London einen richtigen Personenschützer dabei. Als wir in Algier im Hotel eincheckten, in dem nur offizielle Delegationen einquartiert wurden und keine „normalen" Gäste übernachten durften, sah die „Sicherheitsgarantie" der Briten wie folgt aus: Der britische Ministerkollege belegte ein Zimmer im dritten Stock, und direkt daneben, mit einer Tür verbunden, logierte sein Sicherheitsmann. Bei der Zimmeraufteilung der Delegationsmitglieder war ausgerechnet für mich als Frau nur ein Zimmer im Hochparterre vorhanden. Da hieß es dann von den Briten: „Wenn irgendetwas ist, rufen Sie uns einfach an." Mir war klar, sollte es tatsächlich einen Anlass geben, den Bodyguard im dritten Stockwerk zu verständigen, dann würde es mit Sicherheit schon zu spät sein.

Ich hatte Höllenangst

Ich hatte Höllenangst. Meine Suite war so angelegt, dass man nach dem Eintreten im Salon an einer kleinen Küche vorbei musste, um ins Schlafzimmer zu gelangen. Die Doppeltür auf den Balkon, der sich schräg oberhalb der Hotelterrasse befand, war nicht richtig abzuschließen. Vor dem Balkon hielten einige bewaffnete algerische Soldaten Wache. Ich malte mir aus, wem mögliche Attentäter höchstwahrscheinlich etwas antun würden: Selbstverständlich der einzigen Frau in der Delegation, also mir, und zweitens jenem Gast, dessen Zimmer über den Balkon im Hochparterre am leichtesten erreichbar wäre, also wieder mir.

Wie in einem James-Bond-Film drapierte ich das Laken und die Bettdecke im Schlafzimmer so, dass das Bett aussah, als würde eine Person darin schlafen. Ich selbst legte mich jedoch mit ein paar Decken auf den Fußboden in der Küche. Mein Kalkül war, die Attentäter würden zuerst ins Schlafzimmer stürmen, und während sie entdeckten, dass im Bett niemand schlafe, hätte ich die Chance, aus der Küche durch den Salon zu fliehen und den Ausgang zu erreichen. Mir raste das Herz vor Angst, ich war die ganze Nacht extrem angespannt und schlief auf dem Küchenboden keine einzige Minute.

Zwar passierte die ganze Nacht nichts von dem, was ich befürchtet hatte, aber ich war am nächsten Tag so todmüde, dass ich stündlich Coca-Cola trinken musste. Nur mit Koffein konnte ich mich während der Besprechungen wachhalten. Da aber ohnehin der Brite unser Wortführer war, fiel mein Zustand den meisten nicht wirklich auf.

Mit einem Bombenattentat hatten wir Glück: Ein Kleinbus, der uns transportieren sollte, explodierte, während wir unsere politischen Gespräche führten. Selbstverständlich wären wir ein attraktives Angriffsziel gewesen. Wir selbst blieben zwar verschont, aber es gab zahlreiche Menschen, die bei dem Anschlag verletzt wurden. Wie viele Opfer es gab und was eigentlich der Hintergrund der Explosion war, haben wir nie erfahren.

Der Dialog der Tauben

Wir versuchten, mit den algerischen Gesprächspartnern in einen Dialog einzutreten. Aber es wurde, wie es in der Diplomatensprache heißt, bloß ein *dialogue de sourds*, ein Dialog der Tauben. Es klappte nicht.

Im Gegenteil, später warfen uns die Algerier sogar vor, wir seien mit ihnen zu hart ins Gericht gegangen, ohne zu sehen, welche Situation sie hätten. Die Wahlen hätten die Moslembrüder an die Macht gebracht, die aber vom Militär nicht akzeptiert worden seien. Die Folgen waren ein schrecklicher Aufruhr und ein unfassbar brutal geführter Bürgerkrieg, in dem Menschen regelrecht abgeschlachtet wurden.

Wir sprachen nicht nur mit Regierungsvertretern wie dem algerischen Außenminister Ahmed Attaf, sondern auch mit der (legalen) Opposition. Das Gespräch mit Attaf dauerte zwei Stunden und drehte sich um den Bürgerkrieg, um Sicherheitsfragen, Menschenrechte und humanitäre Fragen sowie die Kooperation zwischen der EU und Algerien. Wir konnten die Gespräche danach nur als „sehr nützlich" bezeichnen. Das Treffen mit Oppositionsvertretern fand in der britischen Botschaft von Algier statt, auch sie waren nicht konstruktiv. Sie lehnten eine Kommission zur Untersuchung der Gewalttaten ab.

Wenige Tage danach stand unsere Algerienreise im Mittelpunkt einer Tagung des Rates für Allgemeine Angelegenheiten in Brüssel. Der Rat unter Führung von Londons Außenminister Robin Cook prüfte unseren Bericht, würdigte ihn als Ausdruck der großen Besorgnis der EU über die Situation in Algerien und verurteilte alle Terroranschläge und Akte blinder Gewalt aufs Schärfste. Solche Formulierungen von Brüsseler Schreibtischen mögen sich stets etwas distanziert lesen.

Der Rat bedauerte aber auch, dass die Angebote der EU-Troika für humanitäre Unterstützung nicht angenommen worden seien. Er erneuerte die Angebote dennoch, sie hätten weiterhin Gültigkeit. In zurückhaltend-diplomatischen Floskeln kritisierte der Rat, dass die algerischen Behörden den internationalen Organisationen, Nichtregierungsorganisationen und Medien ungehinderten Zugang verweigerten.

Vier Jahre danach höchstrangig empfangen

Als ich ziemlich genau vier Jahre später, im Februar 2002, wieder nach Algerien reiste, diesmal nicht im EU-Auftrag, sondern als Außenministerin Österreichs, wurde ich höchstrangig empfangen. Mit meinem algerischen Amtskollegen Abdelaziz Belkhadem und mit Premierminister Ali Benflis sprach ich über die Stärkung der Wirtschaftsbeziehungen, den Nahostkonflikt, die schwierigen Beziehungen Algerien/Marokko, die Zukunft des Landes und natürlich die Menschenrechtssituation. Danach empfingen mich auch Staatspräsident Abdelaziz Bouteflika und Parlamentspräsident Abdelkader Bensalah. In den vier Jahren hatte sich das Land etwas beruhigt; kein Vergleich zu meinem turbulenten Besuch im Rahmen der EU-Delegation 1998.

Es war augenscheinlich, dass es in Algerien nach der langen Periode innenpolitischer Unruhen mit vielen Opfern zu einer gewissen Ermüdung und Ansätzen der nationalen Versöhnung gekommen war. Diese Entwicklung bot meiner Ansicht nach eine Perspektive, die Krise zu überwinden. Dass kurz vor meinem Besuch eine algerische Menschenrechtskommission eingesetzt worden war, wertete ich als Fortschritt. Außerdem hatte ich den Eindruck, dass Algerien seit der Wahl Bouteflikas 1999 wieder auf die internationale Bühne zurückgekehrt sei. Leider gab es aber auch immer wieder Rückschläge.

Dennoch konnten wir unsere Botschaft in Algier, die wegen der Sicherheitslage 1998 hatte geschlossen werden müssen, wieder öffnen, auch die österreichische Außenhandelsstelle, die während der Krisenjahre von Tunis aus arbeitete, besetzten wir 2001 wieder in der algerischen Hauptstadt.

Die Geiselbefreiung in der Sahara

Dass ich mit Algeriens Präsident Abdelaziz Bouteflika schon gute Kontakte aufgebaut hatte, lohnte sich, als in der algerischen Wüste einige Österreicher plötzlich Opfer einer Geiselnahme wurden. Eine 17-köpfige Gruppe aus zehn Österreichern, sechs Deutschen und einem Schweden hatte in der Sahara eine Wüstenexkursion unternommen, war im Süden des Landes in eine Falle geraten und wurde 54 Tage lang festgehalten. In den darauffolgenden Wochen wurden weitere europäische Reisegruppen entführt.

Die Täter waren Salafisten, nannten sich Gruppe für Predigt und Kampf (GSPC), eine Vorläuferorganisation der islamistischen Terrorbande Al-Qaida im Maghreb (AQMI). Glücklicherweise waren sie noch nicht so gewalttätig wie spätere Terroristengenerationen. Die Opfer bekamen zwar wenig zu essen, der Salzburger Ingo Bleckmann nahm 25 Kilogramm ab. Doch mussten die Geiseln froh sein, nicht getötet worden zu sein. Eine 45-jährige Frau aus Deutschland erlag allerdings den Strapazen des Gewaltmarsches durch die Sahara.

Bleckmann und sein Sohn Andreas hatten starke Nerven und konnten in der Gruppe so etwas wie Leadership übernehmen. Ingo Bleckmann gelang es mit seinen Französischkenntnissen sogar, nach eineinhalb

Wochen zu einigen der Geiselnehmer eine Beziehung aufzubauen, die mit der Zeit fast freundschaftlich wurde. Die Täter respektierten ihn allmählich sogar als den natürlichen Führer der Gruppe. Psychologisch war er den anderen Opfern eine Stütze, sodass sie das alles halbwegs ohne Schaden überstehen konnten.

Monika Bleckmann, die in Salzburg geblieben war, eine tolle Frau, vertraute mir in allem und war die Einzige, die auch wirklich tat, was ich riet. Mit ihr war ich in ständigem Kontakt. Sie hatte fast übersinnliche Fähigkeiten, weshalb sie ganz sicher war, dass ihr Mann und ihr Sohn noch lebten. Die meisten anderen, die um ihre Angehörigen fürchteten, waren aufgeregt, negativ und verstanden nicht, dass Geduld, Diskretion und hartnäckige Verhandlungen angesagt waren.

Wie die gute Beziehung zu Bouteflika half

Beamte der „Cobra", der Spezialeinheit der österreichischen Polizei, und der deutschen Antiterroreinheit GSG 9 eilten nach Algerien. Mit Zustimmung Wolfgang Schüssels charterte auch ich ein Flugzeug und flog nach Algier zu Bouteflika. Wie immer waren die Algerier uns gegenüber ausgesprochen nett und hilfreich. Bouteflika kannte mich ja schon gut, weil wir uns schon öfter und ausführlich über Außenpolitik unterhalten hatten. Einmal hatte er mich zu einem Mittagessen eingeladen und ein ausgezeichnetes Lamm servieren lassen, das mit den Fingern zu essen war. Es zahlte sich aus, dass ich mit dem algerischen Präsidenten und seinem Land dieses sehr gute Verhältnis aufgebaut hatte.

Ich trug dem Außenminister, dem Vize-Premierminister und dann dem Präsidenten persönlich unser Anliegen vor. Sie wussten zwar, dass es in der Wüste derartige Bewegungen gab, waren zunächst aber auch ratlos, wie man gegen sie vorgehen könnte. Da wir die Geiseln lebend aus der Wüste zurückbringen wollten, hofften wir auf eine Lösung möglichst ohne Gewaltanwendung. Bouteflika persönlich half dabei mit.

Um die deutschen Geiseln zu befreien, kam der deutsche Außenminister Joschka Fischer ins Spiel. Es entstand fast ein Wettbewerb zwischen uns. Die Deutschen ärgerten sich sehr, dass die österreichischen Geiseln freikamen, während man um die anderen Nationalitäten noch wochenlang zittern musste. Die letzten Geiseln kamen erst Mitte August frei. Joschka Fischer und Innenminister Otto Schily habe ich da eigenartig in Erinnerung.

Dann kam auch noch der österreichische Innenminister Ernst Strasser ins Spiel, ausgerechnet ein Politiker meiner eigenen Partei, der nicht zum ersten Mal versuchte, mich durch Leaks an die Presse – obwohl wir aus Sicherheitsgründen alles geheim halten wollten – in Misskredit zu bringen. Er war offensichtlich bestrebt, meine Aktion negativ erscheinen zu lassen, was ihm aber letztendlich nicht gelang.

Schließlich schafften es die Algerier nach langen, langen Wochen, die Österreicher herauszuholen. Nach intensiven politischen Verhandlungen griff das algerische Militär am 13. Mai 2003 mit Hubschraubern ein und befreite die Geiseln, wobei einige der Terroristen ums Leben kamen. Lösegeld war dabei, auch wenn dies oft infrage gestellt wurde, nicht im Spiel.

Mit Familie Bleckmann bin ich seither befreundet. Eine Zeit lang schickte sie mir jedes Jahr einen Blumenstrauß zum Geburtstag. Allerdings nur sie, die anderen Freigelassenen verloren kaum ein Wort, für sie war es offenbar selbstverständlich. Aber die Bleckmanns wussten, was wir hinter den Kulissen alles versucht und veranlasst hatten. Monika Bleckmann wunderte sich übrigens, dass sich von den Angehörigen der noch nicht freigelassenen Opfer niemand bei ihrer Familie gemeldet hatte, um Fragen zu stellen oder um Rat zu bitten. Bundeskanzler Schüssel sprach seinen „besonderen Dank" für meinen „großen persönlichen Einsatz aus", und als Präsident Bouteflika einen Monat nach der Befreiungsaktion auf Staatsbesuch nach Wien kam, bedankte sich Schüssel auch bei ihm für seine Hilfestellung. Als Gesprächsthemen drängten sich der internationale Terrorismus, der Nahost-Konflikt und EU-Fragen von selbst auf. Angesprochen auf den Irak-Krieg und den weltweiten Terror meinte Bouteflika, Algerien stehe „im Lager derer, die für Legalität eintreten und mit den Positionen der UNO übereinstimmen".

Im Sturzflug nach Bagdad

Der erste Besuch nach dem Irak-Krieg

Beim ersten Besuch im Irak seit dem Einmarsch der Amerikaner und dem Sturz Saddam Husseins hatte ich ein mulmiges Gefühl. Großbritannien hatte im Juni 2005, kurz vor der Übernahme seiner EU-Ratspräsidentschaft, die Idee, mit einer hochkarätigen EU-Delegation nach Bagdad zu fliegen und das neue, USA-freundliche irakische Regime zu unterstützen. Die Briten legten großen Wert darauf, der dortigen Regierung und damit indirekt den Amerikanern eine Stütze zu sein.

Der britische Außenminister Jack Straw als künftiger, der luxemburgische Kollege Jean Asselborn als noch amtierender Ratspräsident, der Spanier Javier Solana als Hoher Vertreter für die Gemeinsame Außen- und Sicherheitspolitik (GASP) der EU und ich als Kommissarin für Außenbeziehungen und europäische Nachbarschaftspolitik reisten mit je einem Mitarbeiter in das Krisengebiet. Es war kein einfaches Unterfangen; für den Fall, dass etwas schiefgeht, habe ich mein Testament verfasst und zu Hause auf dem Tisch zurückgelassen. Das mulmige Gefühl war nicht unberechtigt, das Umfeld war alles andere als einladend. Die Nachrichtenagenturen meldeten fast stündlich Attentate. Allein am Tag vor unserer Anreise: Durch einen Rebellenangriff kamen zwei US-Soldaten der 42. Infanteriedivision in ihrem Stützpunkt ums Leben, ein weiterer starb bei einer Bombenexplosion. Zwei irakische Regierungsmitarbeiter in Bagdad wurden aus zwei Fahrzeugen heraus erschossen, nördlich von Bagdad wurde ein Übersetzer durch Kugeln getötet. Zwei Zivilisten starben bei der Explosion einer Autobombe nahe einer Tankstelle in Bakuba. Ein Militärsprecher teilte mit, dass mindestens zwanzig irakische Soldaten, die in zwei Kleinbussen unterwegs waren, verschleppt und vermisst wurden. Auch der Tag unserer Ankunft verlief blutig. Ein hoher Polizeibeamter, der in Kirkuk für die Bekämpfung des organisierten Verbrechens zuständig war, wurde aus einem vorbeifahrenden Auto erschossen. Ein weiterer Polizist kam ebenfalls bei einem Anschlag ums Leben. Unbekannte schossen auf das Fahrzeug des Polizeichefs von Kirkuk, der Beamte entging dem Mordanschlag nur haarscharf. In der Nähe der Stadt Kaim wurden die Leichen von 17 Zivilisten gefunden, deren Hände am Rücken zusammengebunden waren, einem Opfer fehlte der Kopf. Fünf amerikanische Marineinfanteristen kamen nahe der Rebellenhochburg Falludscha durch eine Explosion ums Leben. Kurz danach wurden auf einem Markt in Bagdad etwa zehn Menschen durch eine Autobombe getötet und zahlreiche verletzt. Diese verheerende Sicherheitslage war der Grund dafür, dass unsere Reise nicht angekündigt wurde. Es war eine wirklich gefährliche Aktion. Auch andere Politikerbesuche wurden damals wegen des hohen Anschlagsrisikos nicht vorher bekannt gegeben. Unser Blitzbesuch sollte geheim bleiben, bis wir vor Ort waren, unsere Gesprächstermine absolviert und danach eine kurzfristig anberaumte Pressekonferenz abgehalten hätten. Die Anreise nach Bagdad werde ich nie vergessen. Direkt in die irakische Hauptstadt zu fliegen, kam aus Sicherheitsgründen nicht infrage. Wir wurden gemeinsam nach Amman in Jordanien geflogen, wo wir übernachteten. Am frühen Morgen wurden wir abgeholt, bekamen kugelsichere Westen angepasst und Helme aufgesetzt und flogen mit einer britischen Militärmaschine von Amman nach Bagdad. Da in der Stadt immer wieder Schüsse fielen, wurden wir darauf vorbereitet, dass man eine militärische Landung durchführen würde, das heißt kreisförmig und sehr schnell, fast im Sturzflug nach unten rasend. Uns stockte der Atem.

Kaum gelandet, mussten wir samt Westen und Helmen in gebückter Haltung aus dem Bauch des Transporters über die Rampe des hinten aufgeklappten Ausgangs laufen und sofort in einen der vier bereitstehenden britischen Militärhubschrauber umsteigen. Warum wir nicht alle in einem Hubschrauber transportiert wurden, kann man sich denken.

In meinem Hubschrauber saßen nur Javier Solana und ich, beide senkrecht angegurtet, in der Mitte auf dem Boden war ein junger Soldat postiert, der, auf einer Holzkiste hockend, sein Maschinengewehr in Bereitschaft hielt. Denn an Stelle der seitlichen Türen gab es links und rechts bloß Einstiegsluken, die komplett offen waren, was ein sonderbares Gefühl von Sicherheit erzeugte.

36: Mit dem ägyptischen Präsidenten Hosni Mubarak (2001) konnte ich des Öfteren wirklich gute Gespräche über Nahost führen

37: Treffen mit Japans Ministerpräsident Jun'ichirō Koizumi (Oktober 2001)

38: Gut bewacht im Quai d'Orsay: Händedruck mit Frankreichs Außenminister Hubert Védrine als offizielle Versöhnungsgeste (Oktober 2001)

39: Der ehemalige US-Außenminister Henry Kissinger mit Bundeskanzler Wolfgang Schüssel, Vizekanzlerin Susanne Riess-Passer und mir (v.r.n.l.) im Oktober 2001

40: Gemeinsam auf der Suche nach Palästinenserführer Jassir Arafats Kugelschreiber (Euromed-Konferenz in Barcelona, November 1995)

41: Begegnung mit dem israelischen Außenminister Shimon Peres (November 2001)

42: Als Günter Verheugen EU-Erweiterungskommissar ist, habe ich mit ihm viel zu besprechen (Brüssel, 2001)

43: Belgiens Premierminister Guy Verhofstadt (l) und sein Außenminister Louis Michel (r) im Gespräch mit Österreichs Bundeskanzler Wolfgang Schüssel und mir als Außenministerin (Dezember 2001)

44: Händedruck mit dem afghanischen Präsidenten Hamid Karzai in Tokio, wo die internationale Konferenz zur Unterstützung des Wiederaufbaus von Afghanistan stattfindet (Januar 2002)

45: Gespräch mit dem früheren Premierminister und Außenminister von Katar, einem der reichsten Personen des Emirats (Februar 2002)

46: Bereit zur Schiabfahrt: Hans-Gert Pöttering (EU-Parlament, später dessen Präsident), Romano Prodi (EU-Kommissionspräsident), Wolfgang Schüssel (v.l.n.r.) in Lech, Arlberg, im März 2002

47: Treffen mit Mohammad Khatami, dem damaligen Präsidenten Irans (März 2002)

48: Mit Spaniens König Juan Carlos (März 2002)

49: Gespräch mit der schwedischen Außenministerin Anna Lindh (die ein Jahr später ermordet wurde) und dem griechischen Amtskollegen Giorgos Papandreou (März 2002)

50: Begegnung mit Spaniens Außenminister Josep Piqué i Camps, während Bundeskanzler Schüssel mit Premierminister José Maria Aznar spricht (Mai 2002)

51: Auch solche Momente gibt es: Kaffee mit meinem Mann Paco im Garten unseres Hauses in Baden bei Wien (Juli 2002)

52: Der chinesische Außenminister Tang Jiaxuan zu Besuch in Wien (Juli 2002)

53: Gespräch in Berlin mit Michael Barnier, damals EU-Kommissar für Regionalpolitik und institutionelle Reformen (August 2002)

54: Der Brite Chris Patten war EU-Kommissar für Außenbeziehungen und somit mein Vorgänger in diesem Amt. Rechts von ihm: Kommissionspräsident Romano Prodi (Konferenz in Dänemark, August 2002)

55: Meine Botschafter im Außenministerium, Gruppenfoto auf dem Minoritenplatz in Wien anlässlich der Botschafterkonferenz vom September 2002

56: Unterredung mit US-Außenminister Colin Powell im UNO-Hauptquartier (September 2002)

57: Der Ägypter Mohammed el-Baradei war langjähriger Generaldirektor der Internationalen Atomenergieorganisation (IAEO), als ich mit ihm zum Thema Iran spreche (März 2003)

58: Gespräch mit Präsident Abd al-Aziz Bouteflika, Algerien, April 2003

59: Historische Erklärung von Athen, 16. April 2003: Bundeskanzler Schüssel und ich unterzeichnen den EU-Beitrittsvertrag für Estland, Lettland, Litauen, Malta, Polen, Slowakei, Slowenien, Ungarn, Tschechien und Zypern

60: König Abdallah II. von Jordanien empfängt mich in seiner Villa in Amman (Mai 2003)

61: Audienz in Kuwait beim damaligen Außenminister und heutigen Emir von Kuwait Jaber Al-Ahmad Al-Jaber Al-Sabah (Mai 2003)

62: Gute Stimmung mit den Außenministerkollegen Włodzimierz Cimoszewicz (Polen), László Kovács (Ungarn), Cyril Svoboda (Tschechien), Dimitrij Rupel (Slowenien), Eduard Kukan (Slowakei) im Mai 2003, genau einen Monat vor dem EU-Beitritt dieser Länder

63: Bulgariens Außenminister Solomon Passy begrüßt mich mit der EU-Fahne (Mai 2003)

64: Mit dem italienischen Kollegen Franco Frattini habe ich zahlreiche Treffen (Juli 2003)

65: Meine Heimatstadt Salzburg als Kulisse für ein Treffen mit Luxemburgs Außenministerin Lydie Polfer (Juli 2003)

66: Kranzniederlegung in der Holocaust-Gedenkstätte Yad Vashem am 29. Juli 2003. Bei meinem Besuch in Israel gibt Außenminister Silvan Shalom bekannt, dass er mit Österreich wieder volle diplomatische Beziehungen aufnehmen und einen bilateralen Botschafter nach Wien entsenden werde

67: Ein nachdenklicher Javier Solana, damals Hoher Vertreter für die Gemeinsame Außen- und Sicherheitspolitik der EU, in meinem Außenministerbüro (Oktober 2003)

68: Mit der früheren US-Außenministerin Madeleine Albright und ihren ziemlich gewichtigen Memoiren (Oktober 2003)

69: 2002 habe ich Nelson Mandela in Johannesburg besucht, im Oktober 2003 kommt der ehemalige südafrikanische Präsident nach Wien ins Palais Pallavicini. Für den Mann, der 27 Jahre als politischer Häftling im Gefängnis verbracht hatte und trotzdem so sehr für Versöhnung eintrat, empfinde ich bis heute nur Bewunderung

70: Paco und ich mit unseren Freunden Laila und Dr. Max Schlereth nach unserer kirchlichen Trauung im Erzbischöflichen Palais in Salzburg (Dezember 2003)

71: Handkuss von Kurt Bergmann: Der frühere ORF-Generalsekretär und ÖVP-Politiker führt das Personenkomitee (unter anderem mit Monika Bleckmann) an, das mich im Bundespräsidentschafts-Wahlkampf unterstützen sollte (Januar 2004)

72: Am Tag vor der Bundespräsidentenwahl (25. April 2004) hoffen die ÖVP-Freunde auf meinen Sieg – aber leider nicht alle

73: Joseph Deiss (Mitte) ist 2004 Schweizer Bundespräsident, der Algerier Lakhdar Brahimi (l) UNO-Sonderbotschafter im Irak (Juli 2004)

74: Der spanische Außenminister Miguel Ángel Moratinos hält mich fest in seinen Händen (September 2004)

Die Sekunden in der Schusslinie

So flogen wir auf Umwegen und mit Schwenks nach links und rechts, nach oben und unten vom Airport die viertelstündige Strecke durch den Luftraum Bagdads, der als Todeszone galt, in die Grüne Zone, jenes Gebiet im Zentrum der Stadt, in dem die irakische Übergangsregierung saß und das von internationalen Kräften abgesichert wurde und daher sicherer war als die Rote Zone. Dass auch der Helikopterflug gefährlich war, wussten wir, aber eine Autofahrt vom Flughafen durch die Rote in die Grüne Zone wäre vollkommen unverantwortlich gewesen. Als Repräsentanten der Europäischen Kommission und des Westens wären wir in einem Konvoi mit Sicherheit eine willkommene Zielscheibe gewesen.

Zielscheibe waren wir aber auch in der Luft, zumindest der Hubschrauber, in dem Solana und ich saßen. Durch die Luke neben Solana sah ich plötzlich ein Feuer auf uns zurasen, das von unten kam und direkt unsere Öffnung ansteuerte. Solana, mir gegenübersitzend, konnte es nicht sehen. In diesem Moment durchzuckte es mich: „Jetzt ist es vorbei." Ich war absolut unfähig zu denken.

Wie die britischen Militärpiloten auf das Geschoss reagierten, war einfach unglaublich. Sie machten mit dem Hubschrauber eine Art Salto, einen Sprung nach oben, einen nach unten und drehten die Maschine gleichzeitig, und schon waren wir aus der Schusslinie. Wir wurden nicht getroffen! Wie die jungen Männer das schafften, war wie ein Wunder. Das Ganze lief in Sekundenschnelle ab, am Ende waren wir alle grau im Gesicht.

Ob gezielt unser Hubschrauber unter Beschuss genommen wurde oder ob nur irgendeiner der vier getroffen werden sollte, weiß ich nicht. Die anderen Fluggeräte mit meinen Außenministerkollegen wurden jedenfalls nicht angegriffen. Hätte uns das Geschoss erwischt, wären wir sicherlich ebenfalls auf der Liste der zahlreichen Attentatsopfer jener Tage gelandet.

Man kann sich vielleicht vorstellen, welches Gefühl uns im Griff hatte, als wir in die Grüne Zone weiterflogen. Und an den bevorstehenden Rückflug auf der gleichen Route, der noch am selben Tag erfolgen sollte, wagten wir schon gar nicht zu denken. Beim Rückflug hätte das Gleiche passieren können. Wir waren in dieser Atmosphäre von Bagdad mit all den Militärfahrzeugen, gepanzerten Wagen und omnipräsenten Schutzwesten extrem angespannt, doch erlebten wir glücklicherweise keine weiteren Schwierigkeiten mehr.

Offenbar hatten unsere Beamten im bürokratischen Eifer zu viel telefoniert, sodass es bei der Besuchsvorbereitung ein Leak gegeben haben muss. Die Gespräche wurden doch alle abgehört. Wir hätten, so wie die Amerikaner dies praktizierten, so diskret wie möglich hineinfliegen müssen, damit gar nicht bekannt wird, wer wann wo kommt.

Jedenfalls war unser Kommen doch nicht ganz geheim geblieben. Wir waren heilfroh, als wir abends wieder in Amman ankamen und im Hotel gemeinsam einen Schluck auf die doch recht erfolgreiche Mission nehmen konnten.

Signale der EU an das neue Regime

Erreicht hatten wir wenig, trotz allem war dieser Besuch nicht unwichtig. Uns ging es darum, die neue Regierung zu stützen und die Bereitschaft der EU zu signalisieren, am Aufbau eines neuen Irak mitzuwirken. Wir legten den Gesprächspartnern nahe, den Dialog mit den anderen Religionsgruppen zu suchen und einen Ausgleich zwischen Schiiten und Sunniten zu finden. Wir sahen aber auch, wie äußerst kompliziert die Situation war. Wir wurden Zeugen unbeschreiblicher Friktionen. Die damalige Regierung konnte niemanden zufriedenstellen, die schiitische Minderheit, die sunnitische Mehrheit, die Terrororganisationen, die Unterstützung durch die Iraner, all das war einfach furchtbar schwierig.

Wir sprachen in Bagdad mit Präsident Dschalal (Jalal) Talabani, Premierminister Iyad Allawi und Außenminister Hoshyar Zebari (Hoschjar Sebari), allesamt proamerikanisch ausgerichtet. Talabani ist kurdischer Politiker, war früher langjähriger Unabhängigkeitskämpfer im kurdischen Teil des Irak und hatte enge Beziehungen zu Berlin: Mitte der Siebzigerjahre hatte er mit anderen Kurden in West-Berlin die Patriotische Union Kurdistans (PUK) gegründet, später war er mehrmals zur Behandlung in der Berliner Charité. Allawi war studierter Neurologe, lebte lange im Londoner Exil, wo auch er eine Oppositionspartei gründete und einen Mordanschlag überlebte, zudem konnte ein Anschlag auf ihn bei seinem Berlin-Besuch 2004 verhindert werden. Zebari, auch er irakischer Kurde, war insgesamt elf Jahre lang Außen- und danach Finanzminister, bis er im Herbst 2016 über Korruptionsvorwürfe stolperte und ihm das Parlament das Vertrauen entzog. Damals war er uns ein angenehmer, aber gleichzeitig fordernder Gesprächspartner. Wir sprachen in der kurzen Zeit aber auch mit USA-kritischen Vertretern der sunnitischen Bevölkerungsgruppen und plädierten dafür, auch sie sollten sich am Demokratieprozess im Irak beteiligen.

Jack Straw, der britische Außenminister, war praktisch unser Wortführer, da die Initiative auf die Briten zurückging und er wenig später die EU-Ratspräsidentschaft von Luxemburg zu übernehmen hatte.

Straw räumte in den Gesprächen ein, dass der Irak-Krieg 2003 die EU in Befürworter und Gegner geteilt habe, betonte aber, dass nun ein neuer und einmütiger Geist in der EU herrsche, um dem Land beim Aufbau zu helfen. Allein für das laufende Jahr sagten wir 200 Millionen Euro als Hilfe zu, insgesamt sollten 500 Millionen zur Verfügung gestellt werden. Näheres sollte bei einer Konferenz zwei Wochen später in Brüssel geregelt werden, bei der die EU ihre Beziehungen mit dem Irak generell neu ordnen und die Zukunft des Landes in den Mittelpunkt stellen wollte. Wir waren uns einig, dass auf der Konferenz nicht über, sondern mit dem Irak geredet werden müsste.

Amman verließen wir im Flugzeug des britischen Außenministers, Jack Straw nahm uns nach London mit, von wo ich nach Brüssel weiterreiste. Ans Ausschlafen am Wochenende war nicht zu denken, weitere Termine warteten.

Ich kündigte am Tag nach unserem Besuch an, dass die EU binnen weniger Wochen eine Repräsentanz in Bagdad eröffnen werde. Bis dahin war die EU mit einer einzigen Beamtin im Irak vertreten, sie pendelte ständig zwischen Amman und Bagdad, wo ihr in der Grünen Zone ein Container zur Verfügung stand. Auch viele andere diplomatische Missionen logierten damals nur in Containern.

„Wir brauchen dort eine Vertretung", erklärte ich Journalisten. Nur wegen der schwierigen Sicherheitslage habe man noch keine Mission eröffnen können. Ein EU-Büro in Bagdad war auch der Übergangsregierung von Anfang an ein Anliegen. Sie erwartete sich davon noch mehr Hilfe bei Reformen, noch mehr Zuwendungen für humanitäre Zwecke, mehr Kultur- und Wirtschaftsaustausch mit Europa und vor allem eine stärkere politische Rolle der Europäer im Irak, auch in der Ausgestaltung des demokratischen Systems im Land.

Nach der Reise schwor ich meinem Mann, nie mehr in den Irak zu reisen, solange dort noch Kriegszustände herrschten. Die Briten versuchten es aber immer wieder und drängten darauf, dass einer von uns aus der EU-Kommission hinfliegt. Dabei schien es mir in dem Stadium sinnlos. Unser Besuch war doch in Wahrheit nicht mehr als eine Geste. Aber Jack Straw war immer sehr tapfer, man konnte seinen Initiativen nicht entkommen.

Die allerletzte Friedensoffensive vor dem Irak-Krieg

Die fragile Situation im Irak war das Ergebnis des Irak-Krieges zwei Jahre zuvor, den ich 2003 noch als Außenministerin zusammen mit einigen anderen Politikern zu verhindern versucht hatte. Es war eine dramatische Aktion auf Anregung der damaligen griechischen EU-Ratspräsidentschaft mit dem Ziel, im allerletzten Moment Saddam Hussein zum Aufgeben zu überreden und das Eingreifen der Amerikaner und der „Koalition der Willigen" zu vereiteln. Ich wusste, dass die Chancen dafür minimal waren, vielleicht nur noch fünf Prozent, aber genau diese fünf Prozent wollte ich nicht ungenützt verstreichen lassen. Leider kam es, wie wir wissen, anders.

Es war im Februar und Anfang März 2003, Griechenland hatte die EU-Präsidentschaft inne, Außenminister Giorgos Papandreou wollte eine letzte Offensive starten, um den unmittelbar bevorstehenden und unabwendbar scheinenden Irak-Krieg doch noch zu verhindern. Ich hatte mit meinem griechischen Amtskollegen ein sehr gutes Verhältnis, und da Österreich genauso wie Griechenland den Krieg nicht wollte, war ich sofort bereit, mich zu engagieren. Ich bemühte mich, alle Maßnahmen zu setzen, um dem Frieden noch eine Chance zu geben; Krieg sollte wirklich nur das aller-allerletzte Mittel sein.

So reiste ich in den Maghreb und traf am zweiten Februar-Wochenende mit den Außenministern von Marokko, Tunesien und Algerien zusammen, mit Mohamed Benaïssa, Habib Ben Yahia und Abdelaziz Belkhadem. Die Gespräche mit den drei Maghreb-Kollegen hatte ich übernommen, weil ich sie bereits persönlich kannte und meine Beziehungen ausspielen wollte. Papandreou selbst nahm sich die anderen Staaten der Region vor und sprach mit den Kollegen von Ägypten, Syrien, Libanon und Saudi-Arabien. Auch der italienische Kollege, Franco Frattini, der sich auf die Übernahme der Ratspräsidentschaft für die zweite Jahreshälfte 2003 vorbereitete, beteiligte sich an unserer Initiative und trug unsere Ziele in Libyen vor.

Unter großem Zeitdruck überlegten wir gemeinsam, was die europäische und was die arabische Seite tun könnte, um diesen zweiten amerikanischen Golfkrieg zu vermeiden und wie wir Saddam Hussein dazu bewegen könnten, das Land zu verlassen und ins bereits angebotene Exil nach Russland zu gehen. Nach Vorstellung Papandreous sollte Saddam in einem gemeinsamen europäisch-arabischen Appell aufgerufen werden, durch bedingungslose und vollständige Erfüllung seiner Abrüstungsverpflichtungen im Rahmen der UNO-Resolution 1441 das militärische Vorgehen der USA obsolet zu machen beziehungsweise davon überzeugt werden, ins russische Exil zu gehen.

Die Arabische Liga in der Pflicht

Unsere Idee war, die Arabische Liga anzusprechen, auf die Saddam Hussein vielleicht am ehesten hören würde. Wir schlugen der Arabischen Liga vor, eine Abordnung nach Bagdad zu entsenden, auf den Diktator Einfluss zu nehmen und ihn im Abrüstungsstreit doch noch zum Einlenken zu bewegen. Der Generalsekretär der Liga, Amre Mussa, nahm den Faden auf, kam sogar zu unserem EU-Außenministerrat, führte intensive Konsultationen mit allen anwesenden Ministern durch und sagte zu, eine arabische Delegation nach Bagdad anzuführen und Saddam Hussein aufzufordern, den Ernst der Lage zu erkennen und ihn zu fragen, ob er sein Volk wirklich einem Krieg aussetzen wolle.

Ich war felsenfest überzeugt, dass wir bis zur letzten Sekunde dieses diplomatische Fenster ausnützen mussten. Wer sollte Saddam überzeugen können, wenn nicht die Nachbarn des Irak, wenn nicht seine arabischen „Brüder"? Ich kalkulierte durchaus mit diesem psychologischen Momentum. Aber leider waren die Mitgliedsländer der Arabischen Liga untereinander sehr zerstritten, und die Delegation der Liga wurde in den USA von Condoleezza Rice, der Sicherheitsberaterin von Präsident George W. Bush, und Außenminister Colin Powell nicht einmal mehr empfangen. In New York wollten sie den neuen UN-Generalsekretär Kofi Annan bewegen, jemanden offiziell nach Bagdad zu entsenden, um Saddam herauszuholen und damit den Krieg zu verhindern. Wie ich erfuhr, legte Syrien dagegen sein Veto ein.

Marokko und Tunesien zeigten auf meiner Reise jedenfalls großes Interesse an unserer Initiative; sogar der marokkanische König Mohammed VI. lobte meine Bemühungen als „exzellente Idee". Tunesiens Außenminister begrüßte die Friedensinitiative nachdrücklich, auf einer gemeinsamen Pressekonferenz mit mir in Tunis sagte Ben Yahia: „Wir werden uns bis zum letzten Moment darum bemühen, die Welt vor einer Katastrophe zu bewahren, die auch unvorhersehbare wirtschaftliche Auswirkungen auf den arabischen Raum, ja auf die ganze Welt haben könnte." Tunesien sei diesbezüglich auf derselben Wellenlänge wie die griechische Ratspräsidentschaft, sagte er. Dem Irak müsse eine gemeinsame „starke Botschaft" überbracht werden, die UNO-Resolution 1441 zu respektieren.

Etwas reservierter reagierte Algerien, die letzte Station meiner Maghreb-Mission. Ich sprach in Algier auch mit Staatspräsident Abdelaziz Bouteflika, der den Zeitpunkt unserer Initiative schon für zu spät hielt. Außenminister Belkhadem meinte immerhin, Algerien unterstütze jede Initiative, die geeignet sei, das „Gespenst des Krieges" zu vertreiben. Doch schien ihm unsere Initiative zu einseitig zu sein. Er legte großen Wert darauf, dass nicht nur die Irak-Krise beigelegt, sondern auch das Palästinenser-Problem gelöst werden müsse. Israel verletze ständig

UNO-Resolutionen, die den Nahen Osten betreffen. Man dürfe nicht mit zweierlei Maß messen.

Saddam Hussein war für russisches Exil bereit

Nach meiner anstrengenden Maghreb-Tour legte ich eine Zwischenlandung in Athen ein, um Papandreou über die Ergebnisse meiner Unterredungen zu berichten und mit ihm gemeinsam auf einer Pressekonferenz Journalistenfragen zu beantworten. Da hatten wir noch immer etwas Hoffnung auf eine echte Kehrtwendung des irakischen Herrschers.

Tatsächlich flog der tunesische Kollege auf Weisung seines Präsidenten Zine El Abidine Ben Ali kurzfristig nach Bagdad. Offenbar gelang es ihm, Saddam Hussein persönlich zu sprechen, ihm den Plan zu unterbreiten und zum Exil zu überreden. Ben Yahia berichtete uns danach, Hussein habe dem Plan zugestimmt und wäre demnach bereit gewesen, das russische Exilangebot anzunehmen. Ohne Hussein hätte man dann versuchen können, mit den vorhandenen Kräften etwas Neues aufzubauen.

Aber dafür war es bereits zu spät. Das Ultimatum der USA lief aus, unsere Aktion war vergeblich. Wenn man gewollt hätte, hätte man den Krieg im letzten Moment verhindern können. Aber die Amerikaner wollten um jeden Preis hinein. Das war längst beschlossen. Nicht umsonst führte die CIA alle hinters Licht.

Das alles geschah in einem Umfeld, in dem es unter den EU-Mitgliedsstaaten kein Einvernehmen gab, keinen Konsens, ja in dem wir nicht einmal in der Lage waren, eine gemeinsame Erklärung zu verabschieden. Ich erinnere mich, dass auch Javier Solana resignierte. Deutschland und Frankreich machten nicht mit, auf der anderen Seite beteiligten sich Großbritannien und viele andere.

In Österreich wurde meine Aktion leider eher belächelt, obwohl ich sie nach wie vor für wichtig halte. Wir hätten noch Erfolg haben können, doch leider hatten wir zu spät begonnen.

Ich musste ja froh sein, dass sich Jörg Haider in dieser äußerst sensiblen Zeit mit Überraschungsreisen zurückhielt. Zuvor war er zwei Mal spontan nach Bagdad gereist, ohne mein Außenministerium oder sonst jemanden in der Bundesregierung zu informieren. Eine weitere Reise wäre völlig unangebracht gewesen.

Österreichs eigenständige Haltung

Kurz vor Beginn des Krieges erläuterte ich in der sonntäglichen Pressestunde des ORF die österreichische Position. Denn vielen Menschen war es nicht klar, worum es eigentlich ging, warum Europa so gespalten war und welche eigenständige Haltung das neutrale Österreich hatte. Österreich hätte militärische Handlungen nur akzeptiert, wenn der Sicherheitsrat zugestimmt hätte. Wir teilten den amerikanischen und britischen Freunden auch mit, dass wir ohne Resolution des Sicherheitsrates auch keine Überflüge oder Truppentransitmaßnahmen genehmigen würden. Ohne Sicherheitsratsresolution war der Krieg für uns nicht gerechtfertigt.

Wir sahen uns nicht auf der Seite der Deutschen und Franzosen, die sich gegen den Krieg ausgesprochen hatten, aber auch nicht auf der Seite der Amerikaner, Briten und Spanier, sondern wir standen auf der Seite der Griechen, die mit ihrer Präsidentschaft gewisses Gewicht hatten, der Schweden, der Finnen, der Iren und anderer Länder.

In den meisten EU-Ländern war die jeweilige Bevölkerungsmehrheit eindeutig gegen den Krieg. Sogar Verbündete der USA forderten weitere diplomatische Lösungsversuche ein. Die Gegner des militärischen Eingreifens und die neutralen Staaten kritisierten vor allem die fehlende völkerrechtliche Legitimation und die fehlenden Nachweise für eine Bedrohung durch den Irak. Ferner fürchteten wir Langzeitfolgen wie die Zunahme von Islamismus, Fundamentalismus und Terrorismus – womit wir leider ebenso Recht behalten sollten wie bei der befürchteten Destabilisierung im ganzen Nahen und Mittleren Osten.

Ich war auch gegen die neue amerikanische Doktrin eines Präventivschlages. Diese Doktrin schien mir sehr gefährlich, denn würden wir diese Richtung einschlagen, würden auch andere Länder irgendwann einmal den Präventivschlag nützen. Man denke nur an mögliche künftige Präventivkriege atomar bewaffneter Staaten wie Nordkorea.

Meiner Ansicht nach waren es drei Gründe, die zum Irak-Krieg geführt haben dürften. George Bush junior wollte zu Ende führen, was sein Vater, George Bush senior, nicht machte. Der Vater war zweifellos klüger und hatte Saddam am Leben gelassen. Zweitens: Es hieß häufig, der eigentliche Kriegstreiber sei Dick Cheney gewesen, der Vizepräsident, einer der Ölmagnaten, die Bushs Wahlkampf finanziert hatten, und letztlich ging es ja auch um Ölinteressen. Und nicht zuletzt könnten auch die Israelis gewisse Interessen gehabt haben.

Dass die Amerikaner dachten, sie könnten den Irak so einfach nehmen, und dann würden alle glücklich sein und sich befreit fühlen, hatte katastrophale Folgen. Alle drei Maghreb-Außenminister versicherten mir, sie hätten die Amerikaner unzählige Male gewarnt und ihnen erklärt, sie kennten die Iraker nicht, sie seien ein eigenes, ein hartes Volk, das die Intervention nie akzeptieren werde. Man stelle sich vor, man hätte Saddam mit seiner Entourage ins Exil geschickt und alles andere wäre stehen geblieben. Dann hätte es vermutlich nicht den Irak-Krieg, nicht den späteren Syrien-Krieg und nicht all die Krisen gegeben, die uns heute zu schaffen machen.

Hilflosigkeit nach Beginn des Irak-Kriegs

Ende März 2003, kurz nach Beginn des Irak-Kriegs, kam Tunesiens Außenminister Habib Ben Yahia zu einem Arbeitsbesuch nach Wien. Es ging dabei nicht nur um unsere ausgezeichneten bilateralen Beziehungen und um den Ausbau Tunesiens als begehrte Tourismusdestination österreichischer Urlauber, sondern vor allem um die Lage im Nahen und Mittleren Osten. Wir bedauerten beide, dass unsere Bemühungen und Initiativen im Irak-Konflikt gescheitert waren und stattdessen die Waffen sprachen. Was kann man in dieser Situation in einer Pressekonferenz schon sagen? Es müsse ein gemeinsames Anliegen sein, zu einem möglichst raschen Ende der Kampfhandlungen beizutragen und schwerwiegende Konsequenzen auf humanitärer, ökologischer und wirtschaftlicher Ebene abzufangen. Die Vereinten Nationen forderten wir auf, eine wichtige Rolle bei der Lösung dieser Fragen zu übernehmen. Mit der Wahl eines neuen Parlaments und einer neuen Regierung in Israel und mit der

Bestellung eines palästinensischen Ministerpräsidenten erhofften wir uns, dass in die starren Fronten im Nahen Osten etwas Bewegung komme.

Wenige Tage danach, Anfang April 2003, war Brüssel der nächste Schauplatz der Bemühungen um ein Ende des Irak-Krieges und um den Wiederaufbau des Landes. Nach ihren Unstimmigkeiten suchten NATO und EU nach Möglichkeiten, die transatlantischen Beziehungen wieder zu verbessern. NATO-Generalsekretär George Robertson und EU-Ratspräsident Giorgos Papandreou sprachen mit US-Außenminister Colin Powell, hofften auf die raschestmögliche Beendigung des Irak-Kriegs und erwarteten eine zentrale Initiative der UNO beim Wiederaufbau, bei der die USA die Führungsrolle übernehmen sollten.

Damals standen aktuell Pläne im Raum, die USA wollten im Irak eine von ihnen geführte Militärregierung installieren. Das lehnte die EU vehement ab, nicht nur Papandreou und die Kriegsgegner-Regierungen, sondern sogar die Briten, die im Irak an der Seite der USA kämpften. Auch London verlangte, dass der Irak nach Kriegsende unbedingt von einer irakischen Regierung geführt werden müsse. Ein US-General würde in der arabischen Welt nie so akzeptiert werden wie eine irakische Übergangregierung oder zumindest eine Interimsverwaltung durch die UNO. Auch wichtige Exiliraker warnten die USA vor Dominanz, dies würde den Eindruck einer Kolonialisierung oder Belagerung des Irak erwecken.

Auch ich legte großen Wert darauf, dass die UNO das zentrale Element sein müsse, und zwar nicht nur für die humanitäre Hilfe, sondern für die gesamte Phase nach dem Krieg, auch für die Suche nach den angeblichen Massenvernichtungswaffen.

Am 1. Mai 2003, 41 Tage nach dem Beginn der Bombardements der sogenannten Operation Iraqi Freedom, erklärte US-Präsident George W. Bush den Krieg für siegreich beendet. Dieses Ende war der Anfang unendlich vieler Probleme.

Die Bagdad-Trips des Jörg Haider

Dass Irak-Reisen nicht nur in der Region risikoreich, sondern für mich auch innenpolitisch nicht ungefährlich waren, sei der Vollständigkeit halber erwähnt: Es waren die zwei Irak-Reisen, mit denen Jörg Haider Susanne Riess-Passer, aber auch mich herausfordern und bloßstellen wollte, einmal im Februar 2002 und einmal im Mai desselben Jahres.

Haider informierte mein Außenministerium in beiden Fällen nicht. Angeblich gab er der österreichischen Botschaft in Amman kurz vorher Bescheid, angeblich auch unserer UNO-Mission in New York. Aufgrund der ersten Affärenreise beschloss die Konferenz aller neun österreichischen Landeshauptleute, das Außenministerium künftig über mögliche Reisen ins Ausland zu informieren. Trotz des einstimmig erfolgten Beschlusses hielt sich Haider als Kärntner Landeshauptmann nicht daran. Wieder erfuhr ich erst aus den Medien davon, dass er abermals in Bagdad war, wieder war es ihm gelungen, Schlagzeilen zu machen und für Rätselraten im Blätterwald zu sorgen. Denn was er im Irak mit wem besprach, kam nie ans Tageslicht. Die typischen innenpolitischen Reflexe lagen auf der Hand: Entweder müsse ich es als zuständige Außenministerin gewusst haben, ohne den Trip verhindert zu haben, und hätte demnach meinen Apparat nicht im Griff, oder aber ich hätte von seiner Reise tatsächlich nichts gewusst und sei demnach sowieso ahnungslos und überfordert.

Gefangen in Gaddafis Libyen

Wie ich das Drama um die bulgarischen Krankenschwestern beendete

Als ich Außenministerin war, besuchte mich einmal der bulgarische Außenminister Solomon Passy in Wien und erzählte mir eine unglaubliche Geschichte. Er fragte mich um Rat, was er denn tun könne. Es ging um fünf bulgarische Krankenschwestern und einen angehenden jungen palästinensischen Arzt, die in Libyen zum Tod durch Erschießen verurteilt worden waren. Sie sollten vorsätzlich an die 400 libysche Kinder mit dem HIV-Virus infiziert haben.

Ich wollte ihm und den Gefangenen helfen, wir überlegten gemeinsam, wie er vorgehen könnte. Ich schilderte ihm meine Erfahrungen mit Befreiungsaktionen, die mir bis dahin schon gelungen waren, zum Beispiel zwei Österreicher aus kubanischen Gefängnissen herauszuholen. Mit Libyen war es freilich sehr viel schwieriger.

Als ich im November 2004 EU-Kommissarin wurde, begegnete mir das Thema wieder. Ich erfuhr, dass der Italiener Romano Prodi, der bis zu meinem Eintritt in die Kommission deren Präsident war, sich bereits für die Gefangenen eingesetzt hatte. Er hatte immerhin erreicht, dass der Außenministerrat den Beschluss fasste, einen Aktionsplan zu erstellen. Doch das war auch schon alles, der Plan ruhte, weil kein Geld für eine Aktion zur Verfügung stand. Niemand in Brüssel kümmerte sich um diese armen Menschen, die doch niemals mit Absicht jemandem eine falsche Spritze verabreicht haben würden.

Die fünf Bulgarinnen – Kristiyana Valcheva, Nasja Nenowa, Walentina Siropulo, Walja Tscherwenjaschka und Sneschana Dimitrowa – waren schon 1998 als junge Krankenschwestern nach Bengasi gekommen, weil sie in ihrer Heimat keine Chance auf einen Arbeitsplatz hatten. Auch Aschraf al-Hajuj, ein Palästinenser, der seine Arztausbildung noch gar nicht beendet hatte, arbeitete in der Kinderklinik von Bengasi.

In der Kinderklinik von Bengasi

Gaddafi verbreitete die Idee, die Krankenschwestern seien in Wahrheit als Agenten Israels oder der USA gegen sein Land eingesetzt worden. Die Realität war allerdings, dass die Kinderklinik ein hygieneloses Krankenhaus war, in dem das Blut nicht adäquat behandelt und die Spritzen mehrfach verwendet wurden. Mehr als 400 Kinder wurden mit Aids angesteckt, man kann sich kaum vorstellen, wie dramatisch die Situation mit den verzweifelten und aufgebrachten Familien war.

Man darf nicht vergessen, dass Gaddafi zu diesem Zeitpunkt bei den Amerikanern und den Briten wieder „lieb Kind" geworden war, nachdem er außerordentlich hohe Summen an die Opfer des Lockerbie-Anschlags gezahlt hatte. Der Bombenanschlag auf die Boeing 747 der PanAm über dem schottischen Ort Lockerbie vom Dezember 1988, bei dem alle 259 Insassen, meist Amerikaner, und elf Bewohner des Ortes ums Leben kamen, war offensichtlich ein Terrorakt libyscher Geheimdienstler gewesen. Den Auftrag dazu soll Gaddafi persönlich gegeben haben. Vierzehn Jahre nach dem Attentat bot Gaddafi Abfindungen an, und der UNO-Vertreter Libyens übergab dem Weltsicherheitsrat ein Schreiben, in dem sein Staat in aller Form die Verantwortung für den Anschlag übernahm. Gaddafi zahlte jeder betroffenen Familie acht Millionen US-Dollar, insgesamt 2,16 Milliarden Dollar, und konnte sich damit ausbedingen, dass die UNO-Sanktionen und die US-Handelssanktionen gegen Libyen aufgehoben wurden.

Vor diesem Hintergrund also hatte sich sein Verhältnis mit den USA und Großbritannien wieder gebessert, nicht aber das mit Kontinentaleuropa. Zwar war Gaddafi im April 2004 zu einem als historisch stilisierten Besuch bei Kommissionschef Prodi in Brüssel, der die Beziehungen der EU zum „Schurkenstaat" normalisieren sollte, doch der versprochene Brückenbau in den Beziehungen sollte noch dauern. Vor allem war die Haft der bulgarischen Schwestern und des palästinensischen Arztes noch ein gewaltiges Hindernis.

Ich wollte die Menschen unbedingt befreien und aus Libyen herausholen. Ich war von Anfang an von ihrer Unschuld überzeugt. Prompt stieß ich in der Kommission auf Widerspruch, man riet mir, mich damit nicht zu befassen, schon gar nicht gleich am Anfang meiner Kommissarszeit, das sei doch gefährlich und kompliziert und zudem gar keine Angelegenheit der Kommission.

Das wollte ich nicht akzeptieren, zumal ich mit dem Fall bereits aus meiner Außenministerzeit vertraut war. Ich entgegnete den Skeptikern entschlossen: „Da müssen wir sehr wohl etwas tun! Wir können diese Ungerechtigkeit nicht auf uns sitzen lassen."

Erstmals Mitgefühl mit den Aids-Infizierten

Dabei kamen mir zwei Personalia sehr gelegen: Zum einen unser EU-Botschafter in Tunis, Marc Pierini, ein französischer Diplomat, und zum anderen der damalige libysche Botschafter in Brüssel, ein feiner Mann, der mir andeutete, es könnte vielleicht doch eine Lösung geben. Unsere Strategie war es, nicht nur die Tragödie zu thematisieren, die der Vorfall für die Krankenschwestern und den jungen Arzt bedeutete, sondern ausdrücklich auch auf die Tragödie einzugehen, welche die HIV-Infizierung für die Kinder und ihre Familien waren. Bis dahin hatte nämlich nie jemand Mitgefühl mit diesen betroffenen Libyern gezeigt.

Bengasi, die Hafenstadt im Nordosten des Landes, stand in Opposition zu Gaddafi und galt stets als Rebellenhochburg. Diese Widerstandshaltung gegen Gaddafi bewirkte noch zusätzliche Aufregung, denn Gaddafi verstand es nicht, die Leute zu beruhigen – außer mit Geld. Deshalb suchte er einen Schuldigen! Niemand kam damals auf die Idee, den Zustand des Krankenhauses zu verbessern, niemand versuchte, den hygienischen Standard zu heben.

Genau das war der dritte Anknüpfungspunkt meiner Strategie. Wir wollten etwas für die Kinder, aber auch für das Krankenhaus tun. Ich war entschlossen, alle Gefangenen gemeinsam herauszubekommen, ich hätte keine Person in den Gefängnissen verrotten lassen wollen und hätte nicht akzeptiert, dass zum Beispiel nur die Frauen freikämen und der Palästinenser nicht.

Wir konzipierten eine Strategie: Zuerst Besuch des Krankenhauses in Bengasi, wo viele Aids-kranke Kinder lagen, dann Zusammentreffen mit den Familien, schließlich weiter nach Tripolis, Besuch der Krankenschwestern in ihrem Sondergefängnis und letztendlich Besuch des jungen Arztes in einer Haftanstalt, wo er zusammen mit normalen Kriminellen einsaß. Und sodann wollte ich auch Gaddafi persönlich treffen. Diese Programmpunkte meines Besuchs konnten EU-Botschafter Pierini, der nun neben Tunis auch in Tripolis mitakkreditiert war, und der libysche Vertreter in Brüssel organisieren.

Bei der Vorbereitung waren einige EU-Mitgliedsstaaten besonders kooperativ, andere waren nicht wirklich interessiert. Besonders positiv habe ich die Italiener in Erinnerung, vor allem die Ärzte im Kinderkrankenhaus Bambino Gesù in Rom, die den erkrankten Kindern unglaublich geholfen haben. Auch Frankreich war hilfreich, obwohl sich französische Spitäler vor allem der von Libyen bezahlten Aids-Patienten annahmen. Auch das Vereinigte Königreich half mit, aber wohl auch mit dem Hintergedanken, dass London wieder voll in wirtschaftlichen Kontakt mit Libyen eintreten konnte. Malta war beteiligt, das ja traditionell enge Bindung zu Libyen hatte, Spanien und Portugal ließen sich einbinden, in Deutschland kümmerte sich Außenminister Steinmeier darum. Am Rande machte auch Griechenland mit, mein Österreich fiel nicht weiter auf. Die meisten Außenminister beteiligten sich an den Beratungen, wie wir am besten vorgehen sollten. Die Hauptarbeit lag jedoch bei uns in meiner Kommission.

Das große Problem waren wiederum die Finanzen. Für eine solche Aktion war einfach kein Geld vorgesehen. Libyen gehörte nicht dem Barcelona-Prozess an, es hatte sich aus allem herausgehalten. Vorerst erntete ich in der Kommission daher nur Absagen: Das sei nicht vorgesehen, könne man nicht planen und so weiter. Wissend, wie viel Geld uns für den mediterranen Raum insgesamt zur Verfügung stand, wollte ich nicht akzeptieren, dass ausgerechnet für diese humanitäre Aktion keine Mittel freigemacht werden könnten. Durch meine Beharrlichkeit konnte ich schließlich – wo ein Wille, da ein Weg – eine Million Euro organisieren. Das reichte vorerst, um das Abenteuer zu starten und loszufliegen.

Unsere erste Station war Bengasi. Nur mit libyscher Unterstützung gelang der Besuch im Krankenhaus, anders hätte ich mich wegen der massiven Präsenz von Sicherheitspersonal gar nicht nähern können. Ich war schockiert, das Spital sah ähnlich aus wie eine Klinik in Afrika, zum Teil nur aus Lehm erbaut, alles extrem einfach, unhygienisch und voll von kranken Kindern und ihren aufgeregten Müttern in Voll- oder Halbverschleierung oder zumindest mit Kopftuch. Von den rund 400 infizierten Kindern waren damals schon etwa 47 verstorben. So kann man sich ausmalen, wie rabiat viele Eltern waren, da sie ja überzeugt waren, dass ihren Kindern der Tod ganz bewusst gebracht worden sei.

Trotzdem gelang es mir, mit Eltern zu sprechen. Ich war wirklich die Allererste, die sie besuchte und ihnen sagte, wie furchtbar traurig diese Tragödie und wie arm die Kinder seien. Ich habe die Kinder bewusst berührt, um zu zeigen, dass man sich nicht durch Berührung ansteckt. Genau diese Angst hatten nämlich die Araber, weshalb die Familien zuerst ihre eigenen Kinder isolierten und dann die Familien selbst von ihrer Umgebung total isoliert wurden, immer aus Angst vor Aids-Infizierung. Die Mütter waren meist resigniert, zum Teil aber auch berührt von meiner Anteilnahme. Mein Besuch ging durch die libysche Presse.

Nach der Visite im Krankenhaus bei den Kindern sollte es ein Treffen mit den Eltern geben. In einem Amphitheater warteten die Familien bereits auf mich. Von Dialog konnte keine Rede sein, eine wütende Frau sprang auf und hielt eine lautstarke Brandrede über „alle diese Mörder". Andere hielten uns Protestplakate in bulgarischer Sprache entgegen. Die Stimmung im Saal war wild und aufgeheizt. Ich stellte mich ans Pult und versuchte, mit Argumenten dagegenzuhalten.

Zunächst erzählte ich von einem ähnlichen Fall aus Frankreich aus der Zeit, als ich in Paris Diplomatin war. Auch in Frankreich habe man Kinder mit HIV infiziert – einfach aus mangelnder Kenntnis. Genau so, sagte ich, müsse es auch hier gewesen sein. Die Krankenschwestern hätten vielleicht zu wenig Wissen gehabt und die Hygiene sei mangelhaft gewesen, aber keine Krankenschwester werde es mit ihrem Berufsethos vereinbaren, absichtlich eine solche Tragödie herbeizuführen. Wie geplant betonte ich, dass dies für die Kinder und die Familien eine Katastrophe sei, aber eben auch für die Krankenschwestern, die nun unschuldig in Tripolis eingekerkert seien und auf Exekution des Todesurteils warteten. Ich versprach, eine Lösung zu finden.

Anfangs war die Lage extrem angespannt. Es wurde aufgeregt durcheinandergeschrien. Wie vereinbart standen mir libysche Bodyguards bei für den Fall, dass jemand aggressiv werden und mich angreifen würde. Natürlich hätte mich ein wütender Mensch auch erschießen können. Aber ich hatte keine Angst. Vor Menschen habe ich ganz selten Angst. Ich bin sicher, allein die Tatsache, dass ich die Kinder besucht und berührt hatte, beeindruckte die Angehörigen etwas. Letztlich ist mir und meinen Begleitern persönlich nichts passiert.

Besessen nach Blutgeld

Nachdem wir die Szene überstanden hatten, wurden wir in einen kleineren Raum geführt, wo wir mit Vertretern der Gaddafi-Stiftung redeten. Die Stiftung war weit mehr als eine humanitäre Institution, sie diente dazu, heikle Fälle zu verhandeln, sodass die Regierung gleichsam außer der Schusslinie war. Chef der Stiftung war Saif al-Islam Gaddafi, der in Wien eine Privathochschule besucht hatte, als der gute Sohn des Revolutionsführers bekannt war und schon bei der Abwicklung der Lockerbie-Abfindungen involviert gewesen war.

Mit den Leuten dieser Stiftung redeten wir über die Diya, jenes Blutgeld im islamischen Recht, mit dem ein Mörder die Angehörigen des Opfers zu entschädigen hat, gleichsam als Sühnegeld oder Ausgleichszahlung, sofern die Familien das akzeptierten. Damit kann man sich von der Vergeltung mit der gleichen Tat, also ebenfalls einer Tötung, freikaufen. Diese typisch islamische Institution kannte ich bereits, daher baute ich die Diya in meine Strategie ein. Ich versuchte zugunsten der Familienangehörigen der HIV-infizierten Kinder herauszufinden, welche Entschädigung verlangt werden würde, damit die Todesstrafe an den Bulgarinnen und dem Palästinenser nicht vollstreckt wird.

Allerdings verlangten die Familien irrsinnig hohe Beträge, obwohl sie von Gaddafi zur Beruhigung bereits mit Geld überschüttet worden waren. Sie verlangten ein neues Haus mit der Begründung, sie müssten nun isoliert leben, und wollten ein Auto, weil sie häufig hin- und herfahren müssten, und hatten viele weitere Wünsche. Sie waren regelrecht besessen von der Idee des Geldes. Plötzlich stand eine Summe von umgerechnet zehn Millionen Euro pro Person im Raum, eine völlig unrealistische Summe.

Ich machte ihnen klar, dass die EU keine Geldleistungen erbringen würde und ich im Rahmen einer humanitären Aktion den Kindern helfen wolle. Ich machte das Angebot, das Kinderkrankenhaus von Bengasi auf den *State of the Art* zu bringen, auf den letzten Stand der modernen Technik mit der bestmöglichen Ausrüstung und dem aktuellsten Wissensstand des Personals. Ich konnte ihnen auch Ärzte aus Italien und Frankreich vermitteln. Mit der Million Euro, die ich mir in Brüssel erkämpft hatte, ließ sich in Libyen sehr viel machen. Glücklicherweise nahmen sie dieses Angebot schließlich an.

Danach flogen wir in einem kleinen gecharterten Flugzeug von Bengasi in die Hauptstadt Tripolis. Mit vielen Telefonaten war es Botschafter Pierini gelungen, mir einen Besuchstermin im eigens von den Bulgaren gebauten Frauengefängnis zu verschaffen, wo ich die Krankenschwestern sehen wollte.

In unserer Gruppe waren auch Vertreter Bulgariens. Im Verhältnis hatte Bulgarien aber enttäuschend wenig für seine Landsleute gemacht. Noch vor der Reise hatte ich mehrmals mit Bulgariens Staatspräsident Georgi Parwanow telefoniert, um zu sehen, was ich den Libyern anbieten könnte. Ich hatte den Eindruck, dass sich Bulgarien für seine eingesperrten Krankenschwestern nur begrenzt eingesetzt hatte. Immerhin waren die Frauen damals schon sechs Jahre hinter Gittern gewesen und hatten keine Hoffnung mehr gesehen, der Hinrichtung zu entkommen. Die bulgarische Regierung hatte von Libyen lediglich erreicht, dass die Frauen in ein Sondergefängnis verlegt wurden, das Bulgarien mit bulgarischen Mitteln errichtet hatte, und gelegentlich von Angehörigen besucht werden durften.

In diesem „besseren" Gefängnis konnte ich sie nun aufsuchen. Es war ein kleines Haus, dessen Flachdach eine vergitterte Öffnung hatte, sodass man wenigstens tagsüber den Himmel und nachts die Sterne sehen konnte. Regen fiel dort ohnehin nie. Ich sah die Gefangenen im Aufenthaltsraum, der sehr klein war. Weitere Kammern nebenan durfte ich nicht betreten. Ich dachte mir, wenn das hier das „bessere" Gefängnis sein soll, dann muss das vorige Frauengefängnis ganz besonders schlimm gewesen sein.

Die Geständnisse der Folteropfer

Die Frauen lebten dort in der ständigen Ungewissheit der Todesdrohung. Jeden Tag hätte es passieren können, dass sie zur Erschießung abtransportiert werden. Alle hatten ein Geständnis unterschrieben, nachdem sie schlimm gefoltert worden waren. Der junge Arzt war mit Hunden und Elektroschocks gefoltert und an Füßen und Genitalien misshandelt worden. Die Geständnisse waren auf Arabisch verfasst, was die Frauen gar nicht lesen konnten. Mit der erzwungenen Unterschrift gaben sie zu, Agenten zu sein und die Kinder vorsätzlich infiziert und getötet zu haben, und akzeptierten damit ihr Todesurteil.

Die Anführerin der Frauengruppe war Kristiyana, sie war jünger als die anderen, schien psychisch stabil, sah gut aus und sprach gut genug Englisch, sodass wir uns unterhalten konnten. Anfangs war auch ihr Ehemann inhaftiert gewesen, er wurde aber wieder freigelassen, hielt sich seither in der bulgarischen Botschaft in Tripolis auf und hatte das Recht, seine Frau einmal pro Woche im Gefängnis zu besuchen.

Zwei von den Frauen sprachen seit den Folterungen kein einziges Wort mehr. Sie waren gebrochen. Auch die zwei anderen hatten längst resigniert. Lediglich Kristiyana war relativ am positivsten drauf, vermutlich haben ihr die wöchentlichen Besuche ihres Mannes geholfen, die Situation zu ertragen. Sie hatte noch ihre Moral aufrechterhalten können.

Alles, was wir sprachen, wurde aufgezeichnet. Wir standen ununterbrochen unter Bewachung. Selbstverständlich sagte ich genau dasselbe, was ich zuvor in Bengasi gesagt hatte. Am Ende des Gesprächs konnte ich die Frauen einzeln umarmen. Kristiyana flüsterte ich dabei ganz leise auf Englisch zu: „Macht Euch keine Sorgen, wir holen Euch hier heraus. Ihr müsst Geduld haben. Es wird sehr schwierig sein, aber wir holen Euch raus."

Nach dem Besuch im Frauengefängnis wollte ich Aschraf sehen, den jungen palästinensischen Mediziner. Auch für diesen Besuchstermin musste Pierini unzählige Telefonate machen und mit seinen Verbindungen zu Gaddafis Kabinettschef drohen, wie er mir erzählte.

Aschraf saß in der Todeszelle in einem normalen Männergefängnis. Sie holten ihn einfach, ohne ihm zu sagen, dass Besuch für ihn da sei. Er war völlig unvorbereitet und dachte natürlich, jetzt werde er zu einem weiteren Verhör geführt oder auch umgebracht. Er zitterte von oben bis unten, war komplett abgemagert, ein einziges Nervenbündel. In Anwesenheit des Gefängnisdirektors, in dessen Büro unser Gespräch stattfand, wiederholte ich, was ich zuerst in Bengasi und dann im Frauengefängnis gesagt hatte. Aschraf konnte gut Englisch. Auch ihn umarmte ich zum Abschied und flüsterte ihm zu: „Halte durch, wir versuchen, Euch herauszuholen, aber es wird dauern. Wir lassen Euch nicht allein."

Mein letzter Programmpunkt der Reise sollte ein Gespräch mit Muammar Gaddafi persönlich sein. Selbstverständlich stieß ich nur auf Widerstände, sowohl vonseiten der Libyer – der Revolutionsführer habe so viel zu tun und keine Zeit, ein Termin sei nicht möglich – als auch vonseiten meiner Begleiter von der Kommission. Ich wollte nämlich so lange in Tripolis bleiben, bis wir den Termin bekämen, selbst wenn es noch einen Tag länger dauern sollte. „Frau Kommissarin, nein, das geht nicht", sagten meine Mitarbeiter. Ich widersprach: „Selbstverständlich geht das, mir ist das so wichtig, dass wir hier bleiben."

Ich vertraute darauf, dass sich Gaddafi positiv an mich erinnern würde, denn als Staatssekretärin hatte ich mit ihm einmal seinen Friedensplan für Bosnien-Herzegowina besprochen. Das war damals durchaus ein gutes Gespräch gewesen. Ich war sicher, dass das Treffen klappen würde.

Wir wurden zwar in einem guten Hotel untergebracht, erlebten dort aber die übliche Hinhalte-, ja Zermürbungstaktik. Man ließ uns bei den Verhandlungen lange warten, dann wurde erst einmal gespeist, dann ließ man uns wieder in Ungewissheit zurück und abermals warten. Am nächsten Morgen gleich in der Früh verlangte ich nochmals und mit Nachdruck den Termin bei Gaddafi. Plötzlich hieß es: „Der Große Leader erwartet Sie."

Es ging zu wie auf dem Bazar

Ich durfte nur meinen Botschafter Pierini mitnehmen, die anderen Delegationsmitglieder mussten zurückbleiben. Gaddafi hatte nur seinen Kabinettschef bei sich, der gleichzeitig als Dolmetscher fungierte. Wie immer hatte er die Augen zusammengekniffen, als würde er in die Ferne blicken. Er stand ja meist unter Drogeneinfluss, war aber ein unglaublich listiger, schlauer Mann. Zuerst das Übliche: „Ich freue mich, Sie wiederzusehen" und so weiter. Dann kam ich schnell zur Sache. „Ich glaube", sagte ich, „dass dieses Todesurteil, das über die Krankenschwestern und den Palästinenser gefällt wurde, völlig falsch ist." Ich wiederholte, was ich schon in Bengasi erklärt hatte, nämlich dass es auch in Frankreich aufgrund von Unwissenheit des Klinikpersonals und Mangel an nötiger Hygiene, aber keinesfalls mit Absicht zu solchen Fällen gekommen sei und dass in Bengasi wohl dasselbe passiert sein dürfte.

Wie nicht anders erwartet entgegnete er, das Urteil sei gesprochen, und wegen der Unabhängigkeit der Justiz könne er dazu leider gar nichts sagen. Mir blieb aus taktischen Gründen nichts anderes übrig, als das zu akzeptieren, legte aber dann mein Angebot vor, mit Mitteln der EU-Kommission das Spital von Bengasi auf den modernsten Stand zu bringen und den Kindern die bestmögliche Betreuung zukommen zu lassen. Dazu hatten sich Italien, Frankreich und Spanien bereit erklärt. Außerdem, fügte ich an, würden wir uns wünschen, dass Libyen wieder in die euromediterrane Gemeinschaft zurückkehre, wo es als einziges Land der Region fehlte. Ich erklärte ihm die Vorteile im Rahmen von Assoziierungsabkommen und die Kooperationsmöglichkeiten. Natürlich sollten darin auch die Menschenrechte verankert sein. Darauf antwortete Gaddafi ablehnend und argumentierte, Libyen habe eine Sonderrolle als Scharnier in Afrika, alles andere sei weniger wichtig.

Das Gespräch dauerte eine volle Stunde und war mehrmals nahe am Abbruch, weshalb ich dauernd versuchte, den Gesprächsfaden nicht reißen zu lassen. Er sagte zwar dauernd Nein und verwies auf die unabhängigen Richter, als ich mit den Todesurteilen nicht lockerließ, aber wir wussten ja, wie die Araber sind – und speziell wie er persönlich war. Es ging zu wie auf dem Bazar. Ich baute einfach darauf, dass wir ja eigentlich kein problematisches Verhältnis hatten und er mich immerhin empfangen hatte.

Plötzlich sagte er, er würde sich freuen, wenn eine Frau zur Lösung dieses Problems beitragen würde! Eine Frau – das war eine überraschende Feststellung, die ich von ihm nicht erwartet hatte, und vielleicht auch ein Seitenhieb auf andere namhafte europäische Politiker, die sich dieser Causa nicht angenommen hatten. Sofort entgegnete ich, ja, das wäre mir auch sehr wichtig.

So konnten wir mit einem Hoffnungsschimmer nach Brüssel zurückfliegen, auch wenn die Freilassung noch volle zwei Jahre dauern sollte. Als aber 2005 die libyschen Todesurteile erneuert wurden, waren wir entsetzt. Ich war zu den Weihnachtsfeiertagen gerade in Wien und hörte in den Radionachrichten von der Bestätigung der Todesurteile. Ich konnte es nicht fassen. Offenbar hatten wir mit unseren Bemühungen überhaupt nichts erreicht. Große Aufregung, depressive Stimmung.

Trotzdem begannen wir, unseren Plan umzusetzen. Italien, Frankreich, zum Teil auch Spanien ließen infizierte Kinder zur Behandlung abholen. Der Außenministerrat übertrug mir die Kompetenz für diesen Fall, obwohl es eigentlich keine Angelegenheit für die Kommission war, gestattete mir, dass ich mich des Themas annehme, und sicherte mir Unterstützung zu. Das war enorm wichtig, denn es ist ein Unterschied, ob ein einzelner Staat oder aber die Europäische Union in der Causa federführend agiert. Die Kommission hatte zwischenzeitlich jedenfalls erkannt, wie wichtig dieser Fall war.

Mit der einen Million Euro statteten wir das Spital von Bengasi neu aus, bauten ein neues Laboratorium für Bluttests ein, ließen Ärzte hinunterfliegen, die das örtliche Personal einwiesen. Es gab viele Aufs und Abs, der EU-Botschafter in Tripolis, Pierini, der libysche Botschafter in Brüssel und meine Leute in der Kommission waren ständig beschäftigt. Inzwischen besuchte ich die Krankenschwestern noch zwei Mal im Gefängnis, sie waren mittlerweile schon sehr demoralisiert. Sie hatten gehofft, durch uns endlich freizukommen, und fragten, was wir eigentlich machten. Ich musste sie vertrösten, wir seien permanent am Verhandeln, hätten die Situation aber noch nicht ändern können.

Todesurteile dreifach verhängt

Im Dezember 2006 kam der nächste Schock. Die Todesurteile wurden zum dritten Mal ausgesprochen!

Ich war wieder bei Gaddafi, wir sprachen wieder über die Diya, das Blutgeld. Er verlangte genau die Summe zurück, die er vorher wegen des Lockerbie-Attentats gezahlt hatte, das waren damals immerhin acht Millionen US-Dollar pro Person gewesen. Ein unheimlich schlauer Kopf: Er wollte sich diesen Betrag durch die Erpressung mit dem Schicksal der Bulgarinnen und des armen Palästinensers wieder zurückholen.

Wir signalisierten ihm, es tue uns leid, aber das sei absolut unmöglich. Jedoch gründeten wir einen humanitären Fonds, dessen Präsidentschaft Botschafter Pierini übernahm, einen Fonds, der nichts mit Kompensationszahlungen zu tun haben sollte, in den aber die EU-Staaten für humanitäre Zwecke freiwillig Beiträge einzahlen könnten. Die Beträge sollten dann den Familien zugutekommen, damit sie ihre Kinder besser betreuen könnten. Die Rede war von 260.000 Euro pro Kind. Der Fonds füllte sich tatsächlich, Deutschland zahlte viel ein, Bulgarien erließ Libyen eine Schuld von 56 Millionen US-Dollar.

Später schraubte Gaddafi die Forderung von den acht Millionen Dollar pro Familie auf eine Million Dollar zurück. Ich erklärte ihm dennoch, dafür sei die Europäische Union nicht da. Wir würden schon aus Prinzip nicht zahlen, hätten aber auch die Mittel nicht dafür. Wir glaubten aber immer noch an die humanitäre Aktion. Ich kalkulierte mit dem einzigen Druckmittel, das wir hatten: Ich wusste, dass Gaddafi interessiert war, wieder in die Weltgemeinschaft aufgenommen zu werden und mit Europa zu arbeiten, vor allem mit Großbritannien. Umgekehrt waren auch die Briten interessiert an Geschäften mit Libyen und verhielten sich in der Krankenschwester-Causa sehr konstruktiv. Auch die amerikanische Außenministerin Condi Rice, mit der ich ja ein gutes persönliches Verhältnis hatte, half, indem sie gegenüber Gaddafi erklärte, er müsse eine befriedigende Lösung für diesen humanitären Fall finden.

In der ausweglos scheinenden Phase erhielt ich plötzlich die Information, Saif al-Islam Gaddafi wolle mich in Brüssel aufsuchen – allerdings streng geheim. Nur mein Kabinettschef und meine Sekretärin wussten Bescheid, sie organisierten die Zusammenkunft. Mein Chauffeur schleuste den Gaddafi-Sohn, dessen Name „Schwert des Islam" bedeutet, in die Tiefgarage des Kommissionsgebäudes, von dort ließ ich ihn abholen und über den Keller und einen der internen Lifte, die nur für uns vorgesehen waren, in mein Büro bringen. Meine Sekretärin hatte für das Gespräch einen Mozzarella-Salat zubereitet, und so saßen wir eineinhalb Stunden lang allein an meinem großen Besprechungstisch. Ich erwartete eigentlich irgendein Angebot, aber er sagte fast nichts. Ich verstand, dass er mit einer neuerlichen Offerte zu seinem Vater zurückkehren wollte, und erläuterte ihm die Vorteile eines Europavertrags mit Libyen. Er hörte nur zu. Ich erklärte ihm alle Stufen der Kooperationen, sollte Libyen wieder in die euromediterrane Gemeinschaft zurückkehren. Ich redete dabei fast im Monolog. Mit der Zeit gewann ich die Gewissheit, er hatte keine Verhandlungsvollmacht, sondern nur das Pouvoir, zu mir zu kommen und mit einem konkreten Angebot nach Libyen heimzukehren.

Gaddafi und seine Statisten

Es war klar, dass Muammar Gaddafi alles selbst entschied. Der Premierminister, der Vizepremier, der Außenminister, sie alle waren nur Statisten. Offenbar hatte nicht einmal sein Sohn, der mutmaßlich als sein Nachfolger designiert war und als die Hoffnung des Westens galt, etwas zu melden.

Der Kabinettschef und meine Sekretärin geleiteten den jungen Mann auf demselben Weg wie zuvor wieder aus dem Gebäude. Die beiden waren die Einzigen, die in die Aktion eingeweiht waren. Sonst erfuhr absolut niemand etwas davon.

Wie sich ein Todesurteil anfühlt, musste er übrigens später selbst erfahren. 2011 wurde er inhaftiert, da er bei den Aufständen gegen seinen Vater zur Tötung von Demonstranten aufgerufen haben soll. 2015 verurteilte ihn ein Gericht in Tripolis zum Tode. Es wurde aber nicht vollstreckt.

Der nächste Akt spielte wieder in Tripolis. Unter der deutschen EU-Ratspräsidentschaft waren wir eingeladen, einen Assoziierungsvertrag auszuhandeln. Ich kam aus Brüssel etwas früher an und wartete Frank-Walter Steinmeier ab, der aus Berlin anreiste. Wir hatten stets gut zusammengearbeitet, auch diesmal handelten wir gemeinsam ein Dokument aus, das schließlich mit den libyschen Gesprächspartnern unterschriftsreif war. Plötzlich hieß es, das Papier könne doch nicht unterschrieben werden. Die libyschen Politiker, zu denen wir schon so etwas wie ein Naheverhältnis aufgebaut hatten und die doch selbst die Krankenschwestern-Geschichte endlich aus der Welt schaffen wollten, taten mir fast leid. Denn wieder einmal wurden sie deutlich als Gaddafis Statisten vorgeführt. Aber der Große Leader akzeptierte den Vertrag so nicht.

Also mussten wir unverrichteter Dinge zurückfliegen und waren extrem verärgert, wussten aber, dass wir in den Händen der Libyer waren und uns in Geduld wappnen mussten. Mittlerweile war alles ausgehandelt, der Fonds hatte von EU-Staaten Geld bekommen, und was auf die eine Millionen Dollar pro Familie fehlte, wollte Libyen zunächst selbst einzahlen und dann von der EU zurückgezahlt bekommen. Wieder mussten wir Gaddafis Ministern einschärfen, dass das keineswegs infrage komme.

Daraufhin startete Gaddafi eine Aktion, um vier wichtige europäische Hauptstädte gegeneinander auszuspielen. Er schickte seinen Außenminister und dessen Stellvertreter nach Paris, Rom, Berlin und Lissabon, sie sollten sondieren, welche Länder Europas ihm mehr bieten würden, wenn er am Ende die Krankenschwestern und den Palästinenser freilasse.

Mit einem Mal tauchte das Gerücht auf, die Ehefrau von Frankreichs Präsident Nicolas Sarkozy würde sich um die bulgarischen Schwestern kümmern. Tatsächlich reiste sie nach Tripolis, begleitet von Claude Guéant, dem Generalsekretär des Élysée und engsten Mitarbeiter Präsident Sarkozys. Damals dürfte die Ehe zwischen Nicolas und Cécilia schon recht zerrüttet gewesen sein, doch der Präsident wollte Cécilia unbedingt halten. Ich denke, er ließ Cécilia nach Libyen fliegen, um ihr zu signalisieren: Bleibst du meine Frau, gebe ich dir große Möglichkeiten, dich darzustellen. Abgesehen davon hatte er auch großes Interesse an Geschäften mit Gaddafi. Zu dieser Zeit verhandelte Frankreich gerade über den Bau eines Kernkraftwerkes in Libyen.

Madame Cécilia auf Reisen

Wir erfuhren erst nach ihrer Rückkehr, dass Cécilia tatsächlich kurz nach Libyen gereist war. Ich rief im Élysée-Palast an, wobei Madame Sarkozy glaubhaft beteuerte, nichts von unseren bisherigen Bemühungen gewusst zu haben. Ich sagte, ich freute mich, dass auch sie helfen wolle, informierte sie aber, dass wir schon seit zweieinhalb Jahren daran arbeiteten und dass ich daher bei der nächsten Libyen-Reise unbedingt dabei sein wollte. Danach rief ich Generalsekretär Guéant an, der das eingefädelt hatte, und gab ihm klipp und klar zu verstehen, dass Frankreich nach unserer langjährigen Vorarbeit nicht einfach den Deus ex machina spielen könne. Nach Rücksprache mit dem Präsidenten willigte er ein, dass ich bei der geplanten Libyen-Reise mit eingeladen würde und davor noch mit Präsident Sarkozy persönlich sprechen könne. Der Termin wurde mir zugesagt, ich fuhr nach Paris und traf Präsident Nicolas Sarkozy im kleinen Kreis seiner engsten Mitarbeiter. Auch da stellte ich klar meine Meinung dar, es wäre wunderbar, wenn die Gefangenen freikämen, aber ich legte Wert darauf, dass wir die Bemühungen gemeinsam fortsetzten. Sarkozy musste notgedrungen zustimmen, verlangte aber, dass in der Öffentlichkeit kein Wort darüber fallen dürfe, „kein Wort! Zu niemandem!" Das akzeptierte ich, Hauptsache, wir konnten die Mission erfolgreich zu Ende führen. Bei mir wussten nur mein Kabinettschef, Patrick Child, und meine engsten Mitarbeiter Bescheid, vor allem Vincent Guérand.

Bald darauf, an einem Samstagabend, erhielt ich in meiner Brüsseler Wohnung den Anruf aus dem Élysée: Gleich am nächsten Tag sollte es losgehen. Mein Problem war, dass für Montag eine Außenministerratssitzung anberaumt war, bei der ich unbedingt anwesend zu sein hatte. Ich hatte in all den Jahren auch nie gefehlt. Würden wir nicht am selben Sonntag zurückkommen können, müsste ich Krankheit vortäuschen. Sicherheitshalber weihte ich als Einzigen meinen Freund Luís Amado ein, den portugiesischen Außenminister, der damals die EU-Ratspräsidentschaft innehatte: „Luís, Du darfst kein Wort sagen, aber wenn ich am Montag nicht da bin, weißt Du, warum. Offiziell bin ich dann krank. Aber bitte, sag wirklich nichts!" Sicher war es ein Fehler, Kommissionspräsident Barroso nicht verständigt zu haben, aber ich hatte Sarkozy ja absolutes Schweigen zugesagt. Nur mein Mann wusste Bescheid, der würde aber nie etwas verraten.

Sonntag früh wurde ich mit einer kleinen französischen Maschine von Brüssel abgeholt und nach Paris geflogen, wo ich in die Präsidentenmaschine umstieg. Cécilia Sarkozy wartete schon, sie machte auf mich den Eindruck, als sei sie in eine lästige Rolle hineingedrängt worden. Sie war anfangs sehr zurückhaltend bis harsch, schick, aber „understated", eine Persönlichkeit, aus der man nicht leicht herauslesen konnte, was sie wollte.

Die Szenen in der Präsidentenmaschine waren filmreif. Zwei, drei junge Burschen, halb Bodyguard, halb Mitarbeiter, telefonierten laufend mit Präsident Sarkozy, der wiederum unablässig um Cécilia warb: „Ich liebe dich …"

Im Flugzeug sprach ich ausführlich mit Generalsekretär Guéant, der die gesamte Aktion mit dem Präsidenten leitete. Er hatte nur diesen einen Gedanken: Wir holen die da raus, egal wie. Ich hingegen hatte auch die Verantwortung, den Entwurf eines EU-Abkommens, den ursprünglich Außenminister Steinmeier und ich ausgehandelt und den Libyern übermittelt hatten, zurückzubringen und den EU-Außenministern zur Approbation vorzulegen. Das verkomplizierte alles, und die Franzosen erwiesen sich eher als Problem für mich.

Cécilia wurde von Gaddafis Frau, Safia Farkash, am Flughafen abgeholt, ich fuhr in einem anderen Wagen ins Hotel. Kaum angekommen, wurden wir „eingeladen", eine dieser römischen Ausgrabungsstätten an der Küste zu besuchen. Cécilia und ich waren offiziell gekleidet, da wir auf sofortige Gespräche mit der libyschen Führung vorbereitet waren. Die Hitze war unerträglich. Auf der Fahrt zu den archäologischen Stätten, nun im selben offiziellen Wagen, unterhielt ich mich mit Cécilia auf Französisch und stellte fest, dass wir nun in den Händen der Libyer seien und nichts selbstständig machen könnten. Darauf entgegnete sie theatralisch: „Ah, vous êtes fataliste!" – „Ganz im Gegenteil", widersprach ich, „ich bin überhaupt nicht fatalistisch." Aber ich kenne die libysche Verhandlungsstrategie. Leider hatte ich recht: Volle zwei Stunden mussten wir in glühender Hitze touristische Monumente besichtigen. Und wir hatten nicht die geringste Ahnung, was uns danach erwarten würde.

„Völlig egal, was wir hier unterschreiben"

Am frühen Abend ging es endlich ins Hotel zurück, und wir hofften, dass wir beim Abendtermin endlich zur Sache kommen könnten. Denn alles war ja längst ausverhandelt, hatte ich gedacht. Cécilia Sarkozy drängte es, Gaddafi persönlich zu sehen, um dann als große Heldin zu erscheinen. Aber beim Abendtermin hieß es plötzlich, alles müsse neu verhandelt werden. Von einem Termin beim Leader persönlich war keine Rede mehr. Wie redeten von 21 Uhr bis 2 Uhr nachts, fünf intensive Stunden lang. Claude Guéant wollte um jeden Preis alles akzeptieren und einfach unterschreiben, was uns die Libyer vorsetzten. Er meinte: „Ist doch völlig egal, was wir hier unterschreiben." Das verlangte er auch von mir. Ich weigerte mich allerdings. Als EU-Kommissarin müsste ich das Papier der Kommission und danach dem Ministerrat vorlegen, erklärte ich ihm. Ich konnte doch nicht für die gesamte EU-Kommission einfach unterschreiben, was die Libyer wollten, sondern mich nur verpflichten, der EU-Kommission und danach dem Außenministerrat den Entwurf vorzulegen.

Währenddessen telefonierte Guéant laufend mit Sarkozy, der wiederum verärgert Barroso direkt anrief und sich über mich beschwerte. Plötzlich wurde mir der Hörer überreicht: „Barroso am Apparat." Der Kommissionspräsident war hörbar verärgert. Er herrschte mich an, wie ich nach Libyen haben fahren können, ohne ihn zu unterrichten. Ich erklärte ihm das mit Sarkozy vereinbarte Stillhalteversprechen, „und ich halte mein Wort." – „Aber ich bin dein Chef!"

Cécilia regte sich ebenfalls auf, sie war auf „Ich kam, sah und siegte" eingestellt. Ich saß zwischen zwei Stühlen, hier die Libyer mit ihren neuen Forderungen, da die Franzosen, die nur mit den Gefangenen nach Hause fliegen wollten und denen der Inhalt unserer Vereinbarung egal war. Sie waren bereit, mich zu opfern. So verging unsere erste Nacht in Tripolis. Obwohl wir noch am selben Tag hatten zurückfliegen wollen, mussten wir wohl oder übel die für uns bereitgestellten Hotelzimmer beziehen.

Am nächsten Vormittag, es war der 24. Juli 2007, kam ein Telefonat, von dem mich die Franzosen bewusst fernhielten. Sie sprachen offenbar mit dem Emir von Katar darüber, wie mehr Geld eingezahlt werden sollte. Ich durfte nicht zuhören. Später entschuldigten sie sich sogar dafür, und Cécilia meinte, ich sei ganz anders, als sie erwartet habe. Offenbar wurde das besondere Verhältnis Sarkozys zu Katar und das zu Libyen genützt, um für den Fonds mehr Geld zu organisieren. Sarkozy bot für den Fall der Freilassung als zusätzliche Leistung an, zum Staatsbesuch nach Libyen zu kommen und damit Gaddafi den Weg zurück in die internationale Gemeinschaft endgültig zu ebnen. Den ganzen Tag wurde wild telefoniert, viel Zeit ging verloren. Erst am späten Nachmittag wurde ich eingeladen, ins Amt des Premierministers zu fahren, wo wir den Vertrag abermals neu verhandeln und die neu hinzugekommenen Elemente direkt in den Computer meines EU-Botschafters Pierini schreiben sollten. Der Druck war enorm, nebenan saß der Premierminister und wartete. Währenddessen wurde Cécilia schließlich von Gaddafi empfangen, wir hatten aber keine Ahnung, was dabei herauskam.

Zurück im Hotel, sollten wir uns alle im obersten Stock treffen, wo wir endlich der Übergabe der Bulgarinnen und des Palästinensers harren sollten. Der bulgarische Botschafter müsse geholt werden, hieß es, da Aschraf die bulgarische Staatsangehörigkeit verliehen worden war, aber gleichzeitig auch der Vertreter der Palästinenser, da Aschraf ja eigentlich Palästinenser war. Die Libyer taten alles, um die letzten von ihnen geforderten Handlungen in die Nacht hinein zu verzögern.

Cécilia war stocksauer. Sie war so wütend, dass sie den Premierminister, der ja nur Gaddafis Befehlsempfänger war, lautstark anschrie: „Ich will die Häftlinge noch heute frei kriegen und mit ihnen heimfliegen. Wenn das nicht geht, dann fliegen wir allein zurück, und es gibt gar keine französische Gegenleistung."

Zunächst jammerten die Libyer, es sei jetzt zu spät, man könne heute nichts mehr machen. Es war längst nach Mitternacht. Wir beharrten aber darauf und kündigten an, am Flughafen zu warten. Ich sagte, ich würde den Vertragsentwurf mitnehmen und nur unterschreiben, sobald wir die Häftlinge in unserer Hand hätten. Vorher nicht.

Von der Todeszelle in den VIP-Salon

Plötzlich fiel den Libyern ein, dass die Krankenschwestern nur von bulgarischen Polizisten abgeholt werden dürften. Natürlich waren keine bulgarischen Polizisten verfügbar. Schließlich akzeptierten sie auch die zwei französischen Polizisten, die mit Madame Sarkozy gekommen waren. Am Flughafen warteten wir nochmals einige Stunden, während Botschafter Pierini mit den französischen Polizisten und den Libyern zu den Gefängnissen fuhr. Der Gefängnisdirektor weigerte sich angeblich, die Häftlinge zu wecken: „Gedulden Sie sich bis vier Uhr früh." Um sechs Uhr wurden die Häftlinge endlich herausgeholt – waren aber wieder nicht informiert, warum. Die Armen hatten Todesangst. Sie wussten nicht einmal, dass ihr Todesurteil seit Zahlung der Diya in Lebenslänglich umgewandelt worden war. Aschraf saß bis zuletzt in der Todeszelle. Er rechnete nun mit seiner Erschießung, als er ohne Erklärung aus dem Schlaf gerissen wurde. Es war unvorstellbar menschenverachtend.

In der Wartezeit pendelten wir am Flughafen, ständig telefonierend, zwischen dem VIP-Salon und der französischen Präsidentenmaschine hin und her. Wir hatten keine Klarheit über die Vorgänge – bis der Vize-Außenminister endlich kam und mitteilte, die Gruppe der Krankenschwestern und des Palästinensers sei unterwegs. Wir ließen uns das von den beiden Polizisten telefonisch bestätigen. Daraufhin unterschrieb ich endlich den Entwurf, der zum ersten Mal ein Vertragsverhältnis zwischen der Europäischen Union und Libyen schaffen sollte.

Der Vize-Außenminister und die anderen Amtsträger waren eigentlich nette Leute und, soweit dies unter den Bedingungen einer Diktatur möglich war, menschlich in Ordnung. Durch die Verhandlungen waren wir uns nähergekommen. Schließlich waren sie selbst erleichtert und dankbar, dass dieses belastende Kapitel zu Ende ging. Den Vize-Außenminister lud ich für einen Moment in die Sarkozy-Maschine ein, wo wir – auch er als Moslem – gemeinsam einen Schnaps zu uns nahmen. Er schenkte mir dafür einen von ihm selbst verfassten Gedichtband.

Als die Krankenschwestern am Flughafen ankamen, entstand erneut Tumult. Zuerst wurden sie in den VIP-Raum, dann zum Präsidentenflugzeug gebracht, und während sie die offizielle Stiege hochgingen, wollte mein Mitarbeiter Vincent Guérand ein Foto machen. Sofort entrissen ihm die libyschen Sicherheitsbeamten den Fotoapparat, wir bekamen ihn nie zurück. Das Flugzeug hob sofort ab. Erst als es den libyschen Luftraum Richtung Sofia verlassen hatte, fiel die Anspannung, wir umarmten uns alle, die Tränen flossen, und die französische Crew servierte Champagner. Es war wie der gute Ausgang eines Kriminalromans.

Sarkozy informierte inzwischen die bulgarische Regierung und Präsident Barroso. Als wir am Vormittag in Sofia landeten, erwartete uns ein Heer von Journalisten. Sofort nach der Ankunft begnadigte Präsident Parwanow die Ankömmlinge, obwohl die libysche Seite erwartet hätte, dass sie in Bulgarien weiter in Haft blieben. Nach acht Jahren waren sie endlich frei (Abbildungen 80, 81, 82).

Wieviel Geld den Familien der Aids-infizierten Kinder ausgezahlt wurde, wird nie zu klären sein.

Kristiyana Valcheva verarbeitete ihr achtjähriges Martyrium in einem Taschenbuch: *Ich bin in der Hölle gewesen*. Darin gibt sie sich selbst die Schuld: Gott habe sie dafür bestrafen wollen, dass sie nach Wohlstand und Freuden gestrebt habe, was aber nicht der Sinn des Lebens sei.

Meine Mission zeigt, dass man sich in der arabischen Welt auch als Frau durchsetzen kann. Bulgarien erwies sich dankbar, indem ich die Ehrenbürgerwürde von Sofia erhielt und Präsident Parwanow mir die höchste Auszeichnung des Landes, den Orden *Stara Planina*, überreichte. *Die Welt* schrieb von der „Freilassung des Jahres", Diktator Gaddafi habe sich die Beendigung der staatlichen Geiselnahme teuer bezahlen lassen und werde nun vom Westen, allen voran von Sarkozy, wie ein Wüstengott hofiert. Anschließende französische Wirtschaftsdeals mit Libyen in Milliardenhöhe sprachen für sich.

Cécilia ließ sich von Nicolas Sarkozy dennoch scheiden.

Libyen heute: Failed State und Transitland für Migranten

Der heutige Zustand Libyens ist eine Katastrophe. Muammar Gaddafi einfach zu töten, war ein schwerer Fehler. Die genauen Todesumstände sind bis heute nicht geklärt, Spekulationen zufolge könnten Geheimdienste beteiligt gewesen sein. Natürlich war er ein Diktator, aber er hatte das Land unter Kontrolle und war – wie man am Beispiel der bulgarischen Krankenschwestern sieht – zunehmend bereit, mit dem Westen zu kooperieren. Es war ein langsames Aufeinanderzugehen, er selbst und vor allem sein Sohn Saif al-Islam Gaddafi wollten das Land mit der wunderbaren Küste und den römischen Ausgrabungen auch touristisch erschließen. Große Investitionen waren hierfür geplant. Es sah alles danach aus, dass sich das Land öffnen würde.

Vor allem der Auftritt von Saif al-Islam Gaddafi, jenem Sohn, der zum Teil im Westen erzogen wurde und vom Vater vielleicht dazu auserkoren war, Libyen zu öffnen, beim Weltwirtschaftsforum (WEF) in Davos Anfang 2011 ließ aufhorchen. Ich habe meinen Ohren nicht getraut, als er in kleinem Kreis, an dem ich teilnahm, die Menschenrechte und andere positive Pläne ansprach. Wie weit er es hätte umsetzen können, ist eine andere Frage.

Aus Libyen wurde ein *Failed State*, ein gescheiterter Staat, extrem instabil, von Bürgerkrieg zerrüttet. Für Zehntausende Flüchtlinge und Migranten aus Afrika ist es das wichtigste Transitland in Richtung Europa. Schlepperbanden nützen das Vakuum schamlos aus, machen Milliardenumsätze.

Auf ihrem Gipfel in Malta beschlossen die 28-EU-Staats- und Regierungschefs im Februar 2017 einen Zehnpunkteplan, der weitere Flüchtlingsströme auf der lebensgefährlichen Mittelmeerroute verhindern soll.

Aber das Wichtigste ist auch hier, eine stabile Regierung zu unterstützen, die Libyen langsam aus dem Chaos und in geordnete Verhältnisse führen kann. Und dass die Administration Trump den früheren palästinensischen Premierminister Salam Fayyad, von UNO-Generalsekretär Guterres als Vermittler und Libyen-Beauftragter ausersehen, abgelehnt hat, halte ich für eine falsche Entscheidung! Salam Fayyad, mit dem ich im Nahost-Prozess viel zu tun hatte, habe ich als sehr guten und korrekten Mann in Erinnerung.

DER OSTEN

Wie das Vertrauen zwischen der EU und Russland dezimiert wurde

Hätte mehr Behutsamkeit den Bruch verhindern können?

Einer der Höhepunkte meines einjährigen OSZE-Vorsitzes war gewiss ein Gespräch mit Wladimir Putin. Der neue russische Präsident hatte das Amt kurz davor von Boris Jelzin übernommen und stand am Anfang seiner ersten Amtszeit, als ich ihn kennenlernte. Ich war – nach dem Deutschen Gerhard Schröder und dem Briten Tony Blair – der dritte politische Besuch, den Putin empfing. Die Audienz dauerte knapp eineinhalb Stunden.

Als OSZE-Vorsitzende im Jahr 2000 war mir Tschetschenien ein großes Anliegen. Damals herrschte allgemein große Angst vor einem Flächenbrand von Afghanistan bis zum Schwarzen Meer. Wir wollten unbedingt in Tschetschenien ein OSZE-Büro eröffnen. Im Dezember 1998 war die Vertretung wegen der drastisch verschärften Gefährdungslage und der unhaltbaren Anarchie aus Grosny evakuiert worden, musste zuerst ins etwas sicherere Znamenskoje, ein nordtschetschenisches Städtchen, ausweichen, allerdings nach kurzer Zeit Tschetschenien komplett verlassen und vorübergehend nach Moskau übersiedeln. Diese Absenz internationaler Beobachter nutzten russische Streitkräfte für zum Teil schwere Menschenrechtsverletzungen.

Schon vor meiner Zeit hatte die OSZE Russland wiederholt ersucht, die Rückkehr einer OSZE-Außenstelle nach Znamenskoje zu ermöglichen, doch stets vergeblich. Der Kreml und das russische Außenministerium begründeten ihre Ablehnung mit dem Vorwand, die Sicherheit für die Mitglieder der OSZE-Gruppe könne nicht gewährleistet werden.

Das vordringliche Ziel meines Vorsitzes war es, die frühere Rolle der OSZE zu reaktivieren und die OSZE-Unterstützungsgruppe nach Tschetschienen zurückzuführen. Eine OSZE-Vertretung sahen wir als einzige Möglichkeit, diesen schrecklichen Konflikt wenigstens etwas überschauen zu können. Politische Vermittlung war ohnehin ausgeschlossen, aber von der Menschenrechts- und humanitären Seite wollten wir versuchen, in diese brutale Lage dämpfend einzugreifen.

Lokalaugenschein in Tschetschenien

Zuerst bremsten die russischen Diplomaten, die bei der OSZE in Wien akkreditiert waren, meine Pläne. Also organisierten wir eine Reise für mich als Vorsitzende direkt zum Kreml. Hier waren die Russen wiederum hilfreich, sie akzeptierten, dass ich mit Präsident Putin persönlich sprechen wollte.

Die Reise Mitte April 2000 dauerte vier Tage und führte mich – in einer russischen Maschine – von Moskau in die Nähe der Hauptstadt Grosny, wo ich mich über die Bedürfnisse vor Ort informieren wollte, sowie nach Nordossetien und Inguschetien. Allein in Inguschetien saßen mehr als 250.000 Flüchtlinge in grenznahen Camps, Gastfamilien, öffentlichen Gebäuden und in Eisenbahnwaggons.

Ich wollte erkunden, was die OSZE in Tschetschenien leisten könnte. Grosny war vollkommen zerstört. Ich sprach persönlich mit einigen der „Trümmerfrauen", die mit primitivsten Mitteln den Schutt und die Steine der zerbombten Stadt wegräumten, um ihre Häuser wieder aufzubauen. Was für ein tragischer Anblick! Nicht zu fassen, dass in der Katastrophenlandschaft mit immer neuen Kämpfen noch immer oder schon wieder Menschen lebten.

Jeder wusste, dass es ohne politische Lösung keinen Frieden geben konnte. Aber über den Weg zu dieser Lösung klafften die Meinungen weit auseinander. Die Vorzeichen, unter denen die OSZE in Tschetschenien antreten sollte, waren alles andere als eindeutig.

Von der erneuten Beobachter-Präsenz der OSZE in Tschetschenien erhoffte ich mir ein Signal an alle Verantwortlichen, das als dramatischer Appell für Menschlichkeit verstanden werden wollte. Ich wollte die Russen diplomatisch, aber trotzdem deutlich abmahnen.

Es war etwas skurril, dass ich in der Funktion als österreichische Außenministerin selbst unter den Sanktionen der EU stand, aber in der Funktion als OSZE-Vorsitzende mit Sanktionen gegen Russland hätte drohen können. Wenn man mir bei meinem Besuch im Kreml wohlwollend versicherte, nichts von EU-Sanktionen gegen mein Land zu halten, so wollten meine Gastgeber damit gleichzeitig ausdrücken, dass sie von antirussischen Sanktionen erst recht nichts hielten. Putin nahm die EU schon damals nicht immer ganz ernst und kümmerte sich auch nicht um gelegentliche Kritik aus Europa, das die Dimension des Tschetschenien-Konflikts zum Teil weniger interessierte als die Option für Geschäfte mit Russland. Wie heute gab es auch damals keine gemeinsame Außen- und Sicherheitspolitik der EU-Mitgliedsstaaten und keine gemeinsame, höchstens eine zahme Haltung.

Was der Geheimdienst darf und Menschenrechtler nicht dürfen

Meine Reise fand in einem aufgewühlten Umfeld statt. Genau in diesen Tagen reiste auch der Chef des deutschen Bundesnachrichtendienstes (BND), August Hanning, nach Tschetschenien, was im rot-grün regierten Deutschland skandalisiert wurde und für riesige politische Aufregung sorgte. Man warf Hanning vor, Russland Informationen für den Feldzug in Tschetschenien übermittelt zu haben. Was auf jeden Fall ärgerlich war: Der Geheimdienstchef hatte ungehinderten Zugang ins Kriegsgebiet erhalten, wogegen den Menschenrechtsbeauftragten internationaler Organisationen die Einreise nach Tschetschenien verweigert wurde. Und im Deutschen Bundestag beantragte die FDP-Fraktion eine Tschetschenien-Resolution der UNO-Menschenrechtskommission, da ungeachtet aller internationalen Proteste von UNO, EU, Europarat und OSZE der russische Militäreinsatz mit aller Härte weiterging – mit willkürlichen Hinrichtungen, Plünderungen, Vergewaltigungen, Folterungen, dem Beschuss von Flüchtlingskonvois und mit Auslöschung von Städten und Dörfern.

Es gab in diesen Tagen also dringendst Gesprächsbedarf. In den Unterredungen mit Präsident Putin und davor mit dem damaligen Außenminister Igor Iwanow gelang es mir, auf Basis des Mandats von 1995 die

Rückkehr der Unterstützergruppe nach Tschetschenien zu vereinbaren, wenn auch nicht nach Grosny, sondern nur nach Znamenskoje, wo das Büro schon einmal gewesen war. Der Ort liegt weitab von den Gebieten mit Kriegsgräueln, man hätte von den Menschenrechtsverletzungen nicht alles sehen können.

Mit der Umsetzung ließ sich das russische Außenministerium aber sehr viel Zeit, fast anderthalb Jahre, obwohl ich in Moskau von Putin höchstpersönlich die Zusicherung erhalten hatte, der Arbeitsbeginn der Unterstützungsgruppe, damals unter der Leitung eines Österreichers, werde „in jeder Hinsicht und ohne Verzögerung" unterstützt werden. Die bürokratischen Hürden und die Verhandlungen über Kleinigkeiten in technischen Fragen zur Bewachung des Teams und der Registrierung seiner Fahrzeuge waren offensichtlich Verzögerungstaktik. Nach außen hin war die russische Führung freundlich, in Wahrheit hielt uns das Außenministerium hin.

Ich wies die russischen Partner immer wieder darauf hin, dass ohne politische Lösung die Kriegshandlungen kein Ende finden könnten und ein dauerhafter Frieden in der Region unmöglich sei. Die russische Seite lehnte aber eine politische Vermittlerrolle der OSZE strikt ab. Daher konnten wir uns nur auf den humanitären Teil konzentrieren. Was die OSZE tun konnte, war, zusammen mit lokalen Nichtregierungsorganisationen einige humanitäre Projekte zu betreuen, beispielsweise tschetschenische Flüchtlingskinder zu unterstützen, Lebensmittel an Flüchtlinge zu verteilen, Medikamente zu organisieren und technische Ausrüstung für ein Krankenhaus zu liefern. Darüber hinaus arbeitete sie mit Wladimir Kalamanow, dem russischen Menschenrechtsbeauftragten in Tschetschenien, zusammen und sorgte für Weiterbildung der Mitarbeiter seines Büros. Kalamanow war allerdings keinesfalls unumstritten.

In Znamenskoje jedenfalls konnte die OSZE ihre Tätigkeit erst Mitte Juni 2001 wiederaufnehmen, nicht mehr unter meinem, sondern bereits unter rumänischem Vorsitz. Eröffnet wurde das Büro vom rumänischen Außenminister Mircea Geoana. Vier Personen bildeten damals die Unterstützungsgruppe. Ihr Mandat sollte aber nach eineinhalb Jahren auch wieder enden, nämlich Ende 2002.

„Staatsanwalt!"

Für mein Gespräch im Kreml war vereinbart gewesen, dass Präsident Putin und ich uns auf Deutsch und Russisch unterhalten würden, wobei ein Dolmetscher für die Simultanübersetzung sorgen sollte. Es war ein prächtiger Saal im Kreml, in dem der russische Präsident und ich einander gegenübersaßen, nur vom Dolmetscher begleitet.

Einmal in dem neunzigminütigen Gespräch machte der Dolmetscher einen Fehler und übersetzte einfach „Anwalt". Da sprang Putin auf und korrigierte sofort auf Deutsch: „Nein, Staatsanwalt!" Das beeindruckte mich, es zeigte, wie gut er Deutsch beherrscht und solche Feinheiten kennt. Am Ende des Gesprächs verabschiedete sich das russische Staatsoberhaupt übrigens freundlich von mir – auf Deutsch.

Es war ein gutes Gespräch, Putin war offen und zeigte sich interessiert. Wir behandelten zwei Themenkreise. Die erste Hälfte der Zeit galt dem Anliegen der OSZE, in Znamenskoje das Büro zu errichten. Im zweiten Teil beschrieb er mir das Konzept seiner künftigen Wirtschaftspolitik. Damit hatte ich nicht gerechnet, daher war es besonders interessant. Seine Vorstellung war sehr positiv gegenüber Europa und einer Wirtschaftspartnerschaft, er wollte Europa bis zum Ural öffnen und strebte einen gemeinsamen Kontinentalmarkt von Lissabon bis Wladiwostok an.

Das war in der Phase, in der Putin sich selbst und die russische Position in Europa suchte, die Phase, in der wir ihn viel stärker hätten einbinden müssen. Ich hatte damals überhaupt kein schlechtes Gefühl mit ihm. Die Strategie vom gemeinsamen Markt voranzutreiben und die Russen mehr einzubinden, wäre meiner Ansicht nach sehr wichtig gewesen.

Wir Österreicher standen dem immer positiv gegenüber, wir hatten damals ein gutes Verhältnis zu Putin. Das zeigte sich auch im Februar 2001, als der russische Präsident auf Einladung Bundeskanzler Wolfgang Schüssels nach Sankt Anton am Arlberg kam. Als Außenministerin begleitete ich die beiden. Wir begannen zu dritt mit einem Arbeitsgespräch, übrigens wieder auf Deutsch, danach war ein halber Tag dem Schifahren gewidmet.

Die Gesprächsatmosphäre war entspannt, der Meinungsaustausch konstruktiv. Die Themen kreisten auch hier um Wirtschaftspolitik, um mögliche Antworten auf die unsichere ökonomische Entwicklung und um Energiefragen. Vor allem aber ging es wieder um einen großen europäischen Wirtschaftsraum. Putin erläuterte uns im Detail seine Idee von einer gemeinsamen Wirtschaftszone Russlands mit der EU.

Atmosphärisch lief auch auf den Schipisten am Arlberg alles bestens: Putin und Schüssel sind hervorragende Schifahrer, beide rasten die steilen schwarzen Pisten im Schuss hinunter und hängten sogar die eigenen Sicherheitsbeamten ab, die wie in einem James-Bond-Film bemüht waren, das Tempo mitzuhalten. Als mittelmäßige Schifahrerin gab ich etwas genervt auf und schaute mir das Spektakel von einer sicheren Stelle aus an. Das gute Verhältnis zu Putin konnte Schüssel auch später aufrechterhalten.

Kurz vor dem ersten Putin-Besuch in Österreich war es zu einer Aufregung um die Aussage des russischen Botschafters in Wien, Alexander Golowin, gekommen. In einem Interview sagte er, Russland betrachte die österreichische Neutralität als immerwährend, folglich komme es für Moskau nicht Frage, dass Österreich der NATO beitreten dürfe. Werner Fasslabend, Dritter Nationalratspräsident, und ich wiesen dieses Statement als Einmischung in die inneren Angelegenheiten zurück. Mit Putin selbst war das kein spannungsgeladenes Thema mehr, im Gegenteil. Der Präsident sagte, im neuen Europa solle es keine neuen Trennlinien geben. Über eine Erweiterung der NATO würde sich Russland „nicht freuen", aber die NATO habe ohnehin keine Existenzberechtigung mehr.

Bundespräsident Thomas Klestil erinnerte Putin daran, dass Anwendung und Auslegung des Neutralitätsgesetzes alleinige Angelegenheit Österreichs seien. Putin meinte lediglich: „In letzter Konsequenz wird die Entscheidung allein beim österreichischen Volk liegen." Damit widersprach er seinem Botschafter Golowin, der vermutlich die Aufgabe gehabt hatte, die Reaktionen auszutesten. Die Aussage von Nationalratspräsident Heinz Fischer, dass die Neutralität in der österreichischen Verfassung verankert sei und eine Änderung eine – unwahrscheinliche – Zweidrittelmehrheit im Parlament benötigen würde, dürfte Putin wohl beruhigt haben.

Plötzlich ein anderer Wladimir Putin

Im Lauf der Jahre, ich war längst EU-Kommissarin, lernte ich aber auch einen anderen Wladimir Putin kennen. Stets ausgezeichnet vorbereitet, antwortete er auf die Ausführungen, die Kommissionspräsident Barroso vorbrachte, mit starken Argumenten. Barroso musste bei solchen Gipfeln die EU-Kritik anbringen und so eine ihm auferlegte Pflicht erfüllen. Den Vorhaltungen von Kommissionsseite hielt Putin schlagfertig Vorwürfe der russischen Seite entgegen. Das waren durchaus angespannte Situationen, die nicht immer Raum für Kompromisse offenließen. Ich erlebte Putin immer sehr kompetitiv, als harten Kämpfer, sportlich, enorm durchtrainiert, als einen, der auch in politischen Gesprächen danach strebt, die Oberhand zu behalten.

Nach dem EU-Bericht zu *Wider Europe* scheint sich Russland mit der Frage beschäftigt zu haben, ob es daran teilnehmen sollte. Offensichtlich weil es nicht nur „ein Nachbarland unter anderen" sein wollte, entschied es sich aber dagegen. Russland strebte einen speziellen Status an. Gleichzeitig prüfte es die Frage der Kompatibilität zwischen dem europäischen und dem russischen Integrationsmodell für die postsowjetischen Staaten.

Mit der ENP wollte die nun erweiterte EU die Nachbarstaaten an sich heranzuführen, ohne ihnen aber eine Beitrittsperspektive anzubieten. Die Formel von Kommissionspräsident Romano Prodi: „Everything but institutions", alles außer Institutionen, wurde von Russland anfänglich auch nicht negativ, sondern eher neutral aufgefasst. Die russische Haltung sollte sich allerdings durch die Orangene Revolution 2004 in der Ukraine ändern. Russland trat in der Frage der Attraktivität des europäischen und des russischen Integrationsmodells für die postsowjetischen Staaten in einen offenen Wettstreit.

Im Sommer 2008, nach der Schaffung der Mittelmeerunion auf Initiative Präsident Sarkozys im Rahmen der ENP-Mittelmeerpartnerschaft, waren es die Polen, unterstützt von den Schweden und sekundiert von den Balten, die eine Östliche Partnerschaft bzw. eine Östliche Dimension der ENP (EaP) vorantrieben. Erst nach dem Russland-Georgien-Konflikt im August 2008, ebenfalls unter französischer Präsidentschaft, wurde diese Initiative von allen EU-Mitgliedsstaaten mitgetragen.

Spannungen zwischen der EU und der Russischen Föderation prägten die Jahre 2006 bis 2008. Polens Veto gegen das EU-Russland-Abkommen beantwortete Moskau gegenüber Polen mit einem Fleischboykott.

Als Außenminister Sergei Lawrow im März 2009 gegenüber der EU seine Sorge ausdrückte, die Östliche Partnerschaft könnte die postsowjetischen Staaten davon abhalten, ihren politischen und wirtschaftlichen Kurs frei zu gestalten, versicherte ihm die EU das Gegenteil. Aber Lawrow blieb skeptisch.

Auf dem ersten Gipfel der Östlichen Partnerschaft am 7. Mai 2009 in Prag wurde als Ziel die Schaffung unabdingbarer Voraussetzungen für die Entwicklung von politischer Assoziierung und wirtschaftlicher Integration zwischen der EU und den östlichen ENP-Partnerländern festgelegt. Schließlich ging Russland einen Schritt weiter und kreierte als Gegenmodell zur Östlichen Partnerschaft der EU seine Eurasische Zollunion und eine Eurasische Wirtschaftsunion (EAWU) und bot anderen Ländern Freihandelsabkommen an.

Die EU bereitete ihrerseits EU-Assoziierungsabkommen mit der Ukraine, Moldawien, Georgien und Armenien vor, die jeweils die Schaffung einer Freihandelszone vorsahen. Nunmehr war der Wettbewerb zwischen der EU und Russland zu einer echten Rivalität geworden, und Russland verstärkte seinen Widerstand gegen die Unterzeichnung der Assoziierungsabkommen dieser Länder mit der EU.

Der Fehler mit dem Assoziierungsabkommen

Als Kommissarin für Nachbarschaftspolitik habe ich versucht, soweit ich konnte, einen vernünftigen Russlandkurs zu steuern, sowohl bei den Verhandlungen zwischen der EU und Russland als auch gegenüber der Ukraine. Ich wollte diese Gespräche keinesfalls ins Negative abgleiten lassen. In meiner Brüsseler Funktionsperiode verfolgten wir von der EU-Kommission gegenüber den östlichen Partnern eine positive Agenda und glaubten, gegenüber Russland klar gemacht zu haben, dass diese Nachbarschaftspolitik nicht gegen sie gerichtet sei. In den EU-Russland-Verhandlungen wollten wir ein Abkommen über die vier Bereiche (Warenverkehr, Dienstleistungen, Personen- und Kapitalverkehr) erreichen. Leider kam es bisher nicht zu dessen Abschluss.

Wir handelten mit der Ukraine als dem wichtigsten Staat der Östlichen Nachbarschaft ein Partnerschafts- und Kooperationsabkommen aus. Ich flog deshalb oft in die Ukraine, hatte lange Gespräche mit Präsident Wiktor Juschtschenko und seinem Außenminister Boris Tarasjuk. Beide kannte ich gut: Juschtschenko aus meiner Zeit als Staatssekretärin, als er noch der Präsident der Ukrainischen Zentralbank war, und Tarasjuk aus meiner Zeit als Außenministerin, in der wir uns häufig getroffen hatten.

Sowohl der Präsident als auch der Außenminister bedrängten mich, ihnen ehestmöglich eine Beitrittsperspektive einzuräumen. Sie hatten keinen sehnlicheren Wunsch. Bei jeder Gelegenheit bestürmten sie mich aufs Neue. Bei aller persönlichen Sympathie: Ich lehnte dies immer ab.

Natürlich war die Frage, wie weit ein solches Abkommen mit der Ukraine gehen könne, eine Frage des Rates der Außenminister; aber da die Kommission verhandelte, hatte ich auch ein wichtiges Wort mitzureden. Meine persönliche Meinung war, dass die Ukraine keinesfalls reif sei, eine Beitrittsperspektive zu bekommen. Das Land war nun einmal ein Pufferstaat und hätte das auch bleiben sollen. Das brachte ich auch gegenüber der Regierung in Kiew klipp und klar zum Ausdruck. Ich ermahnte sie: „Geht voran mit euren Reformen, die absolut notwendig sind, und nehmt an, was wir Euch bieten!", und riet ihnen, die von uns gereichte Hand zu ergreifen und unsere Hilfsangebote in vollem Umfang zu nutzen – und dies auch positiv der Bevölkerung zu kommunizieren. Die EU-Kommission bot wirklich viel an, von Subventionen bis zu technischer Hilfe bei den verschiedensten Reformen. Diese Reformen waren für die Ukraine, wo leider einiges im Argen lag, vieles völlig veraltet war und wo die Korruption ausgemerzt werden musste, unabdingbar. Auf keinen Fall sollte unsere Verhandlung in der ukrainischen Bevölkerung falsche Hoffnungen auf einen EU-Beitritt wecken. Der Präsident und sein Außenminister aber wollten nur eines: in die Europäische Union.

Ich sprach mich auch strikt gegen die Bezeichnung „Assoziationsabkommen" aus, die die Ukrainer durchsetzen wollten. Ich fürchtete, dass wir ihnen damit indirekt einen gewissen Anspruch auf einen späteren EU-Beitritt geben würden, der aus damaliger Sicht weder gerechtfertigt noch aussichtsreich schien. Denn das war mir klar: Wird das gewünschte Ziel nicht erreicht, führt dies zweifellos zu Frustrationen.

Doch dann platzte ein verhängnisvolles Zugeständnis in die Endrunde der Verhandlungen. Als Frankreich in der zweiten Hälfte 2008 die Präsidentschaft innehatte, lief alles anders. Denn der damalige französische Staatspräsident Nicolas Sarkozy, der in seinen Entscheidungen oft sprunghaft war und nur das augenblickliche politische Kalkül im Auge hatte, wollte als der große Retter der Ukrainer in die Geschichte eingehen und akzeptierte die von ihnen gewünschte Formulierung „Assoziierungsabkommen" – die doch grundsätzlich so interpretiert werden konnte, als beinhalte sie die mögliche EU-Mitgliedschaft.

Misstrauen in Moskau

Ich war mit dem weiteren Verlauf der Dinge nicht glücklich, konnte mich aber – gegen Franzosen, Briten, Polen, Schweden und Balten – mit meiner Zurückhaltung nicht durchsetzen, obwohl ich anfangs damit führend war. Meiner Ansicht nach gingen die Versprechungen viel zu weit und war diese Entscheidung falsch, vor allem Russland gegenüber, das wegen unserer Nachbarschaftspolitik ohnehin misstrauisch war und sich dadurch noch mehr zurückgedrängt fühlte. Aber die EU reagierte sehr spät! Polen und die baltischen Staaten waren eben äußerst ängstlich und unterstützten daher die Ukraine auf ihrem Weg nach Europa sehr, weil sie schmerzliche Erinnerungen an die russische Politik und verständlicherweise auch Angst hatten und haben.

Unter meiner Nachfolgerin Catherine Ashton, der Hohen Beauftragten für Außen- und Sicherheitspolitik (nach Zusammenlegung der Posten des EU-Kommissars für Auswärtige Angelegenheiten und des Hohen Beauftragten gemäß dem Vertrag von Lissabon), wurde die Politik, die Ukraine immer näher an die EU heranzuführen, intensiv fortgesetzt, was die russischen Nachbarn sehr irritierte. Bis dahin hatten wir, wie erwähnt, unseren russischen Kollegen gegenüber stets betont, dass die Östliche Nachbarschaftspolitik keineswegs gegen ihr Land gerichtet sei. Nun aber beobachteten sie mit zunehmendem Misstrauen, wie sich die Annäherung der Staaten ihres *Near Abroad*, wie sie diesen Raum des nahen Auslands und der postsowjetischen Staaten nannten, in Richtung EU entwickelte.

Dazu kam die US-gestützte und besonders von den Polen und den Balten vorangetriebene Idee, die Ukraine sollte auch NATO-Mitglied werden. Auch mit dieser Annäherung an das Verteidigungsbündnis begleiteten wir Europäer amerikanische Politik. Jahre vorher hatte der damalige NATO-Generalsekretär Javier Solana versucht, Russland in den NATO-Russland-Rat einzubinden, aber die äußerst schwierigen Verhandlungen führten zu keinem beide Seiten befriedigenden Ergebnis.

Nach der Weigerung des prorussischen Präsidenten der Ukraine, Wiktor Janukowitsch, auf dem Gipfel von Vilnius – ganz offensichtlich auf Druck aus Moskau – das EU-Assoziierungsabkommen zu unterzeichnen, nach seinem Sturz durch die proeuropäischen Proteste in Kiew, nach seiner Flucht vom Februar 2014, nach der Unterzeichnung des politischen Teils des Abkommens im März 2014 und des wirtschaftlichen Teils durch den neuen Präsidenten Petro Poroschenko im Juni 2014, beide Male in Brüssel, und nach dem Ausbruch des bewaffneten Konflikts zwischen Ukraine und Russland kam es zur Annexion der Halbinsel Krim durch Russland und zur aktuellen Krise in der Ostukraine.

Sanktionenfrage in der Krim-Krise

Die Frage „Sanktionen ja oder nein?" hätte mich immer wieder verfolgt, wäre ich noch EU-Außenkommissarin gewesen, als Putin im März 2014 die Krim annektierte. Wäre ich noch in der Verantwortung gestanden, ich hätte anfangs auf Dialog zwischen EU und Russland gesetzt, ähnlich wie der damalige deutsche Außenminister Frank-Walter Steinmeier und sein österreichischer Kollege Sebastian Kurz. In diesem Sinne bin ich eine „Taube".

Österreicher und Deutsche haben einen anderen Zugang, weil ihnen Russland näher steht. Wenn man mit Russland nicht redet, wird man kaum eine Lösung finden. Aber da ein Kräftemessen auf beiden Seiten zu wenig konkrete Entspannung brachte und die Annexion der Krim ein Bruch völkerrechtlicher Verträge war, folgten Sanktionen gegen Russland.

Anfangs war ich also kein Freund von Sanktionen. Da Russland aber nicht nachgab, war klar, dass die EU etwas tun musste. Man kann nicht auf Dauer die negativen Aspekte gegeneinander aufschaukeln. Es wäre Aufgabe der Diplomatie, davon herunterzukommen. Wir brauchen einander! Natürlich muss man gegenüber dem großen, starken Land eine gewisse Härte zeigen, aber gleichzeitig auch die Hand entgegenstrecken.

Man muss eine Lösung mit Russland finden, es ist einfach viel zu wichtig. Es wurden ja Fehler auf beiden Seiten gemacht. Darüber hinaus sollten wir der Ukraine helfen, sich zu demokratisieren und die Lage zu verbessern, wir sollten sie finanziell unterstützen und später allenfalls in einen äußeren Kreis der EU integrieren. Es wird wohl realistische Politik sein müssen, die Krim-Annexion derzeit als *frozen conflict* hinzunehmen – wie wir das ja auch schon in Georgien mit Abchasien und Südossetien hatten hinnehmen müssen.

Auch drei Jahre nach der völkerrechtswidrigen Besetzung der Krim und Sewastopols sind die von der EU auferlegten Sanktionen gegenüber Russland noch aufrecht und ebenso die von Russland gegenüber der EU beschlossenen Gegenmaßnahmen. Spätestens bei dem bewaffneten Konflikt Russland-Georgien hätten wir in der EU erkennen müssen, dass Russland sein *Near Abroad* nach wie vor als seine Interessens- und Einflusszone ansah und darauf Wert legte, dass seine Sensibilitäten beachtet werden.

Dank der hohen Öl- und Gaspreise wieder erstarkt, hatte Russland ein neues Machtbewusstsein entwickelt, wollte die unipolare Welt nicht mehr anerkennen, sondern strebte selbst wieder eine globale Machtposition an und war nicht bereit, auf seine Interessens- und Einflusszone zu verzichten.

Wir sollten uns daher rückblickend die Frage stellen, ob man diese tiefe Vertrauenskrise zwischen der EU und Russland hätte vermeiden können, wenn wir Europäer die russischen Sensibilitäten besser verstanden hätten und stärker auf sie eingegangen wären.

Oder ist sie Ausfluss des neuen russischen Imperialismus?

Es ist aus meiner Sicht schade, dass es nicht gelingt, das Minsker Abkommen Schritt für Schritt umzusetzen, um eine Lösung für die Ukraine-Krise, aber auch eine Wiederaufnahme vertrauensvoller Beziehungen zwischen der EU und Russland zu ermöglichen. Ich finde, sowohl Russland als auch die Ukraine sollten von einer neutralen Institution (zum Beispiel dem UNO-Generalsekretär) zur stufenweisen Implementierung des Minsker Abkommens angehalten werden. Ich hoffe, dass der schrittweise Abbau der Sanktionen im Gegenzug zu positiven Maßnahmen der russischen Seite zu echter Entspannung führen wird. Österreich hatte mit Italien in der Südtirolfrage mit der sogenannten Paketlösung eine solche Schritt-für-Schritt-Lösung gefunden.

Vielleicht könnte ein Verzicht der Ukraine auf die NATO-Mitgliedschaft sowie die schon lang im Raum stehende Verankerung eines Autonomiestatus in den beiden Ostprovinzen zu einer Entspannung zwischen Russland und der Ukraine führen und damit die Umsetzung des Minsker Abkommens ermöglichen.

Das Paradoxon mit dem größten Partner

Russland war für die EU der größte strategische Partner, aber es oblag uns in der EU-Kommission, die wirklich schwierigen Fragen zu behandeln. Dazu gehörten etwa die hohen Gebühren, die Russland für Überflüge über Sibirien verlangte. In Hinblick auf sein Streben auf Mitgliedschaft in der Welthandelsorganisation WTO hätte Russland längst darauf verzichten sollen. Auch die Frage der Behandlung der russischstämmigen Bevölkerung in den baltischen Staaten war anzusprechen. Tatsächlich ließ deren Lage oft zu wünschen übrig. Differenzen gab es auch in zentralen internationalen Problemen, ich erwähne nur die Kosovo-Frage oder die eingefrorenen Konflikte in Moldawien und Georgien bzw. Armenien/Aserbaidschan. Auch die Strategie gegenüber dem Iran war kontrovers, obwohl wir dieselben Ziele teilten. Es war eine fast paradoxe Situation:

Handel und Investitionen boomten, die Energieverflechtung nahm zu, auf globaler Ebene arbeiteten wir eng zusammen, vor allem im Nahost-Quartett auf der Suche nach einer Lösung für den Nahostkonflikt.

Der Fortschritt politischer Reformen in Russland, den wir einforderten, war übrigens keine rein politische Frage, sondern im Eigeninteresse des Wirtschaftsstandorts Russlands. 2005 hatten wir die vier gemeinsamen Räume (Common Spaces) unserer Beziehungen durch die Roadmaps definiert und erfüllten sie kontinuierlich: in der wirtschaftlichen Zusammenarbeit, der Sicherheits- und Justizkooperation, der außenpolitischen Abstimmung und den Sektoren Forschung, Bildung und Kultur. Vor allem der „wirtschaftliche Raum" (Economic Space) gab Anlass für vertieften Dialog mit Russland. In Erwartung des WTO-Beitritts sowie des Starts von Verhandlungen über ein neues bilaterales Abkommen bildete dies das Rückgrat unserer Wirtschaftskooperation. Trotz der Fortschritte in der Wirtschaft sahen wir großen Aufholbedarf. Das große Potenzial Russlands sollte in beiderseitigem Interesse besser genutzt werden. Die Wirtschaft sollte stärker diversifiziert werden, nicht alles sollte nur aus dem Energiesektor kommen.

Doch gerade im Energiesektor zeigte sich die enge Verflechtung mit Russland. Wir importierten damals dreißig Prozent unseres Öls und ein Viertel unseres Gasbedarfs aus Russland. Das Schlüsselwort lautet hier: Reziprozität, denn Russland bezog einen Großteil seiner Haushaltseinkünfte aus dem Verkauf der Energie aus seinen Ressourcen.

Umgekehrt forderten wir klarere Regeln, mehr Transparenz und Rechtssicherheit für Auslandsinvestitionen und generell ein stabiles politisches und wirtschaftliches Klima ein. Auch die Stärkung der Demokratie und der Menschenrechte war uns ein Anliegen. Wir richteten zu diesem Zweck Ministerratskonsultationen ein, die zweimal im Jahr stattfinden sollten.

Bis Mitte 2008 stiegen Wachstumsraten zwischen der EU und der Russischen Föderation stark an. Dann hatte die Wirtschafts- und Finanzkrise einen negativen Effekt auf den europäisch-russischen Handel. Seit 2010 wuchs der beidseitige Handel wieder und erreichte sogar Rekordhöhen im Jahr 2012. Im selben Jahr trat Russland auch der Welthandelsorganisation bei, was es erlaubte, die Wirtschaftsbeziehungen mit der EU, aber auch mit anderen Staaten auszuweiten.

Doch seit dem Konflikt zwischen Russland und der Ukraine ist das Vertrauen, das damals trotz gewisser Diskrepanzen zwischen EU und Russland herrschte, leider dezimiert.

Die Zukunft der OSZE bei nüchterner Betrachtung

Selbst wenn die OSZE nicht immer viel bewirken kann, so ist sie doch ein wichtiges Dialogforum und eine Plattform, auf der Vertrauen geschaffen oder wiederhergestellt werden soll. Auch wenn sie inzwischen wie beinahe alle Institutionen zum Teil sehr bürokratisch geworden ist, haben ihre Missionen und Sonderberater oft wichtige Aufgaben bei der Eindämmung oder Lösung von Konflikten. Auch die OSZE-Beobachter, etwa in der Ostukraine, haben eine nicht zu unterschätzende Aufgabe.

Trotzdem ist die OSZE eine Organisation von 57 Staaten, die einstimmig entscheiden und daher auf der Basis des kleinsten gemeinsamen Nenners arbeitet – was nicht immer effiziente Resultate bringt. Dennoch haben sich alle OSZE-Vorsitzenden redlich bemüht, Konfliktlösungen zu finden und verfeindete Parteien näher aneinander zu bringen, wie etwa auf dem Balkan, im Kaukasus und in der Ostukraine.

Der OSZE-Vorsitz fällt in dem jeweiligen Vorsitz-Land dem Außenminister zu, im Jahr 2000, als Österreich an der Reihe war, demnach mir als Chefin der österreichischen Diplomatie. Auch bei unserem Vorsitz war es in der OSZE nicht einfach, und danach wurde es sogar noch schwieriger. 2017 hat übrigens wieder Österreich den OSZE-Vorsitz inne, diesmal mit Außenminister Sebastian Kurz.

Am Schluss unserer – doch sehr ordentlichen – Präsidentschaft hatten wir viele Außenminister in Wien, Höhepunkte waren sicherlich die Besuche von Madeleine Albright sowie von Vojislav Koštunica, des letzten Präsidenten Jugoslawiens, den ich zum Wiedereintritt in die OSZE eingeladen hatte. Die OSZE-Mitgliedschaft Jugoslawiens war 1992 wegen des Bosnien-Krieges ausgesetzt worden.

Die österreichische Botschafterin Jutta Stefan-Bastl, die im Außenministerium die Abteilungsleiterin für die OSZE und gleichzeitig die Leiterin der Ständigen Vertretung Österreichs war, leistete hervorragende

Arbeit und bereitete einen Text vor, der für alle Beteiligten akzeptabel war. Und trotzdem gab es, hauptsächlich wegen der Spannungen zwischen den USA und Russland, am Ende keine Zustimmung zum Text. Diese Spannungen setzten sich später fort, sodass manches noch komplizierter wurde.

Man muss auch nüchtern feststellen: Kein einziger der sogenannten *frozen conflicts* konnte inzwischen gelöst werden. Auch nicht der Konflikt zwischen Armenien und Aserbaidschan, um dessen Lösung ich mich intensiv bemüht hatte: Ich kannte beide Präsidenten gut und versuchte, mit beiden Seiten zu arbeiten. Annäherungsversuche gab es zwar, als Geidar Alijew schwer herzkrank war und es so aussah, als ob der Präsident zu einem Deal bereit sei, um seinen Sohn und Nachfolger, Ilham Alijew, zu helfen, aber im Endeffekt waren die Verhandlungen zwischen ihm und dem damaligen armenischen Präsidenten wieder nicht zielführend. Und heute haben wir den Konflikt nach wie vor.

Wie Geld, Gas und Gift das Verhältnis zum Osten bestimmten

Die wechselvolle Nachbarschaftspolitik der EU gegenüber der Ukraine

Die Europäische Union hatte die Absicht, sich mit einem sicheren „Ring von Freunden" zu umgeben. Dazu schuf sie die Europäische Nachbarschaftspolitik (ENP), die nicht nur gegenüber dem Süden, sondern auch gegenüber dem Osten stabilisierend wirken sollte.

Die ENP betraf vor allem die Ukraine, aber auch Moldawien, Belarus (Weißrussland), Georgien, Armenien und Aserbaidschan. Ziel war, anhand individueller Aktionspläne jedem Partner eine ambitionierte und maßgeschneiderte Perspektive zu bieten. Dafür schlugen wir gemeinsame Aktionen in Justiz-, Energie- und Umweltfragen vor, vertieften die Handelsbeziehungen und boten den Partnerländern sogar eine Teilintegration in den EU-Binnenmarkt an. Damit hätten diese östlichen Nachbarn der EU graduell an den Grundpfeilern der EU teilhaben können, den vier Grundfreiheiten, nämlich dem freien Verkehr von Personen, Waren, Dienstleistungen und Kapital.

Das strebte die EU nicht allein aus altruistischen Motiven an, sondern in Erwartung von Stabilität rund um die Union herum. Deshalb versuchte sie, in den Nachbarländern Demokratie, Rechtsstaatlichkeit und Menschenrechte zu fördern und zu helfen, eine unabhängige Justiz aufzubauen, marktwirtschaftliche Reformen zu stimulieren und bessere Regierungsführung zu ermöglichen.

Auch die Mobilität der Bürger dieser Länder zu fördern, war der EU ein wichtiges Anliegen im Rahmen der intensivierten Nachbarschaftspolitik. Desgleichen wollte sie den Einsatz größerer Finanzmittel ermöglichen, um rascher positive Entwicklungen in den Partnerländern zu erzielen.

Als EU-Kommissarin war mir das ein großes Anliegen. Unter meiner Führung beschlossen wir, die Europäische Nachbarschaftsinvestitionsfazilität (Neighbourhood Investment Facility, NIF) zu schaffen. Die NIF sollte es uns ermöglichen, unter Einsatz der von der EU-Kommission zur Verfügung stehenden Mittel einen viel größeren Finanzbedarf über Institute (Business Enterprise Research and Development der OECD, BERD, bzw. die Europäische Investitionsbank, EIB) abzudecken.

Bei den Mitgliedsstaaten der EU war dieser Mechanismus anfangs nicht einfach durchzubringen, später stellte er sich jedoch als großes Erfolgsmodell heraus. Das Modell war sogar so erfolgreich, dass es später auch für Lateinamerika angewandt wurde.

In der Kommission hatten wir für die „vertiefte Europäische Nachbarschaftspolitik" gegenüber dem Süden und dem Osten in der Periode von 2007 bis 2013 ein Gesamtbudget von zwölf Milliarden Euro vorgesehen, einschließlich der 700 Millionen Euro Anfangskapital („seed money"), um im Rahmen des Europäischen Nachbarschaftsfonds Kredithilfe für Infrastruktur- und andere Großprojekte möglich zu machen.

Wir wollten auch direkte Kontakte der Menschen jener Länder mit den Bewohnern der EU-Mitgliedsstaaten fördern, sogenannte *people-to-people-contacts*. Zu diesem Zweck erleichterten wir die Visapolitik und förderten Stipendienprogramme.

Nach der Orangenen Revolution 2005 hatte sich der EU-Ukraine-Aktionsplan als wesentliches Instrument erwiesen, mit dem wir politische und demokratische Reformen konsolidieren und den Menschenrechten mehr Respekt verschaffen konnten.

Mein Naheverhältnis zum Giftopfer Wiktor Juschtschenko

Den ukrainischen Präsidenten Wiktor Juschtschenko hatte ich schon kennengelernt, als er noch Präsident der Ukrainischen Nationalbank (NBU) und ich Außen-Staatssekretärin in der österreichischen Regierung war. Juschtschenko, ein stattlicher, großgewachsener, gutaussehender Mann, weilte in Wien auf einer Tagung, ich nahm an einem Essen mit ihm teil.

Umso größer war mein Entsetzen, als ich ihn das nächste Mal sah, wiederum in Wien, diesmal nicht im noblen Rahmen eines Banketts, sondern im Rudolfinerhaus, einer Privatklinik im Wiener Villenbezirk.

Nach einer Giftattacke im Gesicht entstellt und schwer erkrankt, wurde Juschtschenko medizinisch betreut. Ein Bekannter rief mich – ich war damals Außenministerin – an und fragte, ob ich den Präsidenten nicht im Krankenhaus besuchen wolle. Unter der Bedingung, dass der Besuch völlig privat bliebe und keine Journalisten davon erfahren würden, stimmte ich zu. Am Eingang des Rudolfinerhauses empfing mich diskret ein Sicherheitsbeamter, der mich ans Krankenbett des Präsidenten führte. Auch Juschtschenkos Frau Kateryna und das gemeinsame Baby waren im Zimmer anwesend. Der Anblick war erschreckend. Juschtschenkos Gesicht war angeschwollen und stark entstellt, sprechen konnte er nur mit äußerster Anstrengung und unter großen Schmerzen. Er erzählte mir, dass ein Giftanschlag auf ihn verübt worden sei, und bat mich, die EU-Institutionen davon zu unterrichten.

Die Ärzte bestätigten später, dass kein Zweifel bestehe, dass er vergiftet worden sei. Der Anschlag erfolgte durch Verabreichung eines hochgiftigen Dioxins, das nur in Speziallabors hergestellt werden kann. Nach Presseberichten unter Berufung auf die behandelnden Ärzte habe es sich um die höchsten Dioxinwerte gehandelt, die jemals bei einem Überlebenden einer solchen Giftattacke festgestellt worden seien. Nach einem Bericht des Generalstaatsanwalts in Kiew sei das Gift in die Suppe gerührt worden, als Juschtschenko zum Abendessen mit der damaligen Führung des ukrainischen Geheimdienstes SBU geladen war. Der Politiker hatte unglaubliches Glück, mit dem Leben davongekommen zu sein. Durch die rasche Behandlung in Wien und anschließend in der Schweiz konnte er langsam wieder genesen.

Zurück im Ministerium, rief ich sofort den Luxemburger Jacques Poos als damaligen EU-Ratsvorsitzenden, Javier Solana als Generalsekretär und Hohen Beauftragten des Rates der EU sowie Chris Patten, den damaligen EU-Außenkommissar, an. Ich berichtete ihnen, was ich eben gesehen und gehört hatte. Alle drei hörten mir zwar aufmerksam zu, aber nie erfuhr ich, ob diese frühen Informationen zu irgendwelchen Aktionen der Kollegen führten.

Diese zweite Begegnung mit Juschtschenko begründete ein besonderes Naheverhältnis zwischen uns beiden. Das zeigte sich später, als ich ihn als EU-Außen- und Nachbarschaftskommissarin wieder traf (Abbildung 110).

Energieaußenpolitik und Energiediplomatie

Ab 2005 verfolgten wir das Ziel, eine Energieaußenpolitik der EU voranzutreiben. Wir verstärkten unsere Zusammenarbeit mit der Ukraine, indem wir ihre herausragende Rolle als Transitland von russischem Öl und Gas anerkannten. Wir unterzeichneten ein entsprechendes *Memorandum of Understanding* (MoU), eine Absichtserklärung in Energiefragen.

In den letzten Monaten des Jahres 2005 aber eskalierte ein Streit zwischen Russland und der Ukraine wegen des Gaspreises; prompt stellte Russland am 1. Januar 2006 die Gasexporte in die Ukraine ein. Mehrere europäische Länder bekamen die Lieferengpässe ein paar Tage lang zu spüren, bis sie schließlich von der Europäischen Kommission und der damaligen österreichischen EU-Präsidentschaft gemeinsam mit Russland und der Ukraine beigelegt werden konnten.

Im Januar 2009 brach die zweite Gaskrise aus. Direkt zum Jahreswechsel stellte Gazprom die Lieferungen ein. Gut zwei Wochen lang strömte kein Gas durch die ukrainischen Pipelines in Richtung Westen, ausgerechnet in einer extremen Kälteperiode. Betroffen waren teils EU-Länder, teils Nicht-EU-Länder wie die Türkei und Mazedonien. Sie alle waren die Opfer des erneuten russisch-ukrainischen Streits über die Gaspreise.

Für das Oxford Institut für Energiestudien war die Krise von 2009 das „gefährlichste Energiesicherheitsereignis mit Gas, das es in Europa je gegeben hat".

Diese zweite Gaskrise führte uns die Energieabhängigkeit von der Russischen Föderation klar vor Augen – genauer gesagt: unsere gegenseitige Energieabhängigkeit. Die Interdependenz lag auf der Hand: Die EU war von der Russischen Föderation zu 25 Prozent der Öl- und Gaslieferungen abhängig, aber umgekehrt erzielte Gazprom 70 Prozent seiner Einnahmen aus dem EU-Raum. Grund genug für beide Partner, die Energiebeziehungen auf eine feste und berechenbare Grundlage zu stellen.

Wir mussten unabhängiger werden. Wir machten die Diversifizierung von Energiequellen und Lieferrouten zu unserer Priorität in der Kommission. Wir entwickelten mit den Lieferanten-, den Transit- und den Verbraucherländern eine Energiediplomatie.

Wir verstärkten unsere Energiekooperation zudem mit Partnern rund um die Welt – mit Kasachstan, Turkmenistan, Aserbaidschan und der Ukraine im Osten, aber auch mit Ägypten, Jordanien und Marokko im südlichen Mittelmeerraum. Darüber hinaus verfolgten wir weitere Abkommen mit Algerien, Libyen und Irak. Überall bemühten wir uns, für neue Energiekorridore ein gutes Klima zu schaffen – von Zentralasien nach Europa über die Kaspische See und weiter in die EU über die Nabucco-Pipeline sowie von Afrika über den Maghreb in die EU durch die Arabische Gaspipeline.

Und wir konzentrierten uns auf prioritäre Infrastrukturprojekte für Gas und Elektrizität, wie etwa den Baltischen Interconnection Plan (BEMIP), die Nord-Süd-Netzwerke innerhalb von Mittel- und Südosteuropa sowie LNG-Terminals, um Flüssiggas zu erhalten. Flüssigerdgas (NLG steht für Liquefied Natural Gas) hat den Vorteil, dass es durch die Verflüssigung mittels Kältetechnologien nur einen geringen Teil des Volumens des gasförmigen Erdgases ausmacht und daher auch besser zu transportieren ist.

Wir hatten in meiner Kommissarszeit vor, unseren Energiedialog mit der Russischen Föderation auf eine neue Basis zu stellen, und hofften, Russland würde die Prinzipien von Transparenz, Reziprozität und Proportionalität in einem verbindlichen Abkommen akzeptieren. Auch Russland hatte den Vorschlag für ein neues internationales Energieabkommen, das zu diskutieren wir bereit waren, wobei es uns jedoch darauf ankam, alles beizubehalten, was wir im Abkommen über die Energiecharta (Energy Charter Treaty) erreicht hatten.

Im März 2009 veranstalteten wir in Brüssel eine internationale Investitionskonferenz zur Modernisierung des ukrainischen Gastransitsektors. Damals wurden achtzig Prozent der russischen Gasexporte nach Europa – das waren zwanzig Prozent des gesamten EU-Gaskonsums – über die Ukraine transportiert.

Wir erklärten uns mit der ukrainisch-russischen Entscheidung, sich mit Tarifen und Transitgebühren schrittweise an die Marktkonditionen des europäischen Marktes anzupassen, einverstanden. Wir bekräftigten, dass die Einhaltung dieser Bedingungen und der Zehn-Jahres-Vertrag die Sicherheit von Lieferung, Transit und Nachfrage von Energie garantieren würde. Damit wollten wir unbedingt vermeiden, dass sich eine solche Gaskrise wiederholen könnte.

Teils waren technische Reparaturarbeiten nötig, um das marode Gasnetzwerk effizienter zu machen, teils waren dringende Strukturreformen im ukrainischen Energiesektor fällig. Die EU-Kommissionsdienste und die internationalen Finanzinstitutionen unterzeichneten mit der Ukraine eine gemeinsame Erklärung, die die Integration des ukrainischen Gassektors in den EU-Binnenmarkt unterstützen und den Weg für nötige Investitionen erleichtern sollte. An dieser Energiekonferenz, die das Vertrauen in die Ukraine als verlässlichen Partner festigen sollte, nahmen sowohl der damalige Präsident Wiktor Juschtschenko als auch die Premierministerin Julia Timoschenko teil.

Frühwarnsystem gegen neue Energiekrisen

Die „Neue Ostpartnerschaft", die wir im Jahre 2009 mit Armenien, Aserbaidschan, Moldawien, Georgien und der Ukraine aus der Taufe hoben, beinhaltete eine Reihe von ambitionierten Programmen aus vielen Politikbereichen und natürlich aus dem Energiesektor. Dazu gehörten:
- maßgeschneiderte bilaterale Unterstützung zur Erhöhung der Energiesicherheit jedes östlichen Nachbarlandes;
- multilaterale Kooperation, um das Frühwarnsystem zu verbessern und auf Krisen besser vorbereitet zu sein
- sowie „Leuchtturmprojekte" für die Diversifizierung der Energiequellen und des Transits für die EU-Länder sowie in der Förderung „grüner Energie".

Energie war freilich nur ein Teil dieser Zusammenarbeit. Die Vertiefung der Beziehungen der EU mit den Ländern der Ostpartnerschaft sollte von dem Fortschritt in Sachen Demokratie, Rechtsstaatlichkeit und Menschenrechte abhängen. Die Länder, die eine engere politische Zusammenarbeit durch Fortschritte in diesen Bereichen rechtfertigten, sollten Assoziierungsabkommen mit der EU erhalten – was ja seit Präsident Sarkozys begrifflichem Zugeständnis an die Ukraine grundsätzlich möglich war.

Aber wir machten immer klar, dass der Ausbau der Beziehungen mit den östlichen Partnern ein Geben und Nehmen sein müsse: Sie wollten Freihandel und einfachere Reisebedingungen, und die EU ermutigte sie zu Reformen.

So war es jedenfalls gedacht. Seit Ende der zweiten Gaskrise aber wuchs unsere Enttäuschung, dass die Führung in der Ukraine abdriftete. Wir vernahmen widersprüchliche Nachrichten und Erklärungen aus Kiew. Trotzdem versuchten wir, die Ukraine, von der globalen Wirtschafts- und Finanzkrise hart getroffen, zu weiteren Reformanstrengungen bei Verfassung, Justizwesen und Korruptionsbekämpfung zu ermuntern.

Auch in der Wirtschaft warteten Hausaufgaben auf die Ukraine. Die Regierung musste die vom Internationalen Währungsfonds (IWF) vorgegebenen Bedingungen umsetzen, die mit der Vergabe eines Standby-Kredits von rund 16 Milliarden US-Dollar verbunden waren. Generell brauchte das Business- und Investitionsklima markante Verbesserungen.

Erzrivalität mit Julia Timoschenko

Es war die damalige Ministerpräsidentin Julia Timoschenko – Präsident Juschtschenko hatte nach der Verfassungsreform nur noch begrenzte Kompetenzen – , die 2009 den Gas-Deal mit dem damaligen Ministerpräsidenten Wladimir Putin aushandelte, einen Deal, der ihr später unter Präsident Wiktor Janukowitsch ein Gerichtsverfahren wegen Machtmissbrauchs und eine hohe Haftstrafe einbrachte. Im Oktober 2011 wurde sie zu sieben Jahren Gefängnis verurteilt. Das Gericht sah es als erwiesen an, dass sie die Verträge mit Russland zum millionenschweren Nachteil der Ukraine abgeschlossen hatte. Sie hatte von Gazprom Preise akzeptiert, die noch höher waren als die Europas. Timoschenko sprach von politischer Rache und kam schließlich nach Interventionen seitens der EU und nach dem Urteil des Obersten Gerichts der Ukraine, sie habe sich doch keines Verbrechens schuldig gemacht, nach zweieinhalb Jahren Haft wieder frei.

Offensichtlich aber hatte Julia Timoschenko durch den Gas-Deal mit Gazprom mit einem strategischen Vorteil bei den Präsidentschaftswahlen 2010 kalkuliert. Doch ihr Erzrivale Wiktor Janukowitsch schlug sie bei den Präsidentschaftswahlen um einige Prozent, die Anklage seiner Widersacherin und das Urteil waren die Konsequenz.

Als neu gewählter Präsident versicherte Janukowitsch gegenüber Europa, er werde Streitigkeiten mit Moskau vermeiden, die zu neuerlichen Gaskrisen hätten führen können. Die Wahrheit sei, wie er sagte, dass er ausgewogene und pragmatische Beziehungen zu den strategischen Partnern der Ukraine suche, nämlich zu Russland und zur EU. Dazu konnte er nach seiner Entmachtung und Flucht nichts mehr beitragen.

Wie Zentralasien näher an Europa rückte

*Von Energiekooperation bis Studentenaustausch:
Kasachstan als Vorreiter*

Über viele Jahre hinweg konnte ich dazu beitragen, dass die Entfernung zwischen Europa und Zentralasien geringer wurde und die Region mit den postsowjetischen Republiken, die jetzt etwas mehr als ein Vierteljahrhundert unabhängig sind, einen höheren Stellenwert bekam – nicht nur wegen des unermesslichen Reichtums an Bodenschätzen und Mineralien.

Vor allem Kasachstan: Anfang der Neunzigerjahre, als das flächenmäßig neuntgrößte Land der Welt gerade erst selbstständig geworden war, lernte ich Nursultan Nasarbajew kennen. Der Präsident Kasachstans hielt im Rathaus von Paris eine große Rede, die mich als junge Geschäftsträgerin der österreichischen Botschaft sehr beeindruckte. Es war Nasarbajews erster Besuch in Frankreich. Er hielt die Rede vor dem damaligen Bürgermeister von Paris, dem späteren Staatspräsidenten Jacques Chirac, und forderte die Franzosen auf, sein bis dahin weitgehend unbekanntes Land zu besuchen und dort zu investieren.

Als Staatssekretärin und danach als Außenministerin bereiste ich Zentralasien mehrere Male. Als OSZE-Vorsitzende im Jahr 2000 erarbeiteten wir einen Zentralasien-Schwerpunkt und unterstützten die Staaten, die sich langsam Europa annäherten. Mit allen damaligen Präsidenten Zentralasiens führte ich längere Gespräche, besonders intensiv waren meine Treffen mit Nursultan Nasarbajew.

Daher war es für mich einfach, im Oktober 2006, bei meinem ersten Kasachstan-Besuch als EU-Kommissarin, an die vorangegangenen Begegnungen anzuknüpfen. An der neuen L.N. Gumiljow Eurasischen National Universität (ENU) in Astana – sie war erst zehn Jahre davor gegründet und nach dem Historiker, Ethnologen und Persisch-Übersetzer Lew Nikolajewitsch Gumiljow benannt worden – hielt ich eine programmatische Rede. Darin führte ich aus, dass die EU „den Nachbarn der Nachbarstaaten" in einer differenzierten Annäherungspolitik Partnerschaften anbieten wolle. Damit spielte ich bewusst auf die Europäische Nachbarschaftspolitik (ENP) an.

Für die EU war Kasachstan schon damals ein bedeutender Partner und zudem unser erster Handels- und Investitionsstandort in diesem Teil der Welt. Für die Zusammenarbeit zählte ich Schwerpunkte in drei Politikfeldern auf.

Zum Ersten bot sich eine Kooperation im Energiebereich an, realisiert durch einen Energiedialog zwischen den Energieproduzenten, Transitländern und den Konsumentenstaaten. Wir hofften, dass Kasachstan starke politische Unterstützung für die Transportwege der Energielieferungen, die Entwicklung der Transkaspischen Energiekorridore sowie für die Odessa-Brody-Plock-Pipeline gewähren würde. Diese Ölpipeline sollte von der ukrainischen Stadt Odessa am Schwarzen Meer nach Brody nahe der polnischen Grenze führen und später nach Plock und Danzig in Polen verlängert werden. Ich plädierte aber auch für die Schaffung eines integrierten zentralasiatischen Energiemarktes, der mit dem Südkaukasusmarkt hätte zusammengeschlossen werden können. Eine „Bahn-Initiative" sollte die Energie- und Transportkooperation zwischen der EU, dem Schwarzen Meer und der kaspischen Region fördern.

Der zweite Fokus betraf die Zusammenarbeit im Kampf gegen den illegalen Drogenhandel mit besserer Kontrolle. Wir unterstützten den zentralasiatischen Drogenaktionsplan sowie das Programm zur Förderung des Grenzmanagements in Zentralasien. Und da wir, drittens, über die radikalen Doktrinen besorgt waren, die sich in der Region entwickelten und zur Destabilisierung beitrugen, wollten wir mit einer Strategie dazu beitragen, auf der Basis solider politischer und ziviler Rechte Wohlstand zu schaffen.

Wir wussten außerdem, dass Kasachstan die OSZE-Präsidentschaft für 2010 anstrebte, und erwarteten daher weitere politische Reformen, besonders was die Pressefreiheit, die Wahlgesetze und die Verfassung betraf. Ferner befürworteten wir einen regen Studentenaustausch, da uns die Bildungs- und Erziehungsfragen wichtig waren und wir die persön-

lichen Kontakte zwischen jungen Leuten hier und dort fördern wollten.
Schließlich segnete die EU im Jahr 2007 eine neue Form der „Partnerschaft zwischen der EU und Zentralasien" ab, die wir in der EU-Kommission unter der deutschen Ratspräsidentschaft in enger Zusammenarbeit mit Außenminister Frank-Walter Steinmeier erarbeitet hatten.

Die Zentralasienstrategie war ein umfassendes Papier, das unsere Ideen und Visionen, aber auch Anregungen unserer Partner festhält. Das Schwergewicht der Zusammenarbeit lag demnach auf Energie und Verkehr, Umweltschutz und auf dem gemeinsamen Vorgehen gegen Drogenschmuggel und organisiertes Verbrechen.

Als Neuerung sah die Strategie einen regelmäßigen Politikdialog auf hoher Ebene vor, konkret zwei Außenministertreffen pro Jahr sowie mehr Gewicht auf Bildung, Rechtsstaatlichkeit und Menschenrechtsdialog. Auch wirtschaftliche Reformen standen auf der Agenda sowie Energiekooperationen und die Einbindung internationaler Finanzinstitute. Und da Kasachstan stets eine Vermittlerrolle für Afghanistan anstrebte, musste auch die dortige aktuelle Lage berücksichtigt werden.

Auch noch nach meiner Kommissarszeit wurde das Verhältnis weiter intensiviert. Nach jahrelangen Verhandlungen unterzeichneten Kasachstan und die EU ein erweitertes Partnerschafts- und Kooperationsabkommen (PCA). Der Akt fand in Brüssel statt, Kommissionspräsident José Manuel Barroso sah in dem erweiterten Abkommen den Beleg, dass internationale Beziehungen kein Nullsummenspiel seien. Europa sei offen für enge und solide Beziehungen mit den Staaten der ehemaligen Sowjetunion. Barroso würdigte auch Nasarbajews ausbalancierte Haltung im Ukraine-Konflikt. Kasachstan war das erste zentralasiatische Land mit einem PCA, es folgten alle anderen Länder der Region – außer Belarus und Tadschikistan.

Das Tempo im Fernen Osten

Die EU und China von Gipfel zu Gipfel

Meine erste von vielen Reisen nach China führte mich Ende 1994 nach Peking. Als UNO-Protokollchefin bereitete ich mit den Chinesen die für 1995 geplante erste UNO-Weltfrauenkonferenz vor. Von der großen schwarzen offiziellen Karosse aus, mit der ich vom Flughafen abgeholt wurde, sammelte ich die allerersten Eindrücke von der Hauptstadt mit dem breiten Strom von Radfahrern auf riesigen Straßen, unterbrochen nur von einigen Autos. Das staatliche Hotel, in dem ich untergebracht war, war umgeben von Hochhausbaustellen, an denen Tag und Nacht gearbeitet wurde.

Meine Gespräche fanden unter anderem im „Großen Haus des Volkes" am Tienanmen-Platz statt, wo die Weltfrauenkonferenz abgehalten werden sollte. Neben den vielen Sitzungen, Gesprächen und der Besichtigung der Konferenzfazilitäten blieb Zeit für einen Besuch in der „Verbotenen Stadt" und der Chinesischen Mauer, die ich bis dahin nur aus Filmen und Büchern kannte. Der Anblick der historischen Stätten verschlug mir den Atem. Die UNO-Weltfrauenkonferenz sollte ich dann nicht mehr selbst betreuen können, da ich ja im Mai 1995 als Außen-Staatssekretärin nach Wien zurückkehrte. Aber auch da pflegte ich enge Beziehungen zum chinesischen Botschafter.

2002, ich war längst Außenministerin, kam mein chinesischer Amtskollege Jiaxuan Tang für drei Tage nach Österreich. Unsere offiziellen Gespräche liefen an einem Freitag in Wien, und für das Wochenende hatte sich der Außenminister einen Besuch in der Mozartstadt Salzburg gewünscht. Als die Atmosphäre etwas aufgelockerter war, fragte ich Tang, warum er sich für Österreich gleich drei Tage Zeit genommen habe. Ohne Umschweife antwortete er: „Weil Österreich jetzt Mitglied in der EU ist und für China jedes einzelne Mitgliedsland große Bedeutung hat."

Der Flug von Wien nach Salzburg war ein Erlebnis. Als offizielle Begleitung Tangs flogen mein Mann und ich mit der chinesischen Delegation in meine Heimatstadt – und zwar im chinesischen Regierungsflugzeug, mit dem er aus Peking gekommen war, und staunten nicht nur über die noble Ausstattung, sondern bewunderten auch die ausgesucht hübschen, hochgewachsenen Stewardessen in langen Seidenkleidern, die uns anlässlich des chinesischen Mondfestes mit Köstlichkeiten verwöhnten. In Salzburg, wo wir Mozarts Wohnhaus besuchten, konnten wir Tang unsererseits beeindrucken. Österreichs Musikkultur und die Schönheit der Stadt faszinierten den sehr gebildeten Minister.

Als EU-Kommissarin ab 2004 stattete ich China regelmäßig offizielle Besuche ab, oft sogar zwei Mal im Jahr, meist in Peking, manchmal auch in Shanghai. Alle sechs Monate fand ich ein anderes Stadtbild vor; das Tempo der Stadtentwicklung, das Hochziehen von Wohntürmen, die Eröffnung supermoderner Hotels, die Werke weltberühmter Architekten, all das ist für uns Europäer einfach frappierend.

Als eine der bedeutendsten globalen Mächte steht China heute knapp hinter den USA als zweitwichtigste Wirtschaftsmacht, zeitweise hatte es die USA sogar schon überholt, und ist auf dem besten Wege, dauerhaft zur Nummer eins aufzurücken. Mit dem Wirtschaftswachstum geht eine viel aktivere Außenpolitik einher. Angelpunkt der chinesischen Außenpolitik ist der Wunsch, einen dem Wachstum entsprechenden Rang in Politik und Wirtschaft einzunehmen.

2003 vereinbarten die EU und China eine strategische Partnerschaft. Unser Konzept lautete stets: Partnerschaft plus Engagement. Beide Seiten haben das gemeinsame Interesse, die Globalisierung erfolgreich zu meistern, eine große Herausforderung, die auch große Verantwortung abverlangt. Wir beide streben ein multilaterales System an, auch wenn Unterschiede in den Werten bestehen bleiben, deretwegen unser eigens eingerichteter Menschenrechtsdialog fortgesetzt werden muss.

Da der alte Handels- und Kooperationsvertrag von 1985 dem Umfang unserer aktuellen Beziehungen nicht mehr gerecht wurde, eröffnete der 9. EU-China-Gipfel (2006 in Helsinki) Verhandlungen zum erweiterten Partnerschafts- und Kooperationsabkommen. Den Beginn der Verhandlungen hatte ich mit Tangs Nachfolger, Außenminister Li Zhaoxing, vorbereitet. Gegenstand der Gespräche waren Handels- und Wirtschaftsfragen und die immer engere Zusammenarbeit bei Transport, Wissenschaft und Technologie sowie auf dem Gesundheits-, Kultur- und Bildungssektor. Wir waren stolz, auch die Gründung einer Europa China Law School zu vereinbaren, die mit Mitteln der Europäischen Union in Peking etabliert wurde und dem rechtswissenschaftlichen Austausch dienen sollte.

Der dritte Außenminister, mit dem ich als EU-Kommissarin zu tun hatte, war Yang Jiechi. Er unterschied sich deutlich von seinen Vorgängern Tang und Li. Er sprach ausgezeichnet Englisch, da er – während der chinesischen Kulturrevolution! – die London School of Economics and Political Science besuchen durfte, für George Bush (senior) als damaligen Leiter des US-Verbindungsbüros in China als Übersetzer tätig war und viele Jahre an der Botschaft in Washington arbeitete. Er gilt als Chinas großer Experte für die USA. Uns fiel aber auch seine arrogante Haltung auf, die er gegenüber allen Gesprächspartnern, auch jenen der EU, an den Tag legte. Ich werde nie vergessen, wie er mich wegen meiner China-kritischen Äußerung in der Tibet-Frage in einer Art anschoss, die ich bei seinen beiden Vorgängern nie erlebt hatte und die hart an die Grenze der diplomatischen Gepflogenheiten stieß (Abbildung 99).

Ganz anders ging es beim großen EU-China-Gipfel zu, der im April 2008 auf höchster Ebene in Peking stattfand und – obwohl es oft um schwierige Fragen ging – von gegenseitigem Respekt geprägt war. Auf Gastgeberseite nahmen Staatspräsident Hu Jintao und Regierungschef Wen Jiabo teil, aus Brüssel war Kommissionspräsident Barroso mit neun Kommissaren gekommen, unter ihnen Peter Mandelson, Catherine Ashton und ich. Im November desselben Jahres ließ Peking jedoch einen weiteren EU-China-Gipfel kurzfristig platzen, der im französischen Lyon hätte stattfinden sollen. Man war über Präsident Sarkozys Treffen mit dem Dalai Lama erbost.

Auf einem weiteren EU-China-Business-Summit im Juli 2016 in Peking betonten Premier Li Keqiang, Kommissionspräsident Jean-Claude Juncker und EU-Ratspräsident Donald Tusk das große gegenseitige Interesse an den Leuchtturmprojekten der jeweils anderen Seite, vor allem am „Investitionsplan Europas" und am „Silk Road Economic Belt", auch Neue Seidenstraße genannt, sowie an der 21st Century Maritime Silk Road

(MSR), der Maritimen Seidenstraße, einem Projekt der chinesischen Regierung. Man bereitete zudem ein EU-China-Investitionsprogramm vor. Ich freue mich jedenfalls, dass sich diese wichtigen Beziehungen so dynamisch weiterentwickeln.

EU-Indien und die falschen Spruchbänder

Indien hatte ich bereits 1997 als Staatssekretärin einen offiziellen Besuch abgestattet, anschließend auch Nepal und Bhutan, beides Länder, die wir im Rahmen der österreichischen Entwicklungszusammenarbeit unterstützten.

Mit Shri M. K. Narayanan, dem langjährigen Nationalen Sicherheitsberater Indiens, konnte ich einen besonders guten Kontakt aufbauen, den ich im Lauf meiner außenpolitischen Tätigkeiten immer wieder aufsuchte, um regionale und globale Fragen mit ihm auszutauschen. Er war stets ausgezeichnet informiert.

Auf dem 5. EU-Indien-Gipfel, der im November 2004 in Den Haag stattfand, war eine strategische Partnerschaft zwischen der EU und Indien, den beiden größten Demokratien der Welt, vereinbart worden. Auf dem 6. EU-Indien-Gipfel folgte im Herbst 2005 in New Delhi ein Gemeinsamer Aktionsplan. Auf diesem Treffen, an dem ich mit Kommissionspräsident José Manuel Barroso, dem Hohen Repräsentanten Javier Solana und Handelskommissar Peter Mandelson teilnahm, war Premierminister Tony Blair unser EU-Ratspräsident. Dass an mehreren Plätzen der Metropole Spruchbänder mit der Aufschrift „Welcome PM Tony Blair" aufgepflanzt waren, zeigte uns, wie wenig damals die indische Administration mit der EU als Institution anzufangen wusste. Die EU war noch nicht in das Bewusstsein der Beamten eingedrungen, die Repräsentanten der restlichen EU-Institutionen schienen für sie nicht zu existieren!

Auf dem Gipfel von Helsinki (2006) vereinbarten die EU und Indien, sich in Richtung eines breitgefächerten Handels- und Investitionsabkommens zu bewegen. Der EU-Indien-Business-Gipfel für Unternehmer war ein äußerst positiver Start dafür. Darüber hinaus wurde ab Mai 2006 ein EU-Indien-Sicherheitsdialog mit Leben gefüllt, der globale und regionale Sicherheitsprobleme – Nordkorea, Burma/Myanmar, Sri Lanka, Afghanistan, Pakistan – zum Thema hatte, aber auch die Wiederherstellung der Demokratie in Nepal, ferner Fragen der Energiesicherheit und des Klimawandels sowie die Zusammenarbeit in Wissenschaft und Forschung. Große Themenkreise waren zudem ein effektiver Multilateralismus und nicht zuletzt die Nichtweiterverbreitung von Massenvernichtungswaffen.

Ich erinnere mich an die Resistenz, die Premierminister Manmohan Singh anfangs an den Tag legte, als es um die Reduzierung der CO_2-Emissionen ging. Er war nämlich der Meinung, Entwicklungsländer wie Indien hätten dasselbe Recht auf Industrialisierung, wie wir in den industrialisierten Ländern in der Vergangenheit gehabt hätten. Umso erfreulicher ist es, dass diese Zurückhaltung Singhs auf dem UNO-Weltklimagipfel von Paris, der COP 21, im Dezember 2015 schließlich einer vernünftigen Position zum Klimawandel gewichen ist.

Nepal, Bhutan und die vier Königinnen

Von Delhi aus bereiste ich Nepal. In der Hauptstadt Kathmandu, einem UNESCO-Weltkulturerbe, eröffnete ich das mit österreichischer Hilfe neu gestaltete Royal Museum sowie den Restaurierungsbeginn der Royal Gardens, beides wichtige Touristenattraktionen im Stadtzentrum. Ich erinnere mich, dass zu dieser Einweihung der damalige König Birendra in Begleitung der Königin Aishwarya erschien und ein großes österreichisch-nepalesisches Fest gefeiert wurde. Später fielen das Paar und weitere sieben Mitglieder der Königsfamilie einem Massaker zum Opfer, das nie wirklich aufgeklärt wurde.

Da auch die Entwicklungszusammenarbeit in meine Zuständigkeit fiel, war die Besichtigung des Kleinwasserkraftwerks Namche Bazar im Mount Everest Nationalpark eingeplant, das zu hundert Prozent aus Mitteln der österreichischen Entwicklungshilfe errichtet worden war. Mit dem Hubschrauber dorthin zu kommen, war abenteuerlich, obwohl ein hochrangiger General, ein Superpilot, selbst am Steuer saß. Das Kraftwerk liegt in 4.000 Metern Höhe, wo es nur wenig Sauerstoff gibt – was dann auch das Starten beim Rückflug erschwerte. Es war gefährlich, aber der Blick auf die angelegten Terrassenfelder Nepals unvergesslich.

Nach zwei Tagen Nepal flogen wir nach Bhutan. Dieser Flug in das Königreich war besonders aufregend. An einer Stelle stehen die Felswände des Himalaya-Gebirges so gefährlich nahe, dass ein Flugzeug nur ganz knapp durchkommt. Das beherrschen ausschließlich nepalesische und buthanische Piloten. Scharfe Winde in dieser Schneise rütteln die Maschine gehörig durch. Der Paro Airport mit seiner kurzen Landebahn im engen Tal, umgeben von Sechstausendern, gilt als der gefährlichste Flughafen der Welt. Ich schwor mir, diese Strecke nie wieder zu fliegen, sondern lieber von Indien auf dem Landweg anzureisen.

In Timphu, der Hauptstadt von Bhutan, wurde ich vom damaligen König Jigme Singye Wangchuck, dem Vater des heutigen Königs Jigme Khesar Mangyel Wangschuck, mit allem Prunk empfangen, dessen das buddhistische Bhutan fähig war. Es kam mir alles vor wie im Mittelalter, außer dass ich als Staatsgast in eine riesige schwarze Limousine gesetzt wurde, die im Schritttempo die Straße zum Königspalast entlangfuhr, eskortiert von einem Dutzend tanzender Spielmänner in farbenprächtiger Tracht. Das war ein tolles Schauspiel!

König Wangchuck war eine beeindruckende Gestalt, ein gutaussehender, sympathischer Mann knapp unter 50, in bhutanischer Tracht gewandet, doch in bester britischer Tradition erzogen – und mit vier bildschönen Töchtern eines reichen Geschäftsmannes gleichzeitig verheiratet, alle zart und grazil, alle bestens ausgebildet. Es war köstlich, wie mir die vier Königinnen bei der Abendeinladung der Reihe nach vorgestellt wurden: „Her Majesty, the Queen – Her Majesty, the Queen – Her Majesty, the Queen – Her Majesty, the Queen." In der Konversation erzählten sie mir ganz offen und fröhlich und in feinstem Oxford-Englisch, sie hätten alle zusammen zwanzig Kinder mit dem König und seien eine große Familie. Der Clou war aber, dass der König angeblich gar nicht mehr mit ihnen lebte, sondern außerhalb eine Freundin hatte.

Mein Besuch fand im November statt, selbst in meinem Gästepavillon war es eisig kalt, obwohl man mir dort Hunderte Öfchen ins Badezimmer gestellt und Hunderte Decken aufs Bett gelegt hatte.

Da König Wangchuck – er hatte den Thron mit 16 bestiegen – in Bhutan eine Gesellschaft des Glücklichseins („Happiness") schaffen und das Glück sogar in der Verfassung verankern wollte, hatte er eine „Kommission für das Bruttonationalglück" eingesetzt. Er schilderte mir, wie er in aufgeklärtem Absolutismus das Land ganz langsam öffnen wollte. Fernsehen gab es im Lande noch nicht, für die bhutanische Gesellschaft sei das noch zu früh gewesen. Er selber besaß im Palast ein TV-Gerät, die Antenne war jedoch unter dem Dach versteckt.

Auch erklärte er mir, er beabsichtige, mit 50 Jahren abzudanken und seinem Sohn die Regentschaft zu übertragen – was er dann tatsächlich einhielt. Er habe zur Modernisierung seines Landes getan, was er habe tun können, sagte er, und ziehe sich ins Privatleben zurück, um der nächsten Generation eine Chance zu geben.

Von Österreich war er sehr angetan, hatten wir doch im Rahmen der Entwicklungszusammenarbeit schon sehr viel für Bhutan geleistet. Bhutan war Österreichs Schwerpunktland in Asien; wir kooperierten in den Bereichen Wasserkraft, Hochgebirgsökologie, Kulturbewahrung und Tourismus.

Wir versuchten auch, bei der Registrierung in den Flüchtlingslagern zu helfen, was damals ein großes Problem für Bhutan war und für Spannungen mit dem Nachbarland Nepal sorgte. Denn Bhutan hatte viele Gastarbeiter aus Nepal und Angst vor einer „Ent-Bhutanisierung" und schleichenden „Nepalisierung". Ein neues Staatsbürgerschaftsgesetz gewährte nur nachweisbar „echten" Bhutanern neue Ausweispapiere, alle andern mussten das Land verlassen, riesige Flüchtlingslager waren die Folge.

EU-Japan und ein denkwürdiger Besuch

Bis heute ist es mir ein Rätsel, warum die japanische Weltfriedensglocke, die berühmte *Peace Bell*, nicht läuten sollte, als das japanische Kaiserpaar 1994 das UNO-Hauptquartier besuchte. Die Glocke war 1954 ein Geschenk Japans an die Vereinten Nationen, als Japan wegen eines sowjetischen Vetos noch nicht als UNO-Mitglied aufgenommen war. Sie steht an der

Ecke 42nd Street und First Avenue in New York auf dem Gelände des UNO-Hauptquartiers. Sie trägt in japanischen Lettern die Inschrift „Lang lebe der absolute Weltfrieden" und wurde ein UNO-Friedenssymbol. Traditionell wird die Glocke zweimal im Jahr geläutet, einmal zum Frühlingsbeginn, einmal jeden September zur Eröffnung der UNO-Generalversammlung, zusätzlich aber auch bei manchen besonderen Anlässen. Ein solch besonderer Anlass wäre zweifellos der Besuch des japanischen Kaisers Akihito und seiner Frau Michiko gewesen. Aber es sollte dann doch anders kommen.

Meinen ersten Kontakt mit dem japanischen Kaiserpaar hatte ich in jenem Jahr 1994 als Protokollchefin der UNO. Man kann sich kaum vorstellen, wie präzise der Besuch Kaiser Hirohitos und seiner zarten Gattin in der UNO vorbereitet wurde, und trotzdem übertraf uns die Akribie des japanischen Protokolls in einem Ausmaß, das fast des Guten zu viel war. Entsprechend aufgeregt war Botschafter Hisashi Owada, Japans Ständiger Vertreter bei den Vereinten Nationen. Er wollte auf keinen Fall, dass anlässlich des hohen Besuches die japanische Peace Bell geläutet wird. Warum, das erfuhren wir nie. Als aber das Kaiserpaar kam, mit UNO-Generalsekretär Boutros Boutros-Ghali und seiner Frau Leia im 38. Stock des UNO-Gebäudes weilte und – trotz der Demonstranten, die gegen Japans Umgang mit den sogenannten Trostfrauen, den Sexsklavinnen im Zweiten Weltkrieg, protestierten – wirklich alles wie am Schnürchen klappte und die Anspannung fiel, meinte Lea Boutros-Ghali plötzlich: „Sollten wir jetzt nicht die Friedensglocke läuten?" Nicht ahnend, dass Botschafter Owada genau dies hatte verhindern wollen, nickte das Kaiserpaar gnädig und liebenswürdig. Da jeder Schritt der Gäste akkurat vorgeplant war und zudem die UNO Bediensteten in Scharen den Weg säumten, um nichts zu verpassen, war diese außerprotokollarische Aktion gar nicht so einfach. Danach sah man sogar Botschafter Owada sich etwas entspannen. Nach dem denkwürdigen Besuch lud Owada zum Dank meinen Mann und mich in seine Residenz zu einem Essen ein.

Als Bundespräsident Thomas Klestil 1999 dem japanischen Kaiser einen Staatsbesuch abstattete, begleiteten ihn Umweltminister Martin Bartenstein und ich als die Außen-Staatssekretärin. Bartenstein und ich wurden in dem Park, der die kaiserliche Residenz umgibt, in einem kleinen Palast in französischem Stil untergebracht und fühlten uns selbst ein bisschen wie „Royals". Allerdings verstanden wir vom äußerst strikten Protokoll, wie schwer es für das japanische Kaiserpaar und noch viel mehr für das Kronprinzenpaar war, in der heutigen Zeit in diesem rigiden Umfeld zu leben, wo ihnen beinahe jede Regung, jede Bewegung vorgeschrieben war.

Als ich 2001 als Außenministerin zu einem bilateralen Besuch in Tokio weilte, um mit Premierminister Junichiro Koizumi und mit Außenministerin Makiko Tanaka zu sprechen, erfüllte man mir einen Sonderwunsch: Ich durfte Kronprinzessin Masako besuchen, die Ehefrau von Kronprinz Naruhito. Der Besuch gab mir noch lange zu denken.

Ich freute mich auf das Gespräch, wusste ich doch von Michael Zimmermann, meinem Kabinettschef zu meiner Zeit als Staatssekretärin, wie fröhlich, weltoffen und hochintelligent Masako war. Auf seinem Posten in der österreichischen Botschaft in Tokio hatte er die junge Diplomatin gut kennengelernt. Sie ist die älteste Tochter des oben erwähnten Botschafters Hisashi Owada, war Kosmopolitin, schloss ihr Studium an der Harvard University magna cum laude ab, sprach perfekt Englisch und Französisch und strebte selbst eine Diplomatenkarriere an – bis sie dem jahrelangen Werben des Kronprinzen nachgab und in die Ehe einwilligte. Von da an wurde die einst lebenslustige Frau im „goldenen Käfig" in eine Rolle gepresst, die zu Depressionen führte, und als auch noch der Nachwuchs viele Jahre auf sich warten ließ und sie schließlich ein Mädchen und keinen Thronfolger gebar, steigerte sich der seelische Druck nur noch mehr.

Es gab Tee und Gebäck. Ich versuchte, mit ihr zu plaudern. Aber es kam nur ein Gespräch der Etikette zustande, darüber hinaus ging die Unterhaltung nicht. Es war für mich bedrückend. Ich musste noch oft an sie zurückdenken.

2006 organisierten wir unter meiner Führung als EU-Kommissarin ein gemeinsames Symposium mit dem Titel „Neue Visionen für die EU-Japan-Beziehungen". EU und Japan zusammen erbrachten etwa vierzig Prozent des Bruttonationalprodukts der Welt und begannen, gemeinsam in den globalen Fragen wie Klimawandel, UNO-Reform und Pandemien zusammenzuarbeiten, all das untermauert von unseren gemeinsamen Werten und Prinzipien wie Demokratie, Marktwirtschaft, Menschenrechte, Guter Regierungsführung und so weiter. Seit 1991, damals noch unter EU-Kommissionspräsident Jacques Delors, gab es europäisch-japanische Konsultationen, die uns einander näherbrachten, sowie im Jahre 2001 einen Aktionsplan über EU-Japan-Kooperation. Nunmehr wollten wir aber auch den politischen Dialog mit Japan stärken, in dem auch Fragen zu den Beziehungen Japan-China oder zur Stabilität zwischen Nord- und Südkorea auf der Tagesordnung standen.

Seit 2011 wird ein EU-Japan-Freihandelsabkommen vorbereitet. Die Verhandlungen für ein umfassendes Abkommen, die Umwelt, Wissenschaft und Technologie, Handel, Finanzdienstleistungen und Industriepolitik sowie Informationsgesellschaft und Cyberspace beinhalten, laufen noch.

Daneben wird an einem Strategischen Partnerschaftsabkommen gearbeitet, das nicht nur den politischen Dialog und die politische Zusammenarbeit umfasst, sondern auch Zusammenarbeit in regionalen und politischen Fragen wie Klimawandel, Entwicklungspolitik, Katastrophenhilfe und Sicherheitspolitik.

DER WESTEN

Die Ups und Downs in der weltweit wichtigsten Partnerschaft

EU und USA als strategische Partner

Die EU/USA-Beziehungen gehören immer noch zu den wichtigsten, die es weltweit gibt – auch wenn sie von Ups und Downs gekennzeichnet sind. Sie sind nicht nur für diese beiden strategischen Partner wichtig, sondern auch für viele Partnerländer der EU in der Welt. Es gibt wenige globale oder internationale Herausforderungen, die erfolgreich gelöst werden können, ohne dass die EU und die USA eingesetzt wären.

Herausforderungen gibt es in der Tat reichlich: Die Bedrohung durch den Terrorismus; die Instabilität gescheiterter Staaten, der sogenannten *Failed States*; die Weiterverbreitung von Massenvernichtungswaffen; zu den Fragen der Sicherheit und Verteidigung kommen der Klimawandel, Pandemien und die zu bewältigenden Schwierigkeiten von Globalisierung und Digitalisierung.

Die transatlantischen Gipfeltreffen gehen auf eine Initiative aus dem Jahr 1990 zurück, als nach dem Ende des Kalten Krieges beide Seiten für eine intensivere Zusammenarbeit und Koordinierung warben. Mit der Unterzeichnung einer Neuen Transatlantischen Agenda 1995 wurden die Kooperationsbemühungen fortgesetzt. Daneben gab es den TransAtlantic Business Dialogue (TABD) sowie andere Plattformen der Zusammenarbeit in unterschiedlichen Bereichen. Die Gipfeltreffen zwischen EU und USA sind derzeit immer noch Begegnungen der beiden größten Wirtschaftsmächte der Welt. Zusammen decken die USA und die EU vierzig Prozent des Welthandels mit täglichem (!) Austausch von 1,7 Milliarden Euro ab. Im Jahre 2007 wurde zusätzlich zu den vorhandenen Institutionen ein neues Rahmenabkommen abgeschlossen, das die Transatlantische Wirtschaftsintegration vorantreiben sollte.

Der zweite große Bereich, in dem die EU mit den USA zusammenarbeitet, ist der Bereich der GASP, der Gemeinsamen Außen- und Sicherheitspolitik, sowie der GSVP, der Sicherheits- und Verteidigungspolitik der EU. Die EU bildete und bildet das Rückgrat der internationalen Präsenz in Konfliktzonen wie Libanon und Kosovo, Bosnien und Herzegowina, in Afghanistan, Georgien, Moldawien/Ukraine, Palästina etc. Auch in Afrika unterhält die EU Missionen: in der Demokratischen Republik Kongo, Niger, Somalia/Uganda, Südsudan und anderen.

Die EU – sie ist gleichzeitig der größte Entwicklungshilfegeber der Welt – hat über Jahre hinweg die Unterstützung für die Palästinenser angeführt, worauf ich im Kapitel „Der Süden" näher eingehe.

Die erste US-Außenministerin, mit der ich auch später viel zu tun hatte, war Madeleine Albright. Ich hatte sie in New York während meiner Zeit als Protokollchefin von Boutros Boutros-Ghali kennengelernt. Unter anderem hatte sie damals Lobbying gegen eine Wiederwahl des ägyptischen Generalsekretärs betrieben.

Das Verhältnis zu Madeleine Albright

Madeleine Albright war ausschlaggebend, dass US-Präsident Bill Clinton im Balkankrieg schließlich gegen Slobodan Milosevic eingriff, als Kriegsverbrechen begangen wurden und Kolonnen von Flüchtlingen dem Kosovokrieg entrinnen wollten. Auch hatte sie sich nach dem Fall der Berliner Mauer intensivst für eine Erweiterung der EU um die Nachbarstaaten Österreichs (Ungarn, Tschechien, Slowakei, Slowenien) sowie Polen eingesetzt.

Den Bundeskanzler Wolfgang Schüssel schätzte sie sehr. Als er im Januar 2000 die ÖVP/FPÖ-Koalition einging und die EU-14 die Sanktionen gegen Österreich starteten, war sie es, die nach einem langen Telefonat mit ihm bereit war, die Sanktionen nicht mitzutragen, sondern Österreich nur „unter Beobachtung" zu stellen.

Sie initiierte später als erste Außenministerin der USA Treffen der weiblichen Außenminister aus aller Welt. Aus Europa waren damals meine Kolleginnen aus Spanien und Luxemburg, Ana de Palacio und Lydie Polfer, und ich eingeladen; allerdings erst nach Aufhebung der Sanktionen. Ich erinnere mich gut daran, wie nahe wir uns bei einer freundschaftlichen Aussprache in diesem Kreis der Außenministerinnen kamen, als ich ihr erzählte, wie schwer es mich getroffen hatte, dass ich in der Sanktionenzeit so wenig Kontakt mit ihr haben konnte. Dass sie am Ende meiner OSZE-Präsidentschaft Ende 2000 persönlich zum Außenministertreffen nach Wien kam, war mir eine große Freude.

Unter Präsident George W. Bush war es sein Außenminister, Colin Powell, der vor dem Hintergrund des US-Konflikts mit dem Irak versuchte, die EU-Mitgliedsstaaten für die US-Strategie zu gewinnen, entweder direkt zur Teilnahme oder zumindest zur Zustimmung zum Irakkrieg. Colin Powell, früher hoher US-General, wirkte auf mich gar nicht wie ein ehemaliger Militär. Er war vielmehr ein sympathischer, zugänglicher Gesprächspartner, der manchmal vielleicht sogar zu wenig Härte an den Tag legte.

Deutschland und Frankreich als wichtigste EU-Mitgliedsländer, aber auch Russland, wollten nicht in diesen Konflikt hineingezogen werden, wogegen der britische und der spanische Premierminister, Tony Blair und José Maria Aznar, voll hinter Präsident Bush standen. Die EU war gespalten wie nie zuvor. Als wir die entscheidende Sicherheitsratssitzung, in der Colin Powell erklärte, der Irak verfüge über Massenvernichtungswaffen, mit meinem Politischen Direktor Walter Siegl und anderen engsten Mitarbeitern im Fernsehen verfolgten, stockte uns der Atem. Ich erinnere mich sehr gut an die Situation in meinem Ministerbüro, das sich damals noch im Bundeskanzleramt am Ballhausplatz befand. Powell berief sich auf die ihm zugegangenen Geheimdienstinformationen sowie auf Berichte von Hans Blix, dem früheren Außenminister Schwedens und späteren Leiter der UNO-Rüstungskontrollkommission (UNMOVIC), sowie auf Informationen von Mohammed El-Baradei, dem Generaldirektor der Internationalen Atomenergieagentur (IAEA). Blix und El-Baradei bezogen sich ihrerseits auf die irakische Erklärung vom 7. Dezember 2002, wonach „der Irak keine neuen relevanten Informationen zu einigen Fragen erbracht habe, die seit 1998 ausständig seien" und dass sich die Annahme nicht belegen lasse, wonach der Irak zu einer ehrlichen Akzeptanz der von ihm geforderten Abrüstung bereit schien.

Als Colin Powell hinters Licht geführt wurde

Colin Powells Rede war jedoch beeindruckend, sodass er wie viele andere auch mich schließlich davon überzeugte, dass im Irak biologische Massenvernichtungswaffen versteckt seien. Durch seine Rede war klar, dass Saddam Hussein den Konsequenzen der UNO-Resolution vom 8. November 2002 ins Auge sehen müsste. Nach 16 Sicherheitsratsresolutionen in den vorangegangenen zwölf Jahren hatte die Sicherheitsratsresolution 1441 dem Irak eine letzte Chance gegeben, seine Verpflichtung zur Zusammenarbeit mit den IAEA-Inspektoren und zur Vernichtung der biologischen und chemischen Massenvernichtungswaffen zu erfüllen, oder eben ernste Konsequenzen gewärtigen zu müssen.

Als die USA kurz darauf, am 20. März 2003, den Irak-Krieg begannen, hatte ich die Aufgabe, dem damaligen US-Botschafter in Wien, Lee Brown, die in unserer Verfassung verankerte österreichische Neutralität zu erläutern und damit die Durchfuhr von Waffenlieferungen und die Überflüge von US-Flugzeugen in das Krisengebiet zu verbieten. Für die USA bedeutete dies, dass sie Alternativrouten suchen und Lieferverzögerungen in Kauf nehmen mussten.

Das war eine heikle Situation, da wir Österreicher weiterhin Freunde der USA bleiben wollten, andererseits aber eine Sicherheitsratsresolution, die nicht klar seitens der UNO genehmigt war, nicht mittragen konnten. Unsere Neutralität verpflichtete uns zu dieser Handlungsweise.

Ich sah Colin Powell Ende 2004 wieder, als er sich in Brüssel vom Außenministerrat verabschiedete und ich bereits EU-Kommissarin war. In der zweiten Amtszeit von George W. Bush stand er nämlich nicht mehr als Außenminister zur Verfügung. Wie wir heute wissen, war er von den Geheimdiensten selbst hinters Licht geführt worden, was ihn im Innersten sichtlich schwer verletzt hatte.

Trotzdem plädierte er bei unserem Ratstreffen und der anschließenden Pressekonferenz mit dem niederländischen Ratsvorsitzenden Bernhard Bot und Javier Solana am 10. Dezember 2004 für eine Wiederherstellung der Transatlantischen Einheit und dafür, die durch den Irakkrieg verursachten Trennlinien zwischen den USA und der EU zu überwinden.

Er unterstrich, dass Präsident Bush Ende Februar des darauffolgenden Jahres, also 2005, die EU- und die NATO-Leader treffen werde und er voll zur transatlantischen Partnerschaft stehe. Ich erwähnte in meiner Antwort unter anderem, dass Europa und die USA bereits erste Fortschritte gemacht hätten, die schwierige Irakkrise hinter uns zu lassen. Aber beim NATO-Rat waren die Europäer noch nicht bereit, mehr Beiträge für Irak und Afghanistan aufzubringen, was er ebenfalls hatte erreichen wollen.

Das Charisma der Condoleezza Rice

Im Februar 2005 stattete uns dann die frischgebackene US-Außenministerin Condoleezza Rice in Brüssel einen Besuch ab, um die Reise Präsident George W. Bushs nach Europa vorzubereiten. Ich erinnere mich noch gut, wie ich von Condi Rice von Anfang an beeindruckt war, von ihrer klaren Diktion, der Frische, die sie ausstrahlte, ihrer Überzeugungskraft und Selbstsicherheit. Sie hatte zweifellos Charisma und Stil. Ich erlebte sie später auch öfter in Streitgesprächen. Sie war ausgezeichnet vorbereitet, überzeugt von dem, was sie zu sagen hatte, und ließ sich von Kritik nicht beindrucken. Sie versuchte, nach den Diskrepanzen des Irakkriegs mit der EU eine konstruktive Agenda für den Besuch Präsident Bushs vorzubereiten. Nahost, Afghanistan und die Ukraine sollten demnach wichtige Punkte in unserer Tagesordnung bei den Gesprächen darstellen, aber auch der Irak und the *Broader Middle East*, wie die Amerikaner die gesamte „erweiterte Nahostregion" zu nennen pflegten.

Bereits im Juni 2005 wurde daraufhin in Brüssel die Internationale Irakkonferenz abgehalten. EU-Kommissionspräsident Barroso sagte im Vorfeld, er freue sich, dass seit Präsident Bushs Besuch vom Februar die EU-USA-Beziehungen gestärkt seien. Er gab vor dem Gipfel in Washington seiner Hoffnung Ausdruck, dass wir eine Initiative zur weiteren Förderung des transatlantischen Wirtschaftswachstums und zur Zusammenarbeit als globale Partner finden würden.

In den folgenden Jahren arbeitete ich mit Condoleezza Rice vor allem im Nahost-Quartett zu Syrien, Libanon, Ägypten, Afghanistan, Pakistan, aber auch zu Irak zusammen. Im Irak wollten wir die neue Regierung unterstützen, die aus den nach der neuen Verfassung vorgesehenen Wahlen hervorging. Wir versuchten, beim Aufbau eines stabilen und demokratisch geeinten Irak zu helfen.

Darüber hinaus war ich nach der Konferenz von London 2006 beim Wiederaufbau Afghanistans besonders gefordert, wo wir Präsident Hamid Karsai ebenfalls jede nur erdenkliche Hilfestellung gaben, um Afghanistan zu einem demokratischen, verantwortungsvollen und nachhaltig lebensfähigen Staat zu machen, insbesondere bei den Menschenrechten, der Reform der öffentlichen Verwaltung, des Justizwesens und des Sicherheitsbereiches. Darüber hinaus widmeten wir dem Kampf gegen die Drogen sowie dem innerafghanischen Versöhnungsprozess große Aufmerksamkeit. Neben vielen anderen spezifischen außen- und sicherheitspolitischen Themen füllten vor allem die Anti-Terror-Kooperation und die Zusammenarbeit bei Nichtweiterverbreitung von Massenvernichtungswaffen unsere Agenda.

Ich erinnere mich auch noch gut an die diversen EU-USA-Gipfel in Washington, Brüssel, Wien, Laibach und anderen Städten mit Präsident Bush, Condi Rice sowie Steve Hadley, dem Nationalen Sicherheitsberater.

Beim EU/USA-Gipfel im Juni 2006 in Wien – George W. Bushs Besuch war der erste eines US-Präsidenten in Österreich seit Jahrzehnten – war zumindest der bilaterale Teil zwischen Österreich und den USA ein voller Erfolg. Ansonsten ging es in der Pressekonferenz um den Irakkrieg und das Gefangenenlager Guantánamo, den US-Stützpunkt auf Kuba. Bush antwortete auf kritische Journalistenfragen in anderem Zusammenhang zu dieser Problematik: „Schauen Sie, die Europäer waren nicht mit meiner Entscheidung zu Irak einverstanden, und ich verstehe das." Für Europa sei der 11. September 2001 nur ein Augenblick, für die Amerikaner aber ein Anlass zum kompletten Umdenken gewesen, a *change of thinking*.

Dass es für uns Europäer nur ein Augenblick gewesen sei, trifft gewiss nicht zu. Selbstverständlich werde auch ich den 11. September 2001 nicht vergessen. Ich befand mich eben in meinem Außenministerbüro am Ballhausplatz, als plötzlich Johannes Peterlik, mein Pressesprecher, Alarm schlug und mich informierte, dass in New York offenbar ein furchtbares Unglück passiert sei, über das die Fernsehsender gerade berichteten. Über den TV-Bildschirm in meinem Büro verfolgte ich dann unmittelbar, wie auch ein zweites Flugzeug ins World Trade Center raste und sowohl die Maschine als auch die Stockwerke in Flammen aufgingen. Da war sofort klar, das war kein Unfall, sondern ein Terroranschlag.

Ich ließ sofort alle meine Termine stornieren, meine Mitarbeiter und ich verfolgten atemlos die nächsten Stunden. Ich ließ mich unverzüglich mit unserem Botschafter in New York, Gerhard Pfanzelter, verbinden und bat ihn, mir stündlich zu berichten, was immer er in dem Chaos in Erfahrung bringen könne, und vor allem, ob auch Österreicher betroffen seien. Welch ungeheure Aufregung der Anschlag auch bei uns verursachte, kann man sich heute kaum vorstellen. Brüssel berief eine Sondersitzung der EU-Außenminister ein, auf der wir volle Solidarität mit den USA zeigten und erste Konsequenzen aus dem Desaster zogen, wie etwa verstärkte Zusammenarbeit zur Terrorismusbekämpfung, intensivierte Sicherheitsmaßnahmen bei Flügen und vieles andere.

George W. Bush und Guantánamo

Zurück zur Pressekonferenz mit George W. Bush, Kommissionspräsident José Manuel Barroso und Bundeskanzler Wolfgang Schüssel in der Wiener Hofburg: Ich erinnere mich an die heikle Diskussion zu Guantánamo. Der US-Präsident zeigte insofern gewisses Entgegenkommen an die EU-Position, als er sich für eine Schließung des umstrittenen Gefangenenlagers aussprach.

Auch bei Iran ging er stärker auf die europäische Linie ein, indem er dem Vorschlag der fünf ständigen Mitglieder des Sicherheitsrates und Deutschlands zur Beilegung des Konflikts über die Produktion von Nuklearmaterial zustimmte. Dieser Vorschlag zielte auf eine diplomatische Lösung ab, von der freilich klar war, dass sie viel Geduld erfordern würde.

Neben weitreichender Zusammenarbeit bei der Förderung von Frieden, Menschenrechten und Demokratie ging es auch um die Ausarbeitung gemeinsamer Lösungen für die globalen Probleme des 21. Jahrhunderts. Zudem wurde beschlossen, einen High Level Dialogue for Energy zwischen EU und USA einzurichten, einen hochrangigen Dialog zur Energiesicherheit, an dem ich später zusammen mit anderen Kommissarskollegen teilnahm. Auch heute ist die Zusammenarbeit in Energiethemen zwischen der EU und den USA besonders wichtig.

Am Anfang der Amtszeit Präsident Barack Obamas rückten die Themen Energiesicherung und Kampf gegen den Klimawandel auf der gemeinsamen Agenda sehr weit nach oben. Mit der neuen Außenministerin Hillary Clinton hatten wir im Anschluss an unseren EU-USA-Gipfel im November 2009 in Washington zusammen mit Präsident Obama ein Außenministertreffen, bei dem neben den üblichen Themen wie Afghanistan, Pakistan, Nahostfriedensprozess, Nuklearfragen Irans und Nichtweiterverbreitung von Massenvernichtungswaffen auch die Energiesicherheit im Mittelpunkt stand.

Hillary Clinton kannte ich schon aus meiner Zeit als Protokollchefin Boutros Boutros-Ghalis, in der Präsidentschaft Bill Clintons. Damals hielt sie als First Lady in der UNO eine ausgezeichnete Rede, die mich wirklich beeindruckte, über Eleanor Roosevelt, die Ehefrau des US-Präsidenten Franklin D. Roosevelt und US-Menschenrechtsaktivistin. Eleanor Roosevelt war während des Zweiten Weltkriegs die First Lady in den USA.

Später kam Hillary Clinton auf Einladung Präsident Klestils zu einem Arbeitsbesuch nach Wien. Auch da gefiel mir ihre gut durchdachte und exzellent vorgetragene Rede. Sie konnte charmant und sympathisch sein, aber auch große Härte zeigen. Als ich sie im Herbst 2009 in Washington, da war ich noch EU-Kommissarin, auch auf meine Kandidatur zur UNESCO ansprach und um Unterstützung ersuchte, erhielt ich nur eine freundliche, aber unverbindliche Antwort.

Donald Trumps „America First"

Die neue US-Administration kenne ich nicht mehr. Ich bin weder Präsident Donald Trump noch Rex Tillerson, dem neuen Außenminister, je begegnet. Wie viele andere war auch ich über Trumps Aussagen im Wahlkampf konsterniert – aber noch mehr jetzt, da er versucht, viele der im Wahlkampf angekündigten Maßnahmen in aller Härte umzusetzen.

Als Freundin Lateinamerikas war ich schockiert über seine Ankündigung, eine neun Meter hohe Mauer zu errichten, noch dazu auf Kosten der Mexikaner, aber auch über seine Dekrete zum Einreiseverbot von Staatsbürgern aus sechs moslemischen Staaten. Auch die Nicht-Unterzeichnung der Transpazifischen Partnerschaft (TPP) und die Nicht-Weiterführung des Transatlantischen Freihandelsabkommens (TTIP) halte ich für einen Fehler, da diese Abkommen weiteres globales Wachstum und damit mehr Arbeitsplätze gebracht hätten, die wir gerade jetzt benötigen.

Für die heiklen Themen im TTIP zwischen der EU und den USA hätte man in harten Verhandlungen akzeptable Lösungen finden können, dessen bin ich mir sicher. Protektionistische Maßnahmen, wie Präsident Trump sie mit „America First" vorsieht, können zwar anfangs Erfolge bringen, aber mittel- und langfristig werden sie sich negativ auswirken.

In der Verteidigungspolitik, im Rahmen der NATO, wissen die Europäer schon lange, dass sie zumindest zwei Prozent des Bruttoinlandsprodukts (BIP) ausgeben müssen, um ein ausgewogenes Burdensharing, eine Lastenteilung, gegenüber den USA zu ermöglichen.

Bei der Münchner Sicherheitskonferenz im Februar 2017 hörte ich zum ersten Mal Vizepräsident Mike Pence. Er hinterließ bei mir einen nicht unvernünftigen Eindruck. Hoffen wir, dass sich eine vernünftige Linie der US-Politik durchsetzt. Die Checks and Balances, das System der Gewaltenteilung in den USA, sind grundsätzlich ja vorhanden.

Kanada als Partner für menschliche Sicherheit

Mit Kanada hatte ich bereits als Staatssekretärin viel zu tun: Österreich gehörte mit Kanada und Norwegen zu den Gründern des „Human Security Network" (HSN). Der damalige kanadische Außenminister, Lloyd Axworthy, lud den norwegischen Kollegen Knut Vollebaek und Österreich ein, an der neuen Initiative für Themen der menschlichen Sicherheit teilzunehmen, in deren Mittelpunkt die *Freedom from Want* (die

Freiheit, ohne Entbehrungen, ohne Hunger zu leben) und die *Freedom from Fear* (die Freiheit, ohne Furcht zu leben) stand, beide sind Grundvoraussetzungen der Menschenwürde.

Mit Kanada und Norwegen konkretisierten wir unser Konzept und bauten ein kleines, effizientes Netzwerk in der Welt. Wir gewannen die Schweiz als Partner hinzu, daraufhin Chile, Costa Rica, aber auch afrikanische Länder wie Burkina Faso. Unter der österreichischen EU-Präsidentschaft (1998) veranstaltete ich in Graz die erste österreichische HSN-Konferenz, zu der ich Axworthys Nachfolger, den kanadischen Außenminister John Manley, sowie alle übrigen Mitglieder unserer jungen Gruppierung einlud. 2002 übernahm ich als Außenministerin für zwei Jahre den Vorsitz des HSN; zu meinen Schwerpunktthemen machte ich die weltweite Menschenrechtserziehung – das Thema, das ich mir besonders auf die Fahnen geschrieben hatte – und die Problematik der Kinder in bewaffneten Konflikten. Für letztere Problematik kam sogar der aus Afrika stammende UNO-Sonderbeauftragte Olara Otunnu.

Als EU-Kommissarin führte ich mit meinem Mitarbeiter im Kabinett für die UNO und multilaterale Organisationen, Richard Kühnel, dieses mir so wichtige Thema in die EU-Agenda für die UNO ein und bin stolz darauf, dass es Mainstream und ein allgemein anerkanntes Thema wurde.

Heute ist Kanada eines der engsten Partnerländer der EU. Die demokratischen Werte, die Verantwortung für Menschenrechte und Menschenwürde für alle, aber auch für soziale Absicherung der Bürger prägen unser gemeinsames Verständnis.

Im Jahre 2016 wurde das 40-Jahr-Jubiläum der formellen Zusammenarbeit Kanadas mit der EU gefeiert, die auf den Abschluss eines Rahmenabkommens zu Handel und Wirtschaft zurückgeht. Vor Kurzem wurde das „Umfassende Wirtschafts- und Handelsabkommen" (CETA) und das „Strategische Partnerschaftsabkommen" abgeschlossen. Beide stärken wesentlich unseren Dialog im Bereich des Handels und der Wirtschaft, aber auch der Außenpolitik und haben ein neues dynamisches Kapitel der EU-Kanada-Beziehungen eingeläutet.

Auch Lateinamerika ist Westen

Wie Europa einen wichtigen Verbündeten vernachlässigt

Lateinamerika gehört zum Westen, der Kontinent ist Okzident. Aus europäischer Sicht wird zu wenig erkannt, welchen Verbündeten wir in dem Kontinent mit den 33 Staaten eigentlich haben und – mit Ausnahme Spaniens und zum Teil Portugals – viel zu wenig nutzen. Dabei sind die Kommunikation und der Umgang mit Lateinamerikanern einfacher als mit Partnern von anderen Kontinenten. Anderswo erahnt man erst nach interkulturellem Coaching, welche Fallen in der Kommunikation lauern, welche Missverständnisse vermeidbar sind. In Lateinamerika ist das kaum nötig. Hier finden Europäer europäisch ausgerichtete Partner. Das sind zwei Regionen mit denselben Wertvorstellungen, wichtig gerade in einer Zeit, in der man um seine Werte kämpfen muss. Zudem sind sie wirtschaftlich voneinander abhängig. Die EU muss sich anstrengen; China läuft Europa immer mehr den Rang ab, ist an Bodenschätzen, Ressourcen und Lebensmitteln interessiert und treibt viele Infrastrukturprojekte voran. Es wäre so einfach, positiven Zugang zu den Südamerikanern zu finden. Da sie selbst sehr herzlich sind, lassen sie sich schnell vom Herzen erfassen. Ich sprach immer Spanisch mit ihnen, wenn auch anfangs nicht perfekt; so fand ich den direkten Zugang und wurde als „die Benita" aus Österreich, diese Zentraleuropäerin, schnell bekannt, immer und überall mit meinem Vornamen. Deutsche Diplomaten kritisierten gelegentlich, dass ich nicht Deutsch sprach. Aber ich blieb dabei, es erleichterte den Kontakt.

Nach wie vor habe ich viel mit Lateinamerika zu tun. Schon als Außenstaatssekretärin und Außenministerin bereiste ich Lateinamerika und sorgte für Erstaunen. Denn viel Besuch aus Mitteleuropa, gar aus Österreich, und noch dazu weiblichen, hatten sie bis dahin nicht gehabt. Nun kam eine junge Staatssekretärin angereist, die auch noch Spanisch spricht. Ich bekam hochrangige Termine, auch auf Präsidentenebene wurde ich empfangen, und baute überall ein gutes Verhältnis auf, das ich in der Folge als Außenministerin und EU-Kommissarin fortsetzen konnte. Dass ich viel mit Lateinamerika gearbeitet habe, wurde mir sehr anerkannt. Auch nach meinem Abgang aus Brüssel setzte ich in ehrenamtlichen Aktivitäten mein Verhältnis zu Lateinamerika fort und tue das bis heute. Die EU hingegen misst dem Kontinent leider nicht mehr diese Bedeutung bei.

Das war übrigens auch schon vor meiner Kommissarszeit der Fall. Als ich mein Amt in Brüssel antrat und mit meinen Mitarbeitern die langfristigen Reisepläne erstellte, ging es um Russland, China, Japan und Indien. Als ich fragte, was denn mit Lateinamerika sei, antwortete mein Kabinettschef etwas abfällig: „Commissioner, Latin America is not necessary." Mein Vorgänger Chris Patten hatte es offenbar so gehalten. Natürlich sei auch Lateinamerika nötig, widersprach ich und plante ab sofort für jedes Halbjahr eine Reise mit Besuchen von drei lateinamerikanischen Ländern ein. Den Rhythmus konnte ich weitgehend einhalten.

Mir kam entgegen, dass damals auch Brasilien eine strategische Partnerschaft mit der EU anstrebte. Bis dahin hatte Europa nur mit Staaten wie USA, Kanada, Russland und China strategische Verbindungen gepflegt. Nun sollte mit Brasilien als aufstrebender Wirtschaftsmacht erstmals ein lateinamerikanisches Land in diesen Kreis aufgenommen werden. Die vertiefte Zusammenarbeit sollte sich auf vielen Gebieten – Wirtschaft, Politik, Klimawandel, Energie, Armutsbekämpfung – niederschlagen. Brasilien war damals bereits Haupthandelspartner der EU in Lateinamerika.

Den ersten EU-Brasilien-Gipfel habe ich leider in unguter Erinnerung. Er fand unter portugiesischer EU-Ratspräsidentschaft im Juni 2007 in Lissabon statt, Portugals Regierungschef José Socrates empfing den brasilianischen Staatschef Luiz Inácio Lula da Silva, und für Kommissionspräsident José Manuel Barroso, selbst Portugiese, war dieses Ereignis in „seiner" Hauptstadt extrem wichtig, und ich sollte die EU-Kommission mit ihm vertreten. All meine Reisen und Termine absolvierte ich stets mit großer Disziplin, aber ausgerechnet beim offiziellen Abendessen dieses Gipfels ging es mir so schlecht, dass ich nicht daran teilnehmen konnte. Ich war einfach erschöpft und musste mich zurückziehen. Barroso trug mir das lange nach. Damals ging es um Klimawandel, nachhaltige Energie, Armutsbekämpfung, den Mercosur-Integrationsprozess etc.

Bereits auf dem zweiten EU-Brasilien-Gipfel wurde ein Gemeinsamer Aktionsplan beschlossen, in dem der politische Dialog, Wirtschafts- und Handelsfragen und neben den oben genannten Bereichen auch Wissenschaft und Technologiekooperation intensiviert wurden.

Im Anschluss gab es noch einige weitere EU-Brasilien-Gipfel, dennoch blieb die strategische Partnerschaft mit Brasilien in Wahrheit etwas hohl. Man bekannte sich wiederholt zu mehr politischem Dialog und wirtschaftlicher Zusammenarbeit, aber es kam – im Unterschied zu anderen Partnern – kein Freihandelsabkommen EU-Brasilien zustande, obwohl nach Angaben der EU-Kommission etwa 37 Prozent des Handels der EU mit Lateinamerika allein auf Brasilien entfällt. Darüber hinaus tätigte die EU Investitionen in der Höhe von beinahe 50 Prozent aller ausländischen Investitionen in Brasilien. Jedoch hat das Land, das die größte Wirtschaftsmacht Lateinamerikas, das größte G20-Land und selbst ein riesiger Markt ist, die meisten restriktiven Handelsbarrieren weltweit. Unsere damaligen Gesprächspartner waren Präsident Luiz Lula da Silva und sein Außenminister Celso Amorim, die beide eine protektionistische Außenhandelspolitik betrieben, die später von Präsidentin Dilma Rousseff fortgesetzt wurde. Brasilien, das sich heute in einer Rezession befindet, versucht nunmehr, durch eine wirtschaftsfreundlichere Politik das Land wieder attraktiv zu machen und Wachstum zu generieren.

Als großer Rivale Brasiliens war dann auch Mexiko an einer strategischen Partnerschaft mit uns interessiert. Tatsächlich entwickelte sich Mexiko zu einem immer wichtigeren Global Player und stand weltweit an zehnter Stelle der Wirtschaftsmächte. Es mutet skurril an, dass wir uns heute mit den Mauerplänen von US-Präsident Donald Trump an der Grenze seines Landes zu Mexiko befassen müssen, wogegen wir Mexiko früher gerade wegen seiner geografischen Lage kulturell und politisch als Brücke zwischen Nordamerika und Lateinamerika gesehen haben.

Als zuständige Kommissarin warb ich im Sommer 2008 für weitere Fortschritte in den bereits tiefen Beziehungen zu Mexiko und für den Ausbau der strategischen Partnerschaft. Im Oktober desselben Jahres wurde die Partnerschaft institutionalisiert, Mexikos tüchtige EU-Botschafterin Sandra Fuentes-Berain war dabei treibende Kraft.

Präsident Felipe Calderón kam zur Unterzeichnung. Im Unterschied zu Brasilien kam es mit Mexiko auch zu einem großen Freihandelsabkommen (2000 auf dem Gipfel von Madrid, unterzeichnet von meiner Freundin Rosario Green, der Außenministerin Mexikos), dessen Ergebnisse freilich nicht mit denen des mexikanischen Abkommens mit den USA zu vergleichen waren. Ich erinnere mich ferner an ein unheimliches Thema, das wir im Ministerrat mit der mexikanischen Außenministerin Patricia Espinosa Cantellano erörterten, die ich aus ihrer Zeit als Mexikos Botschafterin in Wien kannte. Es ging um das große Problem der *Feminicidios*, der Frauenmorde an der Grenze USA-Mexiko.

Leider enthielt die strategische Partnerschaft mit der EU, die für Mexiko durchaus eine internationale Aufwertung bedeutete, zu oft bloße Rhetorik und ließ es an politischem Willen mangeln, etwas gemeinsam zu gestalten. Dennoch war das Verhältnis der EU zu Mexiko immer gut, wir führten sogenannte Sektordialoge zu Menschenrechten und anderen Themen.

Versuche mit der EU als Modell

Für Lateinamerika hatte die Europäische Union häufig Modellcharakter. Wir waren der Überzeugung, dass auch dieser Kontinent endlich eine regionale und subregionale Integration brauchen würde. Versuche hatte es in den Jahrzehnten davor schon mehrere gegeben, funktioniert hatten sie nie.

In den letzten Jahren, vor allem denen der Wirtschafts- und Finanzkrise in den USA und in Europa, war Lateinamerika eine Region der Stabilität, die mit wenigen Ausnahmen von früheren Krisen gelernt hatte, eine vernünftige makroökonomische Politik zu machen. Darüber hinaus wurden von vielen Staaten bedeutende Schritte unternommen, die Armut zu überwinden, die Demokratie zu fördern und Konflikte friedlich zu lösen. Dank seiner verbesserten wirtschaftlichen Situation zeigte die Region Lateinamerikas mehr politisches Selbstvertrauen und übte in der globalen Politik einen stärkeren Einfluss aus.

Die EU stellt wirtschaftlich gesehen mit seinen starken historischen und kulturellen Bindungen eine bedeutende Präsenz in Lateinamerika dar. Die diversen Handelsabkommen mit 26 der 33 lateinamerikanischen und karibischen Staaten machen LAK zu einer mit der EU wirtschaftlich eng integrierten Region, wenn auch mit einer gewissen „Unterbelichtung" im politischen Bereich. Gleichzeitig investieren diese lateinamerikanischen Länder auch immer mehr in Europa, mit den sogenannten *Multilatinas*, den lateinamerikanischen Großunternehmen.

Allerdings hat die globale Wirtschaftskrise in den vergangenen zwei bis drei Jahren auch die Finanz- und Wirtschaftsflüsse beeinträchtigt, zudem wurde die Stellung der EU in Lateinamerika zunehmend von China, aber auch Südkorea und Indien infrage gestellt. Wo China stets besonderes Interesse an den Bodenschätzen und Rohstoffen aller Art sowie an landwirtschaftlichen Produktionsflächen und Produkten hatte, bemühen sich die Europäer, Industrien und Produktionsstätten in Lateinamerika aufzubauen, die dann, in globale Wertschöpfungsketten eingebaut, zusätzlichen Mehrwert und Arbeitsplätze für Lateinamerika brachten.

Vor allem der Süden des Kontinents hat sich in den vergangenen Jahren stark dem Pazifischen Raum geöffnet. Mein Kollege und Freund, der damalige peruanische Außenminister José García Belaúnde, erfand die *Alianza del Pacifico*, die Pazifische Allianz, einen freiwilligen wirtschaftlichen Zusammenschluss der Staaten Perus, Kolumbiens, Mexikos und Chiles, der sich bald Costa Rica und Panama anschlossen und das viele interessierte Länder wie Spanien, Portugal, aber auch asiatische Staaten mit Beobachterstatus hat. Grundgedanke ist, dass diese Staaten, die viele Freihandelsabkommen mit den wichtigsten Ländern der Welt wie mit den USA, der EU oder China abgeschlossen haben, eine offene Wirtschafts- und Handelspolitik betreiben und voll auf den Welthandel setzen.

In meiner Kommissarszeit konnten wir mit den subregionalen Gruppen durchaus Erfolge erzielen, wenn auch unter schwierigen Umständen (und sogar gegen Widerstände des britischen EU-Handelskommissars Peter Mandelson). So erreichten wir mit den zentralamerikanischen Staaten, also El Salvador, Honduras, Guatemala, Panama, Costa Rica und Nikaragua, viel, vor allem das Abkommen zum gemeinsamen Außenzoll. Der Abschluss des von mir vorangetriebenen Abkommens fiel dann in die Zeit des belgischen EU-Handelskommissars Karel De Gucht.

Auch mit den Anden-Staaten (Peru, Kolumbien, Ekuador, Bolivien) begannen wir Verhandlungen. Obwohl es mir auf dem Wiener EU-LAK-Gipfel 2006 gelungen war, neben Ekuador auch Bolivien zur Zustimmung zum Text unserer Gipfelerklärung zu bringen und den Verhandlungsbeginn EU-CAN zu akzeptieren – zwei Stunden lang redete ich mit dem gerade erst neu installierten bolivianischen Außenminister David Choquehuanca Céspedes –, sprangen Ekuador und Bolivien während der Verhandlungen mit der EU-Kommission plötzlich ab. Sie wollten aus ideologischen Gründen keinen Freihandel. Was sie sich auf ihre Fahnen schrieben, war nicht Handelsliberalismus, sondern Protektionismus.

Die Präsidenten Kolumbiens und Perus, Álvaro Uribe Vélez und Alán Garcia Pérez, sowie deren Außenminister wollten hingegen unbedingt die Verhandlungen mit uns vorantreiben, wenn nötig, eben auch allein. Wieder hatte ich mich gegen Widerstände in der EU-Kommission durchzusetzen, aber ich wollte nicht zulassen, dass Ekuador und Bolivien mit ihrer Ablehnung die beiden anderen erpressen konnten. Nach Abwägung der Argumente dafür und dagegen entschied ich mich, die Separatverhandlungen mit Kolumbien und Peru zu führen, wofür mir beide Staaten große Dankbarkeit erwiesen. Die Verhandlungen wurden erfolgreich abgeschlossen, und sogar noch nach meinem Weggang aus Brüssel luden mich Peru und Kolumbien 2010 im Rahmen eines Gipfels in Madrid ein, als Zeugin des Abschlusses persönlich dabei zu sein, und dekorierten mich mit den jeweils höchsten Orden der beiden Länder. Sie wussten es zu schätzen, dass das Abkommen nur durch meine politische Entscheidung – ganz nach meinem Motto „Wo ein Wille, da ein Weg" – zustande gekommen war.

Die Tür für jederzeit mögliche spätere Verhandlungen mit Ekuador und Bolivien ließ ich allerdings offen. Tatsächlich entschloss sich auch Präsident Rafael Correa von Ekuador, in den vergangenen Jahren eben diese Verhandlungen mit der EU zu führen, zwischenzeitlich sind sie sogar abgeschlossen. Somit hat der EU-LAK-Gipfel in Wien 2006 einen wichtigen Weg – durch Akzeptanz unseres Konzeptes der Europäischen Kommission – aufgezeigt. Dagegen ist das wichtigste aller Abkommen, das EU-Mercosur-Abkommen, bis heute nicht fertig: Durch Jahre hindurch war es von Brasilien und später Argentinien blockiert worden. Die von mir initiierten zwei Ministerkonferenzen EU-Mercosur in meiner

Zeit als EU-Kommissarin blieben leider erfolglos. Jetzt allerdings gibt es einen neuen Anlauf, dieses essenzielle Vertragswerk zu Ende zu bringen. Zwei wesentliche Faktoren könnten hier den Ausschlag geben: Zum einen wurde die Doha-Welthandels-Runde nie zum Abschluss gebracht, daher ist die Alternative EU-Mercosur wichtig, und zum anderen hat Argentinien mit Präsident Mauricio Macri einen Präsidenten, der sein Land öffnen will, um Investitionen in sein Land zu holen. Wir werden ja sehen ...

EU-LAK und andere Drähte zu Lateinamerika

Im Jahr 1999 fand in Rio de Janeiro der erste EU-Lateinamerika- und Karibikgipfel (EU-LAK) auf Initiative der Präsidenten Fernando Henrique Cardoso (Brasilien) und Jacques Chirac (Frankreich) statt, an dem ich als Staatssekretärin nach dem von mir gewählten Motto „Globalisierung der österreichischen Außenpolitik" teilnahm. Das ambitionierte Projekt strebte die Schaffung einer Strategischen Partnerschaft mit den lateinamerikanischen und karibischen Ländern an. Wir hatten drei Ziele: Schaffung eines intensivierten politischen Dialogs mit den Staaten LAKs, einer Freihandelszone – durch Abkommen zwischen einzelnen subregionalen Gruppierungen und der EU und dadurch indirekt die Förderung der regionalen Integration – sowie die Kooperation in gesellschaftlichen Fragen, vor allem Kultur, Jugend, Bildung und Erziehung.

Der Handel zwischen den beiden Regionen sollte vor allem zum Aufbau eines nachhaltigen sozio-ökonomischen Modells beitragen, das die Armut reduzieren würde. Darüber hinaus sollte dieser Wille zur Zusammenarbeit Mehrwert für die bi-regionale und globale Agenda bringen.

Heute sind die Freihandelsabkommen zum Großteil abgeschlossen, so das Abkommen der EU mit Zentralamerika, das erste regionale Abkommen auf diesem Kontinent, die sogenannten Multi-Parti-Abkommen EU-Peru und EU-Kolumbien, beide unter meiner Führung als EU-Kommissarin, sowie der EU-CARICOM-Vertrag.

Zu den Multi-Parti-Abkommen mit Peru und Kolumbien kam es schließlich, da das ursprüngliche Ziel eines Regionalabkommens EU-Andenstaaten (EU-CAN) leider nicht zustande kam.

Auf dem Wiener Lateinamerika-Gipfel 2006, den ich als frühere Außenministerin initiiert und Bundeskanzler Schüssel dringend empfohlen hatte, wurde die Idee geboren, die EU-LAK-Stiftung zu gründen und die Beziehungen der Zivilgesellschaft zwischen der EU und den Staaten Lateinamerikas und der Karibik zu fördern. 2010 schließlich wurde EU-LAK in Madrid von den Staats- und Regierungschefs akzeptiert, 2011 waren die Statuten ausgearbeitet. Sie sahen zwei Führungspersönlichkeiten vor, je eine aus Europa und aus Lateinamerika. Im selben Jahr wurde ich in Santiago de Chile als (ehrenamtliche) Präsidentin von EU-LAK und der frühere peruanische Botschafter bei der EU, Jorge Valdez, zum Exekutivdirektor bestellt, beide per Akklamation und beide für vier Jahre mit der Option der Wiederwahl für weitere vier Jahre. Als Präsidentin sah ich mich für die große strategische Linie in der Pflicht, der Direktor hatte mit einem kleinen Team den Aufbau und vor allem operative und administrative Aufgaben zu erledigen.

Die Finanzierung sowie die Suche nach einem geeigneten Sitz zogen sich in die Länge, letztlich etablierte sich die Stiftung in einer Villa in der Hagedornstraße 22 in Hamburg. An der Eröffnung im Rathaus nahmen der damalige Außenminister Guido Westerwelle und der Erste Bürgermeister der Hansestadt, Olaf Scholz, teil. Scholz war bei der Ansiedlung der Stiftung sehr hilfreich gewesen.

In die Arbeit des Exekutivdirektors wollte ich mich nicht einmischen, obwohl ich einiges anders gemacht hätte. Ich hätte mehr mit der Wirtschaft gearbeitet. Hätte man sie mit unserer Arbeit unterstützt, hätten wir auch mit Sponsoring von dieser Seite rechnen können. Meine Idee war, nach einer Anfangsfinanzierung durch die EU-Kommission auf freiwillige Beiträge der in EU-LAK vertretenen Staaten umzusteigen, so wie das eigentlich vorgesehen war. Doch die meisten betroffenen Länder waren infolge der Finanzkrise nicht in der Lage, Beiträge zu zahlen. So waren wir auf die Beträge der EU-Kommission angewiesen und entsprechend von ihr abhängig. So fehlte das Budget für Reisen, die notwendig gewesen wären, um einzelne Staatsoberhäupter oder Premierminister zu besuchen und etwas zustande bringen zu können. Ich konnte das gelegentlich mit Reisen für andere Aktivitäten verbinden, aber insgesamt war es frustrierend.

Die EU-LAK hat zwar ihren Sitz in Hamburg, aber gerade in Deutschland vermisse ich leider den Enthusiasmus. Europa könnte mit Lateinamerika so vieles machen und nicht alles den Spaniern, allenfalls noch den Portugiesen überlassen. Aus Deutschland sind die großen Konzerne in Lateinamerika präsent, die eine solche Stiftung natürlich nicht benötigen und die von sich aus Klein- und Mittelbetriebe um sich scharen. Kleineren Unternehmen allein fehlt das Interesse.

Zweimal im Jahr sollte auch der Gouverneursrat in Brüssel tagen, bestehend aus den in Brüssel akkreditieren Botschaftern der EU-Mitglieds- und der lateinamerikanischen Staaten. In der Realität wurden meist nur Diplomaten unterer Ränge geschickt, geschweige denn, dass sich die Außenminister selbst mit Lateinamerika befasst hätten. Die EU hatte viele außenpolitische Krisen zu bewältigen, so gesehen war es das „Problem" Lateinamerikas, dass die EU kaum Probleme mit dem Kontinent und auch die lateinamerikanischen Länder untereinander keine Konflikte hatten und sich die EU folglich auch wenig damit befasste. Eine unserer Forderungen war, mit den lateinamerikanischen Ländern wieder in den politischen Dialog zu treten und die Außenminister dazu zu bringen, wenigstens einmal im Jahr zu Lateinamerika Stellung zu nehmen. Aber die befassten sich aus Zeitmangel gar nicht mehr damit. Unter der EU-Kommissarin Federica Mogherini wurde wenigstens wieder versucht, die strategische Partnerschaft der EU mit Lateinamerika etwas aufleben zu lassen.

Der Exekutivdirektor und ich entschieden jedenfalls beide, uns der Wiederwahl nicht mehr zu stellen. Die jetzige Direktorin ist die EU-Botschafterin Paola Amadei, ein früheres Kommissionsmitglied, und mein Nachfolger als Stiftungspräsident ist Leonel Fernández, der frühere Präsident der Dominikanischen Republik.

Ich bin darüber hinaus auch ehrenamtliche Präsidentin der Fundación Euroamérica (Abbildung 111), einer spanischen Stiftung für Lateinamerika mit Sitz in der Calle General Arrando in Madrid, gegründet von Privatleuten und großen Unternehmern. Diese Stiftung funktioniert eigentlich besser als die EU-LAK. Sie ist gleichfalls auf EU und Lateinamerika ausgerichtet, bemüht sich aber besonders um konkrete Geschäftskontakte und widmet sich dem Privatsektor. Das Minimum an Finanzierung ist gesichert, mindestens einmal im Jahr veranstalten wir ein großes Forum in einem lateinamerikanischen Land. Ich eröffne die Konferenzen der Euroamérica. Weil diese Treffen, auf denen ganz offen geredet wird, wichtig, interessant und lehrreich sind, war ich bis jetzt jedes Jahr dabei und möchte auch weiterhin regelmäßig teilnehmen. Immer wieder lernt man dabei wichtige Persönlichkeiten kennen, was wiederum für weitere Kontakte hilft. Den Abschluss bildet stets eine Rede des jeweiligen Präsidenten.

Ursprünglich hatte die EU keinerlei Zentralamerika-Politik und spielte in der Region keine Rolle. Das änderte sich nach einem der blutigsten Bürgerkriege Lateinamerikas, der von 1979 bis 1992 in Honduras und El Salvador tobte und 75.000 Menschenleben kostete. 1984 brachte eine Konferenz in San José, der Hauptstadt Costa Ricas, Außenminister der EU, Zentralamerikas und der Contadora-Gruppe (Kolumbien, Mexiko, Panama, Venezuela) zusammen. Daraus entstand der San-José-Prozess, bei dem sich vor allem Spanien, Portugal, Italien, Frankreich und die Schweiz für den Frieden und die Entwicklung engagierten. So wurde die Region sogar zum wichtigsten Pro-Kopf-Empfänger von EU-Unterstützungen. Der San-José-Prozess entfaltete eine Dynamik in den Beziehungen und entwickelte sich zum wichtigsten EU-Lateinamerika-Prozess. Da auch ich eingeladen war, nahm ich an der Tagung in San José ebenfalls teil. Damals hatte ich ein enges Arbeitsverhältnis zum spanischen EU-Kommissar Manuel Marín, der dieses Forum intensiv unterstützte.

Um den Frieden in Mittelamerika kümmerte sich auch die sogenannte Rio-Gruppe, die ebenfalls aus der Contadora-Gruppe und der Contadora-Unterstützungsgruppe (Argentinien, Brasilien, Peru und Uruguay) entstanden war und der auch weitere latein- und zentralamerikanische Staaten angehörten. Ab 1987 trafen sich die Außenminister der Rio-Gruppe auch mit Kollegen der Europäischen Union, später entstand aus den Mitgliedern der Rio-Gruppe der Staatenbund CELAC (Gemeinschaft der Lateinamerikanischen und Karibischen Staaten, Comunidad de Estados Latinoamericanos y Caribeños). Dieser Formation gehören nun wirklich alle Staaten des Kontinents mit einer Gesamtbevölkerung von mehr als 600 Millionen Menschen an, was aber auch Nachteile hat. Venezuela und

Kuba gehören zu den Bremsern. Dennoch führte die CELAC zu einer ersten Integration Lateinamerikas.

2004 entstand ein weiteres Bündnis. Die sogenannten ALBA-Staaten, zu denen Venezuela, Kuba, Nikaragua, Argentinien, Ekuador und Bolivien gehörten, wollten durch wirtschaftliche Zusammenarbeit untereinander von den USA und Europa unabhängiger werden. ALBA steht für Alianza Bolivariana para los Pueblos de Nuestra América, die „Bolivarianische Allianz für die Völker unseres Amerika", und ist ein „Handelsvertrag der Völker". Simón Bolívar war Namensgeber der Gruppierung, da der legendäre Unabhängigkeitskämpfer gegen die spanische Kolonialherrschaft ebenfalls die Vision hatte, ein gemeinsames Lateinamerika zu formen, das von Europa und den USA unabhängig sein sollte. Die Bedeutung der ALBA-Initiative schwand indes in den vergangenen Jahren wieder, ALBA-Treffen finden nur noch am Rande anderer Gipfeltreffen statt.

Mit der 2008 gegründeten UNASUR, der Union Südamerikanischer Nationen (Unión de Naciones Suramericanas), versuchten zwölf Staaten, unter ihnen die Mitglieder der Anden-Gruppe und jene des Mercosur, die Europäische Union zu kopieren. Die Union hatte eine Integration wie in der EU zum Ziel, mit einer gemeinsamen Währung, einem gemeinsamen Parlament und gemeinsamen Reisepässen sowie großen gemeinsamen Infrastrukturprojekten. Doch alles blieb unkonkret, der Wille zur Integration war zu schwach, die Solidarität untereinander fehlte. Die großen Länder wie Brasilien und Argentinien waren nicht zu Gesten gegenüber anderen Partnern bereit, um auch sie stark werden zu lassen. Unter der Regierung Lula da Silva und mit Außenminister Celso Amorim litt Brasilien unter der Vorstellung, es sei keine lateinamerikanische Groß-, sondern eine Weltmacht. Mit der EU gab es aus Mangel an brasilianischem Interesse kein Abkommen, mit den USA kam wenig zustande, und in Lateinamerika selbst schafften es die Brasilianer nicht, eine Art natürliche Führungsrolle zu übernehmen. Brasilien gehört auch heute noch keiner Gruppe von Freihandelsländern an, die zudem mit Visafreiheit den Handel erleichtern. Der Protektionismus und eine gewisse Selbstüberschätzung haben dem Land zweifellos geschadet.

EU hat inzwischen pazifische Konkurrenz

Leider blockierten einander die Staaten beim Marktzugang immer wieder. Wir sind noch nicht am Ziel angekommen, was ich schade finde, da die Weltwirtschaft jeden Stimulus gut brauchen könnte. Die EU musste schließlich zur Kenntnis nehmen, dass Europa neben den Amerikanern plötzlich nicht mehr der einzige große Partner Lateinamerikas war. Vier von den zentralen Ländern – Peru, Chile, Mexiko und Kolumbien – formierten sich in der Pazifischen Allianz, wie bereits ausgeführt, und begannen, stark mit China, Japan, Südkorea und Indien zu arbeiten. Zwar ist Europa nach wie vor präsent, aber es hat nicht mehr diesen Stellenwert. Früher war Europa Handelspartner Nummer zwei nach den USA; heute nur noch Nummer drei. Den zweiten Platz haben die Asiaten erobert.

Als Präsidentin der EU-LAK-Stiftung sprach ich einmal mit den Spitzen der Industrie. In Chile fragte ich beispielsweise, ob man denn wirklich wolle, dass China dem Land alle Minen und Bergwerke abkaufe und Rohstoffe abnehme? Wogegen doch die Europäer in die Produktion im Lande selbst investieren und einheimische Arbeitnehmer beschäftigen würden? Als ich ihnen den Mehrwert der Beziehung mit Europa aufzeigte, erhielt ich nur patzige Antworten. Europa und Lateinamerika kennen einander zu wenig. Befragt man einen Deutschen, Österreicher oder Belgier über Lateinamerika, werden sie wenig wissen. Nur Spanier und Portugiesen, für die Lateinamerika ein Heimatmarkt ist, wissen viel. Aber auch umgekehrt wissen Lateinamerikaner wahrscheinlich wenig über Europa. In meinem Lateinamerikakonzept – ich verfasste zwei Policy Papers, die immer noch Gültigkeit haben – betonte ich daher das bilaterale Element: Wenn es von Kontinent zu Kontinent nicht funktioniert, so funktioniert es wenigstens über die Subregionen oder bilateral, etwa Mexiko und EU, Brasilien und EU, Zentralamerika und EU etc. Aber ich bin überzeugt, dass der Samen gelegt wurde, der einmal in einer lateinamerikanischen Einigung aufgehen könnte. Auch wenn manches in Latein- und Mittelamerika noch wie ein Flickenteppich wirkt, es gibt manche Schritte nach vorne und Interesse an Freihandelsbeziehungen. Jedes Gipfeltreffen brachte uns ein Stück weiter. Lateinamerika ist weiterhin ein wichtiger Partner.

75: Denkwürdiges Gruppenbild mit zwei Damen (v.l.n.r.): Paavo Lipponen (finnischer Präsident), Ursula Plassnik (meine Nachfolgerin als österreichische Außenministerin), Wolfgang Schüssel (österreichischer Bundeskanzler), der deutsche Alt-Bundeskanzler Helmut Kohl, EU-Kommissionspräsident José Manuel Barroso, Ex-Bundeskanzler Franz Vranitzky, schräg hinter mir der frühere EU-Agrarkommissar Franz Fischler und neben mir der kürzlich verstorbene Außenminister Alois Mock (anlässlich eines Europakongresses in der Wiener Hofburg am 27. Februar 2005 zum zehnten Jahrestag des österreichischen Beitritts zur EU)

76: Begegnung mit Israels Ministerpräsident Ariel Sharon (November 2005)

77: Mit US-Präsident George W. Bush (November 2005)

78: Mit der deutschen Bundeskanzlerin Angela Merkel (Juni 2006)

79: Außenministertreffen der G8 am 29. Juni 2006 in Moskau (v.l.n.r.): Ursula Plassnik (Österreich hatte damals die EU-Ratspräsidentschaft inne), Taro Aso (Japan), Javier Solana (EU-Generalsekretär), Condoleezza Rice (USA), Margaret Becket (Großbritannien), in der Mitte Gastgeber Sergej Lawrow (Russland), Massimo D'Alema (Italien), Philippe Douste-Blazy (Frankreich), Peter MacKay (Kanada) und direkt vor mir (als EU-Kommissarin) Frank-Walter Steinmeier (Deutschland). Ohne Russland wurde mittlerweile aus dem G8- leider nur noch ein G7-Gipfel

80: Der Palästinenser Aschraf al-Hajuj (l), junger angehender Arzt in der Kinderklinik von Bengasi, lebte im Gefängnis von Tripoli in ständiger Angst, das Todesurteil würde vollstreckt werden. Ihn und fünf bulgarische Krankenschwestern, hier bei einem Gerichtstermin, können wir am 24. Juli 2007 befreien

81: Nach jahrelangen Verhandlungen mit der libyschen Führung kommen die bulgarischen Krankenschwestern und der Palästinenser frei. Im Flugzeug und bei der Ankunft in Sofia ist die Stimmung unbeschreiblich. Einigen Krankenschwestern sind die Strapazen von acht Jahren Haft und Folter noch lange nach der Rettung ins Gesicht geschrieben

82: Erleichtert spreche ich im Flughafen von Sofia Begrüßungsworte. Der 24. Juli 2007 wird mir immer in Erinnerung bleiben

83: Meine Mitarbeiter in der Europäischen Kommission in Brüssel

84: Alles fertig zum Sturm! (Karikatur: Markus Szyszkowitz, Oktober 2003)

85: Wolfgang Schüssels Katapult (Karikatur: Bruno Haberzettl, 2000)

86: Reisevorbereitungen (Karikatur: Markus Szyszkowitz, 2001)

87: Eiertanz (Karikatur: Erich Eibl, Die Presse, 16. April 2004)

88: Duell mit Heinz Fischer (Karikatur: Petar Pismestrovic, Kleine Zeitung, 18. Januar 2004)

89: Die Präsidentschaftskandidaten (Karikatur: Bruno Haberzettl, Kronen-Zeitung, 18. Januar 2004)

90: Der portugiesische Außenminister Luís Amado besucht im Januar 2007 die Europäische Kommission

91: Besuch von Salam Fayyad, Finanzminister und Premierminister der Palästinensischen Autonomiebehörde, in Brüssel (April 2007)

92: Gedankenaustausch mit Julia Timoschenko, der ukrainischen Ministerpräsidentin, auf einer internationalen Konferenz „Frauen: Stabilisierung einer unsicheren Welt", zu der ich mehr als fünfzig Politikerinnen nach Brüssel eingeladen hatte (März 2008)

93: Fayza Aboul Naga, Ministerin für Entwicklungszusammenarbeit in Ägypten, besucht mich im März 2008 in Brüssel

94: UNO-Generalsekretär Kofi Annan in Brüssel (Mai 2008)

95: Schnappschuss vom Europäischen Rat in Brüssel (Juni 2008) mit dem französischen Staatspräsidenten Nicolas Sarkozy (l) und Kommissionspräsident José Manuel Barroso (r)

96: Eine meiner vielen Begegnungen mit Russlands Außenminister Lawrow, hier auf dem EU-Russland-Gipfel im Juni 2008

97: Aus Peru kommt Außenminister José Antonio Garcia Belaunde zu Besuch nach Brüssel, um mit mir das Multi-Parti-Abkommen EU-Peru zu verhandeln (Juli 2008)

98: Die israelische Außenministerin Tzipi Livni auf Visite in der EU-Kommission (Dezember 2008)

99: Handshake mit dem äußerst selbstbewussten chinesischen Außenminister Yang Jiechi (Januar 2009)

100: Chinas Ministerpräsident Wen Jiabao interessiert sich für die EU-Kommission in Brüssel (Januar 2009)

101: Michail Gorbatschow, damals Präsident des World Political Forum, in Brüssel (Februar 2009)

102: Eine meiner Begegnungen mit US-Außenministerin Hillary Clinton (Brüssel, Februar 2009)

103: Tony Blair, der frühere britische Premierminister, kommt als Sondergesandter des Nahost-Quartetts nach Brüssel. Für ihn hatte die EU-Kommission ein Büro in Ostjerusalem eingerichtet (April 2009)

104: UNO-Generalsekretär Ban Ki Moon in Brüssel (April 2009)

105: Flurgespräch mit EU-Parlamentspräsident Hans-Gert Pöttering (l) und Jan Peter Balkenende, niederländischer Ministerpräsident (Juni 2009)

106: Diskussion mit dem deutschen Außenminister Frank-Walter Steinmeier (Brüssel, Juni 2009)

107: Meinungsaustausch mit Jean-Claude Juncker, dem damaligen luxemburgischen Ministerpräsidenten und Präsidenten der Euro-Gruppe (Oktober 2009)

108: Begrüßung von Anil Kakodkar (r), dem Vorsitzenden der indischen Atomenergiekommission, unter den Augen des indischen Premierministers Manmohan Singh (l) auf dem EU-Indien-Gipfel (November 2009)

109: Gute Stimmung auf dem EU-Russland-Gipfel vom November 2009, auf dem sich die EU und Russland auf ein Frühwarnsystem für Lieferstopps bei Gas verständigen. Anfang des Jahres waren wegen des russisch-ukrainischen Gasstreits einige EU-Staaten zwei Wochen lang von der Gasversorgung abgeschnitten gewesen. Lachend in der Mitte: der damalige russische Präsident Dmitri Medwedew

110: Der ukrainische Präsident Wiktor Juschtschenko (m) mit Kommissionspräsident José Manuel Barroso und mir auf dem EU-Ukraine-Gipfel (Dezember 2009)

111: Spaniens König Felipe VI. beim 25-Jahr-Jubiläum der Fundación Euroamérica (Madrid 2014)

EUROPA

Wie findet die EU aus dem Krisenmodus heraus?

Kritikpunkte und Reformvorschläge

Die EU befindet sich in einer ganz besonderen Krisensituation. Nicht nur in einer, sondern in mehreren tiefen Krisen. Seit 2008 haben wir eine Finanzkrise, die zur Wirtschaftskrise wurde und sich zu einer politischen und einer Vertrauenskrise in Politik und Institutionen ausgewachsen hat. Kaum kommen wir langsam aus diesen Krisen heraus, haben wir die Flüchtlingskrise zu bewältigen, die Folgen des Brexit, die Bedrohung durch den Terrorismus, durch totalitäre Ideologien und die neue Unsicherheit der transatlantischen Beziehungen. Das ist die Lage, in der sich die EU heute befindet, eine EU im schwächsten Zustand seit ihrer Gründung. Zuallererst müssen wir sehen, wie die EU überhaupt zusammengehalten werden kann. Wir befinden uns in einer Abschwungphase und sind damit auch in einer echten Sinnkrise gelandet. Sechzig Jahre nach den Römischen Verträgen und 25 Jahre nach Inkrafttreten des Maastricht-Vertrags ist das Projekt der europäischen Integration bedroht. Aber es liegt an uns Europäern selbst, dies zu ändern.

Auf dem Gipfel der KSZE (der späteren OSZE) in Paris im Jahre 1990 dachten wir, dass wir den Kommunismus besiegt und die Demokratie sowie die Marktwirtschaft sich durchgesetzt hätten, besonders repräsentiert durch die EU. Wir sprachen damals mit dem US-Politikwissenschaftler Francis Fukuyama vom „Ende der Geschichte"!

Die EU hatte uns durch viele Jahrzehnte eine fantastische Aufwärtsentwicklung in Europa gebracht. Wir lebten mit Enthusiasmus den Frieden, den Wohlstand und die Solidarität, die wir mit der EU verbanden. Wir waren stolz auf dieses größte Friedensprojekt Europas aller Zeiten mit seiner enormen Attraktivität.

Heute dagegen leben wir in einer gefährlichen Welt, in der Vernichtung zu herrschen scheint: Es ist der Übergang in eine neue Epoche, die wir noch nicht voll erkennen können, einer derzeit apolaren oder multipolaren Welt, in der viele neue Machtzentren mit den alten in Konkurrenz stehen: China, Russland, Indien, Brasilien, Türkei, Iran. Immer mehr messen sich mit den USA. Gerade in dieser neuen geopolitischen Weltordnung, die manche bereits als „post-westliche Ordnung" beschreiben, müsste Europa viel stärker sein, um als politischer Akteur wahrgenommen zu werden. Dazu kommt die große technologische Revolution der Digitalisierung, die neben der Globalisierung neue Rahmenbedingungen schafft.

Zwar dürfen wir nach wie vor die EU als einen vertrauenswürdigen und berechenbaren Partner ansehen, als den noch größten gemeinsamen Wirtschaftsmarkt der Welt, den ersten Handelspartner, die zweitgrößte Weltwirtschaft, den größten Geber in der Entwicklungszusammenarbeit und einen wichtigen Sicherheitsgaranten.

Noch sind wir der Krise nicht entkommen, und nun haben wir auch noch den „Brexit".

Was der Brexit lehrt und lehren sollte

Ich hatte gehofft, dass die Briten einsehen, dass sie die Europäische Union ebenso brauchen wie die Union die Briten. Wer der größere Verlierer des Brexit sein wird, lässt sich derzeit nur schwer abschätzen. Sicher ist, dass derzeit beide Seiten verlieren. Ich erwarte langfristig Turbulenzen in der Wirtschaft und an den Börsen.

Die größte Gefahr des Brexit für die EU scheint mir eine mögliche Ansteckung mit dem Virus des Austritts aus der EU zu sein. Leider haben ja Populismus und Nationalismus, verursacht durch die Krisen, in vielen Ländern Aufwind: Die Handlungsspielräume der demokratisch gewählten nationalen Regierungen werden immer kleiner. Entscheidungen von supranationalen Unternehmen, Großbanken, Expertengruppen und Regulierungsbehörden haben wachsenden Einfluss auf das Leben der Bürger. Sie können aber nicht auf demokratische Weise zur Verantwortung gezogen werden.

Auch die Veränderungen in der Medienlandschaft stellen die Qualität der modernen Demokratie infrage. Medienorganisationen werden größer und mächtiger und haben immer mehr Einfluss auf die Politik. Gleichzeitig führen die Kommerzialisierung der Nachrichtenmedien, aber auch der technologische Medienwandel und die Digitalisierung dazu, dass die Bürger immer weniger mit den notwendigen Informationen für die politische Meinungsbildung versorgt werden.

Manche Regierungschefs geraten unter den Druck der eigenen Bevölkerung. Hätten auch die Niederlande mit dem *Nexit* kokettiert oder hätte Frankreich den *Frexit* erwogen, wäre die EU auseinandergebrochen. Ich erinnere mich an die Äußerung des früheren deutschen Außenministers Frank-Walter Steinmeier, der sagte, wenn die EU das Jahr 2016 überlebe, dann könne man glücklich sein. 2016 hat die EU irgendwie überlebt, glücklich sind wir nicht. Das Jahr 2017 geht aber mit den Wahlen in den Niederlanden, in Frankreich und in Deutschland als mindestens ebenso wichtiges Jahr in die europäische Geschichte ein.

Einerseits könnte man spekulieren, ob es nicht besser gewesen wäre, hätten die Briten nicht schon wesentlich früher den Ausstieg vollzogen. Nicht nur die Franzosen meinen, so hätten wir vermutlich eine kohärentere und stärkere Europäische Union erreicht. Manche meinen, dass die rasche Aufnahme aller zentral- und osteuropäischen Länder im Wesentlichen auch Großbritannien zu verdanken sei, das diese Länder bewusst in der EU sehen wollte – mit dem Kalkül, eine große Freihandelszone zu schaffen, gleichzeitig aber die EU zu verwässern und nicht zu stark werden zu lassen. Zudem waren sie auch spezielle Verbündete der USA, wo Präsident Bill Clinton und seine Außenministerin Madeleine Albright große Verfechter der EU-Erweiterung um die früheren kommunistischen Staaten waren.

Wie oft war besonders Frankreich gegen Großbritannien aufgebracht, weil London so viele Schritte verweigert, abgelehnt oder zumindest verwässert hatte! Das beobachteten wir auf vielen Gebieten, ob in der Sozial-, der Fiskal- oder in der Außen- und Sicherheitspolitik. Insofern könnte man dem Brexit sogar einen positiven Aspekt abgewinnen, da wir nun rascher voranschreiten könnten, weil uns Großbritannien nicht mehr wie früher wird aufhalten können.

Dass die EU-Außenpolitik nicht einmal *Foreign Policy* genannt werden durfte, sondern nur *External Relations* heißen darf, obwohl es genau dasselbe bedeutet, geht auf die Briten zurück. Desgleichen passte es ihnen nicht, dass die EU einen *Foreign Minister* stellen würde, der EU-Außenminister durfte daher nur als *High Representative*, also Hoher Repräsentant, firmieren. All das geht auf britische Forderungen zurück.

Andererseits war es machtpolitisch gesehen richtig, die osteuropäischen Staaten in der EU zu integrieren. Auch wird uns Großbritannien in der Sicherheitspolitik fehlen. Es ist ein wichtiges Mitglied der NATO und – zusammen mit Frankreich – Nuklearmacht. Unter diesem Gesichtspunkt bleibt nur noch Frankreich übrig. Außerdem war es wichtig, mit dem Vereinigten Königreich ein permanentes Mitglied im UNO-Sicherheitsrat zu haben, und das wird uns künftig fehlen.

Die viel gerühmte deutsch-französische Achse wurde lange Zeit zum Teil überschätzt, denn hinter den Kulissen funktionierte in den vergangenen Jahren eher die deutsch-britische Achse. Bundeskanzlerin Angela Merkel pflegte sehr gute Kontakte zum früheren Premierminister David Cameron und trug bei den schwierigen Gesprächen in Brüssel, bei denen es um Reformforderungen im Sinne der Briten ging, wesentlich dazu bei, dass die Verhandlungen überhaupt abgeschlossen werden konnten. Nach der Brexit-Abstimmung ist das zwar hinfällig, aber ohne Merkels guten Draht zu Cameron wäre die Beziehung des Vereinigten Königreiches zum Festland schon früher schiefgegangen.

Nun müssen wir aus dem Brexit lernen! Die Situation ist nicht ausgestanden. Ich habe eine gewisse Sorge, dass sich weitere Völker anstecken lassen könnten und sich Europa spalten lässt. Wir wissen, wie negativ einige osteuropäische Länder gegenüber Flüchtlingen im Besonderen und der Europäischen Union im Allgemeinen eingestellt sind. Auch könnte die Europäische Union für die Anwärter des Westbalkans zunehmend unattraktiv werden, wo Konflikte latent vorhanden sind und ein neuer Krieg zumindest nicht ganz auszuschließen ist.

Wenn man die zwölf Kernpunkte in der Grundsatzrede Theresa Mays vom Januar 2017 liest und die Details im Weißbuch von David Davis ansieht, des für den Austritt des Vereinigten Königreiches aus der EU zuständigen Ministers, dann ergibt meine Analyse, dass May mit ihrer Ambition übertreibt. Sie will einen „Hard Brexit", das heißt keine Teilnahme am Binnenmarkt, aber gleichzeitig will sie erreichen, dass Großbritannien bald nach dem vollzogenen Austritt durch das mit der EU abzuschließende Abkommen besser dasteht als vorher.

Auch wenn die Briten – nach meinen persönlichen Erfahrungen – exzellente Verhandler sind, werden sie doch Einbußen erleiden. Denn sie wollen zum Beispiel die für ihre Interessen besten Handelsabkommen in speziellen Bereichen wie dem Automobilsektor, den Finanzdienstleistungen und dem Bankensektor abschließen, gleichzeitig aber in der Personenfreizügigkeit die ihnen passenden Entscheidungen treffen. Das wird wohl nicht möglich sein!

Dass die EU in die Brexit-Verhandlungen Elemente von Abstrafung oder Schadenfreude einbaut, möchte ich ausschließen, auch wenn sich das manche nach dem Referendum gewünscht hatten. Es wäre auch nicht in unserem Sinne. Aber wir sollten eine klare Position einnehmen: Man kann nicht zeitgleich außerhalb der EU sein, aber doch alle Vorteile genießen wollen. Wir sollten am Ende trotzdem pragmatisch sein, weil wir die Briten als gute Partner erhalten sollten.

Außerdem muss sich das Vereinigte Königreich auf die Frage konzentrieren, ob es überhaupt ein „Vereinigtes" Königreich bleiben kann. Aus den Separationsbestrebungen der Schotten etwa sind weitere Konsequenzen für Europa nicht auszuschließen. Käme es in Schottland oder Nordirland zu einem Unabhängigkeitsreferendum mit dem Ziel, in der EU bleiben zu können, würde sich sofort die Frage erheben, welche Beispielswirkung das etwa auf Katalonien hätte.

Die Roadmap von Bratislava

Trotzdem bin ich zuversichtlich, dass der Brexit die 27 EU-Mitgliedsstaaten aufrüttelt und sogar eine positive Entwicklung einleiten kann:

Zum einen hat Federica Mogherini, die Hohe Beauftragte für Außen- und Sicherheitspolitik, die neue „Globale Strategie für die EU-Außen- und Sicherheitspolitik" erarbeitet, die mit Recht erkennt, dass die EU zwar eine wichtige „Softpower" ist, aber diese zivile Macht allein heute nicht genügt. Das zeigt sich beispielsweise im Kampf gegen Daesh bzw.

IS. Um einem umfassenden Sicherheitsbegriff gerecht zu werden, müssen auch unsere Verteidigungskapazitäten gestärkt werden.

Zum anderen hat die Erklärung von Bratislava vom September 2016 – es war das erste Treffen ohne Großbritannien – eine Roadmap vorbereitet. Die 27 verbleibenden Mitgliedsstaaten haben eine Willenserklärung abgegeben, in der sie nach dem Brexit einen Erfolg der EU-27 wünschen. „Zwar ist die EU nicht perfekt, aber sie stellt gleichzeitig das beste Instrumentarium dar, den großen aktuellen Herausforderungen zu begegnen."

Dabei wird mit Recht nicht nur auf Frieden und Demokratie, sondern auch auf die Sicherheit der Bürger abgestellt und bekräftigt, dass künftig eine klare und mutige Sprache verwendet werden soll, um simple Lösungsansätze von Populisten und Extremisten als solche zu denunzieren und dagegenzuhalten.

Zuallererst sollten wir versuchen, die EU aus dieser existenziellen Krise herauszuführen, indem wir alles tun, um Wachstum zu fördern und Arbeitsplätze in Europa zu schaffen. Wir sollten den Euro durch eine voll verwirklichte Wirtschafts- und Währungsunion (einschließlich Banken- und Fiskalunion) mit einem eigenen Wirtschafts- und Finanzminister komplettieren.

Viele Vorschläge dafür liegen längst in den Schubladen der EU-Kommission bereit. Sie sollten ehestmöglich aufgegriffen werden.

Darüber hinaus ist eine neue deutsch-französische Initiative auf eine effizientere Verteidigungsfähigkeit der EU ausgerichtet. Ich halte diesen Vorschlag für interessant, da wir für eine global agierende EU künftig eine Sicherheits- und Verteidigungsunion brauchen und Schritte in diese Richtung sehr wichtig sind. Die von den USA unter Präsident Donald Trump eingeforderten zwei Prozent Mindestausgaben für die Verteidigung durch die europäischen NATO-Mitgliedsstaaten werden Europa letztlich stärken.

Auch ist eine Sozialunion durch den Brexit in den Bereich des Möglichen gelangt. Bisher war sie ja stets von den Briten abgelehnt worden.

Eine längerfristige Vision für die EU ist jedenfalls unabdingbar. Das 60-Jahr-Jubiläum der Verträge von Rom, das wir im Frühjahr 2017 gefeiert haben, war ein Aufruf für die Erarbeitung entsprechender Ideen.

Ein Kern als Bundesstaat Europa

Ich war immer eine Verfechterin des Bundesstaates Europa. Ich hatte mir mit einem Bundesstaat Europa den großen Wurf gewünscht, eine Vereinigte Europäische Union. Ich wünsche mir das immer noch, erkenne aber angesichts der aktuellen Vertrauenskrise zurzeit leider keine Chance, dies mittelfristig umzusetzen.

Trotzdem muss die EU Fortschritte machen. Wir müssen in Europa vorangehen. Wir brauchen jetzt ein flexibles Europa – flexibler jedenfalls, als wir es ursprünglich geplant hatten.

Wir sollten einer EU zustimmen, die in konzentrischen Kreisen, in Form einer „variablen Geometrie", vorangeht. Diese Möglichkeit besteht bereits im Lissabonner Vertrag für eine Gruppe von mindestens neun Staaten, die auf den Mechanismus der „Verstärkten Zusammenarbeit" abstellen. Demnach können Staaten, die anfangs bewusst zurückbleiben, in den ersten Kreis vorrücken, sollten sie dazu bereit und fähig sein. Wie wir wissen, funktioniert dies bereits bei Schengen und der Euro-Zone.

Ich sehe diese Möglichkeit, die bereits heute in den Verträgen vorgesehen ist, als eine realistische Option an, wonach ein kleiner Kreis von Staaten vorangeht, ein europäischer Kern, eventuell die Eurogruppe. Ein Kern, der Reformen umsetzt und sich zumindest in Richtung einer stärkeren Zusammenarbeit, einer stärkeren Kohäsion bewegt. Der Kern könnte mit der Komplettierung der Wirtschafts- und Währungsunion, der Banken- und der Fiskalunion beginnen.

Man könnte es auch Europa der zwei Geschwindigkeiten nennen, wie es die deutsche Bundeskanzlerin Angela Merkel auf dem Sondergipfel zum 60. Jahrestag der Römischen Verträge in der italienischen Hauptstadt tat. Oder Europa der flexiblen konzentrischen Kreise: in der Mitte das Kerneuropa und rundum Satelliten, die aufrücken können, dafür aber die nötigen Voraussetzungen erfüllen müssen. Konzepte dafür liegen auf dem Tisch. Man braucht nur umzusetzen, was die Kommission bereits vorbereitet hat.

Zusätzlich zur oben erwähnten Vervollständigung der EU halte ich selbst auch die weitere Stärkung der Demokratie für notwendig: Ein gewähltes Parlament, das direkt über europäische Parteien beschickt wird, mit einem Zwei-Kammer-System, bestehend aus einem gestrafften EU-Parlament und einer Zweiten Kammer, einem Senat, dem jetzigen Europäischen Rat, sollte volle Legislativfunktion haben. Der Kommissionspräsident müsste aus einer EU-weit abgehaltenen Wahl (wie der derzeitige Präsident Jean-Claude Juncker) hervorgehen. Die von ihm nominierten Kommissare müssten sich wie bisher einem Hearing stellen und vom EU-Parlament akzeptiert oder abgelehnt werden. Jedenfalls sollte es auch möglich sein, nicht nur dem Kommissionspräsidenten bzw. der gesamten EU-Kommission als Kollektiv, sondern auch den einzelnen Kommissaren ein Misstrauensvotum auszusprechen, wenn begründetes Fehlverhalten vorliegt.

Wir sind heute in einer wirklich globalisierten, ja entgrenzten Welt. Das bereitet vielen Menschen Angst. Die Europäische Union wäre die positive Antwort auf die Globalisierung. Wir in Europa wollen stark bleiben, und das geht nur, wenn wir zusammenarbeiten. Das müsste man viel stärker propagieren und kommunizieren. Und gleichzeitig – da stimme ich den Kritikern der EU zu – dürfen wir weit weniger auf die regionalen Dinge eingehen. Vieles hat die Menschen sehr verärgert und gegen Brüssel aufgebracht. Wo immer es möglich ist, sollten wir diese vielen Kleinigkeiten, die omnipräsenten und lähmenden bürokratischen Details den Regionen überlassen.

Vakuum in großen Fragen

Die Gurkenkrümmung, die Bananenkrümmung, die Traktorsitze und alle diese Kleinigkeiten, die gerne mit kritischem Zynismus zitiert werden: Die sollten endlich nicht mehr passieren. Die großen Fragen müssen behandelt werden!

Statt dass die großen Prioritäten gesetzt werden, werden immer noch kleinkarierte Dinge angesprochen, die auf den unteren Ebenen – auf der nationalen, regionalen und sogar kommunalen Ebene – geregelt gehören. Ich bin froh, dass sich Kommissionspräsident Jean-Claude Juncker dessen angenommen, schon einiges gekürzt und den Niederländer Frans Timmermans, seinen Vizepräsidenten, auf diese Themen angesetzt hat.

Es ist höchste Zeit dafür.

Das Subsidiaritätsprinzip war uns Österreichern immer ein Anliegen, in Wirklichkeit wurde es kaum umgesetzt. Lediglich ein paar Gesetze wurden annulliert. Der Apparat ist in dieser Hinsicht schwerfällig, aber auch überambitioniert. Viele Mitarbeiter investieren ihre Energie an der falschen Stelle in Kleinigkeiten, während in den großen Dingen das Vakuum herrscht.

Die EU hat sich auf die großen Linien zu konzentrieren. Subsidiarität spielt dabei eine enorm wichtige Rolle: Das Große gemeinsam machen, aber die Einzelheiten den Ländern überlassen. Ich fürchte, es wird unterschätzt, welche Gefahr in der Entwicklung steckt, wenn man die großen Fragen verpasst und nicht fragt: Was brauchen wir? Oder auch: Was sollte wegfallen?

Viele mahnen ein, die Europäische Union brauche eine neue Erzählung, ein neues Narrativ. Wenn wir die Gefahren in dieser instabilen und immer aggressiver werdenden Welt unseren Bürgern bewusst machen können, wäre die Antwort darauf das neue Narrativ: Wir brauchen ein selbstbewusstes Europa, das wir diesen Gefahren entgegensetzen.

Ein Außenfeind, der gemeinsam zu bekämpfen ist, ist für mich eindeutig der sogenannte Islamische Staat (IS) bzw. Daesh. Darüber hinaus müssen wir eine neue Form der Zusammenarbeit mit Russland finden. Das eine bedeutet richtigen Kampf, das andere bedeutet die Suche nach einem Modus des Zueinanderfindens mit einem doch europäischen Land, von dem wir leider schon sehr weit auseinander gerückt sind.

In meiner Arbeit versuchte ich immer, soweit ich konnte, Russland auch positiv zu sehen und in den Verhandlungen gelegentlich auch entgegenzukommen. Aber das drang insgesamt zu wenig durch, weil andere EU-Mitglieder wie Polen und die baltischen Staaten ziemlich deutlich und laut zeigten, wie sie von Angst vor Russland geprägt waren und sind.

Die protektionistische und nationalistische Haltung des neuen US-Präsidenten Donald Trump verlangt ebenfalls eine gemeinsame europäische Antwort. Seit er sein Präsidentenamt genauso polarisierend ausfüllt, wie er es im Wahlkampf angekündigt hatte, besinnen sich viele Menschen auf europäische Werte. Die Trump-Administration könnte sich durchaus zu einem Anlass für ein neues Narrativ entwickeln.

Eine kompakte Kommission als echte EU-Regierung

Wie oben ausgeführt, wäre eine weitere Stärkung der Demokratie durchaus zu begrüßen. Aber wir brauchen auch mehr Effizienz. Da fällt mir sofort die Zahl der Kommissare auf. Als Außenministerin vertrat ich damals die österreichische Linie, nämlich dass jedes Land einen Kommissar zu stellen habe. Durch meine Arbeit in der Europäischen Kommission habe ich jedoch die Erfahrung gemacht, dass dies nicht unbedingt die beste Lösung ist. Ich gebe zu, ich hatte manches Streitgespräch mit meinem Kollegen und Freund Michel Barnier, der bereits damals die Position vertreten hatte, die Kommission müsse verkleinert werden. Überzeugt war ich aber erst, als ich selbst Kommissionsmitglied wurde.

Auch wenn es offiziell anders dargestellt wird, vertritt doch jeder Kommissar, wenn es darauf ankommt, in Wahrheit sein Land, wie es im EU-Slogan heißt: „das Land, das er am besten kennt". Der Kommissionskörper ist einfach zu groß. Um schnell und gut Entscheidungen treffen zu können, gehört der Apparat gestrafft. Ich finde die Idee interessant, die Kommission nach Art des UNO-Sicherheitsrates zu gestalten, adaptiert auf europäische Verhältnisse.

Man könnte einige große Staaten mit permanenten Kommissaren versorgen, alles andere wäre unrealistisch. Nach dem Ausscheiden der Briten blieben als große Mitglieder Deutschland, Frankreich, Italien, Spanien und Polen übrig. Die Kleineren könnten mit der Entsendung von Kommissaren rotieren. Die Rotation könnte nach jeder Periode erfolgen, also nach fünf Jahren, oder aber auch innerhalb einer Periode zur Halbzeit. Selbstverständlich müsste der Wechsel alle Mitglieder umfassen, sodass auch wirklich alle Länder zum Zug kommen. Gleichheit muss gewahrt bleiben. Diese Umstellung könnte die Entscheidungsfindung erleichtern und mehr politische Diskussion unter den Kommissaren zulassen.

Man braucht also eine kleinere, eine echte EU-Regierung, eine kompakte Kommission als Exekutivorgan. Auch die Ministerräte sind zu schwerfällig, wo jeder einzelne Vertreter Sitz und Stimme hat und jeder seine Ansichten von sich gibt. Dank dieser Schwerfälligkeit kann man im

Ministerrat nur fünf oder sechs Themen behandeln, davon maximal zwei, drei Punkte intensiver. Wenn jeder der 28 (beziehungsweise nach Vollzug des Brexit: 27) Minister nur fünf Minuten Redezeit in Anspruch nimmt, um die Position seines Staates darzulegen, vergehen 28 bzw. 27 Mal fünf Minuten. Das ist einfach zu viel Zeit. So kann man nicht wirklich gut arbeiten. Man verliert sich in Details, geht auf Dinge ein, die zum Teil nur für Einzelstaaten von Interesse sind und bei denen es sich oft nur um Regionalismen handelt. Die sollte man auch bei den Staaten belassen. Ich kann mich nur wiederholen: In den großen Fragen müssen wir gemeinsam auftreten!

EU-Gipfeltreffen nicht nur in Brüssel

Auch bedaure ich, dass die EU-Gipfel nicht mehr in den Mitgliedsländern, sondern in Brüssel veranstaltet werden. Unter der slowakischen Präsidentschaft in der zweiten Hälfte 2016 gab es wenigstens eine Ausnahme, als ein außerordentliches Gipfeltreffen in Bratislava abgehalten wurde. Solche hochrangige Treffen in den Mitgliedsländern zu platzieren, halte ich für eine wunderbare Möglichkeit, die Bevölkerung in den Mitgliedsstaaten einzubinden und ihr zu zeigen, was die Europäische Union ausmacht.

Selbstverständlich sind die Vorbereitungen für diese Gipfeltreffen anstrengend. Als ich 1998 Staatssekretärin unter dem österreichischen Vizekanzler und Außenminister Wolfgang Schüssel war, fiel auch die gesamte Logistik der Ratspräsidentschaft in mein Ressort. Ich richtete ein eigenes Exekutivsekretariat ein, geleitet von Botschafter Rudolf Lennkh, der mir direkt zuarbeitete. Für alle Mitarbeiter des Ministeriums verhängte ich Urlaubssperre für ein halbes Jahr, weil einfach jeder gebraucht wurde.

Ich hatte registriert, welche ausgezeichnete Arbeit die Spanier in ihrem Turnus geleistet hatten, und ließ mich vom damaligen spanischen Protokollchef Raimundo Perez Hernandez, mit dem ich befreundet bin, von seiner logistischen Erfahrung und vielen Ideen inspirieren. Beispielsweise setzten wir das Bundesheer für die offiziellen Wagenkolonnen und andere logistische Aufgaben ein. Verteidigungsminister Werner Fasslabend war dazu bereit und verrechnete uns fast nichts für diese Dienste. Die Limousinen konnten wir uns für die Dauer des Gipfels von einem großen deutschen Automobilproduzenten sponsern lassen. Und da wir neun informelle Ratstagungen zu organisieren hatten und Österreich aus neun Bundesländern besteht, gelang es mir, jede Sitzung mit den jeweiligen Fachministern in einem anderen Bundesland zu veranstalten und nicht alles auf Wien zu konzentrieren. Den Außenministerrat verlegte ich beispielsweise nach Salzburg. Die Österreicher sollten in allen Bundesländern wahrnehmen, was die EU-Ratspräsidentschaft mit sich bringt, und sie gleichzeitig möglichst hautnah miterleben. Die Aufteilung wurde sehr gut angenommen, das Interesse war auch entsprechend groß, die lokale Berichterstattung hatte hervorragendes Material.

Obwohl der Arbeitsaufwand für die Abhaltung der Gipfel in den einzelnen Mitgliedsländern enorm ist, sehe ich nur Vorteile darin und finde es schade, dass diese Praxis zugunsten Brüssels geopfert wurde. Ich erinnere mich noch gut an die zwei langen Nächte im Dezember 2000, in denen wir den „Vertrag von Nizza" aushandelten. Ich nahm daran mit Bundeskanzler Schüssel teil. Präsident Jacques Chirac machte den Belgiern in den frühen Morgenstunden des zweiten Tages, fast hinter den Kulissen, eine entsprechende Zusage für Brüssel – als Gegenleistung dafür, dass sie in einer anderen Frage nachgaben. Wegen der späten Nachtsitzung wollte offenbar niemand mehr das Thema nochmals problematisieren. Das war schade. Ich finde, dadurch geht bei den Räten viel Identitätsfindung verloren.

Auf die Dauer schadet Einstimmigkeit der Außenpolitik

Die europäische Außenpolitik ist derzeit relativ schwach, weil die Mitgliedsstaaten schwach sind und weil in Beschlüssen Einstimmigkeit gefordert ist. Die EU hat viel zu wenige Möglichkeiten, rasch in der Welt zu reagieren. Wir sollten auch in der Außenpolitik eine qualifizierte Mehrheit bei Abstimmungen einführen. Diesen Gedanken, den auszusprechen sicherlich gewagt ist, verfechte ich schon ziemlich lange. Bisher ist immer noch Einstimmigkeit erforderlich. Eines Tages wird es notwendig sein, auf eine qualifizierte Mehrheit umzustellen, weil man nicht immer von einem einzigen Staat, der eine abweichende Meinung hat, gezwungen werden kann, etwas wirklich Wichtiges nicht zu tun.

Mit dem Vereinigten Königreich als Mitglied wäre dieser Vorschlag nie umzusetzen gewesen. Ohne die Briten sollte das eines Tages möglich sein. Das würde nicht nur vieles beschleunigen, sondern auch manche Positionen klarstellen.

Es ist evident, dass die EU-Mitgliedsstaaten kaum Interesse haben, in der Außenpolitik Souveränität abzugeben. Offensichtlich sind die aktuellen Krisen und Konflikte immer noch nicht groß genug, um die Mitglieder erkennen zu lassen, dass man echt zusammenarbeiten und eine viel stärkere gemeinsame Außen- und Sicherheitspolitik (GASP) gestalten müsste.

Europäische Politik zu gestalten heißt jedenfalls nicht, oft den Amerikanern zu folgen. Genau das war aber in den vergangenen Jahren geschehen, weshalb Catherine Ashton den USA sehr gelegen kam. Ashton war mit Außenministerin Hillary Clinton entsprechend eng befreundet. Unter ihr lehnte sich die EU besonders stark an die Amerikaner an, ließ sich von ihnen die schwierigen Dinge erledigen und zahlte dafür brav. Auf die Dauer war das nicht die richtige Einstellung, besonders gegenüber Russland war dies ein Fehler. Man hätte stärker europäische Stimmen berücksichtigen müssen.

Der schwierige Start des Europäischen Auswärtigen Dienstes

Als Außenpolitikerin hätte ich gern gesehen, dass auf diesem Gebiet endlich mehr passiert. Ich bin durchaus froh, nicht mehr im Amt zu sein, weil ich mit manchen Entscheidungen meine Probleme hätte. Manches schmerzt regelrecht, aber man kann sowohl im Europäischen Auswärtigen Dienst (EAD) als auch in der Kommission kaum gegen den Strom schwimmen.

Beginnen müssen wir damit in der Nachbarschaftspolitik, vor allem in der Nachbarschaft im Süden und im Osten. In beiden Bereichen haben sich die Voraussetzungen und Gegebenheiten komplett geändert.

Als ich EU-Kommissarin war, war die Nachbarschaftspolitik noch ein positiv besetztes Aufgabengebiet, mit dem man viel erreichen konnte. Es war sogar vergleichsweise leicht, die Partnerstaaten mit Abkommen und Aktionsplänen zu motivieren, selbst mehr zu machen. Es war ein *Do ut des*, ein bewusstes Geben und Nehmen: Je mehr sich die Länder zu positiven Schritten und Reformen verpflichteten, desto mehr Unterstützung erhielten sie von uns. Die heutige Weltlage ist ungleich schwieriger.

Lang war davon die Rede, dass die meisten EU-Länder auch NATO-Mitglieder sein sollten. Die Diskussion hatten wir auch in Österreich mehrmals. Ich war einem NATO-Beitritt Österreichs gegenüber eher positiv eingestellt, denn ich hielt es für essenziell wichtig, dass wir uns schützen, und Schutz war eben nur durch den Schutzschirm der NATO gegeben.

Der Ansturm auf die „Festung Europa"

Zur Außenpolitik gehört auch die Frage der Außengrenzen und der sogenannten Festung Europa. Natürlich wollten wir alle offen sein, und in den guten Zeiten, als alles florierte, war es auch einfach, offen zu sein. Dahinter stand die Idee: Wir sind die Guten, wir machen alles bestens und dürfen uns nicht abschotten. Wegen des Schengen-Systems mussten zwar die Außengrenzen geschützt werden, aber in einer losen und lockeren Weise. Niemand dachte damals an einen solchen Ansturm von Menschen aus Konfliktzonen und Armutsgegenden. Es war ein Denkfehler, nicht überlegt zu haben, dass so eine Bewegung kommen könnte – obwohl wir doch aufgrund unserer umfangreichen Entwicklungszusammenarbeit wussten, welch große Armut zum Beispiel gerade in Afrika herrscht. Nun waren wir dem Ansturm nicht gewachsen und haben keinen Modus für eine Lösung gefunden, die Flüchtlinge so aufnehmen zu können, dass wir sie auch integrieren können und diese ebenfalls bereit sind, sich integrieren zu lassen.

Festung Europa, das klang natürlich negativ. Man wollte keine Festung sein. Aber jetzt, wo wir aus unseren eigenen Krisen noch nicht voll herausgefunden haben, sehen wir, dass wir nicht alles gleichzeitig haben können, wenn wir unsere Zivilisation und unseren Wohlstand behalten wollen.

Ich bin dafür, Asylwerber aufzunehmen, man kann die Menschen allein schon aus humanitären Gründen nicht zurückweisen. Auch Bundeskanzlerin Angela Merkel hätte im September 2015 kaum länger zuwarten können.

Aber sie müssen danach in Europa verteilt werden. Es ist nicht akzeptabel, dass ein Land so viele Asylwerber aufnimmt und ein anderes keine oder fast keine. In der EU-Kommission wurde die Problematik zwar häufig behandelt, doch das Ergebnis war immer nur ein Nein. Manche Länder sperrten sich gegen eine faire Aufteilung.

Dass Solidarität eines der Grundprinzipien unserer EU ist, gilt für gute und für schlechte Zeiten. Ohne diese Solidarität kann die Europäische Union nicht funktionieren. Einige wenige Länder – Deutschland, Österreich, die Niederlande und Schweden als Aufnahmeländer sowie Griechenland und Italien als Erstaufnahmeländer – können nicht die Hauptlast tragen. Wäre ich jetzt Außenministerin, würde ich massiv für die Aufteilung der Kontingente kämpfen. Der Vorschlag, wie man mit jenen Ländern umgeht, die Kontingente verweigern, steht noch im Raum. Entschieden wurde darüber noch nicht.

Um es ganz deutlich zu sagen: Polen und die anderen osteuropäischen Länder, aber auch der Süden Europas haben von EU-Zahlungen durch Kohäsionsfonds und Strukturfonds enorm profitiert. Besonders Deutschland und Österreich als Nettozahler gaben und geben enorme Beträge an unsere Nachbarländer für deren Entwicklung aus. Das ist grundsätzlich richtig und eine Frage der Solidarität. Und wo ist nun deren Gegenleistung? Die Folgen sollten klar sein: Beansprucht ein EU-Mitgliedsstaat gewisse Vorteile, sollte er sie dann – bei gerechtem Ausgleich – erhalten.

Migrationsdruck Richtung Europa

Das Migrationsproblem aus dem MENA-Raum (Middle East & North Africa) hatten wir schon früh mit EU-Innenkommissar Franco Frattini erörtert und mit ihm vereinbart, dass wir in einer Vorbereitungsphase in den Ländern Institutionen aufbauen müssten, die den jungen Menschen die Chance geben sollten, etwas zu lernen, angefangen von der Alphabetisierung bis zur Berufsausbildung. Danach könnten sie allenfalls als Migranten nach Europa kommen, so ähnlich wie das die USA gemacht haben. Wir dachten, wir hätten keine andere Wahl, sonst stünden wir vor dem Problem eines immer größer und stärker werdenden Migrationsdrucks in die EU, der viele Menschen nach Europa bringen werde, die schlicht ungebildet seien. Wir würden das nicht bewältigen. Doch mit gezielter Migrationspolitik könne man die ausgebildeten Migranten einreisen lassen und sogar eine Kompensation für unser demografisches Problem schaffen. Frattini schlug dafür eine *Blue Card* nach dem Vorbild der amerikanischen *Green Card* vor.

Dafür müsste man aber eine fünfjährige Vorlaufzeit und sehr, sehr hohe Kosten einplanen. So viele Mittel hatten wir damals nicht und werden wir wohl kaum je zur Verfügung haben, und alle Maßnahmen – Ursachenbekämpfung war schon immer im Fokus unserer Entwicklungszusammenarbeit – werden immer nur ein Tropfen auf den heißen Stein sein.

Man muss es aber deutlich sagen: In erster Linie hat das betreffende Land selbst dafür zu sorgen, dass die Grundlagen für eine Politik durch gute Regierungsführung gelegt werden, für eine vernünftige Entwicklung eines Staatswesens und seiner Bewohner. Dem Westen wird gerne vorgeworfen, er habe alles falsch gemacht, als es zum Arabischen Frühling kam. Das stimmt nicht! Wir haben vielleicht dazu beigetragen, dass Menschen fähig sind zu denken und sich zu äußern, aber zuerst hat jede Regierung selbst den Auftrag, für die Bevölkerung ihres Landes zu arbeiten, bei Erziehung und Bildung, Rechtsstaatlichkeit und Justizsystem, Menschenrechten und Wirtschaftsfragen. Die EU konnte und kann nur unterstützend eingreifen!

Flüchtlinge: Kontrollen und Kontingente

Man muss mit den Regierungen der Herkunftsländer zusammenarbeiten, gemeinsame Projekte durchführen mit dem Ziel, den Menschen im eigenen Land eine Perspektive zu geben.

Asyl und Migration bleiben aber die ganz großen anstehenden Themen. Wir müssen in Europa mit immer mehr Afrikanern rechnen, unter anderem auch deshalb, weil es schwierig ist, mit Pufferstaaten wie etwa Libyen, wo es nur eine provisorische Regierung gibt, in Verhandlungen zu kommen. Zwar sitzt in Tripolis die von der UNO anerkannte Regierung der Nationalen Einheit (GNA), sie hat aber nur in Teilen des Landes Einfluss. Mithilfe von Schleppern finden die Flüchtlinge jetzt eigene Wege. Wo immer man Grenzen zumacht, finden sie andere Schlupflöcher und weichen aus.

Es war wirklich höchste Zeit, die Probleme an den See- und an den Landgrenzen anzugehen. Es ist klar, dass man Menschen, die vor Krieg und Bomben flüchten, nicht im Meer untergehen lassen darf. Die Rettung der Menschenleben steht absolut außer Frage. Aber nach der Rettung sollten die vielen Bootsflüchtlinge, die auf dem Meer aufgegriffen werden und in Griechenland und Italien landen, in Aufnahmelager gebracht werden – ungeachtet der politischen Polemik, man könne die Menschen doch nicht „kasernieren". Natürlich müssen solche Lager möglichst humanitär und gut ausgestattet und mit EU-Finanzierung versorgt sein, müssen ausreichend Funktionäre zur Verfügung stehen, damit das Ausfüllen der Formulare und die erste Einschätzung – Flüchtling? Asylwerber? Migrant? – so schnell wie möglich erledigt wird. Auch kann man nicht verlangen, dass nur einige Staaten, vor allem Italien und Griechenland, die gesamte Last durch Erstaufnahme der Flüchtlinge tragen. Alle EU-Staaten müssen entweder durch nachfolgende Aufnahme von Asylwerbern oder durch finanzielle Beiträge Solidarität leisten.

Als man in der EU die Binnengrenzen öffnete und innerhalb des Schengen-Raumes Bewegungsfreiheit ermöglichte, mussten als Konsequenz die Außengrenzen gesichert und kontrolliert werden. Niemand hatte allerdings erwartet, dass solche Menschenmassen in kürzester Zeit kommen würden. Die bessere Lösung scheint tatsächlich zu sein, Flüchtlinge relativ nahe ihren Ursprungsländern in *Safe Havens* oder Aufnahmelagern unterzubringen, ob im Libanon, in der Türkei oder in Jordanien, aber dafür volle Unterstützung zu leisten.

Plädoyer für eine UNO-Konferenz

Die EU arbeitet daran und muss dafür eine Lösung finden – aber nicht nur sie. Ich finde: Die Vereinten Nationen hätten als Weltorganisation längst eingreifen müssen, da es sich um ein Weltproblem handelt. Um ein Problem, das ursprünglich mit der Irak-Invasion begonnen, dann durch den Syrien- und Libyen-Konflikt verschärft wurde. Hier müssen meiner Ansicht nach alle mithelfen, diese Frage in den Griff zu bekommen – wie im Zweiten Weltkrieg, auch wenn damals ebenfalls nicht alle Flüchtlinge aufgenommen wurden, sondern eher nur die Wohlhabenden fliehen konnten, die sich irgendwie Papiere beschaffen konnten und Aufnahme fanden. Trotzdem waren damals die Amerikaner, die Kanadier, die Australier, die Neuseeländer und viele lateinamerikanische Länder bereit, Flüchtlinge aufzunehmen.

Es ist traurig, aber wir sind weder mit einer gemeinsamen Asylpolitik noch mit einer Migrationspolitik viel weitergekommen. Es kann nicht sein, dass heute Staaten die Auffassung vertreten, es gehe sie überhaupt nichts an, und sie sich desinteressiert abwenden. Es ist ein globales Problem, und es wäre bereits Aufgabe des UNO-Generalsekretärs Ban Ki Moon gewesen, von Anfang an eine große Konferenz einzuberufen und eine Aufteilung von Flüchtlingskontingenten herbeizuführen. Natürlich wäre die Beendigung des Krieges in Syrien die wichtigste Voraussetzung für die Lösung der Flüchtlingsfrage. Aber in Syrien, wo auch ein Stellvertreterkrieg stattfindet, sind so viele widersprüchliche Interessen involviert, dass es trotz aller Anstrengungen immer noch sehr schwierig erscheint, eine politische Lösung zu erreichen.

Von UNO-Generalsekretär António Guterres erhoffe ich mir Aktivitäten unter dem Dach der Vereinten Nationen. Ein UNO-Generalsekretär hätte die Aufgabe, auf einer solchen Konferenz den Großen dieser Welt klar vor Augen zu führen, dass jeder die Pflicht habe, Flüchtlinge aufzunehmen. Ich verstehe nicht, warum die UNO, diese weltweite Organisation, dieses Thema nicht längst zu einem essenziellen Thema gemacht hat. Ich kann es jedoch erahnen: Weil viele der wichtigen Länder kein Interesse hatten, dass dies geschieht. Aber ich halte das für falsch.

Vergessen wir nicht, dass die jüngere Generation nach dem Zweiten Weltkrieg kritische Fragen stellte wie zum Beispiel: Wie konnte das sein, dass so viele Menschen umgekommen sind? Warum wurden sie nicht aufgenommen? Warum haben sich manche Länder abgeschottet? Und dass sie das Fazit zogen: Wir würden das nie tun! Jetzt haben wir eine ähnlich schwierige Situation, in der manche Länder ihre Grenzen abschotten. Da wir tatsächlich in der EU nicht alle Flüchtlinge aufnehmen können, schlage ich vor, auch die USA, Kanada, Australien, Neuseeland, aber auch Lateinamerika in die Pflicht zu nehmen. Es gibt große Länder mit riesigen Freiräumen. Da müsste eine Weltorganisation Leadership übernehmen! Diese moralische Verantwortung hat meiner Meinung nach die UNO.

Umgekehrt müssen sich aber auch die Asylwerber anpassen wollen und können, und sie müssen das Land akzeptieren. Es geht nicht an, dass die Flüchtlinge nur in einige Staaten wie zum Beispiel Deutschland, Schweden, Österreich oder in die Niederlande wollen, weil sie dort mehr Sozialleistungen erhalten. Mich wundert, dass sogar Spanien gemieden wird, obwohl es ein schönes Land mit gutem Klima ist, in dem auch ärmere Menschen ganz gut leben können, fast keine Heizung brauchen und Naturprodukte günstig kaufen können.

Auch jegliche Radikalisierung in den Moscheen muss klar bekämpft werden. Wir müssen wissen, was dort gepredigt wird, und wer radikal redet, hat das Land zu verlassen.

Neue Formen der Kommunikation

Abgesehen vom Willen, in der EU voranzugehen, halte ich ebenfalls für sehr wesentlich, eine andere Form der Kommunikation zu finden. Wir diskutierten das immer wieder mit meinem Kommissionschef José Manuel Barroso. Ich stellte mir vor, eine zentrale Kommunikation in der Europäischen Kommission aufzubauen, die vermittelt, was auf den Räten wirklich entschieden wurde. In der Praxis läuft es bislang nämlich ganz anders: Die Regierungschefs, Außenminister und sonstigen Ressortchefs der einzelnen Länder veranstalten ihre eigenen Pressekonferenzen, in denen sie schildern, was sie „herausholen" und „durchsetzen" konnten. Oft werden Journalisten noch während der laufenden Verhandlungen gebrieft, indem ein Sitzungsteilnehmer den Konferenzraum verlässt und den Presseleuten seines eigenen Landes erläutert, was man habe erreichen können oder worüber man noch verhandeln müsse. Dabei fällt oft dieses „Wir haben gewonnen!" auf. Jedes Land hat immer nur „gewonnen", verloren hat nie jemand. Das führt dazu, dass die Europäische Union als solche nie gewinnen kann. Das ergibt eine völlig falsche Darstellung der Realität, was wiederum bedeutet, dass wir nie weiterkommen. Das gehört geändert.

Auch die europäische Fernsehberichterstattung hat Nachholbedarf. Ein Beispiel war die Erdbeben- und Tsunamikatastrophe im Indischen Ozean im Jahre 2004, bei der 230.000 Menschen in Indonesien und anderen Ländern den Tod fanden. EU-Kommissar Louis Michel war einer der allerersten Politiker, die an den Schauplatz flogen, um zu sehen, was zu tun sei. Als EU hatten wir jedoch kaum Medienpräsenz. Ganz anders, als etwas später der damalige US-Außenminister Colin Powell aus dem Hubschrauber stieg, CNN dabei war und weltweit die Medien über seine Ankunft und Hilfeleistung berichteten. Wir Europäer nutzen unsere Medien viel zu wenig – was im Umkehrschluss aber auch heißt: Wir müssen mehr Finanzmittel dafür einsetzen.

Generell hätten wir längst eine EU-Steuer in der Höhe von einem Prozent des Bruttoinlandsprodukts einführen sollen. Das wäre übrigens gerechter als die derzeitige Form der Finanzierung. Damit hätten wir eine bessere finanzielle Ausstattung, die wir auch anders aufteilen könnten. Die Öffentlichkeit muss besser informiert werden. Durch die neuen Medien von Facebook bis Twitter sind die Bürger schnell von irgendeiner Idee oder Verschwörungstheorie leicht zu überzeugen, wogegen sich korrekte und seriöse Informationen schwer durchsetzen. Wenn einmal falsche Darstellungen in der Welt sind, sind sie kaum noch umzudrehen.

Unflexibel dank Bürokratie: „Sie machen sich angreifbar!"

Die Bürokratie in der Europäischen Union ist ein Hemmschuh für die Weiterentwicklung, ganz besonders in der Entwicklungszusammenarbeit. Teilweise sind die bürokratischen Abläufe kompliziert und brauchen lange Zeit, bis sie umgesetzt werden. Aus Angst, es könnte irgendwo Korruption geben, hat man allein in der Kommission fünf verschiedene Kontrollen vorgesehen. Es gibt eine Prüfung ex ante, darauf eine ex post, dazu kommt das OLAF-Büro, das Europäische Amt für Betrugsbekämpfung, eine Prüfung durch Außenstehende, darüber hinaus muss der betreffende Kommissar im COCOBU, dem Haushaltskontrollausschuss des Europäischen Parlaments, antreten, sich auch für die kleinsten Dinge, die irgendwo draußen bei anderen passiert sind, verantwortlich machen lassen. Wir haben es hier mit einer Überkontrolle zu tun, deretwegen viel Flexibilität verloren geht.

Kaum hatte ich mein Amt als EU-Kommissarin angetreten, machte ich mit einer bürokratischen Starre Bekanntschaft, die mir bisher unbekannt war. Kollege Franco Frattini, italienischer Kommissar für Justiz, Freiheit und Sicherheit, trug den Wunsch vor, das Vorzeigeprojekt einer italienischen Klosterschwester mit einer Million Euro zu unterstützen. Ich sagte ihm dies zu und wies meine Mitarbeiter an, sich darum zu kümmern. Mein Kabinettschef war entsetzt: „Commissioner", warnte er mich, „das können Sie nicht tun! Das ist nicht möglich! Seien Sie vorsichtig!" Als österreichische Außenministerin hatte ich natürlich sehr viel weniger Budget zur Verfügung gehabt, konnte aber nach Anhörung meiner Beamten grundsätzlich selber entscheiden, wofür wir es einsetzten. Und in Brüssel sollte das nicht gehen? „Hier nicht", klärte mich mein Kabinettschef auf. Auch ein Funktionär der AIDCO, ein Franzose, warnte mich: „Madame la Commissaire", meinte er, „das geht zu weit! Sie machen sich angreifbar!"

Seit der Skandalgeschichte der früheren französischen Premierministerin Edith Cresson, die als EU-Kommissarin ihrem Zahnarztfreund einen bezahlten Auftrag zugeschanzt hatte, wurde das System der Mittelvergabe so geändert, dass nur noch die Funktionäre Entscheidungen über die konkreten Empfänger der Entwicklungszusammenarbeit fällen dürfen. Sollten diese Beamten allerdings Fehler machen, muss der entsprechende Kommissar trotzdem die politische Verantwortung übernehmen.

Das halte ich für ein falsches System. Selbstverständlich ist der Großteil der Beamten durch und durch anständig und keinesfalls korrupt, aber gewisse Vorlieben haben manche dann dennoch. Die dürfen sie auch haben, lernte ich. Ich als Kommissarin jedoch nicht. Ich durfte nur die großen Linien vorgeben, beispielsweise unsere große Unterstützung für die Palästinenser, die sich in einer furchtbaren Lage befanden. Aber mir als Chefin war es nicht möglich, mich in Entscheidungen einzumischen und zu bestimmen, dass der eine etwas und der andere nichts zu bekommen habe. Das Ergebnis ist, dass wir zwar viel Geld zu verteilen imstande waren, letztlich aber immer wieder NGOs, die Nichtregierungsorganisationen, davon profitiert haben, die die formalen Voraussetzungen perfekt erfüllten. Wir wurden praktisch zur Bank für jene, die die richtigen Anträge in der richtigen Form präsentierten, degradiert.

Das ist reformbedürftig. So ist es mit vielen anderen Formalismen. Eine solche Reform anzupacken, wäre eine Monsteraufgabe. Ich sah keine Chance, das System zu ändern. Bei meinem Arbeitspensum als Kommissarin wäre es unmöglich gewesen, mich auch noch darauf zu konzentrieren. Abgesehen davon, dass es gar nicht zu meinen Aufgaben gehört hätte. Sich nur ja nicht angreifbar machen, das war stets die Devise. „Bitte seien Sie vorsichtig, Frau Kommissarin", bekam ich oft geraten. Selbstverständlich hätte ich viel mehr Flexibilität in meinen Bereichen gewollt. So hätte man EU-Gelder oft besser einsetzen können. Nicht immer, aber oft.

Aber trotz dieser Kritik bleibe ich überzeugte Europäerin. Gerade ein mittleres Land wie Österreich kann Krisen nicht allein bewältigen. Für die Sicherheit unseres Landes ist Österreichs Integration in der EU ganz wesentlich. Ich finde es schade, dass die Europäische Union, die lange Zeit Modellcharakter für asiatische und lateinamerikanische, ja sogar arabische Länder hatte, derzeit geringe Wertschätzung erfährt. Bei aller Kritik: Sie hat uns bisher das wichtigste Gut erhalten, den Frieden.

Bis jetzt traf es zu, dass die EU aus jeder Krise gestärkt hervorgegangen ist. Als unverbesserliche Optimistin hoffe ich, dass die EU auch aus den aktuellen Krisen lernt und die zwölf Sterne auf blauem Grund wieder leuchten.

Unionsbürgerschaft mit EU-Reisepass

Und nicht zuletzt würde ich mir wünschen, einen Europäischen Pass und eine Unionsbürgerschaft einzuführen. Im Inneren des Passes sollte natürlich nach wie vor das Herkunftsland stehen. Ich bin überzeugt, das hätte Symbolcharakter und eine gewisse Wirkung, gerade in einer Zeit, in der viele Menschen sich von der europäischen Idee ab- und dem Nationalen zuwenden.

KANDIDATUREN

Wie ich das höchste Amt im Staat knapp verfehlte

Bundespräsidentschaftskandidatur mit Hindernissen und Morddrohungen

Die jüngste Bundespräsidentenwahl in Österreich Ende 2016 – mehrere Stichwahlen brachten Alexander Van der Bellen und nicht Norbert Hofer in die Wiener Hofburg, wogegen die Kandidaten der beiden Volksparteien, Andreas Khol von der ÖVP und Rudolf Hundstorfer von der SPÖ, nicht gut abschnitten – erinnerte mich mit etwas Ungemach an meine eigene Kandidatur von 2004, bei der ich trotz spätem Wahlkampfstart, trotz Morddrohungen und Intrigen für viele überraschend gut abschnitt. 2004 war es wenigstens ein echtes Duell zwischen Heinz Fischer und mir gewesen.

Einen Augenblick lang hatte Bundeskanzler Schüssel überlegt, die steirische Landeshauptfrau Waltraud Klasnic als Kandidatin aufzustellen. Sie war damals aber in einen Streit mit dem niederösterreichischen Landeshauptmann Erwin Pröll verwickelt, bei dem es um den Bau des Semmering-Basistunnels ging – ein Projekt, das für die Verkehrsanbindung der Steiermark sehr wichtig gewesen wäre, den Niederösterreichern aber nicht passte. Mittlerweile ist der Tunnel längst in Bau und soll 2025 fertiggestellt sein, aber die damaligen Auseinandersetzungen waren keine gute Referenz für Klasnic.

Mein Gegenkandidat von der SPÖ, Heinz Fischer, war mir anfangs weit voraus, doch ich holte stark auf, weil mir der persönliche Kontakt mit den Bürgern liegt, ich viel Jugend auf meine Seite brachte und gewiss auch mein internationaler Einsatz in der Phase der EU-Sanktionen honoriert wurde.

Was mich betroffen gemacht hat, war das Verhalten einer gewissen Gruppe in der ÖVP. Anfangs wurde ich mit *Standing Ovations* als Kandidatin ausgewählt und nominiert. Und je mehr ich gegenüber Fischer aufholte, desto mehr wurde ich behindert – nicht nur vom politischen

Gegner, sondern von manchen einflussreichen Leuten in meiner Partei. Als Kandidatin ist man vorbereitet, sich der Gegenpartei zu stellen und zu kämpfen, aber mit den Widerständen in der eigenen Partei rechnet man nicht. Man mag sich da fragen, warum man zunächst als Kandidatin gefeiert wird, aber sich niemand getraut, mit Einwänden aufzustehen, etwa dass ich zu jung oder als Frau nicht geeignet sei oder Ähnliches.

Die Unterstützung war eben nicht so stark, wie sie hätte sein können. In den Bundesländern Salzburg, Tirol, Vorarlberg und Kärnten hatte ich am Tag der Wahl jeweils die Mehrheit, aber in den ÖVP-dominierten Ländern Niederösterreich, Oberösterreich und der Steiermark strengten sich die jeweiligen ÖVP-Funktionäre offensichtlich zu wenig an, sodass ich schließlich zu wenig Rückhalt hatte, um das traditionell rote Wien auszugleichen. Ich hatte aufgrund mancher Andeutungen den Eindruck, einige Leute hatten wichtige ÖVP-Wählergruppen strategisch bearbeitet, etwa die Landwirte, die Kirchgänger oder die Jäger. Mir fiel auch auf, dass ein früher enger Kollege von mir, ein österreichischer Diplomat, den ich sehr geschätzt hatte, alle meine Vorträge verfolgte und danach seinen Auftraggebern Bericht erstattete. Das traf mich schon schwer.

Manche Parteikollegen enttäuschten mich. Heinrich Neisser etwa, mit dem ich früher eigentlich sehr gut zusammengearbeitet hatte, verkündete zum Wahlkampfstart überraschend: „Die kann das nicht!"

Leider hatte mein Wahlkampf auch zu spät begonnen, weil sich ein anderer mächtiger ÖVP-Spitzenpolitiker das Zugriffsrecht auf die Hofburg offenhalten wollte und es sich reichlich spät anders überlegte. Er dürfte nach Umfragen erkannt haben, dass seine Wahl nicht garantiert war.

Eine ähnliche Situation wiederholte sich nun bei der Bundespräsidentenwahl von 2016 – mit dem Ergebnis von nur elf Prozent für den eingesprungenen ÖVP-Kandidaten Andreas Khol. Zweimal wurde somit der Partei unnötig Schaden zugefügt. Aber niemand in der ÖVP hatte den Mut, rechtzeitig eine klare Entscheidung zu fordern.

Wahlkampfmarathon im Benita-Bus

Während des Bundespräsidentenwahlkampfes behielt ich mein Amt als Außenministerin. So hatte es Bundeskanzler Schüssel mit der SPÖ ausgehandelt, deren Kandidat Heinz Fischer seine Funktion als Parlamentspräsident während des Wahlkampfs gleichfalls beibehielt. Ich nehme an, Schüssel rechnete von Anfang an nicht unbedingt mit meinem Wahlerfolg und wollte mich somit als Außenministerin behalten.

Ich fuhr mit dem weißen Benita-Bus mit 420 PS, dem Kennzeichen „B-ENITA 1" und dem Riesenkonterfei von mir durchs Land, mein Mann

Mein Atem in seinem Nacken: Wettlauf mit Heinz Fischer (Karikatur: Erich Eibl, Die Presse, 9. April 2004)

begleitete mich manchmal, sooft er eben konnte, und war durchaus stolz auf mich. Aber mit seinem feinen Gespür registrierte er, dass irgendetwas nicht gut laufe. Er schrieb auf einen Zettel, dass ich nicht gewinnen würde, und deponierte den Zettel in einem Safe.

Wir tourten unentwegt durch Österreich und suchten mit dem Benita-Bus landesweit fast alle wichtigen Marktgemeinden und Dörfer auf, in den Städten trat ich in den wichtigsten Bezirken auf. Wir hatten sehr wenig Zeit zur Verfügung. Meine offizielle Nominierung erfolgte im Januar, und der Wahltermin war der 25. April. Während für den Wahlkampf meines Kontrahenten Heinz Fischer alles frühzeitig geplant werden konnte, war für mich nichts vorbereitet. Wir hatten keinerlei Kampagnenstrukturen.

Als ich startete, lagen meine Zustimmungswerte tief unten. Ich war in der Bevölkerung weniger bekannt, und wenn, dann nur als Außenministerin. Heinz Fischer dagegen kannten viele, und er konnte sich auf die geschlossene Unterstützung seiner Partei verlassen. Aber die Zustimmungswerte in den Umfragen stiegen kontinuierlich an, die Meinung der Österreicher schwenkte langsam um. Dann kam sogar der Moment, wo ich ganz knapp an Fischer dran war.

Der Wahlkampf war durchaus hart, im Nachhinein betrachtet kann man ihn aber als relativ fair bezeichnen. Fischer hatte seine Karriere ausschließlich der SPÖ zu verdanken gehabt; wir stellten meine langjährigen Erfahrungen in der Privatwirtschaft, in der Diplomatie und als Fachministerin heraus.

Mein Programm umfasste zehn Punkte von Weltpolitik über Wirtschaft bis Wohnen, ich nannte es „Neue Hofburg": Punkt 1 war meine internationale Erfahrung, die ich als mein „Kapital" für Wirtschaft, Tourismus, Kultur, Wissenschaft und Sport einzusetzen versprach, abgesehen von der Außenpolitik. Immerhin hatte ich mit fast allen Akteuren der Weltpolitik gearbeitet und verhandelt. Punkt 2 betraf Sicherheit und Stabilität, wo ich schon damals für mehr Zusammenarbeit mit anderen Staaten in der Bekämpfung von Terrorismus, organisierter Kriminalität und unkontrollierten Wanderungsbewegungen aufrief. In Punkt 3, Neutralität, erinnerte ich daran, dass ich als Außenministerin während des Irak-krieges keine fremden militärischen Überflüge oder Durchfahrten gestattet hatte. In Punkt 4 präsentierte ich mich als politische Schutzherrin des österreichischen Bundesheeres, dessen Aufgaben Grenzsicherung, Katastrophenschutz und Friedenseinsätze im Ausland seien.

Punkt 5 (Wirtschaft und Arbeitsplätze) und Punkt 6 („Benita hilft") kündigten meine Vorhaben zugunsten der österreichischen Interessen in der Wirtschaft und im Sozialbereich an. Punkt 7 nannten wir „Generationen". Ich versprach, für die Anliegen von Senioren und der Jugend ein offenes Ohr zu haben. In Punkt 8 – „Haus des Dialogs" – wollte ich frischen Wind in die Hofburg bringen und das Haus öffnen für Gespräche, Diskussionen zu Streitfragen und Aussöhnung mit Gegnern.

Punkt 9 hieß „Die Zukunft gestalten", wobei ich nicht als Oberlehrerin der Nation wahrgenommen werden wollte, sondern als Mitwirkende mit Experten, Querdenkern, Wirtschaftlern, Medienleuten und Künstlern. Wichtig war mir die Feststellung, ich würde mich nicht in die politischen Tagesgeschäfte einmischen – genau das Gegenteil dessen, was zwei Amtsperioden später (2016) FPÖ-Kandidat Norbert Hofer androhte.

Und Punkt 10 verkündete unter der Überschrift „Einfach und effizient": „Eine moderne Präsidentin braucht keine Amtsvilla in Wien und keine Sommerresidenz in einem Jagdschloss. Zur Erfüllung meiner Aufgaben steht mir die Hofburg zur Verfügung. Sie ist eines der berühmtesten und schönsten Gebäude Österreichs. Hier werde ich arbeiten, Besucher, Gäste, Mitbürgerinnen und Mitbürger mit ihren Anliegen empfangen. In meinem Zuhause in Baden werde ich wie bisher mein Privatleben führen."

Österreich auf der Landkarte markieren

Mir war am wichtigsten, Österreich noch stärker international verankert zu sehen und auf der Landkarte zu markieren. Ich wollte dem Land in der Welt Türen und Tore öffnen. Meine Fremdsprachen (Spanisch, Französisch, Englisch, Italienisch) hätten dabei geholfen. Dank meiner UNO- und der Außenministerzeit kannte ich ja die Staats- und Regierungschefs der ganzen Welt. Wohin auch immer ich kam, man kannte mich. Diese Kontakte hätte ich gern für Österreich eingesetzt, nicht nur politisch, sondern auch wirtschaftlich. Da ich selbst 13 Jahre Privatwirtschaft hinter mir hatte, wäre es mir ein Bedürfnis gewesen, die Politik mit der Wirtschaft stärker zu vernetzen. Denn ein Land ist nur dann erfolgreich, wenn beides funktioniert.

Aus der Außenministerzeit wusste ich, wie viel man für sein Land erreichen kann, wenn man nach außen blickt. Doch genau das wurde mir im Wahlkampf vorgeworfen. Gegen Ende des Wahlkampfs fragte mich ein Interviewer, wie viel Zeit ich denn im Inland und im Ausland zu verbringen gedächte. Meine ehrliche Antwort – „etwa fünfzig zu fünfzig" – wurde heftigst kritisiert. „Die ist ja dauernd im Ausland", hieß es danach, und mir klang diese Stimmungsmache gezielt gesteuert. Selbstverständlich muss sich ein Staatsoberhaupt auch um innenpolitische Fragen kümmern und die Prärogativen gemäß der Verfassung abarbeiten, das hatte ich nie infrage gestellt.

Auch das Soziale lag mir am Herzen. Aus einem Dentistenhaushalt kommend, berührte mich alles Menschliche. Ich besuchte Heime für Minderbemittelte und Behinderte, wusste, dass es vielen Menschen nicht gut geht, und wollte für Härtefälle einen kleinen Sozialfonds einrichten.

In den Flyern stellte ich mich mit dem Sternzeichen Jungfrau vor, meinen Vorlieben (Wolfgang Amadeus Mozart, die Opernsängerin Jessye Norman, den kolumbianischen Schriftsteller und Literaturnobelpreisträger Gabriel Garcia Márquez), meinen Lieblingsfarben (Weiß, Schwarz, Türkis), meiner Lieblingsspeise (Nudeln in allen Variationen), meinen Hobbys (Oper, Schwimmen und Yoga) – und vor allem meinem Lebensmotto *Wo ein Wille, da ein Weg*.

Die Stimmung in der Vösendorfer *Pyramide*, wo wir fünf Wochen vor der Wahl die Intensivphase starteten, war umwerfend, die Veranstaltung toll inszeniert. Die portugiesisch-österreichische Sängerin Sandra Pires und das „No Problem Orchester" heizten ein, Prominente aus Politik und Kultur sprachen kurzweilig, ich versprach dem vorwiegend jungen Publikum: „Ich werde bis zum Umfallen kämpfen, um die erste Bundespräsidentin Österreichs zu werden!" Ich versicherte den Fans, welch großen Augenblick dieses Event für mich persönlich bedeute, „und habe zur Feier des Tages mein berühmtes Lächeln mitgebracht". Mit dieser Anspielung auf mein „Kampflächeln" konnte ich gleich auf mein Durchsetzungsvermögen und die Verdienste in der Sanktionenphase überleiten.

Was das Frauenthema betrifft, erlebte ich besonders viel Heuchelei. Da geisterte der Spruch „Frau sein genügt nicht" durch den Wahlkampf, was ich an sich schon für ein uraltes sexistisches Argument und eine Beleidigung für alle Frauen halte. Damals wurde es obendrein ausgerechnet von jenen verwendet, die bei früheren Bundespräsidentenwahlen noch gefordert hatten, man müsse endlich eine Frau zum Staatsoberhaupt machen. Das betraf unter anderem die ehemaligen (aussichtslosen, weil von kleinen Parteien aufgestellten) Kandidatinnen Heide Schmidt, Gertraud Knoll und Freda Meissner-Blau. Alle drei unterstützten diesmal Fischer.

Die Eurofighter-Episode mit Hans Dichand

Eine sonderbare Erfahrung machte ich indes mit Hans Dichand, dem damaligen Herausgeber der *Kronen-Zeitung*. Etwa drei Wochen vor der Wahl meldete er sich bei mir: „Na, das kann knapp für Sie werden. Aber wenn Sie sich öffentlich gegen die Eurofighter aussprechen, dann werde ich sie so stark promoten, dass Sie gewinnen!"

Ich antwortete ihm: „Aber Herr Dichand, das ist doch unmöglich. Ich habe im Ministerrat dafür gestimmt, und das war ein einstimmiger Beschluss. Es wäre doch völlig unglaubwürdig, wenn ich jetzt dagegenreden würde!" Ich hatte den Eindruck, Dichand war davon besessen. Er wollte der Stimmung der Bevölkerung, die sich gegen den Eurofighter eingeschossen hatte, Tribut zollen. „Ich könnt' Ihnen schon helfen, aber da müssen Sie auch was tun für mich", sagte er. Einige andere Politikerkollegen konnte er übrigens zum öffentlichen Meinungsschwenk überreden, mich nicht.

Kampagne mit der Eheannullierung

Dann gab es diese unappetitliche Kampagne wegen der Annullierung meiner ersten Ehe und der Trauung mit Paco. Das war im Dezember 2003, kurz vor Beginn meines Wahlkampfes.

In Wahrheit beabsichtigte ich genau das Gegenteil, die Eheschließung sollte im kleinsten Kreis, absolut vertraulich und ohne Öffentlichkeit stattfinden (Abbildung 70). Irgendjemand steckte das der *Kronen-Zeitung* und dem *ORF*. Aus heutiger Sicht war es wohl naiv von mir, doch damals kränkte es mich. Hätte ich geahnt, wie die Heirat politisch instrumentalisiert werden würde, hätte ich erst nach dem Wahlkampf geheiratet. Paco und mir war es allerdings ein Anliegen, fast auf den Tag genau zehn Jahre nach unserer standesamtlichen Trauung die kirchliche Hochzeit nachzuholen.

Kaum verließen wir nach einer wirklich schönen Zeremonie mit Erzbischof Alois Kothgasser die Kapelle im Erzbischöflichen Palais in Salzburg, brachte die *Kronen-Zeitung* die Nachricht und ein passendes Archivfoto von Paco und mir in einer klassischen weißen Kostümjacke, als wäre es ein aktuelles Foto von der Hochzeit. Das Foto stammte von den Salzburger Festspielen aus dem Sommer, war aber so geschickt geschnitten, dass es auch für den Dezember passte. Die Nachricht verbreitete sich wie ein Lauffeuer, sofort kam auch noch das Fernsehen. Wer das „geleakt" hat, weiß ich bis heute nicht. Ich habe meine Vermutungen.

Über den Medienrummel war auch mein Ex-Mann, Wolfgang S., Kunsterzieher in einer Realschule im bayrischen Freilassing, sehr erbost. Verständlich, denn wir hatten eine andere Absprache. Als ich ihm mitteilte, die Ehe mit ihm annullieren lassen zu wollen, war er unter der Bedingung einverstanden: „Nur wenn niemand etwas davon erfährt." Das sicherte ich ihm natürlich zu.

Die Annullierung war nicht so schwierig gewesen, wie ich befürchtet hatte, auch wenn sie die üblichen zwei Jahre dauerte und nicht ein Dreivierteljahr, wie mir in den Medien als Prominentenbonus vorgeworfen wurde. Es war der ÖVP-Politiker Herbert Schambeck, langjähriger Vertreter im Bundesrat und mehrmals dessen Präsident, der mich animierte, die Annullierung zu versuchen. Als renommierter Rechtswissenschaftler sah er gute Erfolgschancen. Als mein Ex-Mann von der Rota Romana, dem höchsten Zivil- und Strafgerichtshof der Kirche, im Lauf des zweijährigen Verfahrens befragt wurde, gab er sogar zu, dass er nie habe Kinder haben wollen, damals für eine Ehe wirklich nicht reif gewesen sei und eigentlich gar nicht habe heiraten wollen. So wurde die Ehe tatsächlich annulliert, der Weg für eine kirchliche Trauung war frei. Es gelang mir, abgesehen von nur einem Tag Differenz den Termin genau zehn Jahre nach der standesamtlichen Hochzeit zu legen. Das war der 21. Dezember 2003, also kurz vor meiner Nominierung als Bundespräsidentenkandidatin. Mir persönlich war das ein Anliegen, und Paco hatte nichts dagegen.

Aber nach ersten Gerüchten war eine öffentliche Debatte über meine Eheannullierung und die politische Instrumentalisierung nicht mehr zu verhindern. „Die heiratet ja nur, damit sie bei den katholischen Hardlinern besser dasteht", hieß es. Hätte ich wirklich mit den Stimmen der Katholiken kalkulieren wollen, hätte ich meine kirchliche Heirat doch öffentlich gemacht. Ich erwartete nicht, dass so etwas politisch gegen mich ausgenützt werden würde. Hätte ich das geahnt, hätte ich das nicht gemacht. Es war wohl naiv von mir.

Mein Ex-Mann war irritiert, hatte das Gefühl, das sei alles gegen ihn gerichtet – obwohl die Begründung der Eheannullierung nirgendwo bekannt wurde –, und verhielt sich befremdlich. Der *Ganzen Woche*, einem dieser Boulevardblätter, gab er ein böses Interview über mich. Als er ein zweites Mal auf die Reporter hereinfiel und viel redete, rief ich ihn an, dass ich das von ihm nicht erwartet hätte. Er warf mir vor, ich hätte das alles selbst „hinausgeblasen". Ich beteuerte, dies sei gegen meinen Willen geschehen. Seither haben wir nie wieder miteinander gesprochen.

„Ich übe schon. Bis dann, Ihr Mörder"

All das war aber nichts gegen die Morddrohungen. Einige ernstzunehmende Bedrohungen während meines Wahlkampfs riefen die Cobra auf den Plan. Die erste ereilte mich in Salzburg, als ich mit einer kleinen Gruppe von Leuten unterwegs war. Plötzlich kam ein Mitarbeiter, der mich im Wahlkampf begleitete, völlig aufgeregt auf mich zu, es sei eine Morddrohung eingetroffen; sie sei direkt bei meinem damaligen Kabinettschef im Außenministerium, Botschafter Michael Zimmermann, eingegangen. Das Innenministerium schickte sofort die Cobra; die Spezialisten in Zivil beschützten mich bis zum Ende des Wahlkampfs in einer unglaublich effizienten Weise.

Eine Woche vor dem Opernball Mitte Februar 2004 langten dann im Außenministerium ein Brief, danach ein Fax ein. Der Briefumschlag sah harmlos aus, der maschingeschriebene Inhalt war es nicht:

„Gnädige Frau, hiermit habe ich die hoch geschätzte Aufgabe, Ihnen in aller Form mitzuteilen, dass Sie den Opernball in diesem Jahr nicht lebend verlassen werden. Ich werde lächelnd auf der Feststiege auf Sie zugehen und Sie werden nicht merken, dass ich Ihr Mörder bin. Dann wird Sie sehr rasch der Tod auf der Treppe ereilen."

Ein blutiges Szenario auf dem gesellschaftlichen Höhepunkt Österreichs vor 6.000 Festgästen und 200 Journalisten aus aller Welt, das forderte die Antiterroreinheit heraus.

Das darauf folgende Fax sah zunächst wie ein Witz aus. Hier der Original-Wortlaut:

„Sehr geehrte Frau Doktor,
wie schon gesagt, werde ich Sie töten.
Dafür habe ich mir den Opernball ausgesucht, möglichst vor laufender Camera.
Mit der Ermordung am Opernball werden Sie auf alle Fälle in die Geschichte eingehen, wenn auch nur in die Geschichte des Opernballes. Schön wäre es, ich würde Sie schon auf der Feststiege umnieten.
In 50 Jahren wird man noch von uns sprechen!
Es war etwas schwierig in der Oper Waffen zu verstecken an die ich auch dann im Frack herankomme.
In der sicher entstehenden Panik werde ich vielleicht sogar entkommen, falls nicht, werden wir in einem Blutbad untergehen.
Ich übe schon im Frack vor dem Spiegel, eine verrückte Szene.
Bis dann, Ihr Mörder"

Die Drohung war ziemlich präzis. Der angebliche Täter wollte ausdrücklich nicht warten, da ich später als mögliches Staatsoberhaupt stärker bewacht sein würde denn als Wahlkämpferin. Ich sollte seine Tötungsabsicht bis zum letzten Moment nicht merken, da er mit einem Lächeln auf mich zugehen werde. Wir übergaben das Schreiben dem Innenministerium. Die Tage bis zum Opernball waren eine harte Nervenprobe. „Sagen Sie nur ja nichts davon", schärfte mir die Polizei ein. „Es könnte Nachahmungstäter animieren." Natürlich habe ich mich daran gehalten und weisungsgemäß keine Andeutung gemacht. Andererseits hätte es mir im Wahlkampf zweifellos geholfen, hätte ich es doch öffentlich gemacht.

Kugelsichere Weste als Ballgarderobe

Ich wurde rund um die Uhr beschützt. Wir mussten in unserem Haus in Baden bei Wien eine Alarmanlage einbauen lassen und im Vorgarten die Thujenhecke komplett schneiden, damit man mit der Videokamera ankommende Personen sehen konnte. Vor unserer Haustür stand ein Auto, Tag und Nacht waren wir unter Beobachtung. Bei meinen Fahrten ins Ministerium und zu Terminen war ich eskortiert von einem vorausfahrenden und einem nachfolgenden Cobra-Fahrzeug. Die Fahrtrouten wurden ständig gewechselt.

Bei Auftritten hatte ich stets bis zu fünfzehn Leute um mich herum, sehr diskret, aber immer präsent. Besonders beim Opernball. Ursprünglich sollte ich unter meiner Robe eine kugelsichere Weste anlegen, um mich vor Schüssen oder Messerstichen zu schützen. Aber wie sollte das mit dem spitzenbesetzten Dekolleté eines langen Ballkleides auf dem Opernball vereinbar sein? Ganz abgesehen davon, dass ich als Außenministerin und Präsidentschaftskandidatin vermutlich im Visier von Fotografen und Kameraleuten gestanden wäre – wie lächerlich hätte ich mit der schweren Schutzweste unter dem filigranen Ballkleid ausgesehen?

Die Polizisten bildeten möglichst unauffällig einen engen Sicherheitsring um mich. Sie waren teils als Kellner verkleidet, teils als normale Ballgäste im Frack oder Smoking, teils als Tänzer auf dem Parkett, teils führten sie in langen Koffern Schusswaffen mit sich. Wie Judith Grohmann für ihr Buch *In geheimer Mission* über die Cobra recherchierte, standen vor der Staatsoper drei Rettungsautos für den Fall eines Attentats auf mich sowie rund hundert Polizisten in Uniform und Zivil, die im Ernstfall einen Transportkorridor zum Krankenwagen hätten bilden müssen. Es ist besser, dass ich das damals nicht alles wusste und erst nachher erfuhr.

Unter den Männern war eine einzige Frau, die mir persönlich zugeteilt war, eine zierliche, sympathische, supersportliche Polizistin, Mutter eines Kindes. Ihr sah man den Beruf nie an.

Weibliche Bodyguards waren damals selten, offenbar gab es in der ganzen Cobra nur zwei Frauen. Sie hatten ohne Rücksicht auf ihr Geschlecht exakt dasselbe zu leisten wie die männlichen Kollegen, und obendrein hatten sie sich auch noch gegen Männer durchzusetzen. Für den Schutz weiblicher Staatsgäste eignen sich Frauen natürlich besser. Nur sie können der Schutzperson auf die Damentoilette folgen, ohne aufzufallen. Meine Zugeteilte hatte auf dem Opernball unter ihrem Frack eine Schutzweste, eine Pistole der Marke Glock österreichischer Provenienz, ein Funkgerät, einen Sender und die Verkabelung und flößte mir viel Vertrauen ein.

Arm in Arm schritten Paco und ich vom Opernfoyer zur Feststiege, diskret umringt von der Cobra. Was für ein Moment! Links und rechts Bekannte, Politikerkollegen aus dem In- und Ausland, Leute, die mir zulächelten oder mich begrüßten, Journalisten, die mich befragen oder fotografieren wollten. Ich setzte mein berühmtes „Kampflächeln" auf. Niemand von ihnen hatte eine Ahnung, was in Paco und mir vorging, niemand wusste, dass es genau an dieser Feststiege passieren sollte. Ob jemandem auffiel, dass Paco auf der Stiege nicht wie üblich neben oder hinter, sondern direkt vor mir ging? Er war bereit, sich als der Ältere von uns beiden zu opfern. Schon bei der Hinfahrt im Auto hatte er beschlossen: „Wenn der jemanden töten will, soll er mich töten, ich bin auch der Ältere."

Blickkontakte und Körpersignale

Wie Judith Grohmann bei der Cobra genau recherchierte, ist die Spezialeinheit auf Blick- und Körpersignale trainiert. Nicht nur auf meine eigenen, wodurch sie hätten erkennen können, wann ich mich ängstlich fühle, was Gott sei Dank nicht der Fall war, sondern vor allem auf verräterische Körpersignale der Umstehenden: Wer fällt auf, weil er besonders unauffällig wirken möchte? Wer fixiert mich? Oder wer blickt in eine andere Richtung, obwohl er neben mir steht? Wessen Körperhaltung wirkt angespannt? Wer schwitzt?

Bis zum Ende der Treppe ging alles gut. Oben fiel den Sicherheitsleuten unter dem Rundbogen ein Verdächtiger auf, wie ich später erfuhr. Der Mann schwitzte, wirkte verkrampft, hatte einen angestrengten Gesichtsausdruck. Unbemerkt von allen Gästen baten ihn meine diskreten Begleiter, ihnen zu folgen. Der Verdacht erhärtete sich aber bei einem polizeilichen Verhör offenbar nicht.

In meiner Loge konnte ich mich – gut abgeschirmt – meinen Gästen und Außenministerkollegen widmen. Keiner ahnte etwas von der Morddrohung.

Die Cobra-Leute waren wirklich großartig. Die Zeit der Bedrohung und Bewachung war eine eigenartige Phase. Anfangs waren wir schockiert, aber wir gewöhnten uns bald daran.

Selbst wenn ich im südlichen Spanien war, wo wir ein Ferienhaus am Ende einer steilen Zufahrtsstraße haben, wurde ich ständig beschützt. Auf dem Weg stand immer ein Auto mit Bewachern.

In Madrid lernten wir später den Polizeichef persönlich kennen, der wusste von der Bedrohung Bescheid und hatte uns damals auch in Madrid Personenschützer zur Verfügung gestellt. Die spanische Polizei ist sehr gut, sie hat aus den ETA-Terrorakten gelernt. Aber man entdeckt selbst immer viele Lücken. Nimmt man den Hochgeschwindigkeitszug AVE beispielsweise von Madrid nach Valencia oder Barcelona, muss man das Gepäck wie an Flughäfen durch den Scanner schicken, Personen werden aber nicht kontrolliert. Terrorakte sind nirgends auszuschließen.

Es kann einen überall erwischen. In die Diskothek gehen wir zwar nicht, aber es kann beim Abendessen im Restaurant geschehen, auf der Straße, am Strand, sogar im Flugzeug. Alles ist möglich. Am besten vermeidet man große Menschenansammlungen. Aber als Wahlkämpferin?

Wer tatsächlich hinter den Morddrohungen steckte, kam nie heraus. Ich kann nur raten. Wohlmeinende Weggefährten rätselten, ob mich ein Attentäter tatsächlich töten und nicht bloß fertigmachen wollte; ob vielleicht die Opposition dahinter stand, die mich schlicht verunsichern und mir den Wahlkampf massiv erschweren wollte; ob dies vielleicht von jemand anderem ausging, dem ich nicht passte; oder ob sich jemand von der *Volxtheaterkarawane* für meine frühere Reaktion auf ihre Haft in Italien rächen wollte; alles steht im Raum.

Die Sache mit der *Volxtheaterkarawane* war tatsächlich ein Tiefpunkt in meiner Karriere gewesen. 25 junge österreichische Aktivisten hatten im Sommer 2001 gegen den G8-Gipfel in Genua und die Regierung Silvio Berlusconis protestiert, waren von der italienischen Polizei als Terroristen festgenommen und für drei Wochen eingesperrt worden. Dabei wurden sie, wie später aufflog, von der Polizei misshandelt, außerdem wurden ihnen Molotowcocktails, Messer und Knüppel untergeschoben.

Als Außenministerin winkte ich eine belastende Pressemitteilung durch, die ich schnell bedauerte. Darin hieß es, es handle sich bei den Aktivisten um amtsbekannte Personen, die sich nicht wundern dürften, dass sie festgenommen worden seien. Ich war wirklich müde, stockte beim Überfliegen des vorformulierten Pressetextes kurz, ob wir das tatsächlich so hart formulieren sollten, hielt Rücksprache und ließ mich dann überreden, den Text zu verwenden und auszusenden und die Äußerung auch in der Pressekonferenz mit dem damaligen Außenminister Renato Ruggiero zu wiederholen. Ruggiero hatte mir die Ereignisse von Genua so dramatisch berichtet, dass ich die Formulierungen zunächst angemessen fand. Zwei Jahre danach entschuldigte sich Ruggiero bei mir. Aus der Presse hatte er erfahren, welchen Sturm der Entrüstung dies in Österreich ausgelöst hatte.

Ich hätte das jedenfalls nicht so ausdrücken dürfen, dafür musste ich die Verantwortung übernehmen und entsandte Diplomaten mit dem Auftrag, die jungen Leute aus dem Gefängnis zu holen, nach Genua. Möglicherweise hatten die Volxtheaterleute seither eine Rechnung gegen mich offen und wollten sich im Bundespräsidentschaftswahlkampf mit den Morddrohungen einen ernsten Spaß erlauben.

Woher kamen die 120.000 weißen Stimmzettel?

Heinz Fischer gewann die Bundespräsidentenwahl mit 52,39 Prozent, ich erreichte 47,61 Prozent – eine Größenordnung, die mir niemand zugetraut hatte!

Auffallend war, dass rund 120.000 weiße Stimmzettel abgegeben wurden. Als wir in der Parteisitzung das Wahlergebnis analysierten, bestand ich auf Aufklärung, wie das habe passieren können. Keiner verlor ein Wort darüber, auch nicht die Parteispitze. Man versuchte, das unangenehme Thema wegzuwischen.

Auch die bösartige Medienattacke auf meinen Mann – er sei in Wahrheit ein „gefallener Priester" – war wohl von interessierter Seite organisiert. Paco war sehr verärgert, er war nie Priester und konnte daher auch kein gefallener sein. Er ließ sich das nicht gefallen und verlangte von Kardinal Christoph Schönborn persönlich, die Fakten nachzuprüfen und für Richtigstellung zu sorgen, was er schließlich auch tun musste.

Ich wäre gerne Bundespräsidentin geworden, weil ich doch auf der ganzen Welt viele Leute auf höchster Ebene kannte und für Österreichs politische Anbindung in der Welt, für Wirtschaft, Kultur und Gesellschaft wirklich viel hätte machen können. Alle Kontakte von meinen vielen Reisen als Außenministerin und von meiner UNO-Zeit hätte ich gern zugunsten Österreichs eingesetzt. Die Öffnung des Landes war meine Motivation. Umso erstaunlicher war es, wie viele Leute dagegengearbeitet hatten.

Dass ich nach der knapp verlorenen Wahl mit dem neuen Bundespräsidenten, meinem Kontrahenten, als Unterlegene und Außenministerin mitreisen musste, war für mich anfangs nicht einfach zu verkraften, aber Fischer verhielt sich mir gegenüber anständig.

Es dauerte nach der Bundespräsidentenwahl nur drei Monate, bis Kommissionspräsident José Manuel Barroso der österreichischen Regierung das Angebot zukommen ließ, eine Frau als Kommissarin nach Brüssel zu entsenden. Die interessanten Jahre meiner Kommissionszeit haben mir über meine Niederlage hinweggeholfen, aber ich muss gestehen, von manchen Umständen meiner Kandidatur sind Narben geblieben. Für eine weitere Bundespräsidentenwahl wurde ich nicht mehr gefragt, ich hätte das aber auch nicht mehr mitgemacht.

Wie ich mein UNESCO-Abenteuer überstand

Die Zeit war knapp, die Unterstützung lauwarm

Als der Portugiese António Guterres Ende 2016 zum UNO-Generalsekretär gewählt wurde, gewann er dieses Rennen vor der ehemaligen bulgarischen Botschafterin Irina Bokova, seit 2010 Generaldirektorin der UNESCO. Das erinnert mich an meine eigene Kandidatur für den Posten an der UNESCO-Spitze – und an die herben Erfahrungen, wie solche Entscheidungen fallen und wie sie wohl auch in Zukunft nicht anders fallen werden.

Es war im Jahr 2009, vor meinem Ausscheiden aus der EU-Kommission. Es ging um die Neubesetzung der UNESCO-Spitze, gesucht wurden auf Einladung des UNESCO-Exekutivrates geeignete Persönlichkeiten mit starken Führungsqualitäten, Management- und Kommunikationsfähigkeiten, guter Kenntnis des Systems der Vereinten Nationen und starker Sensibilität für die Zivilgesellschaft, einer wichtigen Zielgruppe der UNESCO.

Der Erste, der mich persönlich aufgefordert hatte, war der japanische Diplomat Kōichirō Matsuura, der bis dahin selbst UNESCO-Generaldirektor war. Matsuura ermunterte mich persönlich, mich um den Vorsitz der UNO-Bildungs-, Wissenschafts- und Kulturorganisation zu bewerben. „Kandidieren Sie doch, das wäre wunderbar", sagte er. Matsuura und ich kannten uns persönlich schon länger, und als ich noch Außenministerin war, hatte ich ihn einmal zu den Salzburger Festspielen eingeladen.

Matsuura muss zu diesem Zeitpunkt natürlich gewusst haben, dass die Bulgarin bereits Kandidatin war. Irina Bokova hatte ja schon zwei Jahre vorher begonnen, für sich zu werben.

Da ich von der österreichischen Regierung keine klare Antwort hatte, ob ich noch eine Kommissarsperiode haben würde, stand ich ohnehin vor der Frage, was ich anschließend machen könnte. Daher fand ich die Idee spannend. Ich wandte mich an Boutros Boutros-Ghali, der damals noch Adviser, also Berater bei der UNESCO war und zwischen Paris und Kairo pendelte. Als Ägypter musste er offiziell natürlich den ägyptischen Kandidaten unterstützen, den damaligen Kulturminister Faruk Hosni, und trotzdem ermunterte er mich zur Kandidatur.

Bei meinen offiziellen Besuchen in Paris noch als EU-Kommissarin nutzte ich die Gelegenheit zu einem ausführlichen Gespräch mit meinem früheren Chef, dem Generalsekretär der Vereinten Nationen, im Cercle de l'Union Interalliée, einem historischen Diplomatenclub, den ich aus meiner Pariser Diplomatenzeit (1987 bis 1993) gut kannte, in der Nähe meines früheren Apartments gelegen, nämlich in der Rue du Faubourg Saint-Honoré.

Zunächst war ich skeptisch, da ich meine Kandidatur sehr spät bekannt gab und damit viele Nachteile gegenüber den anderen Kandidaten haben würde.

Aber die Meinung von Boutros Boutros-Ghali, mit dem ich ein echt freundschaftliches Verhältnis entwickelt hatte, ebenso wie zu Lea, seiner großartigen Frau, beseitigte meine Zweifel. Er fand sogar, es mache nichts aus, dass ich mit der Kandidatur spät dran sei. Denn die Wahl zum UNESCO-Chef war für den Herbst 2009 vorgesehen, und ich konnte praktisch erst im Sommer einsteigen und für mich werben. Die Zeit war also sehr knapp. Er meinte aber, ich sei eine bekannte Person, ich könne das aufholen, und oft sei es sogar von Vorteil, als Überraschungskandidat anzutreten.

Die dritte Ermunterung und ein klares Bekenntnis zur vollen Unterstützung meiner Kandidatur kamen vom österreichischen Botschafter Anton Prohaska. Ihn hatte ich als Außenministerin gegen manche Widerstände als bilateralen Botschafter in Paris durchgesetzt, wo er ausgezeichnete Arbeit leistete. Er war auch bei allen UNESCO-Botschaftern und -Funktionären durch seine früheren Verwendungen als gewähltes Mitglied des UNESCO-Exekutivrates und als UNESCO-Botschafter in früheren Jahren gut bekannt. Er war daher auch noch nach seiner Tätigkeit als österreichischer Botschafter dort in beratender Funktion tätig. Paris ist ein hoch interessanter, aber auch schwieriger Posten. Dorthin kann man meiner Ansicht nach nur jemanden schicken, der Format hat, sonst geht das Land auf dem französischen Parkett unter. Zu jener Zeit hielt ich Prohaska für den geeignetsten Missionschef, denn Format hatte er. Er konnte auftreten und – was nicht geringzuschätzen war – war mit einer sehr liebenswürdigen Saudi aus der Scherifen-Familie verheiratet, die vielsprachig und von ihrer Herkunft her sehr gastfreundlich war. Das war einfach eine ideale Kombination, um Österreich groß zu präsentieren. Bei seiner Ernennung musste ich jedoch gegen enormen Widerstand argumentieren, weil drei Botschafterposten hintereinander – vor Paris war er noch während der Sanktionszeit Botschafter in Bern – extrem unüblich waren und der Neid vieler Kollegen nicht lang auf sich warten ließ.

Botschafter Prohaska war immer gut, vor allem in schwierigen Zeiten. Meine Personalentscheidung vergaß er mir offenbar nicht, wir wurden gute Freunde. Ich konnte mich auf ihn total verlassen, er ebnete mir die Wege, wo immer es ging, und öffnete mir die Türen. Diese Konstellation und seine Unterstützung empfand ich als Fügung des Schicksals. So entschloss ich mich, tatsächlich zu kandidieren. Schade, dass es letztlich trotz seines Engagements nicht geklappt hat.

Natürlich musste mich die österreichische Bundesregierung unterstützen, speziell Außenminister Michael Spindelegger persönlich, der damals eben sein Amt antrat. Ich hatte mit ihm stets gut zusammengearbeitet, vor allem als er während meiner Kommissarszeit Vorsitzender des Außenpolitischen Ausschusses im Parlament und dann Zweiter Nationalratspräsident war. Spindelegger war über mein Anliegen erstaunt, schlug meine Bitte um Unterstützung meiner Kandidatur zur UNESCO-Generalsekretärin aber nicht aus. Ich nehme an, die ÖVP hatte damals intern schon beschlossen, mich nicht für eine zweite Kommissarsperiode vorzusehen, freilich ohne dies nach außen zu dokumentieren. Letztlich fiel die österreichische Unterstützung ziemlich lauwarm aus.

Immerhin hatte ich auch noch einen französischen Unterstützungsverein hinter mir, geleitet vom früheren französischen Botschafter in Wien, André Lewin. Ohne das Wohlwollen des Gastlandes hätte ich mich den Herausforderungen dieser Kandidatur selbstverständlich nicht gestellt. Was mich sehr freute, war die ziemlich spontane Unterstützung Kolumbiens, war sie doch Ausdruck meiner lebendigen und guten Beziehungen zu Lateinamerika.

Building Bridges: Bunte Broschüre mit Reformvorschlägen

Auf Anraten Prohaskas brachten wir eine wirklich schöne dreisprachige Broschüre mit dem Titel *Building Bridges* heraus, was die anderen Bewerber veranlasste, ebenfalls noch schnell eine Publikation aufzulegen.

Die Broschüre finanzierte mir das Außenministerium, wenngleich ich selbst zusätzliche Spenden von Institutionen und Freunden eintreiben musste. Einige besonders tüchtige Kollegen, etwa Peter Launsky-Tieffenthal, halfen mir bei der Fertigstellung.

Mit Format, Grafik, Haptik, üppiger Illustration, meinem Lebenslauf, meinen Leistungen als EU-Kommissarin, Testimonials prominenter Persönlichkeiten, u. a. vom peruanischen Schriftsteller Mario Vargas Llosa, und vor allem meinen Reformvorschlägen und meiner Vision für die UNESCO erregte die Broschüre Aufsehen. Ich plädierte in zehn Punkten für folgende Ziele:

1. Brücken zu bauen zwischen Kulturen, Religionen und Gesellschaften sowie den Dialog und das gegenseitige Verständnis zwischen dem Norden und dem Süden zu fördern;
2. Bildung als sichersten Weg aus der Armut zu fördern;
3. die Verbreitung von Wissenschaft und Technologie sicherzustellen, um die digitale Kluft und die Wissenslücke zwischen dem Norden und dem Süden zu überbrücken;
4. die Rolle der UNESCO als Wächter des reichhaltigen und vielfältigen kulturellen Erbes zu stärken und als Ideenlabor für gemeinsamen Fortschritt auszubauen;
5. Frauen zu unterstützen, ihre Rolle in den Gesellschaften des 21. Jahrhunderts voll ausspielen zu können;
6. die Millennium-Ziele zu verfolgen und die UNESCO einzusetzen, um die Ungleichheiten zwischen Arm und Reich – mit besonderem Fokus auf Afrika – zu verringern;
7. die potenziellen Konfliktherde zu bekämpfen durch Konzentration

auf neue Bedrohungen wie Klimawandel, Energieunsicherheit oder unzureichenden Zugang zu Wasser und Grundbedürfnissen;
8. die Menschenrechte im weitesten Sinn in den Mittelpunkt der Arbeit der UNESCO zu stellen, ohne die weder Frieden noch Wohlstand möglich sind;
9. auf den Reformen im UNESCO-Headquarter aufzubauen, um die Effizienz als internationalen Player und Partner zu erhöhen;
10. das politische Profil und die Sichtbarkeit der UNESCO zu schärfen und den gebührenden Platz innerhalb der UNO-Architektur auszufüllen.

Drei Bundesminister – Außenminister Michael Spindelegger (ÖVP), Unterrichtsministerin Claudia Schmied (SPÖ) und Wissenschaftsminister Johannes Hahn (ÖVP) – verfassten einen gemeinsamen Beitrag für die Broschüre, in dem sie nicht nur die wichtige Rolle der UNESCO würdigten, sondern auch eine Empfehlung für mich aussprachen: „In der nunmehrigen sechzigjährigen Mitgliedschaft war Österreich den hohen Zielsetzungen der Organisation, die gleichzeitig Grundsätze der österreichischen Außenpolitik sind, immer besonders verpflichtet und wird dies auch in Zukunft sein. Österreich hat daher beschlossen, Dr. Benita Ferrero-Waldner als Kandidatin für den Posten des Generaldirektors der UNESCO zu nominieren. Die Erreichung der Ziele erfordert eine große Anstrengung und hohe Überzeugungskraft. Dr. Ferrero-Waldner blickt auf eine beeindruckende Laufbahn als Diplomatin und Politikerin zurück. Aufgrund ihrer großen internationalen Erfahrung sind wir überzeugt, dass sie eine Generaldirektorin mit starkem Profil im Interesse der internationalen Staatengemeinschaft sein und die UNESCO im Sinne ihres Gründungsauftrages in eine erfolgreiche Zukunft führen wird."

So reichte ich tatsächlich meine Kandidatur offiziell ein, wie erfordert in Schriftform. Beim anschließenden Hearing im UNESCO-Exekutivkomitee schnitt ich nach Einschätzung vieler sehr gut ab. Ich hatte mich auch entsprechend vorbereitet, da ich ja eine UNESCO-Außenseiterin war, wenngleich ich große außenpolitische Erfahrung mitbrachte. Wir wussten aber nicht, wer für und wer gegen mich stimmen würde.

Anton Prohaska betrieb für meine Kandidatur regelrechtes Lobbying. Er war überzeugt: „Benita, das können wir gewinnen!" Unwahrscheinlich klang das nicht, denn in der UNESCO gab es durchaus Kritiker, die die Bulgarin verhindern wollten. Und vor allem den Ägypter wollten viele nicht.

Der aber sah sich schon als Sieger. Es war Faruk Hosni, der ägyptische Kulturminister, den ganz besonders Suzanne Mubarak, die First Lady Ägyptens, an der Spitze der Organisation sehen wollte. Selbstverständlich unterstützte deshalb auch Präsident Hosni Mubarak den ägyptischen Kandidaten.

Aber Faruk Hosni war nicht unumstritten. Mit antisemitischen und antiisraelischen Äußerungen hatte er in den Augen vieler eine rote Linie überschritten. Mit ihm würde die Glaubwürdigkeit der UNESCO absoluten Schaden nehmen, warnte die Präsidentin des Zentralrats der Juden in Deutschland, Charlotte Knobloch. Sie forderte die westlichen Regierungen auf, sich gegen ihn zu stellen. Menschenrechtsorganisationen warnten vor ihm, auch ein Aufruf französischer Intellektueller in der Zeitung *Le Monde* wandte sich gegen ihn.

Auch Israel hatte zunächst Einwände gegen seine Nominierung gehabt, zog sie aber nach Intervention durch Hosni Mubarak Ende Mai zurück. Auf Wunsch des ägyptischen Präsidenten unterstützten ihn die Israelis sogar – allerdings nur offiziell. In Wirklichkeit waren sie wohl interessiert, ihn zu verhindern, weswegen sie auch die US-Regierung dazu brachten, ihm nur nach außen hin zu den Rücken zu stärken.

Unverbindliche Erklärungen

Den Amerikanern war es nicht wichtig, wer die Wahl gewinnen würde. Ihnen war nur wichtig, einen bestimmten Kandidaten zu verhindern. Als ich Hillary Clinton noch in meiner Funktion als EU-Kommissarin in Washington besuchte und sie darauf ansprach, dass mich ihre Unterstützung freuen würde, reagierte sie freundlich, aber unverbindlich. Washington hatte eigentlich nur ein einziges Ziel: Auf Drängen Israels sollten die Amerikaner helfen, den ägyptischen Kulturminister zu verhindern. Das taten sie auch.

Aber auch mich unterstützte Hillary nachweislich nicht, denn unter den Kandidaten war auch eine feine und erfolgreiche Ekuadorianerin, Leila Ivonne Abdel Baki, Tochter libanesischer Einwanderer, die in den späten Clinton-Jahren vom ekuadorianischen Präsidenten Jamil Mahuad zur Botschafterin in Washington ernannt wurde – eine Schlüsselposition, hatte doch Ekuador damals vorübergehend den US-Dollar als Währung eingeführt. Von daher kannte sie Hillary Clinton, deren Unterstützung sie sich offenbar vergewissern konnte. Natürlich war sie eine ideale Kandidatin, um sowohl Lateinamerika als auch die Stimmen der arabischen Welt zu gewinnen und gleichzeitig den ägyptischen Kandidaten zu entfremden. Auch Argentiniens Präsidentin Cristina Kirchner votierte für sie. Zuvor hatte Kirchner aber auch mir ihre persönliche Hilfe zugesagt: „Natürlich unterstütze ich Sie!" – was jedoch die Unwahrheit war. Aber ich halte ihr zugute, dass sie sich später bei mir immerhin entschuldigte.

Gewählt wird dieser Posten de facto im Eliminierungsverfahren durch die Mitglieder des Exekutivrates. Wer in einer Runde die geringste Unterstützung erfährt, zieht sich zurück. Wenn in den ersten vier Wahlgängen kein Kandidat die absolute Mehrheit erzielt, werden im fünften und letzten Wahlgang die beiden Kandidaten zugelassen, die die meisten Stimmen im vierten Wahlgang hatten. Kommt es im fünften Wahlgang zur Stimmengleichheit, entscheidet das Los.

Ich reise also in so viele Länder wie nur möglich, die im Exekutivrat vertreten waren. Manche Reisen, die ich noch als EU-Kommissarin zu absolvieren hatte, konnte ich nebenbei nützen, um meine Kandidatur zu erwähnen.

Heiße Luft auf dem Afrikagipfel

Ich musste auch nach Afrika reisen und nahm am Gipfel der Afrikanischen Union (AU) unter Führung Muammar Gaddafis in Sirte teil, der libyschen Hafenstadt am Mittelmeer. Wer unterstützte mich dort? Ausgerechnet Louis Michel, der früher in der Sanktionenphase als belgischer Außenminister eindeutig mein Widersacher gewesen war. Als Kommissar für die AKP-Länder (Afrika, Karibik, Pazifik) und Entwicklung war er mir inzwischen ein guter Kollege geworden.

Mittlerweile hatte ich ihm seine Haltung in der Sanktionenzeit verziehen, weil ich seinen Charakter erkannte: Manchmal aufbrausend, und am Schluss blieb von seiner Aufregung wenig übrig. Er konnte nicht anders. Um es mal so zu sagen: Er ist nicht unnett. Michel war auf dem Afrikagipfel wirklich hilfreich und sprach mit einigen afrikanischen Präsidenten, die er von seiner Kommissarsfunktion her gut kannte.

Außerdem gab er mir einen Gefallen zurück, denn ich hatte ihn unterstützt, als er Ko-Präsident der Parlamentarischen Versammlung für Afrika werden wollte. Ich bat Wilfried Martens, den mir gut bekannten Vorsitzenden der Europäischen Volkspartei (EVP), er möge Louis Michel helfen, da dieser wie kaum ein anderer mit den Afrikanern, die er durch fünf Jahre betreut hatte, vertraut war.

Trotzdem habe ich diesen afrikanischen Gipfel als schwierig in Erinnerung. Denn ich kannte die Schwarzafrikaner wenig, da ich als Außenkommissarin für die ganze Welt zuständig war, außer für die AKP-Staaten sowie die EU-Beitrittskandidatenländer. Als Entwicklungskommissar war eben Louis Michel für diesen Kontinent zuständig.

Aber auch Louis Michels Unterstützung reichte nicht. Fast alle hatten ihre Stimme mehr oder weniger schon vergeben, und vor allem die Botschafter wussten genau, wen sie auserkoren würden. Es ging ein Gerücht um, wonach viele Afrikaner, aber auch manche andere für den Gegenwert eines Mittelklassewagens ihre Stimme dem einen oder anderen Kandidaten geben würden. Und seitens der UNESCO, wo diese Usancen angeblich nicht ganz unbekannt waren, hieß es lediglich, solche Deals dürften auf keinen Fall auf dem Territorium der UNESCO stattfinden, sondern außerhalb, wo man nichts mitbekomme und wo es niemanden etwas angehe.

Abgesehen davon sollten die meisten Afrikaner von vornherein den Ägypter Faruk Hosni unterstützen. Viele von ihnen sagten uns aber ziemlich unverblümt, sie wollten den Ägypter zwar selbst nicht, müssten ihm aber in den ersten beiden Wahlgängen ihre Stimme geben.

Natürlich erhielt ich durchaus eine Reihe mündlicher Unterstützungserklärungen, zum Beispiel aus Simbabwe, einem Land, das ich besucht hatte und dem Kultur, Erziehung und Bildung sehr wichtig sind. Aber trotz aller positiven Äußerungen waren diese mündlichen Unterstützungserklärungen schwer einzuschätzen und wurden bei den Wahlgängen nicht eingehalten.

„Selbstverständlich unterstütze ich Dich, Benita, und Du wirst es auch!", sagte Aïchatou Mindaoudou, die Außenministerin von Niger und eine persönliche Freundin, zu mir, und sie meinte es auch so. Ihr Botschafter in Paris aber kümmerte sich nicht darum, was ihm seine Chefin auftrug, er machte, was er wollte und wählte einen anderen Kandidaten, wie die Außenministerin und ich beim Nachzählen der Stimmen der dritten Runde herausfanden.

Am Rande des erwähnten Afrika-Gipfels sprachen mich der ägyptische Kulturminister, der sich selbst bereits als UNESCO-Chef sah, und seine Leute an. Er bot mir an, unter ihm gleichsam Außenministerin der UNESCO zu werden. Das kam für mich jedoch überhaupt nicht infrage, ich wollte auf keinen Fall irgendeinem anderen Generaldirektor irgendwo dienen. Natürlich hoffte ich, selbst die Generaldirektorin zu werden.

Botschafter Prohaska und ich taten, was wir konnten. Gleich am ersten Wahltag kam es zu mehreren Wahlgängen, weshalb auch einige der acht Anwärter ausschieden. Ich wusste, dass der Bewerb äußerst kompetitiv sein und viele Runden erforderlich sein würden. Während andere Kandidaten mehr offizielle Unterstützung hatten, wie etwa Faruk Hosni aus Ägypten oder Irina Bokova aus Bulgarien, war ich zweifellos die Anwärterin mit dem größten politischen Profil. Und aus meiner Zeit als Außenkommissarin der EU hatte ich mir einen Namen als jemand gemacht, dessen Ziel es war, Brücken zwischen West und Ost, Nord und Süd, zwischen den Kulturen und Religionen zu schlagen und die viel für Lateinamerika, aber auch den Mittelmeerraum gearbeitet hatte.

Beim ersten, beim zweiten und auch beim dritten Wahlgang war ich noch im Spiel. Bei Letzterem hatte die Bulgarin eine Stimme mehr. Für mich und mein Team erhob sich nun die Frage, was wir tun könnten. Da der dritte Wahlgang an einem Freitag stattfand, hatten wir das ganze Wochenende in Paris Zeit zum Überlegen: Botschafter Anton Prohaska sowie Österreichs bilateraler Botschafter in Paris, Hubert Heiss, dessen

Frau, Helene Steinhäusl, die bei der UNESCO akkreditiert war – beide unterstützten mich in der bestmöglichen Form –, sowie Michael Karnitschnig, ein ausgezeichneter Mitarbeiter aus meinem Kabinett, und mein Mann.

„Wann wirst Du Dich endlich zurückziehen?"

Es ist üblich, zwischen den einzelnen Wahlgängen entweder die Außenminister oder die tatsächlich abstimmenden Botschafter anzusprechen, um sich ihre Stimmen allenfalls zu sichern. Wir spielten alles durch, was wir nun machen könnten. Nach einem solchen neuerlichen Lobbying hätte ich einfach in die nächste Runde weitergehen können. Andererseits war uns bewusst, dass alle das Ziel hatten, den Ägypter aus der Runde zu werfen, denn er war noch immer im Rennen. Ich wollte auf keinen Fall diejenige sein, die durch ihren Nicht-Rücktritt indirekt den Ägypter, den ja viele offiziell unterstützten, aber nicht wirklich gewählt sehen wollten, befürworten würde. Die Bulgarin war auch noch da. Unser Grüppchen war also schon ziemlich reduziert. Da rief mich überraschend Bernard Kouchner an, jener französische Außenminister, der mir immerzu geschworen hatte: „Benita, wir unterstützen Dich!" Die Unterstützung des Gastlandes – die UNESCO hat ja ihren Sitz in Paris – hat schon einiges Gewicht.

Diesmal klang es aber ganz anders. Wortwörtlich: „Benita, quand est-ce-que tu vas te retirer finalement?" (Benita, wann wirst Du Dich endlich zurückziehen?)

Ich war schockiert und schwer enttäuscht. Damit hatte ich wirklich nicht gerechnet. Als wir die neue Lage besprachen, war auch hier Botschafter Prohaska ein guter Berater, weil er eben in der UNESCO bestens vernetzt war und die Gepflogenheiten kannte. Wir telefonierten daher nochmals mit einigen Außenministern, soweit es uns möglich war, sondierten den Zwischenstand und stellten fest, dass es zwischen den uns gegebenen Zusagen einerseits und dem tatsächlichen Wahlverhalten andererseits zum Teil erhebliche Diskrepanzen gab.

Auch die Außenministerin von Niger rief ich an, die mir beteuerte, das könne doch gar nicht sein. Sie ließ das Votum ihres Botschafters überprüfen und rief mich sofort zurück: „Du hattest Recht, mein Botschafter hat anders gewählt", bestätigte sie. Sie war so verärgert, dass sie den eigenmächtig handelnden Botschafter aus Paris abberief.

Am Samstag teilte der UNESCO-Exekutivrat offiziell mit, dass auch beim dritten Durchgang kein Kandidat die erforderliche Mehrheit der 58 Mitgliedsstaaten erhalten habe. Als aussichtsreichster Bewerber galt weiterhin der ägyptische Kulturminister, der aber wegen der israelfeindlichen Äußerungen in Kritik stand. Hosni erhielt im dritten Durchgang 25 Stimmen, zwei mehr als am Freitag. Damit fehlten ihm, womit er nie gerechnet hätte, noch immer fünf Stimmen zur vorgesehenen Mehrheit.

An zweiter Stelle folgte Bokova, die sich von acht auf 13 Stimmen steigern konnte. Auch die frühere ekuadorianische Botschafterin in den USA, Ivonne Baki, war noch im Rennen. Sie kam zuletzt auf neun Stimmen.

Den Statuten zufolge konnte sich die Prozedur mit den fünf Wahlgängen bis Dienstag hinziehen. Im vierten Wahlgang am Montag kamen nur noch die beiden führenden Kandidaten in die Stichwahl, also Bokova und Faruk. Das Ergebnis ließ alle erstarren: die Bulgarin und der Ägypter stimmengleich! So kam es am Dienstag zum allerletzten Wahlgang. Wäre der abermals mit einem Patt ausgegangen, hätte der Sieger ausgelost werden müssen. Doch dieser Wahlgang endete mit 31 zu 27 Stimmen für Bokova. Aus mehreren sehr aufschlussreichen Berichten von WikiLeaks lässt sich viel über die Umstände dieser Wahl und die Haltung der Staaten herauslesen; sehr spannend ist zum Beispiel, wie in einer der Depeschen an das State Department die Aktion beschrieben wird, mit der die Delegierte von Saint Lucia, des winzigen Inselstaates in der Karibik, mit der Gruppe der anderen kleinen Inselstaaten von Hosni Faruk zu Irina Bokova überlief. Dieselbe Delegierte, die libanesischstämmige Vera El Khoury Lacoeuilhe, ist übrigens die offizielle Kandidatin des Libanon für die Nachfolge Bokovas. Für die im Herbst 2017 stattfindende Wahl des neuen UNESCO-Generaldirektors bewerben sich insgesamt neun Kandidaten.

Viele ermunterten mich, auch nach dem dritten Wahlgang weiterzumachen. Vor allem meine beiden Außenministerkollegen aus Spanien und Portugal, Miguel Ángel Moratinos und Luís Filipe Marques Amado, sowie die Beamten des Außenamtes in Österreich, die mir bei der Vorbereitung der Broschüre geholfen hatten, bedrängten mich in dieser Richtung. Es wäre durchaus möglich gewesen, dass ich mehr Stimmen bekommen hätte, falls beispielsweise mehr Araber als angekündigt für mich votiert hätten.

Aber an diesem Wochenende entschieden wir, dass es wenig Sinn hätte, im Rennen zu bleiben. Andernfalls wäre ich zwischen die Mühlsteine geraten. Ich sah sogar die Gefahr, dass mir die USA vorwerfen könnten: „Diese Österreicherin hat den Ägypter nicht verhindert." Infolge der Stimmengleichheit hätte dies durchaus passieren können. Also war es besser, mich zurückzuziehen. Die Umstände meiner Kandidatur und der spätere Ablauf der Ereignisse gaben mir schließlich Recht.

Waldner oder Waldheim, egal

Da Botschafter Prohaska auch gute Kontakte zu französischen Zeitungen und Sendern hatte, gelang mir ein sehr gutes Interview mit der *Revue*, in der aber auch die Sanktionenphase in meiner Außenministerzeit erwähnt wurde (siehe Sanktionen-Kapitel!). In manchen jüdischen Kreisen wurde dem Vernehmen nach mein Name *Waldner* mit *Waldheim* gleichgesetzt und glatt eine Verbindung zu Kurt Waldheim vermutet. Tatsächlich wurden in den Gängen der UNESCO auch Zettel gefunden, in denen ich als Tochter Waldheims bezeichnet wurde.

Die Bulgarin Bokova erfreute sich von Anfang an der Unterstützung durch die Russische Föderation. Ich erinnere mich an ein Gespräch mit dem russischen Außenminister Sergei Lawrow, als ich noch Kommissarin, aber auch schon Kandidatin war. Auf mein Ersuchen, mich zu unterstützen, antwortete er mir direkt, ich brauchte ihm nichts von mir zu erzählen: „Kein Problem, wir kennen Dich ja, Benita." Tatsächlich kannten wir uns gut aus unzähligen Sitzungen in den verschiedensten Außenministerräten oder Gipfeltreffen. Ich fasste das damals eher als wohlwollend auf, auch wenn es keine feste Zusage war. Was er aber meinte, war wohl: Wir kennen Dich ja, aber Du kommst nicht infrage, denn wir haben eine andere Kandidatin.

Da spielten weitere Faktoren eine Rolle, nämlich dass Bokova in Moskau studiert hatte, dem Vernehmen nach sogar als Kollegin Lawrows, dass sie Russisch beherrschte und schon viele Jahre mit der russischen UNESCO-Botschafterin engstens befreundet war. Ferner hatte sie schon zwei Jahre vorher systematisch in ihrer Residenz in Paris gesellschaftliche Veranstaltungen gegeben, zu denen sie alle relevanten Personen einlud und verwöhnte. Das erfuhr ich aber erst später. Schon als Botschafterin in der UNESCO hatte sie jahrelang auf ihre UNESCO-Kandidatur hingearbeitet, weshalb sie gute Karten hatte. Und sie hatte reichlich Unterstützung aus ihrem eigenen Land, durfte mit dem Präsidentenflugzeug in Begleitung höchster Regierungsrepräsentanten nahezu alle jene Länder besuchen, die im abstimmenden Gremium vertreten waren. Auf den Druck der Russen hin scheinen die Amerikaner und die Franzosen in Richtung Bokova eingeschwenkt zu haben.

Die Franzosen entschieden damit für die bulgarische Kandidatin, speziell Präsident Nicolas Sarkozy, dem im Prinzip gleichgültig war, wer die UNESCO leiten würde. Sarkozy hatte also Kouchner angewiesen, mich anzurufen und mir den Rückzug nahezulegen. Die Amerikaner, namentlich Hillary Clinton, halfen mir dabei ebenfalls nicht. Clinton konzentrierte sich eher auf die südamerikanische Kandidatin, Ivonne Baki, die sie persönlich als Botschafterin in Washington eben gut kannte.

Aus den verschiedenen diplomatischen Depeschen der US-Vertretungen an das US-Außenministerium in Washington, die zwei Jahre nach der UNESCO-Wahl an die Öffentlichkeit gelangten, konnte man ersehen, was die Amerikaner tatsächlich über meine Kandidatur als Nachzüglerin in dem Rennen dachten und wie sie zu ihren Eindrücken gelangten.

Auch auf die Koreaner konnte ich mich nicht unbedingt verlassen. UNO-Generalsekretär Ban Ki Moon, der einmal südkoreanischer Botschafter in Wien gewesen war, sagte zwar zu mir: „Wir freuen uns sehr, dass Sie kandidieren!" Doch dann konnte er nicht einmal die eigenen Leute dazu bringen, mich zu wählen. Die Koreaner, die bereits ihre Stimme vergeben hatten, beteuerten, sie würden irgendwann gegen Ende für mich stimmen.

Auch die Kubaner, für deren Land ich in der EU-Kommission viel getan hatte, betonten anfangs, sie würden mich doch gut kennen und unterstützen. Doch plötzlich hörte ich, sie könnten ihre Zusage leider nicht mehr einhalten. Die russisch-kubanischen Beziehungen aus alten Zeiten mögen da eine Rolle gespielt haben.

Verliert man eine Wahl, analysiert man im Anschluss, was wohl alles dazu beigetragen haben mag, und wird durch später zu erkennende Zusammenhänge klüger. Natürlich war es ein großer Nachteil, dass ich relativ spät angetreten bin. Ich meldete meine Kandidatur knapp vor Annahmeschluss an, wogegen sich die arabischen Staaten nach entsprechendem Lobbying schon Anfang des Jahres auf den Ägypter – zumindest offiziell – geeinigt hatten. Hosni Faruk hatte seine Bewerbung bereits am 1. März bekannt gegeben, aber bereits 2007 mit seiner Kampagne begonnen, also schon zwei Jahre vor der Wahl.

Darüber hinaus hat die UNESCO in den politischen Zentren der Staaten keine übermäßige Bedeutung. Die dortigen Vorgänge werden wesentlich den Vertretern vor Ort überlassen, weshalb die UNESCO-Botschafter selbst eine unheimlich starke Stellung haben und zum Teil ohne – oder eben auch gegen – Weisungen aus ihren Hauptstädten agieren.

UNESCO in reformbedürftigem Zustand

Die UNESCO war in einem reformbedürftigen Zustand. Der frühere Generaldirektor Matsuura hatte Reformen begonnen und vertraute offensichtlich darauf, dass ich sie weiterführen würde. Teilweise waren die Beamten unterqualifiziert, aber dafür gab es zu viele von ihnen. Ich hatte tatsächlich ein erstes Reformkonzept vorgelegt, das ebenfalls manche Staaten mit Sorge erfüllte, nur ja nicht viele Änderungen hinnehmen zu müssen.

Ich wollte Erziehung und Bildung ganz stark in den Vordergrund stellen, da beide Bereiche für mich wesentliche Voraussetzungen für nachhaltige Entwicklung darstellen. Um mehr finanzielle Mittel zur Verfügung zu haben, wollte ich zum einen mehr mit der Europäischen Kommission zusammenarbeiten, die ja in vielen Ländern ebenfalls Erziehung und Bildung priorisierte, und zum anderen mehr private Sponsoren ansprechen. Was indes leider eine Rolle spielte, war das Abstimmen auf der Basis gewisser privater „Händel", was Gerüchten zufolge durchaus vorkommt. Ich kritisierte diese Praxis des möglichen „Stimmenkaufs", die mir von vielen Seiten zugetragen worden war, bis ich eines Tages über viele Ecken warnende Stimmen aus der UNO in New York vernahm, ich sollte mich besser mit meiner Kritik zurückhalten. Tatsächlich ist es schwer festzustellen, ob manche auf dieser Basis gewählt haben oder ob es nur Gerüchte waren. Jedenfalls sollte die Mitnahme von Smartphones mit Fotofunktion in die Abstimmungskabine verboten sein.

In einer Erklärung des Wiener Außenministeriums und der österreichischen Botschaft in Paris teilten wir der Öffentlichkeit mit, dass ich mich „im übergeordneten Interesse der Organisation und der europäischen Einheit" zu dem Schritt entschieden hätte. Am Sonntag hieß es in den Medien, dass der 58 Staaten umfassende Exekutivrat noch keinen Nachfolger für den scheidenden UNESCO-Generaldirektor Kōichirō Matsuura habe nominieren können und dass ein vierter Wahlgang für den Tag darauf, den Montag, geplant sei.

Nach ihrer erfolgreichen Wahl bot mir, wie schon zuvor der siegessichere Ägypter, auch die Bulgarin an, eine Art Außenministerin der UNESCO zu werden oder eine andere Position zu übernehmen, aber ich lehnte das Angebot dankend ab.

Als der Ägypter aussteigen musste, war die Aufregung groß. Er persönlich hat es ganz schlecht verkraftet. Er war dann noch eineinhalb Jahre Kulturminister, bis er im „Arabischen Frühling" seinen Posten räumen musste.

Ivonne Baki nahm es leichter, wurde Ehrenbotschafterin für die UNESCO und intensivierte ihre Aktivitäten in ihrem Heimatland Ekuador, wo ihr vielfältiges Engagement sie allerdings in den Schatten von Staatsaffären brachte.

Spindelegger bedauerte mein Ausscheiden nach der dritten Runde mit den Worten: „Österreich hatte mit der EU-Außenkommissarin eine überaus kompetente Kandidatin für das Amt des UNESCO-Generaldirektors nominiert, die sich in ihren bisherigen Funktionen stets durch enormes

Engagement und Fachkenntnis ausgezeichnet hat. Leider ist es uns jedoch trotz intensiver Überzeugungsarbeit und zunehmender Unterstützung seitens der Mitgliedsländer in dieser kurzen Zeit nicht gelungen, eine ausreichende Mehrheit für die Kandidatur Ferrero-Waldners zu gewinnen."

Wenn ein Land einen Kandidaten wirklich unterstützen möchte, kann seine Regierung vieles tun, um der Priorität, die sie dem Anliegen der Kandidatur beimisst, Ausdruck zu verleihen, angefangen von offiziellen Interventionen, Vorsprachen bei jeder Regierung, am besten beim Regierungschef selbst oder beim Außenminister des Landes. Schließlich nehmen Regierungen auch Geld in die Hand, um ihren Kandidaten zu ermöglichen, zu Empfängen einzuladen, entsprechendes Lobbying zu betreiben, um sich vorzustellen. Selbstverständlich spüren es die anderen Bewerber sowie das Wahlkomitee, wenn die eigene Regierung zu wenig dahintersteht.

WEGBEGLEITER

Wie Paco fast First Husband wurde

Der Spanier Francisco Ferrero Campos blickt auf Benitas Heimat

Mein erster Kontakt mit Österreich war Benita. Das war 1987 in Paris. Vorher hatte ich nichts mit Österreich zu tun gehabt. Ich war daher sehr neugierig. Mein allererster Eindruck war allerdings: Ein Land, in dem es sehr kalt ist und zu Weihnachten viele Lichter leuchten. Denn mein erster Besuch in Salzburg erfolgte zur Weihnachtszeit.

Benitas Mutter erlebte ich von Anfang an als sympathisch. Ihr Vater und ihr Bruder Bruno schienen mir eher schüchtern. Das gab sich mit der Zeit. Mir fiel jedenfalls sofort auf, wie begeistert Benitas Eltern mit Brunos zwei kleinen Kindern umgingen.

Die Familie lebte auch zu Weihnachten sehr kontrolliert, wie ich das in Spanien nie erlebt habe. Benitas Vater war Asket, und als die Mutter und Benita sich am Heiligen Abend eine Flasche Bier teilten, scherzte der Vater: „Meine Säuferinnen!" Über die Bierflasche habe ich mich gewundert, denn in Spanien trinken zu den Feiertagen sogar die armen Leute Wein und Whiskey. Dabei hatte, wie ich erfuhr, der Vater durchaus viele alkoholische Getränke von seinen Patienten geschenkt bekommen, aber er schenkte sie lieber weiter und trank selbst nie etwas. Er war sehr bescheiden und lebte nur für Beruf und Familie. Benitas Mutter dagegen war eine lebenslustige Frau, die auch gerne mehr Gesellschaftsleben gehabt hätte.

Natürlich stand ich beim ersten Besuch im Zentrum der Aufmerksamkeit. Die Familie beobachtete mich und wollte wissen, wie ich bin und was ich mache. Sich mit ihnen zu unterhalten, war schwierig, Benitas Eltern sprachen kein Spanisch, ich sprach kein Deutsch, wir unterhielten uns in dürftigem Englisch, sprachen mit den Händen oder waren auf Benitas Übersetzung angewiesen.

Am Ende des ersten Besuches erhielt ich auch von Benitas Vater sozusagen meine offiziellen Papiere: Er begleitete uns zum Bahnhof, kam mit uns zum Zug und sagte zum Abschied sehr formell: „Kommen Sie in mein Haus, wann immer Sie wollen." Das habe ich als eine Art Liebeserklärung verstanden, ich war in der Familie akzeptiert – vielleicht weil man gesehen hat, wie ich mich mit den beiden Kindern von Benitas Bruder befasste.

Das waren meine ersten Eindrücke von Österreich. Inzwischen kenne ich das Land sehr viel besser – mit seinen positiven und negativen Seiten, wie sie jedes Land hat.

Als positiv fiel mir auf, wie verantwortungsvoll die Menschen arbeiten, pünktlich sind und im Vergleich zu anderen Ländern formell und formvollendet. Die Österreicher sind ein offenes und reisefreudiges Volk, sie gehen gerne nach draußen, etwa nach Italien, Spanien oder auch bis nach Australien, um zu finden, was sie im eigenen Land nicht haben.

Ich fand die Mischung interessant, die eher formelle und konservative Mittelschicht und andererseits einige Leute mit grüner Jacke, roter Hose und langen Haaren, gleichsam als extreme Ironie oder schrille Avantgarde, eine Art Estridentismus.

Österreich ist ein äußerst patriotisches Land, Spanien eher nicht. Wir sind sehr selbstkritisch. Wenn jemand schlecht über Spanien spricht, dann ist es sicher ein Spanier. Wenn hingegen ein Ausländer schlecht über Spanien redet, mögen wir Spanier das auch nicht.

Durch den Tourismus und die EU-Erweiterung hat sich Österreich sehr geöffnet. Auch dass viele internationale Kongresse in Österreich stattfinden, zeigt die Offenheit. Dennoch: Wenn Österreicher nach Hause kommen, wird ihnen das Herz warm.

Heute liebe ich Österreich, anfangs war ich eher kritisch. Denn ich musste mir das Land und die Sprache selber erarbeiten, weil Benita viel Arbeit hatte, wenn wir in Österreich waren, und zu wenig Zeit für mich übrig hatte. Ich bin Literaturprofessor und habe Griechisch, Latein, Hebräisch und Arabisch studiert; mein Deutsch musste ich mir selber beibringen. So kann ich behaupten: Meine Deutsch-Fehler sind wirklich meine eigenen Fehler. Ich kann Deutsch nicht perfekt, aber genug, um die Sprache zu lieben.

Als ausländischer Ehemann der österreichischen Außenministerin hatte ich kein Problem. Die Menschen gingen gut und korrekt mit mir um. Aber natürlich bin ich nicht naiv. Ich schaue mir die Personen an und erkenne, ob jemand gegenüber meiner Frau positiv oder negativ eingestellt ist. Die negative Einstellung färbte zum Teil auch auf mich ab, aber das war eher selten der Fall.

Ich war immer zurückhaltend, sehr diskret und mit meiner Rolle zufrieden. Ich wusste, dass nicht ich der Protagonist war, sondern Benita. Sie wurde in der ersten Reihe platziert, ich nahm lieber in der letzten Reihe Platz. Nur manchmal folgte ich der Einladung, auch vorne zu sitzen. Ich suchte eher den Schatten, aus dem heraus man besser beobachten kann. Übrigens habe ich in der Öffentlichkeit nie meine politische Meinung geäußert, die gelegentlich durchaus eine andere war als die Benitas. Manchmal habe ich nämlich eine andere Weltanschauung als meine Frau. Aber wenn ich etwas zu sagen hatte, dann wirklich nur zu Hause, absolut nie in der Öffentlichkeit.

Zu Hause besprachen wir in der besonders schwierigen Phase während der Sanktionen die diversen Charaktere unter den Außenministerkollegen. Ich glaube, damit konnte ich Benita helfen.

Die Sanktionenphase war schwirig, auch für mich. Ich habe die reale Situation in Österreich verstanden und als Willen der Bevölkerung akzeptiert. Österreich hatte drei große Parteien, ich sprach mit Vertretern aller drei Parteien, natürlich am meisten mit Politikern der ÖVP, der Partei Benitas, und selten mit jenen der FPÖ. Sogar mit Jörg Haider sprach ich zweimal kurz, diskutierte aber nicht mit ihm.

Ich zeigte immer Respekt vor allen drei Parteien. Generell habe ich keine Angst vor der Realität. Aber einige Leute profitieren davon, die Realität zu manipulieren. Mit weiteren politischen Parteien lässt sich die Situation künftig vielleicht aufbrechen.

Als Begleitperson bei den Außenministerräten war ich der einzige Mann unter den Ehefrauen der Ministerkollegen meiner Frau. So bekam ich die extreme Position der EU-Akteure voll mit. Da saßen wir Begleitpersonen auf dem Azoren-Gipfel einmal im Bus, ich sagte zu den Damen laut: „Guten Morgen, ich bin der Mann von der Österreicherin Benita Ferrero-Waldner, mit der Ihre Männer nicht sprechen. Aber ich bin aus Spanien, Sie können selbst entscheiden, ob Sie mit mir sprechen wollen oder nicht." Mit der Frau des belgischen Außenministers Louis Michel, eines besonders scharfen Österreich-Kritikers und Widersachers meiner Frau, sprach ich eine Stunde lang. Ich sagte ihr: „Mein Vater war im französischen KZ Argelès-sur-Mer, glauben Sie wirklich, dass ich Faschist bin oder mit einer Faschistin verheiratet bin?" Wie ich anschließend erfuhr, war dieses Gespräch im Bus exakt zur selben Zeit, als Benita ihr Schreiduell mit Louis Michel hatte.

Wenn ich in Österreich im Zug unterwegs war, wo mich niemand kannte, hörte ich die Menschen über Benita reden. Meist lobten sie ihren Mut. Und in Gesprächen mit Anhängern aus der ÖVP hieß es oft, sie wollten nicht an Benitas Stelle sein.

Auch während des Bundespräsidentenwahlkampfs führten Benita und ich zu Hause selbstverständlich viele Gespräche. Ich musste die Lage oft entdramatisieren. Ich sagte zu Benita: „Jetzt bist Du schon da, probiere es und mach das Beste daraus. Und wenn es nicht klappt, dann gehen wir halt wieder." Diese lockere Einstellung hat Benita immer geholfen. Für mich war beides normal: Entweder bin ich der Mann der Präsidentin oder ich bin der Mann der Nicht-Präsidentin.

Auf die Rolle als Ehemann des Staatsoberhaupts, sozusagen als First Husband, bereitete ich mich nicht ein bisschen vor. Ich hätte damit erst in dem Augenblick begonnen, in dem diese Stelle auf Benita zugekommen wäre.

In einem kleinen Land sind starke Leute mächtiger als in einem großen Land. Sie haben mehr Einfluss, auch auf die Medien. Die Zukunft des Landes liegt in der Hand von vielleicht zwanzig Personen, von denen viel bis alles abhängt. Heute ich, morgen du, übermorgen wieder ich, dann wieder du. Im kleinen Österreich haben Politiker jedenfalls mehr Macht als im großen Spanien.

Beim Bundespräsidentenwahlkampf meiner Frau habe ich gesehen, wie Österreichs Zeitungen zum Teil unter der Kontrolle von Politikern stehen. Da mir als Beobachter eine Allianz von Kirche, Bankensektor, einigen maßgeblichen konservativen Politikern und manchen Journalisten auffiel, war mir klar, dass Benita bei der Wahl trotz ihrer guten Umfragewerte keine Chance haben würde. Da ich die Medien beobachtete und

Artikel über Benita ausschnitt, konnte ich verfolgen, wann welche Gruppe „infiziert" war.

Ich merkte das auch während eines Fernsehduells Benitas mit ihrem Gegenkandidaten Heinz Fischer. Die Debatte fand im ORF statt, ich war unter den vielen Journalisten, die im Hintergrund den Auftritt verfolgten. Benita gab gute Antworten und gewann die Debatte eindeutig. Die Reaktionen der Journalisten während der Sendung waren sehr aufschlussreich. Es war interessant zu beobachten, was in deren Köpfen vorging. Gegen Ende sagten sie gar nichts mehr, ich sprach als Einziger.

Wegen der erahnten Allianzen schrieb ich Benita auf ein Blatt Papier, dass sie die Wahl nicht gewinnen werde, und deponierte den Zettel in einem Tresor für den Wahlabend. Mich wunderte es nicht, dass ich leider Recht behielt.

Interviews mit mir habe ich prinzipiell abgelehnt, nur zwei Mal akzeptierte ich Interviewwünsche, einmal mit einem Magazin, und einmal ließen wir ein Fernsehteam in die Bibliothek in unserem Haus in Baden bei Wien. Leider waren manche Fragen dumm, zum Beispiel ob ich meine Frau mit einem Kosenamen anspreche. Und der Interviewer wollte wissen, ob wir das Leben kennen; ich drehte den Spieß um und fragte ihn, was ein Kilo Paradeiser kostet oder ein Kilo Zitronen. Ich wusste es, er nicht.

Ein paar schlechte Erfahrungen mit der österreichischen Berichterstattung habe ich noch gut in Erinnerung. Einmal lästerte eine Wiener Boulevardzeitung über meine Tochter Laura, die uns ein einziges Mal auf den Opernball begleitete, und schrieb sehr gemein über sie. Und einmal hieß es in einer österreichischen Zeitung, ich sei ein „gefallener Priester". Das ärgerte mich sehr, denn ich war nie Priester und konnte daher auch kein „gefallener" sein. Ich suchte Kardinal Schönborn auf, sagte ihm, er sei die erste kirchliche Autorität in Österreich und möge in Spanien recherchieren lassen, ob ich je Priester gewesen sein soll, und wenn er nichts finde, solle er den Medien mitteilen, dass ich nie Priester war. „Bitte stellen Sie das richtig", forderte ich ihn auf. Er tat es zwar, aber das Medium meldete die Richtigstellung sehr klein und an ganz anderer Stelle, wo es niemand gelesen haben dürfte. Man versuchte, uns auf allen Ebnen zu diffamieren, nicht wegen des Berufes oder der Politik, sondern auf der Ebene unseres ganz persönlichen Lebens.

Eine besondere Kostprobe der teilweise intriganten österreichischen Medienlandschaft erlebten wir drei Wochen vor dem Termin der Bundespräsidentenwahl auf hoher Ebene. Hans Dichand, der Herausgeber der *Kronen-Zeitung*, sagte Benita klipp und klar, sie werde die Wahl nicht gewinnen – außer sie sage öffentlich, sie sei gegen die Anschaffung der Eurofighter. Dann könne sie mit der vollen Unterstützung der Zeitung und mit einem Sieg rechnen. Natürlich konnte Benita nicht plötzlich gegen die Abfangjäger, mit denen Österreichs Luftraum überwacht werden sollte, argumentieren, wo sie zuvor im Ministerrat für den Ankauf gestimmt hatte. Das wäre völlig unglaubwürdig gewesen. Andere Spitzenpolitiker gaben übrigens dem Drängen Dichands nach, man muss nur nachsehen, wer damals seine Meinung plötzlich änderte.

(Aufgezeichnet von ekö)

Benitas ständiger Begleiter und Beobachter

Der Fotograf Bernhard Holzner („Hopi") erzählt

Was mich an Benita Ferrero-Waldner fasziniert hat: Wenn sie unterwegs war, Reden halten musste oder eine Pressekonferenz abhielt, sprang sie von einer Sprache zur anderen. Sie wechselte je nach Bedarf zwischen Spanisch, Französisch, Italienisch, Englisch und Deutsch. Und mit der Sprache wechselte sie auch die dazu passende Gestik und sogar die Tonlage.

Das kam immer gut an, vor allem in der Sanktionenphase. Dazu kam das berühmte Kampflächeln. So wie sie einem freundlich entgegenkam, noch dazu als Frau, machte sie es ihrem Gegenüber schwer. Das zog sie mit bewundernswerter Konsequenz durch. Das war kein Kalkül von ihr, sie ist einfach so. Sie konnte mit Menschen immer gut umgehen. Sie mag Menschen.

Ich kann nicht behaupten, dass mir Ferrero-Waldner in der Sanktionenphase besonders leidgetan hätte, nur weil sie als Außenministerin mehr exponiert war als ihre Kollegen. Auch der Justiz-, der Verkehrs- und andere Minister wurden international geschnitten, aber bei der Außenministerin fiel es halt am meisten auf. Auch wegen ihrer Rolle als OSZE-Vorsitzende stand sie in der Sanktionenphase oft im Mittelpunkt. Mitleid wäre aber unangebracht gewesen, das hatte sie gar nicht nötig.

Außerdem wurde ja nicht nur sie auf den Dienstreisen angefeindet, sondern praktisch jeder in der Delegation. Die Sanktionen trafen das ganze Team und jeden Botschaftsmitarbeiter. Sogar auf der Fotografenebene bekam ich es zu spüren. In Deutschland verriet mir eine Kollegin, die ebenfalls als offizielle Fotografin eingesetzt war, ihr sei untersagt worden, mit mir zu reden. Natürlich hielt sie sich nicht dran.

Diese Zeit war für mich als Fotograf besonders spannend, weil ich die EU-Politiker fotografierte, wie sie nicht dabei erwischt werden wollten, wenn sie mit Ferrero-Waldner sprachen. Die meisten versuchten, mir und meiner Fotokamera zu entgehen.

Dieses Gehabe konnten wir alle nicht verstehen. Es war einfach grotesk. Noch im Dezember 1999 hatte man sich mit Bussi-Bussi begrüßt, und im Januar 2000 waren wir plötzlich alle pfui.

Der spanische Europastaatssekretär Ramón de Miguel hätte fast seinen Job verloren, weil er Ferrero-Waldner mit einer Umarmung begrüßt und ich ihn dabei fotografiert hatte. Auch Lydie Polfer, die luxemburgische Außenministerin, hielt sich nicht lang an die Sanktionen. Nach meinen Beobachtungen war sie die erste, die massiv mit dem Embargo gebrochen hat.

Irgendwann hörte es dann auf, dass sich die EU-Politikerkollegen bemühten, möglichst giftig dreinzuschauen, sobald eine Kamera in der Nähe war.

Die Nachwirkungen haben die Sanktionenvertreter offenbar nicht bedacht. Wenn man plötzlich von jemandem geschnitten und gemieden wird, merkt man sich das. Die Beteiligten stiegen in der Zwischenzeit in höhere Ränge auf, aber die Gesprächsbasis wird immer eine andere bleiben. Ich glaube, die Sanktionen werden hier noch mehr als zehn Jahre nachwirken.

Lächerlich fand ich auch die Umbenennung der sogenannten Familienfotos, die üblicherweise mit allen Gipfelteilnehmern gemacht werden, in „Gruppenfotos" – nur weil die anderen mit uns Österreichern keine „Familie" mehr sein wollten. Daher musste sogar die Fotobezeichnung degradiert werden. Was für ein Kindergarten! Jetzt heißt es natürlich längst wieder „familiy picture".

Bei diesen Familien- oder Gruppenfotos ist es wenig interessant, wenn alle Politiker in die Kamera grinsen, sondern erst spannend, wenn sie locker miteinander plaudern oder sich anschicken, die Stufen des Podiums zu verlassen. Da lässt sich jeder Gesichtsausdruck interpretieren und außerdem analysieren, wer mit wem wie redet. Witzig waren solche Fotos auch schon früher, wenn es beispielsweise zwischen dem deutschen Bundeskanzler Helmut Kohl und dem französischen Präsidenten François Mitterrand einen regelrechten Wettkampf gab, wer als Letzter von allen Regierungschefs auftauchte, nur um die Aufmerksamkeit der Medien zu haben.

Obwohl ich ihr offizieller Fotograf war, bat mich Ferrero-Waldner nie um eine Vorauswahl der Fotos. Weder sie noch ihre Pressemitarbeiter sahen die Bilder, bevor ich sie verbreitete. Ich konnte die Fotos den Medien immer eigenständig zur Verfügung stellen.

Abseits von ihrer Professionalität konnte Ferrero-Waldner wirklich Gefühle zeigen. Ich erinnere mich an einen Besuch in Mosambik, wo sie sich erklären ließ, wie Minen aufgespürt und unschädlich gemacht werden. Sie besichtigte eine Werkstätte, in der Prothesen hergestellt wurden, und redete mit verstümmelten Minenopfern. Da war sie sichtlich extrem betroffen. Sicher dachte sie an ihren Vater, dem eine Mine im Zweiten Weltkrieg ein Bein weggerissen hatte.

Auf einer Reise nach Tschetschenien erlebte ich aber auch, wie sie Härte zeigen und sich durchsetzen kann. Als sie OSZE-Vorsitzende war und mit ein paar internationalen Journalisten das kriegsgeschüttelte Land aufsuchte, wurde sie vom tschetschenischen Heimatschutz- und Katastrophenminister begleitet. Der parlierte mit ihr, strahlte sie an, ignorierte aber ihren Wunsch, in die zerbombte Hauptstadt zu fahren. Bis ihr Gesicht todernst wurde: „Ich will jetzt nach Grosny!" Das sagte sie so scharf, dass ihm klar war, da hilft kein Widerspruch mehr. Sie konnte also auch anders.

In meinem Dienstpass war ich als Fotograf des österreichischen Außenministeriums eingetragen. Das war für meine Arbeit wichtig, so konnten mich übereifrige Personenschützer oder Protokollbeamte nicht abdrängen. Denn bei mir kam es oft auf jede Sekunde an. Mein Prinzip lautet: Man weicht nicht von der zu betreuenden Person ab. Wenn der Kanzler, der Minister oder die Ministerin aus dem Auto steigt, muss ich zur Stelle sein. Würde ich eine Begrüßung oder einen wichtigen Moment verpassen, hilft absolut keine Ausrede. Ein offizieller Fotograf, der nicht ganz vorne im Konvoi, sondern hinten im Journalistenbus sitzt, ist verloren. Vor der Digitalzeit musste man zusätzlich wissen, wo man im Ausland die Filme schnellstmöglich entwickeln konnte, in einem Fotolabor oder einer Nachrichtenagentur. In New York musste ich sogar einmal einen Kleiderschrank als Dunkelkammer verwenden.

Unter den Spitzenpolitikern auf der ganzen Welt gibt es die einen, die Menschen mögen, und die anderen, die zu den Menschen keinen Draht finden und vergessen haben, woher sie selbst kommen. Benita Ferrero-Waldner mag Menschen, das spürte man immer. Sie wirkt einfach sympathisch, was vor allem den Österreich-Kritikern in der Sanktionenphase das Leben erschwerte. So konnte auch der deutsche Außenminister Joschka Fischer beim Gymnich-Treffen auf den Azoren trotz seiner persönlichen Distanz zu ihr nicht umhin, beim Gruppenfoto den Schirm über sie zu halten, weil es regnete. In der Sanktionenphase war das ein vielsagendes Bild, das sich auf vielen Titelseiten wiederfand.

(Aufgezeichnet von ekö)

Gastbeitrag von Franz Josef Radermacher

Überlegungen zur Zukunft: Was kommt auf uns zu? Benitas Engagement für den Marshallplan mit Afrika

Herausforderungen in schwieriger Zeit

Die Welt sieht sich spätestens seit der Weltkonferenz von Rio 1992 vor der Herausforderung, eine nachhaltige Entwicklung bewusst zu gestalten. Das bedeutet insbesondere eine große Designaufgabe bezüglich der Gestaltung der dominierenden gesellschaftlichen Subsysteme der modernen Zeit, nämlich die Gestaltung eines nachhaltigkeitskonformen Wachstums bei gleichzeitiger Herbeiführung eines (welt-)sozialen Ausgleichs und den Schutz der ökologischen Systeme, inklusive einer Lösung des Klimaproblems. Tatsächlich ist dies wohl allenfalls dann erreichbar, wenn die Wechselwirkung zwischen den Staaten sich in Richtung einer Weltinnenpolitik bewegt, eine Forderung, die auf Carl Friedrich von Weizsäcker zurückgeht. In diesem Rahmen sollten Forderungen eines Weltethos und eines interkulturellen Humanismus gesellschaftlich realisiert werden. Ferner würde durch adäquate Regelsetzung auch bewirkt, dass es sich ökonomisch nicht lohnt, systematisch nicht nachhaltig zu agieren und gegen legitime Interessen anderer zu operieren.

Die Chancen zur Erreichung eines solchen Zustands vom Charakter einer Balance sind aber alles andere als gut. Das hängt u. a. mit der ökonomischen Globalisierung zusammen, in deren Folge sich das weltökonomische System in einem Prozess zunehmender Entfesselung und Entgrenzung befindet, und dies im Kontext des Megatrends *„explosive Beschleunigung"*, und das unter teilweise inadäquaten weltweiten Rahmenbedingungen.

Die aktuellen Geschehnisse gehen mit einem Verlust des Primats der Politik einher, weil die politischen Kernstrukturen nach wie vor national oder, in gewissem Umfang, kontinental, aber nicht global sind. Die beschriebenen Entwicklungen beinhalten zwar gewisse Chancen auf eine positive Entwicklung, laufen aber aktuell wegen fehlender internationaler Standards und inadäquater Regulierung und der daraus resultierenden Fehlorientierung des Weltmarktes dem Ziel einer nachhaltigen Entwicklung entgegen (für Ökonomen: die Preise sagen nicht die Wahrheit. Externe ökologische und soziale Kosten sind nicht internalisiert. Ganz im Gegenteil, ökologische und soziale Kosten werden systematisch externalisiert). Die tatsächlichen globalen Entwicklungen erfolgen deshalb teilweise zulasten des sozialen Ausgleichs, der Balance zwischen den Kulturen und der globalen ökologischen Stabilität. Das rasche Wachstum der Weltbevölkerung verschärft die Situation signifikant und in sehr kurzen Zeiträumen. Die Menschheit bewegt sich in Richtung auf zehn Milliarden und mehr Menschen. Hinzu kommt das Hineinwachsen von Hunderten Millionen weiterer Menschen in ressourcenintensive Lebensstile mit entsprechender Verschärfung der Ressourcenkonflikte und der Klimaproblematik.

Da die Flüchtlingsproblematik zunimmt und sich in fast allen reichen Ländern die soziale Schere öffnet, formiert sich zudem ein Widerstand gegen die weitere Globalisierung, dies auch deshalb, weil in diesem Umfeld die demokratischen Anliegen immer weniger Platz finden (Trilemma der Globalisierung). Die Bürger reagieren teilweise mit hoher Wut und wählen auch sehr unkonventionelle Kandidaten und Parteien. In der Folge gewinnt die Idee einer Re-Nationalisierung an Zustimmung. Das Ergebnis der Brexit-Volksabstimmung in Großbritannien wie der neue Präsident der USA verkörpern diesen Trend.

Als wären die beschriebenen Probleme nicht schon groß genug, kommt ein weiterer Faktor großer Wirkungskraft hinzu – die digitale Transformation. Der Weg in eine weltweite Informations- und Wissensgesellschaft ist der Treiber der aktuellen Globalisierungsprozesse und verändert die Welt schneller und grundsätzlicher als jeder andere Innovationsprozess zuvor. Sowohl Chancen als auch Risiken sind in diesem Prozess ungewöhnlich groß. Wie es weitergehen wird, ist nicht klar.

Benita Ferrero-Waldner hat diese Entwicklungen schon früh erkannt und in ihren verschiedenen politischen Rollen in Österreich wie auf EU-Ebene immer vehement auch für eine andere Politik argumentiert: mit mehr Augenmaß, für soziale Balance und für die Adressierung der Herausforderungen im Klima- und Energiebereich.

Ökosoziale Marktwirtschaft

Mit dem Begriff der nachhaltigen Marktwirtschaft, der eine Kombinierbarkeit der beiden großen Konzepte der Nachhaltigkeit und des Marktes zum Gegenstand hat, ist die Frage verbunden, ob die gleichzeitige Umsetzung beider Leitkonzepte prinzipiell realisierbar ist, oder ob weiteres massives Wachstum in einer „Brasilianisierung" oder in einem ökologischen Kollaps der Welt enden wird. Die heutige Welt ist weit davon entfernt, nachhaltig zu sein. Unter den Vertretern von Politik, Unternehmen und Zivilgesellschaft findet man viele Personen, die zunehmend Zweifel daran haben, ob die Gleichzeitigkeit beider Konzepte überhaupt möglich ist.

Noch mehr Zweifel besteht darüber, ob es zudem weiterhin (positives) Wachstum (in der heutigen Definition) geben kann. Dagegen argumentieren Post-Wachstums-Ökonomen, die das Gegenteil von Wachstum propagieren, nämlich *De-Growth*. Der Autor hält derartige Positionen angesichts der weltweiten Nöte für völlig ungeeignet. Wir brauchen Wachstum, sogar hohes Wachstum auf dieser Welt, aber solches vom richtigen Typ.

Ein erfolgsversprechender Ansatz, mit dem eine Kombination beider Konzepte, also Nachhaltigkeit und Markt, gelingen kann, ist das etwa 35 Jahre alte Konzept einer Ökosozialen Marktwirtschaft. Es ist eine konsequente Fortentwicklung der sozialen Marktwirtschaft um die Dimension Umwelt- und Klimaschutz. Um im Sinne der Nachhaltigkeit wirksam werden zu können, ist eine weltweite Implementierung ohne ‚Schlupflöcher' erforderlich. Richtig umgesetzt ist innerhalb eines solchen Kontextes bei der heutigen Ausgangssituation auch ein mit Nachhaltigkeit kompatibles (positives) Wachstum möglich.

Tatsächlich kann die Äquivalenz beider Ansätze, also nachhaltige Marktwirtschaft und Ökosoziale Marktwirtschaft, nachgewiesen werden (sogenannte Fundamentalidentität). Nach der Finanzkrise und den schlechten Erfahrungen mit dem Washington Konsens ist die hohe Relevanz und Dringlichkeit eines ökosozialen Ansatzes international anerkannt, und zwar in Form einer *green and inclusive economy*. Dafür argumentieren UNO, Weltbank, Internationaler Währungsfonds und sogar die Organisation der reichen Länder, die OECD. Die Schwierigkeit ist aber, das internationale Recht, z. B. bei der WTO, in die neue Richtung zu verändern. In diesem Bereich ist bis heute kaum etwas passiert.

Benita Ferrero-Waldner ist seit Langem eine Vertreterin einer Ökosozialen Marktwirtschaft – auf nationaler und auf internationaler Ebene – und fordert konsequenterweise auch eine andere Entwicklungspolitik, aufbauend auf ihren langjährigen Erfahrungen in diesem Bereich. Ein Leitmotiv lautet fairer statt freier Handel, dafür engagiert sie sich auch als Präsidiumsmitglied im *Senate of Economy (Europe)*.

Ein Marshallplan mit Afrika

Vor allem in Bezug auf die Entwicklungspolitik muss rasch etwas passieren. Die Migrationsströme der letzten Jahre und ihre politischen Folgewirkungen in Europa erzwingen ein Handeln. Die europäische Politik, und vor allem auch die Politik in Deutschland, argumentieren in diesem Kontext seit einiger Zeit für einen Marshallplan mit Afrika. Benita Ferrero-Waldner hat sich stark für einen solchen Plan engagiert.

Der Club of Rome und der Senat der Wirtschaft haben unter Koordinierung des Autors und in Abstimmung mit dem Bundesministerium für wirtschaftliche Zusammenarbeit und Entwicklung (BMZ) eine Denkschrift dazu entwickelt. Sie findet sich auf der Website *www.senat-deutschland.de*. Das BMZ hat des Weiteren nachfolgend auch ein eigenes Dokument zum Thema vorgelegt: *www.bmz.de/marshallplan_pdf*.

Wie kam es zu der Denkschrift? Wir beschäftigen uns im Club of Rome wie im Senat der Wirtschaft seit Langem mit der Möglichkeit einer nachhaltigen Entwicklung. Wir haben den Eindruck, dass die tatsächlichen Entwicklungen eher in eine andere Richtung laufen, die wir unter den

Begriffen „ökologischer Kollaps" bzw. „Brasilianisierung/weltweite Zweiklassengesellschaft" thematisieren.

Zwar hat die Weltgemeinschaft im letzten Jahr auf Ebene der Vereinten Nationen die Agenda 2030, also ein auf Nachhaltigkeit zielendes Programm für die Staatengemeinschaft, verabschiedet. Diese zeichnet sich aber erneut durch ein Übergewicht an Hoffnungen bei nur sehr geringer Umsetzungskapazität aus. Das gilt vor allem für die Finanzierungsfragen. Die Addis Abeba Konferenz von 2015 zum Thema Finanzierung von Entwicklung mit dem Titel *From billions to trillions* stellte bereits die Herausforderungen, mit denen wir auf der finanziellen Seite konfrontiert sind, heraus.

Realökonomisch liegen die größten Herausforderungen darin, dass Wohlstand bis heute unvermeidbar mit großen Ressourcenverbräuchen und Klimagasemissionen verbunden ist. Das heißt folgendes: Entweder sind Staaten reich, dann verbrauchen sie viele Ressourcen und erzeugen hohe Klimagasemissionen pro Kopf. Oder sie kommen mit einem geringen Ressourcenverbrauch aus und erzeugen pro Kopf nur wenige Klimagasemissionen, dann sind es arme Staaten. Die im Nachhaltigkeitsdiskurs angestrebte zukünftige Lösung für Milliarden Menschen, nämlich hoher Wohlstand bei geringem Ressourcenverbrauch und geringen Klimagasemissionen pro Kopf, ist bis heute nirgendwo auf der Welt verwirklicht.

In diesem Kontext kommt nun dem afrikanischen Kontinent eine besondere Bedeutung zu. Denn dort sind wir nach wie vor mit einer Bevölkerungsexplosion konfrontiert. Die Anzahl der Menschen hat sich im letzten Jahrhundert versechsfacht auf jetzt 1 bis 1,2 Milliarden Personen. Die Zahl wird sich wohl bis 2050 verdoppeln, unter Umständen bis 2100 vervierfachen. Es ist schlechterdings nicht vorstellbar, dass so viele Menschen in Afrika eine auskömmliche Zukunft finden können, im Besonderen dann nicht, wenn die Auswirkungen des Klimawandels in den heißen Teilen Afrikas immer spürbarer werden sollten. Letztlich droht in diesem Fall neben vielen anderen Problemen eine massive Migration nach Norden. Ein Vorgang, den die Europäer in einer noch überschaubaren Form bereits in den letzten zwei Jahren durchlebt haben.

Deutlich wurde in dieser Zeit, dass selbst vergleichsweise kleine Ströme von Migranten unser politisches System destabilisieren und damit unsere Zukunft unterminieren können. Unsere demokratischen Systeme scheinen kaum gefestigt genug zu sein, um mit wachsenden Anforderungen dieser Art fertig zu werden. Schlagartig wurde der Politik bewusst, was möglicherweise auf uns zukommt. Das schafft bei den Verantwortungsträgern in der Politik zumindest eine inzwischen zumindest deutlich kommunizierte Bereitschaft, sich ernsthafter mit der Zukunft Afrikas zu beschäftigen. Wir vom Club of Rome und vom Senat der Wirtschaft haben dieses Zeitfenster genutzt, um einerseits aufzuzeigen, wie die Herausforderungen aus unserer Sicht aussehen, andererseits um deutlich zu machen, welche Ansatzpunkte bestehen, die Verhältnisse möglicherweise doch noch zu bewältigen.

Zielsetzung eines Marshallplans mit Afrika, an dessen Entwicklung Benita Ferrero-Waldner mit ihrer großen Erfahrung mitgewirkt hat, ist eine Wohlstandsexplosion in Afrika, insbesondere in Nordafrika. Diese Wohlstandsexplosion soll mit allen Nachhaltigkeitsanforderungen kompatibel gestaltet werden, also grün und inklusiv, und damit den Beweis liefern, dass unser Wohlstandsmodell „liefern" kann, auch in Bezug auf die Agenda 2030. Afrika kann Investoren in der wirtschaftlichen Entwicklung nicht ein so überzeugendes homogenes Umfeld bieten wie China, hat aber dennoch auch den einen oder anderen „Joker" zu bieten, im Besonderen das gigantische Potenzial für erneuerbare Energien in der Sahara und in anderen Wüsten. Das sollte genutzt werden.

Die Stoßrichtung des Marshallplans soll an eigene afrikanische Pläne, etwa der Afrikanischen Union, anknüpfen, die bis zum Jahr 2063 reichen. Es ist in diesem Sinne ein kooperativer Ansatz, den wir vorschlagen, also ein Marshallplan mit Afrika.

Gemäß der Addis Abeba Formel aus 2015 *From billions to trillions* müssen die eingesetzten Mittel deutlich erhöht werden. Letztlich kann nur der Privatsektor die großen erforderlichen Investitionen stemmen. Die öffentliche Seite in Afrika muss insbesondere ihre Steuereinnahmen erheblich erhöhen, um ihrerseits das Nötige tun zu können. Aber auch in der internationalen Entwicklungszusammenarbeit muss sehr viel mehr passieren. Die Mittel müssen klug eingesetzt werden in Partnerstaaten, mit denen man sich auf ein gemeinsames Programm verständigen kann. Beispielsweise sollten Fortschritte im Bereich Governance gewürdigt werden, vor allem auch die Bereitschaft, auf dem eigenen Territorium ein *Country-to-country Reporting* der Steuerzahlungen international operierender Konzerne durchzusetzen, um Transparenz über Steuereinnahmen sicherzustellen. Eine solche Transparenz würde den Umfang an Steuerzahlungen massiv zu erhöhen erlauben, was wiederum die finanzielle Leistungsfähigkeit der afrikanischen Staaten massiv steigern würde. Im Gegenzug soll insbesondere in den Aufbau von Sozialsystemen investiert werden, um die Bevölkerungsgröße auf diese Weise zu stabilisieren. Des Weiteren stehen erhebliche Investitionen in Industrie und Infrastruktur sowie in die Landwirtschaft an. Hier müssen letztlich die Millionen an neuen Arbeitsplätzen geschaffen werden, die unbedingt erforderlich sind, wenn Afrika eine gute Entwicklung nehmen soll. Ganz wichtig ist dabei die Umwelt- und Klimaverträglichkeit der erweiterten Ressourcennutzung, Holz soll eine zentrale Rolle spielen, Aufforstung ein wesentlicher Beitrag sein, auch um der Atmosphäre CO_2 zu entziehen.

Mittel für Afrika sollen u. a. in den Bereichen erneuerbare Energie, Landwirtschaft, Infrastrukturaufbau und Aufforstung investiert werden. Hier gibt es große Chancen für Afrika und die Welt. Aufforstung ist daher ein Schlüssel für die Förderung von 12 der 17 Nachhaltigkeitsziele der Weltgemeinschaft im Rahmen der Agenda 2030 in Afrika und entzieht der Atmosphäre in großem Umfang CO_2 (Negativemissionen). Dasselbe gilt für forcierten Humusaufbau in der Landwirtschaft.

Neben einem vorbildlichen Umgang mit Menschen, die Asyl suchen bzw. auf der Flucht vor Krieg und Lebensgefährdung sind, sollte Europa endlich eine kluge Einwanderungspolitik betreiben. Für die europäische Politik ist es wichtig, dass auf Dauer möglichst alle Nachbarstaaten der EU sichere Herkunftsstaaten für Menschen sind, die Asyl suchen. Hilfe für diese Staaten und Regelungen für die Aufnahme eines Teils der Asylsuchenden sind erforderlich und auszuhandeln.

Alle reichen Länder sind gefordert, die Umsetzung der Ziele für nachhaltige Entwicklung (Agenda 2030) überall auf der Welt zu ermöglichen.

Die reichen Länder müssen sich dabei mit Transferleistungen sehr viel stärker einbringen, als das bisher der Fall ist.

Dabei gilt: Entwicklungszusammenarbeit braucht regionale Schwerpunkte. Europa ist insbesondere in Afrika und im Mittleren Osten gefordert. Afrika ist unser Schicksalskontinent.

Der Club of Rome und der Senat der Wirtschaft empfehlen vor dem beschriebenen Hintergrund der Bundesregierung, mit einer starken Initiative gegen die verbreitete Stimmung der Hoffnungslosigkeit angesichts der globalen Herausforderungen anzugehen und dabei folgende Ziele zu verfolgen:

· Zusammenhalt Europas und Sicherung seiner Zukunft
· Erfolgreiche Umsetzung der Agenda 2030, insbesondere in Afrika – dort, wo in weltweiter Betrachtung die Probleme am größten sind
· Lösen der Bevölkerungsfrage in Afrika und Aufzeigen eines Weges in den Wohlstand für den Kontinent
· Lösen der Flüchtlingsfrage weltweit und insbesondere in Europa
· Beweisen, dass eine *green and inclusive economy* „liefern" kann in dem Sinne, dass sie eine Umsetzung der Agenda 2030 ermöglicht
· Verhinderung von Zwangsbewirtschaftung und Ressourcen-Planwirtschaft
· Gleichzeitige Verwirklichung von Nachhaltigkeit, Klimaschutz, sozialem Ausgleich und höherem materiellen Wohlstand für alle
· Schaffung von mehr sozialer Balance statt Radikalisierung, Nationalismus und Rückbau von Demokratie
· Bereitstellung wertschaffender Anlagemöglichkeiten für Kapital
· Beförderung realökonomischer Innovationen und Investitionen
· Initiierung von grünem und inklusivem Wachstum

Schlussbemerkung

Investitionen für bessere Lebensperspektiven der in Afrika lebenden Menschen sind nicht nur massiv kosteneffektiver als der Einsatz sozialstaatlicher Mittel in Deutschland für Flüchtlinge aus Afrika – alles, was den Menschen einen Anreiz bietet, ihre Zukunft im eigenen Land zu gestalten, respektiert auch in viel höherem Maße die Menschenwürde der Betroffenen.

Wir wissen nicht, ob ein Marshallplan mit Afrika eine Chance hat. Wir wissen nicht, ob er wirklich realistisch ist, aber wir glauben, dass bereits relativ einfache Überlegungen klar machen, dass es eine Schicksalsfrage für Europa ist, hier aktiv zu werden. Der G20-Gipfel in diesem Jahr, aber auch der geplante Europa-Gipfel zum Thema bot gute Chancen, weitere Schritte in Richtung eines Marshallplans mit Afrika zu gehen und hier wichtige Fortschritte zu erzielen.

Prof. Dr. Dr. Franz Josef Radermacher *ist Vorstand des Forschungsinstituts für anwendungsorientierte Wissensverarbeitung, Professor für Informatik an der Universität Ulm, Präsident des Senats der Wirtschaft e.V. (Bonn), Vizepräsident des Ökosozialen Forums Europa (Wien) sowie Mitglied des Club of Rome*

Grußwort von Wolfgang Schüssel

Weltoffene (Vor-)Kämpferin, überzeugende Europäerin, hartnäckige Optimistin

Es ist nicht schwer, ein Grußwort für ein Buch zu verfassen, das dem abwechslungsreichen Leben Benita Ferrero-Waldners gewidmet ist. Mir ist Benita das erste Mal besonders positiv aufgefallen, als sie nach der Ablehnung der Expo Wien-Budapest durch eine (fragwürdige) Volksabstimmung als einzige Vertreterin Österreichs diese Entscheidung im Expo-Komitee in Paris mutig argumentierte. Kein Minister fand es der Mühe wert, sich in dieser sicherlich nicht angenehmen Situation den Mitgliedsländern zu stellen. Kein Problem aber für diese tapfere Frau!

Genauso selbstbewusst kam sie 1995 auf mein Ersuchen als Staatssekretärin in das Bundesministerium für Auswärtige Angelegenheiten, wurde 2000 als erste Frau Außenministerin Österreichs und errang den Respekt und die Bewunderung vieler Menschen für ihre hartnäckige und souveräne Verteidigung unseres Landes in der schwierigen Zeit der europäischen Sanktionen gegen Österreich.

Ihr ist es zu verdanken, dass dieser schwere Fehler der EU-14 bereits nach einigen Monaten korrigiert werden musste. Daher war es eigentlich keine Überraschung, dass José Manuel Barroso diese starke Frau für seine neu formierte Europäische Kommission als die für Außenpolitik zuständige Kommissarin gewinnen wollte. Schweren Herzens ließen wir sie ziehen – für die Union ein Segen, denn im Rückblick waren die fünf Jahre, in denen Benita gemeinsam mit Javier Solana, dem Hohen Vertreter des Rates, die europäische Außenpolitik gestaltete, goldene Zeiten.

Ferrero-Waldner hat für eine Außenpolitikerin eine recht ungewöhnliche Karriere und Ausbildung. Selbstverständlich mehrsprachig, begann sie eine Wirtschaftslaufbahn und besitzt daher eine unschätzbare Breite in Praxis und Wissen, was ihr natürlich in der späteren politischen Laufbahn sehr zugutekam. Die Salzburgerin hatte, sei es als Diplomatin in

Paris oder UNO-Protokollchefin in New York, nie Probleme, mit anderen Menschen – ob jung oder alt, aus einfachen oder gehobenen Verhältnissen, heimatlichen Gefilden oder exotischeren Weltteilen – ins Gespräch zu kommen und Kontakte zu knüpfen.

Ich habe Benita immer für ihren unerschütterlichen Optimismus und ihre grundsätzlich positive Lebenseinstellung bewundert. Selbst in sehr schwierigen Situationen, und deren gab es viele, war sie es, die mich und die anderen Mitglieder des Teams motivierte, anspornte und begleitete.

In der Spitzenpolitik, dort wo die Luft manchmal recht dünn wird, gibt es nicht viele Menschen, auf die man sich in einer heiklen Situation hundertprozentig verlassen kann. Benita gehört dazu, verlässlich, professionell, anspruchsvoll, mitfühlend und engagiert.

Persönlich tut mir sehr leid, dass wir es nicht geschafft haben, Benita Ferrero-Waldner 2004 als erste Frau in der Geschichte Österreichs als Bundespräsidentin in die Hofburg zu bringen. Sie erfüllte sämtliche Voraussetzungen, kämpfte wie eine Löwin. Aber manche Wähler und auch einige VP-Funktionäre waren dafür einfach nicht bereit. Schade! Aber auch, wie Benita diese knappe Niederlage wegsteckte und sich bald darauf auf ihre Arbeit in der EU-Kommission fokussierte, verdient größten Respekt. Nach dem Ausscheiden aus diesen öffentlichen Funktionen schließt sich der Kreis. Heute ist sie wieder in vielen Wirtschaftsunternehmen und Stiftungen international tätig und eine gefragte Gesprächspartnerin und Ratgeberin. Ich bin jedenfalls stolz, dass ich ein großes Stück österreichischer und europäischer Geschichte mit ihr gestalten durfte.

Dr. Wolfgang Schüssel *war von 2000 bis 2007 Bundeskanzler Österreichs, davor Vizekanzler und Außenminister.*

Grußwort von Frank-Walter Steinmeier

Benita, Schlüsselfigur der EU-Diplomatie und Außenpolitikerin mit Vision

Wissen Sie, was ich Benita Ferrero-Waldner zu ihrem letzten Geburtstag geschenkt habe? Eine Rosenschere – denn Benita hat einen grünen Daumen und liebt es, Pflanzen zu hegen und gedeihen zu sehen. Dieses beneidenswerte Talent hat sie sich auch in ihrer beeindruckenden beruflichen Karriere stets zunutze machen können. Ihre vielfältigen politischen Aufgaben waren ihr echte Herzensanliegen, die Dossiers, die ihr anvertraut waren, wuchsen und gediehen unter ihrer Obhut – bei den Vereinten Nationen ebenso wie als EU-Kommissarin oder Außenministerin.

Während meiner ersten Amtszeit als Bundesaußenminister war Benita Ferrero-Waldner Außenkommissarin der Europäischen Union. Als solche hat sie der europäischen Außenpolitik nicht nur ein stärkeres Profil gegeben, sie hat auch die Europäische Nachbarschaftspolitik nachhaltig ausgebaut. Ohne ihr Engagement würden uns heute wichtige Verbindungen zu den östlichen und südlichen Nachbarn der EU fehlen.

Ich erinnere mich besonders an eine gemeinsame Reise im Juni 2007 nach Libyen. Wir bemühten uns um die Freilassung fünf bulgarischer Krankenschwestern und eines palästinensischen Arztes, die vom Gaddafi-Regime zu Unrecht festgehalten und zum Tode verurteilt worden waren. Die Verhandlungen mit der libyschen Seite gestalteten sich schwierig. Benita blieb unnachgiebig und sprach Klartext. Sie erreichte dadurch, dass alle Betroffenen kurze Zeit später freigelassen wurden und ausreisen konnten. Die damalige Krise zwischen der EU und Libyen war abgewendet und eine wichtige Bewährungsprobe für die europäische Diplomatie bestanden.

Die Leitung der EU-LAK-Stiftung für den Ausbau der Beziehungen zwischen der EU und Lateinamerika, die Benita Ferrero-Waldner später übernahm, überschnitt sich zu einem guten Teil mit meiner zweiten Amtszeit im Auswärtigen Amt. Hier war tatkräftige Aufbauarbeit zu leisten, die bei Benita in den richtigen Händen lag. In kürzester Zeit knüpfte sie enge und herzliche Beziehungen, auf die sich die Stiftung bis heute stützen kann.

In ihrem Buch lässt uns Benita Ferrero-Waldner an ihrer reichen Erfahrung als eine der Schlüsselfiguren der EU-Diplomatie teilhaben. Sie ist eine wichtige Stimme, die auch nach ihrer Zeit in Brüssel für ein starkes Europa eintritt, eine Stimme, die in diesen turbulenten Zeiten umso mehr verdient, Gehör zu finden.

Die Autorin erinnert uns an unsere historische Verantwortung für das Erfolgsprojekt der europäischen Einigung. Gerade angesichts der Krisen, auch innerhalb europäischer Grenzen, gilt nach wie vor, dass die EU als zentraler Handlungsrahmen unser Anker für Frieden in Europa und darüber hinaus ist. Und wir müssen damit rechnen, dass die außen- und sicherheitspolitischen Herausforderungen in den nächsten Jahren nicht kleiner werden. Das Gegenteil wird der Fall sein!

Dass die EU ein wichtiger internationaler Akteur ist, hat sie in den letzten Jahren bewiesen – denken wir an die historische Einigung mit dem Iran für ein ziviles Nuklearprogramm oder an die Bedeutung der europäischen Perspektive für die Stabilität und Versöhnung auf dem Balkan und an den Dialogprozess zwischen Serbien und Kosovo. Diesen Weg wollen wir weitergehen.

Benita Ferrero-Waldner ist eine Außenpolitikerin mit Ziel und Vision. Sie veränderte seinerzeit das Amt der EU-Kommissarin für Auswärtige Angelegenheiten und Nachbarschaftspolitik und baute es aus zur Position der Hohen Vertreterin für Außen- und Sicherheitspolitik, wie wir sie heute kennen. Wieder kam ihr die einzigartige Gabe zugute, Dinge mit Geduld, Beharrlichkeit und einer klaren Zielvorstellung gedeihen zu lassen. Wir profitieren bis heute davon.

Dr. Frank-Walter Steinmeier *war von 2005 bis 2009 sowie von 2013 bis 2017 Bundesminister des Auswärtigen. Seit März 2017 ist er Bundespräsident der Bundesrepublik Deutschland.*

Grußwort von Hans-Gert Pöttering

Benita bewies Tatkraft, diplomatisches Geschick und Weitsicht

Europa benötigt heute mehr denn je Frauen und Männer mit Tatkraft, diplomatischem Geschick und Weitsicht: Der Tatkraft bedarf es, um den Mehrwert der europäischen Einigung für die Bürgerinnen und Bürger durch konkrete Resultate besser erfahrbar zu machen. Diplomatisches Geschick ist nötig, um Europas Platz in einer Welt zu sichern, in der sein Wertesystem von Imperialismus, Populismus und Autokratismus infrage gestellt wird. Weitsicht braucht Europa, um langfristige Lösungen für Herausforderungen der kommenden Jahrzehnte wie Migration, Klimawandel und die Stabilisierung der europäischen Nachbarschaft zu finden.

Diese drei Eigenschaften hat Benita Ferrero-Waldner – vor allem in ihrer Zeit als österreichische Außenministerin und Mitglied der Europäischen Kommission für Außenbeziehungen und Europäische Nachbarschaft – zum Wohle Österreichs und zum Wohle der Europäischen Union eingebracht.

Diplomatisches Geschick bewies sie im Jahr 2000, als sie entschieden, aber gleichzeitig freundlich und dialogbereit für eine rasche Aufhebung der ohne jegliche Grundlage in den EU-Verträgen verhängten Sanktionen gegen das von einer ÖVP/FPÖ-Koalition regierte Österreich eintrat. Mit Erfolg; letztlich siegten Vernunft und Dialogbereitschaft über Panikmache und Hysterie. Auch heute brauchen wir innerhalb der EU – angesichts der unterschiedlichen Ansichten zu zentralen Elementen der Migrations- und der Wirtschaftspolitik – eine Kultur des Dialogs und nicht der gegenseitigen Schuldzuweisungen.

Gleichzeitig hat Benita Ferrero-Waldner als österreichische Außenministerin gemeinsam mit dem damaligen Bundeskanzler Österreichs, Wolfgang Schüssel, dazu beigetragen, dass Österreich auch in der nicht einfachen Koalition einen klar pro-europäischen Kurs verfolgte: Die

Präambel der Koalitionsvereinbarung bekannte sich eindeutig zu den gemeinsamen europäischen Werten. Ein solch überzeugendes Votum für die europäische Einigung hören wir heute in den Mitgliedsstaaten leider viel zu selten. Gerade dem mit Halb- und Unwahrheiten geführten Diskurs von Populisten und Autokraten muss die EU selbstbewusst und kämpferisch entgegentreten.

Tatkraft hat Benita Ferrero-Waldner regelmäßig bewiesen: Besonders im Gedächtnis bleibt ihr erfolgreicher Einsatz als Mitglied der Europäischen Kommission für die in Libyen zu Tode verurteilten bulgarischen Krankenschwestern – unter mutiger Führung zeigte hier ein einiges Europa den Bürgern deutlich seinen Mehrwert.

Weitsicht bewies Benita Ferrero-Waldner als zuständiges Mitglied der Europäischen Kommission für Außenbeziehungen und europäische Nachbarschaft: Die Entstehung der Europäischen Nachbarschaftspolitik prägte sie entscheidend mit. Diese hat zwar noch nicht alle in sie gesetzte Hoffnungen erfüllen können, doch zeigt nicht zuletzt die Zuwendung der Ukraine zu Europa deutlich, welch wichtiges Instrument die Europäische Nachbarschaftspolitik ist. Die Flüchtlingskrise hat die Bedeutung einer engen Kooperation der EU auch mit den Ländern der südlichen Nachbarschaft aufgezeigt. Es liegt in Europas ureigenstem Interesse, die politischen und wirtschaftlichen Transformationsprozesse dieser Länder zu begleiten.

Benita Ferrero-Waldner hat Europa in einer wichtigen Phase seiner Geschichte entscheidend mitgeprägt. In meiner Zeit als Vorsitzender der Fraktion der Europäischen Volkspartei und Europäischer Demokraten (EVP/ED) im Europäischen Parlament und später als Präsident des Europäischen Parlaments habe ich die Zusammenarbeit mit Benita Ferrero-Waldner gerade auch in schwierigen Zeiten für Österreich und die EU außerordentlich geschätzt.

Auch heute können die österreichische und die europäische Politik von ihr und ihren Erfahrungen lernen.

Hans-Gert Pöttering *war von 1979 bis 2014 ohne Unterbrechung Mitglied des Europäischen Parlaments und von 2007 bis 2009 dessen Präsident.*

Grußwort von Amre Mussa

Why Benita is a very special person and a very special friend

Benita Ferrero-Waldner is a very special person and a very special friend.

I consider her as one of the most talented European diplomats and able politicians.

Indeed our relations date back to the mid-nineties when I first paid an official visit to Vienna as the Foreign Minister of Egypt. She was in charge of that visit as the Deputy Chief of Protocol in the Foreign Ministry.

The elegance, the order in which the meetings were arranged, the tight coordination with the visiting delegation and with the Embassy and the intelligent and interesting use of any free time to show us the best of Vienna were a proof of her agile person. Thereafter, I followed her, in fact worked with her, when she became the chief of Protocol of the United Nations in New York, then as Minister of State for Foreign Affairs and thereafter as fully fledged Minister. She was always impressive. She certainly represented Austria with distinction.

When she became a Commissioner at the European Union for Foreign Policy, she added a lot to that post. She was unanimously appreciated for her integrity, open mindedness and smooth operation.

Benita helped promote Mediterranean policy. All sides were impressed and satisfied.

The Arab side in particular was gratified for the way she handled the Mediterranean scheme of cooperation and valued her enthusiasm for Arab-Israeli peace and justice and fairness, as required.

Recently I met her husband Francisco Ferrero. It was indeed a pleasant surprise to meet such a kind, smiley and knowledgeable person. The couple are really lovely, friendly and very engaging.

Benita Ferrero is, in short, a great person to know and to have as a friend.

Amre Mussa *war von 1992 bis 2001 Ägyptens Außenminister und danach bis 2011 Generalsekretär der Arabischen Liga*

Chronologie

1948
5. September 1948 geboren in Salzburg

1966
Matura (Abitur) am Realgymnasium in Salzburg

1970
Promotion Universität Salzburg zum Dr. iur.

1973
Heirat mit dem deutschen Kunsterzieher Wolfgang S. (geschieden 1983)

1971–1983
Zwischen 1971 und 1983 im deutschen Grenzort Freilassing zuerst bei Paul Kiefel GmbH im Export und dann als Exportleiterin bzw. Assistentin der Geschäftsleitung der Gerns & Gahler GmbH und drei Jahre als Europarepräsentantin einer amerikanischen Firma aus New York (P. Kaufmann Inc.) tätig

1984
Januar bis September: Österreichische Botschaft Madrid

1985–1987
Im Bundesministerium für Auswärtige Angelegenheiten (Wien) sowie an der österreichischen Botschaft in Senegal tätig

1987–1993
Österreichische Botschaft in Paris, ab 1990 als stellvertretende Missionschefin

1993
22. Dezember: Standesamtliche Heirat mit „Paco", dem spanischen Literaturprofessor Dr. Francisco Ferrero Campos

1994–1995
Protokollchefin der Vereinten Nationen in New York unter UNO-Generalsekretär Boutros-Ghali

1995–2000
Staatssekretärin im Bundesministerium für Auswärtige Angelegenheiten. Amtsantritt am 4. Mai 1995, vier Monate nach dem EU-Beitritt Österreichs. Das Amt bekleidete sie während der Koalitionsregierung mit der SPÖ bis Februar 2000.

1996–2003
15. Januar 1996 bis 4. März 2003: Abgeordnete der ÖVP im österreichischen Nationalrat (als Staatssekretärin und Ministerin hatte Ferrero-Waldner auf ihr Mandat verzichtet, doch im Interim bis zur Bildung der neuen Regierung nahm sie ihr Mandat wahr)

2000
Amtierende Vorsitzende der OSZE
4. Februar: Angelobung als Bundesministerin für Auswärtige Angelegenheiten der Republik Österreich in der Regierung Schüssel I (auch in Phase Schüssel II ab 2003)
14. Februar: 1. Teilnahme am Außenministerrat in Brüssel als Ministerin. EU-Sanktionen laufen voll an.

2001
Juli: Affäre mit *Volxtheaterkarawane* nach dem G8-Gipfel in Genua

2003
21. Dezember: Kirchliche Heirat mit Paco (Dr. Francisco Ferrero Campos war damals Direktor des Instituto Cervantes in Wien) im Erzbischöflichen Palais in Salzburg

2004
25. April: Als Kandidatin der ÖVP bei der Bundespräsidentenwahl überraschend knapp gegen den SPÖ-Kandidaten Heinz Fischer verloren
Sommer: Angebot, als EU-Kommissarin nach Brüssel zu gehen
20. Oktober: Übergabe des Außenministeriums an Ursula Plassnik

2004–2009
18. November 2004 bis 30. November 2009: EU-Kommissarin für Außenbeziehungen und europäische Nachbarschaftspolitik, u. a. Mitglied des internationalen Nahost-Quartetts

2007
17. September: Ehrenbürgerin von Sofia nach Freilassung der im HIV-Prozess in Libyen zum Tod verurteilten bulgarischen Krankenschwestern und eines palästinensischen Arztes. Höchste bulgarische Auszeichnung (Orden „*Stara Planina*") aus der Hand des bulgarischen Präsidenten Georgi Parwanow.

2009
September: Bei der Wahl für den Posten des UNESCO-Generaldirektors zieht Ferrero-Waldner ihre Kandidatur zurück, die bulgarische Kandidatin Irina Bokova gewinnt
Ab 1. Dezember als Nachfolgerin von Catherine Ashton in der Übergangszeit bis zum Amtsantritt der EU-Kommission Barroso II das Amt als Kommissarin für Handel übernommen (bis 9. Februar 2010), gleichzeitig vom bisherigen Ressort die Europäische Nachbarschaftspolitik behalten

Abkürzungsverzeichnis

AIDS	Übertragbare Immunschwächekrankheit (Acquired Immune Deficiency Syndrome)
AKP	Staaten in Afrika, Karibik und Pazifik
ALBA	Bolivarianische Allianz für die Völker unseres Amerika (Alianza Bolivariana para los Pueblos de Nuestra América)
AQMI	Al-Qaida im Maghreb
AU	Afrikanische Union
AVNOJ	Antifaschistischer Rat der Befreiung Jugoslawiens (Antifašističko v(ij)eće narodnog oslobođenja Jugoslavije)
BDA	Bundesvereinigung der Deutschen Arbeitgeberverbände
BEMIP	Baltic Energy Market Interconnection Plan
BERD	Business Enterprise Research and Development (OECD)
BIE	Bureau International des Expositions (Weltausstellungsbüro)
BIP	Bruttoinlandsprodukt
BMZ	Bundesministerium für wirtschaftliche Zusammenarbeit und Entwicklung
CDU	Christlich Demokratische Union Deutschlands
CELAC	Gemeinschaft der Lateinamerikanischen und Karibischen Staaten (Comunidad de Estados Latinoamericanos y Caribeños)
CETA	Umfassendes Wirtschafts- und Handelsabkommen EU-Kanada (Comprehensive Economic and Trade Agreement)
COCOBU	Haushaltskontrollausschuss (Commission du Contrôle Budgétaire, Budgetary Control Committee)
COP 21	UNO-Klimakonferenz (21st Conference of the Parties)
CRX	Kommission gegen Rassismus und Fremdenfeindlichkeit (Commission against Racism and Xenophobia)
DGAP	Deutsche Gesellschaft für Auswärtige Politik
EAD	Europäischer Auswärtiger Dienst

Abkürzungsverzeichnis 411

EADZS	Europäisch-Arabischer Dialog für Zusammenarbeit und Sicherheit
EAWU	Eurasische Wirtschaftsunion
EEA	European Economic Area, Europäischer Wirtschaftsraum (EWR)
EIB	Europäische Investitionsbank
EMUNI	Euro-Mediterranean University
ENP	Europäische Nachbarschaftspolitik, European Neighbourhood Policy
ENU	Eurasische Nationale Gumiljow-Universität in Astana, Kasachstan
EP	Europäisches Parlament, EU-Parlament
EPP	European Peoples Party (Europäische Volkspartei, EVP)
ETA	Baskische Unabhängigkeitskämpfer (Euskadi Ta Askatasuna)
EU	Europäische Union
EU-LAK	(auch: EU-LAC) EU-Lateinamerika/Karibik-Stiftung
EUMC	EU-Beobachtungsstelle für Rassismus und Fremdenfeindlichkeit (European Monitoring Centre on Racism and Xenophobia)
EUROMED	(auch: EURO-MED) Euro-mediterrane Partnerschaft
EVP	Europäische Volkspartei
EWR	Europäischer Wirtschaftsraum
EZA	Entwicklungszusammenarbeit
FDMEA	Stiftung zur Förderung des mediterranen und euro-arabischen Dialogs
FRA	EU-Agentur für Grundrechte (European Union Agency for Fundamental Rights)
G8	Gruppe der acht führenden Industriestaaten
GASP	Gemeinsame Außen- und Sicherheitspolitik der EU
GSI	Global Studies Institute der Universität Genf
GSG 9	Antiterroreinheit der deutschen Bundespolizei, ehemals „Grenzschutzgruppe 9" genannt
GSVP	Gemeinsame Sicherheits- und Verteidigungspolitik der EU

HSN	Netzwerk für menschliche Sicherheit (Human Security Network)
IAEA	Internationale Atomenergieagentur
IS	„Islamischer Staat", Daesh
IWF	Internationaler Währungsfonds
KSZE	Konferenz über Sicherheit und Zusammenarbeit in Europa
KSZEA	Konferenz für Sicherheit und Zusammenarbeit zwischen Europa und den arabischen Ländern
LNG	Flüssigerdgas (liquefied natural gas)
MdEP	siehe MEP
MEDA	Mésures d'accompagnement financières et techniques (Finanzielle und technische Begleitmaßnahmen)
MENA	Middle East & North Africa
MEP	(auch: MdEP) Mitglied des Europäischen Parlaments
MoU	Memorandum of Understanding, Absichtserklärung
MSR	Maritime Silk Road
NATO	Atlantisches Bündnis bzw. Nordatlantikpakt (North Atlantic Treaty Organization)
NBU	Nationalbank der Ukraine
NGO	Nichtregierungsorganisation (non-governmental organization)
NIF	Neighbourhood Investment Facility (Nachbarschaftsinvestitionsfazilität)
OECD	Organisation für wirtschaftliche Zusammenarbeit und Entwicklung (Organisation for Economic Co-operation and Development
OLAF	Europäisches Amt für Betrugsbekämpfung (Office Européen de Lutte Anti-Fraude)
OMV	Österreichische Mineralölverwaltung (bis 1995: ÖMV)
OSZE	Organisation für Sicherheit und Zusammenarbeit in Europa
ÖVP	Österreichische Volkspartei
PA	Palästinensische Autonomiebehörde
PCA	Partnerschafts- und Kooperationsabkommen der EU
PDS	Partei des Demokratischen Sozialismus

PKA	siehe PCA
PP	Partido Popular (Spanische Volkspartei)
RELEX	Generaldirektion für EU-Außenbeziehungen (Directorate-General for the External Relations)
RF	Russische Föderation
SBU	Ukrainischer Geheimdienst
SDP	Security and Defense Policy (GSVP)
SPÖ	Sozialdemokratische Partei Österreichs
TABD	TransAtlantic Business Dialogue
TIM	Temporary International Mechanism
TPP	Transpazifische Partnerschaft
TTIP	Transatlantisches Freihandelsabkommen (Transatlantic Trade and Investment Partnership)
UfM	Union für das Mittelmeer, Mittelmeerunion
UNASUR	Union Südamerikanischer Nationen (Unión de Naciones Suramericanas)
UNED	Nationale Fernuniversität in Spanien (Universidad Nacional de Educación a Distancia)
UNHCR	Hoher Flüchtlingskommissar der Vereinten Nationen (United Nations High Commissioner for Refugees)
UNIDO	Organisation der Vereinten Nationen für industrielle Entwicklung (United Nations Industrial Development Organization)
UNIFIL	UN Interim Force in Lebanon
UNMOVIC	UN-Rüstungskontrollkommission
UNO	Vereinte Nationen (United Nations Organization)
UNWRA	Hilfswerk der Vereinten Nationen für Palästina-Flüchtlinge im Nahen Osten (United Nations Relief and Works Agency for Palestine Refugees in the Near East)
USA	United States of America
WEF	World Economic Forum, Weltwirtschaftsforum in Davos
WTO	Welthandelsorganisation (World Trade Organization)

Namensregister

Abbas, Mahmud 169, 177
Ahern, Bertie 124
Ahtisaari, Martti 131
Albright, Madeleine 107f., 166, 169, 206, 257, 284, 325,
Al-Araby, Nabil 164
Al-Assad, Baschar 64, 150
Al-Hariri, Rafiq 172
Al-Hajuj, Aschraf 220, 227 f., 237 f., 308
Al-Sharaa, Faruk 150
Alijew, Geidar 258
Alijew Ilham 258
Allawi, Iyad 210 f.
Allègre, Claude 137
Amadei, Paola 301
Amado, Luís Filipe Marques 234, 312, 372
Ammerbauer, Eleonore 24
Amorim, Celso 295, 303
Arafat, Jassir 60, 150, 166, 168 f., 194
Ashton, Catherine 252, 335, 409
Aso, Taro 307
Assad, Baschar 64, 150
Attaf, Ahmed 186
Aubry, Martine 137
Axworthy, Lloyd 291 f.
Aznar, José Maria 84 f., 91, 97, 198, 285
Bacher, Gerd 27
Baki, Ivonne 368, 372, 374, 376
Barak, Ehud 9, 150, 166, 168 f., 182, 193, 367
Barrio, Margarita 27
Barroso, José Manuel 7, 16, 43 f., 46, 69, 143, 154, 234, 236, 239, 249, 269, 272 f., 287, 289, 294, 305, 313, 319, 341, 361, 400, 409

Bartenstein, Martin 277
Bartoszewski, Władysław 58, 109
Becket, Margaret 307
Belkhadem, Abdelaziz 187, 213 f.
Benaïssa, Mohamed 213
Ben Ali, Zine El Abidine 160, 187, 215
Benflis, Ali 187
Bensalah, Abdelkader 187
Ben Yahia, Habib 213 ff., 217
Bérard, Marie Hélène
Bergmann, Kurt 207
Berlusconi, Silvio 360
Blair, Tony 100, 177 ff., 243, 273, 285, 316
Bleckmann, Andreas 188
Bleckmann, Ingo 188, 190
Bleckmann, Monika 189 f., 207
Blix, Hans 285
Bokova, Irina 362, 370, 372 FF., 409
Bolívar, Simón 303
Bond, James 185, 248
Bondevik, Kjell Magne 88
Bot, Bernhard 286
Bouteflika, Abdelaziz 187 ff., 202, 214
Boutros-Ghali, Boutros 34 f., 37, 50, 105 f., 164, 167, 182, 277, 284, 290, 362 f., 408
Boutros-Ghali, Lea 277, 363
Brahimi, Lakhdar 208
Breuel, Birgit 128
Buffet, Marie-George 137
Bulmahn, Edelgard 128
Busek, Erhard 128
Bush, George H.W. 217, 272,

Namensregister

Bush, George W. 176, 178, 181, 214, 217 f., 285 ff., 306
Buzek, Jerzy 109
Calderón, Felipe 296
Cameron, David 326
Cap, Josef 110
Cardoso, Fernando Henrique 299
Ceska, Franz 137
Cheney, Dick 217
Child, Patrick 234
Chirac, Jacques 57, 79, 85, 110, 117, 123, 129 f., 133, 136 ff., 140 f., 267, 299, 334
Christiansen, Sabine 119
Churchill, Winston 179
Cimoszewicz, Włodzimierz 203
Clinton, Bill 50, 108, 166, 169, 284, 290, 325
Clinton, Hillary 290, 316, 335, 367 f., 374
Cohen, Brian 106
Cook, Robin 40, 58, 64, 95, 106, 183, 187
Correa, Rafael 298
Cowen, Brian 95, 124
Cresson, Edith 343
Cuvay, Roxane 24 f.
D'Alema, Massimo 173, 307
Davis, David 326
De Gucht, Karel 297
Deiss, Joseph 103, 208
Delors, Jacques 33, 137, 279
de Miguel, Ramón 53, 91, 388
de Palacio, Ana 284
Dichand, Hans 353, 386
Dimitrowa, Sneschana 220
Dini, Lamberto 95, 106
Douste-Blazy, Philippe 307
Duisenberg, Wim 130
Eibl, Erich 311, 349
El Khoury Lacoeuilhe, Vera 372
El Sisi, Abdelfattah 182

Espinosa Cantellano, Patricia 296
Espinosa de los Monteros, Carlos 100
Fassi-Fihri, Taïeb 157
Fasslabend, Werner 46, 248
Fatchett, Derek 184
Faymann, Werner 47
Fayyad, Salam 170, 240, 312
Felipe, König von Spanien 71, 320
Fernández, Leonel 301
Ferrero, Francisco („Paco") 82, 381, 406, 408
Fischer, Heinz 248, 311, 347, 349 f., 353, 360 f., 385, 409
Fischer, Joschka 54, 22, 63, 89, 92, 97 f., 113, 119 ff., 126 f., 130 f., 134, 136, 138, 189 f., 390,
Fontaine, Nicole 97, 116 f.
Franco, Francisco 71
Frattini, Franco 204, 337 f., 343
Frowein, Jochen 131
Fuentes-Berain, Sandra 295
Fukuyama, Francis 323
Fulci, Francesco Paolo 38
Gaddafi, Muammar 52, 122, 221 ff., 225, 228, 231 ff., 235 ff., 239, 368
Gaddafi, Safia Farkash 235
Gaddafi, Saif al-Islam 231 f., 240
Gaino, Henry 156
Galeote, Gerardo 85, 97
Gama, Jaime da 95, 123
Gamillscheg, Hannes 114
García Belaúnde, José 297, 314
García, Alán 298
Gayssot, Jean-Claude 137
Gehrer, Elisabeth 85
Geoana, Mircea 246
Geremek, Bronislaw 109
Gheit, Ahmed Aboul 182
Gmoser, Gerhard 30
Golowin, Alexander 248
Gonzalez, Felipe 71

Gorbatschow, Michail 179
Green, Rosario 56, 106, 296
Grierson, Sir Ronnie 100
Grohmann, Judith 357 f.
Guérand, Vincent 234, 239
Gumiljow, Lew Nikolajewitsch 267
Gusenbauer, Alfred 126
Guterres, António 102, 107, 111, 113, 120, 123 ff., 240, 340, 362
Haberzettl, Bruno 310 f.
Hadley, Steven 288
Hajjaj, Aref 167
Hahn, Johannes 47, 366
Haider, Jörg 80 f., 84, 93, 96, 102 f., 107, 113 ff., 117, 119, 121 ff., 125, 130 ff., 136, 138, 140, 143, 215 f., 218 f., 383
Halonen, Tarja 106
Hanning, August 245
Härthe, Dieter 72
Hayek, Friedrich 26
Havel, Vaclav 108
Heiss, Hubert 370
Hernandez, Raimundo Perez 333
Hofer, Norbert 347, 351
Hollein, Hans 136
Hosni, Faruk 363, 367, 369 f., 372, 375
Hu, Jintao 272
Hundstorfer, Werner 347
Hundt, Dieter 135
Hussein, Saddam 191, 212 f., 215, 286
Iwanow, Igor 245
Jaber Al-Ahmad Al-Jaber Al-Sabah 203
Jagland, Thorbjörn 87 f.
Janukowitsch, Wiktor 253, 265 f.
Jelzin, Boris 243
Jiaxuan, Tang 199, 270 ff.
Johnson, David 88
Jospin, Lionel 57, 112, 123, 137, 140

Juncker, Jean-Claude 272, 318, 330
Juschtschenko, Kateryna 261
Juschtschenko, Wiktor 251, 260 f., 264 f., 319
Kahn, Jean 116
Kakodkar, Anil 318
Kalamanow, Wladimir 246
Kalista, Monika 27
Karas, Othmar 45
Karnitschnig, Michael 371
Karsai, Hamid 288
Kaufmann, Peter 28
Kavan, Jan 63, 108
Kellner, Edith 23
Khol, Andreas 38, 136, 347 f.
Kinkel, Klaus 123, 183
Kirchner, Cristina Fernández de 368
Kjaersgaard, Pia 114
Klasnic, Waltraud 347
Klestil, Thomas 40, 52, 63 77, 81, 110, 112 ff., 116, 121, 128 f., 136, 248, 277, 290
Klima, Viktor 77, 80, 110, 112 f.
Knobloch, Charlotte 367
Knoll, Gertraud 353
Koizumi, Junichiro 193, 278
Koja, Friedrich 26
Koplowitz, Esther 70
Koštunica, Vojislav 257
Kothgasser, Alois 354
Kouchner, Bernard 156 f., 371, 374
Kovács, László 203
Kreid, Harald 31
Kroes, Neelie 69
Kühnel, Richard 292
Kukan, Eduard 63, 203
Kurz, Sebastian 41, 253, 257
Kyrer, Alfred 26
Ladsous, Hervé 87
Launsky-Tieffenthal, Peter 365
Lawrow, Sergei 169, 250, 307, 314, 373 f.

Lellouche, Pierre 140
Lennkh, Rudolf 333
Le Pen, Jean-Marie 116, 130, 137, 140
Lewin, André 364
Li, Keqiang 272
Li, Zhaoxing 271
Ligot, Bernard 241
Lindh, Anna 162, 198
Livni, Tzipi 171, 314
Lipponen, Paavo 107, 110, 305
Løj, Ellen Margrethe 113
Lula da Silva, Luiz 294 f., 303
Lutterotti, Markus 63, 119, 134
MacKay, Peter 171, 307
Macri, Mauricio 299
Macron, Emmanuel 140
Maderthaner, Leopold 129
Mahuad, Jamil 368
Mandelson, Peter 155, 272 f., 297
Manley, John 292
Marín, Manuel 184, 302
Márquez, Gabriel Garcia 352
Martens, Wilfried 369
Martonyi, János 63, 104 f.
Matscher, Franz 27
Matutes, Abel 85
May, Theresa 326
Mayer-Maly, Theo 26
Meissner-Blau, Freda 353
Merkel, Angela 121, 131, 159, 306, 326, 329, 336
Mesić, Stipe 89
Michel, Louis 43, 97, 124, 141 ff., 195 342, 368 f., 384
Miehsler, Herbert 26
Milosevic, Slobodan 284
Mindaoudou, Aïchatou 370
Mitterbauer, Peter 99 f.
Mock, Alois 33 ff., 136, 305
Mohammed VI., König von Marokko 214

Mohn, Liz 72
Molterer, Wilhelm 47
Moon, Ban Ki 169, 177, 316, 340, 374
Moratinos, Miguel Ángel 159, 208, 372
Moscovici, Pierre 137, 139
Mozart, Wolfgang Amadeus 23, 270 f., 352
Mubarak, Hosni 169, 182, 193, 367
Mubarak, Suzanne 367
Mussa, Amre 105, 151, 165, 177, 213, 406
Naga, Faiza Aboul 182, 313
Narayanan, Shri M. K. 273
Nasarbajew, Nursultan 54, 267, 269
Nassauer, Hartmut 130
Nasrallah, Hassan 172
Nazif, Ahmed 182
Nenowa, Nasja 220
Netanjahu, Benjamin 167, 180
Nettel, Erik 32
Norman, Jessye 352
Obama, Barack 167, 290
Ochoa Brun, Miguel Ángel 36
Ogi, Adolf 103
Olmert, Ehud 171, 173 f., 177
Onkelinx, Laurette 137
Orbán, Viktor 105
Oreja, Marcelino 131 f.
Ortner, Gustav 35
Otunnu, Olara 292
Owada, Hisashi 277 f.
Papandreou, Giorgos 95, 198, 212 f., 215, 218
Parwanow, Georgi 226, 239, 409
Passy, Solomon 204, 220
Patten, Chris 150, 200, 261, 294
Peichl, Gustav 150
Pence, Mike 291
Peretz, Amir 174
Peterlik, Johannes 289
Petersen, Friis Arne 113 f.

Petersen, Niels Helveg 114
Piqué i Camps, Josep 198
Pires, Sandra 352
Pismestrovic, Petar 311
Pfanzelter, Gerhard 289
Pflüger, Friedbert 122
Pierini, Marc 222 f., 226, 228 ff., 237 f.
Plassnik, Ursula 44, 305, 409
Polfer, Lydie 142 f., 204, 284, 388
Poos, Jacques 261
Poroschenko, Petro 253
Posch, Ingrid 27
Posch, Peter 27
Pöttering, Hans-Gert 141, 317, 404 f.
Powell, Colin 201, 214, 285 f., 342
Prodi, Romano 106, 116, 122, 133 f., 197, 200, 220 f., 249
Pröll, Erwin 347
Pröll, Josef 45 ff.
Prohaska, Anton 363 ff., 367, 370 f., 373
Putin, Wladimir 60, 172, 243 ff., 253, 265
Rabl-Stadler, Helga 27
Radermacher, Franz Josef 73, 391, 399
Raidl-Marcure, Elisabeth 27
Ramon, Haim 173
Rasmussen, Poul Nyrup 111 ff.
Rauch-Kallat, Maria 43
Rice, Condoleezza (Condi) 62, 171, 174 ff., 178, 181, 214, 231, 287 f., 307
Richard, Alain 138
Riess-Passer, Susanne 81, 117, 132, 138, 194, 219
Robertson, George 218
Roosevelt, Eleanor 290
Roosevelt, Franklin D. 290
Rousseff, Dilma 295
Ruggiero, Renato 360
Rupel, Dimitrij 63, 104 f., 203
Ruttenstorfer, Wolfgang 47
Salloukh, Faouzi 174
Sarkozy, Cécilia 233 ff., 239
Sarkozy, Nicolas 156 ff., 233 ff., 249, 252, 265, 272, 313, 374
Schallenberg, Wolfgang 32
Schambeck, Herbert 354
Scheer, Hermann 33
Schiller, Friedrich 103
Schily, Otto 190
Schlögl, Karl 185
Schmied, Claudia 366
Schmidt, Heide 353
Scholz, Olaf 300
Schönborn, Christoph 361, 385
Schröder, Gerhard 102, 119 ff., 125 ff., 129, 134 f., 138, 243
Schüssel, Wolfgang 16, 38 ff., 43 f., 57 f., 80, 83 ff., 100 f., 104, 107, 110, 114, 119, 121, 124 f., 129 f., 132 ff., 141, 144 f., 164, 189 f., 194 f., 197 f., 202, 248, 284, 289, 300, 305, 310, 333 f., 347, 349, 400 f., 404, 408
Shalit, Gilat 171
Shalom, Silvan 205
Sharon, Ariel 180, 306
Sickl, Elisabeth 137, 142
Siegl, Walter 38, 285
Sijilmassi, Fathallah 158
Singh, Manmohan 274, 318
Siniora, Fuad 172, 174
Siropulo, Walentina 220
Socrates, José 294
Solana, Javier 144, 150, 169, 176, 180, 191 f., 205, 209, 215, 253, 261, 273, 286, 307, 400
Spalek, Michael 72
Spindelegger, Michael 47, 364, 366 f.
Stadler, Helmut 27
Stefan-Bastl, Jutta 257
Steiner, Michael 126, 130, 134

Steinhäusl, Helene 371
Steinmeier, Frank-Walter 157, 173,
 223, 233, 235, 253, 269, 307, 317,
 325, 402 f.
Stoiber, Edmund 120 ff.
Strasser, Ernst 190
Straw, Jack 64, 191, 211 f.
Svane, Elisabet 111
Svoboda, Cyril 203
Szyszkowitz, Markus 309 f.
Talabani, Dschalal 210
Tanaka, Makikio 278
Tang, Jiaxuan 199, 270 ff.
Tarasjuk, Boris 251
Teymur, Ali 36
Thatcher, Margaret 55, 100
Thorn, Gaston 127
Tillerson, Rex 290
Tilly, Ulrike 143
Timmermans, Frans 330
Timoschenko, Julia 264 ff., 312
Trump, Donald 108, 167, 181, 240,
 290 f., 295, 328, 331
Tscherwenjaschka, Walja 220
Tuomioja, Erkki 107
Uribe, Álvaro 298
Valcheva, Kristiyana 220, 239
Valdez, Jorge 300
Van Aartsen, Jozias Johannes 94
Van Miert, Karel 70
Vargas Llosa, Mario 365
Védrine, Hubert 97 f., 137, 142, 193
Veenenbos, Jan 101
Verheugen, Günter 72, 195
Verhofstadt, Guy 123, 141
Vernet, Daniel 128
Vranitzky, Franz 33, 305
Waldheim, Kurt 135, 373
Waldner, Bruno 21, 381
Waldner, Emmy 20
Wangchuck, Jigme Khesar Mangyel
 275

Wangchuck, Jigme Singye 275 f.
Weidenfeld, George 100
Wen, Jiabo 272
Wessely, Helmut 113 f.
Westerwelle, Guido 121, 300
Wohlfart, Georges 184
Wolfensohn, James David 179
Wonisch, Michael 27
Woschnagg, Gregor 141
Yang, Jiechi 272, 315
Zebari, Hoshyar 210 f.
Zedillo, Ernesto 123
Zilk, Helmut 33
Zimmermann, Michael 185, 355

FOTOQUELLEN:

Abbildungen 1-4, 70, 81　　　　privat
Abbildungen 5-78　　　　　　　Bernhard Holzner (HOPI-Media)
Abbildungen 80, 82　　　　　　European Pressphotography Agency (EPA)
Abbildungen 83, 90-110　　　　Europäische Kommission
Abbildung 111　　　　　　　　Fundación Euroamérica

KARIKATUREN:

Abbildung 84, 86　　　　　　　Markus Szyszkowitz
Abbildung 85, 89　　　　　　　Bruno Haberzettl
Abbildung 87　　　　　　　　　Erich Eibl
Abbildung 88　　　　　　　　　Petar Pismestrovic
Karikatur auf Seite 101　　　　Jean Veenenbos
Karikatur auf Seite 150　　　　Ironimus (© Bildrecht, Wien, 2017)
Karikatur auf Seite 349　　　　Erich Eibl